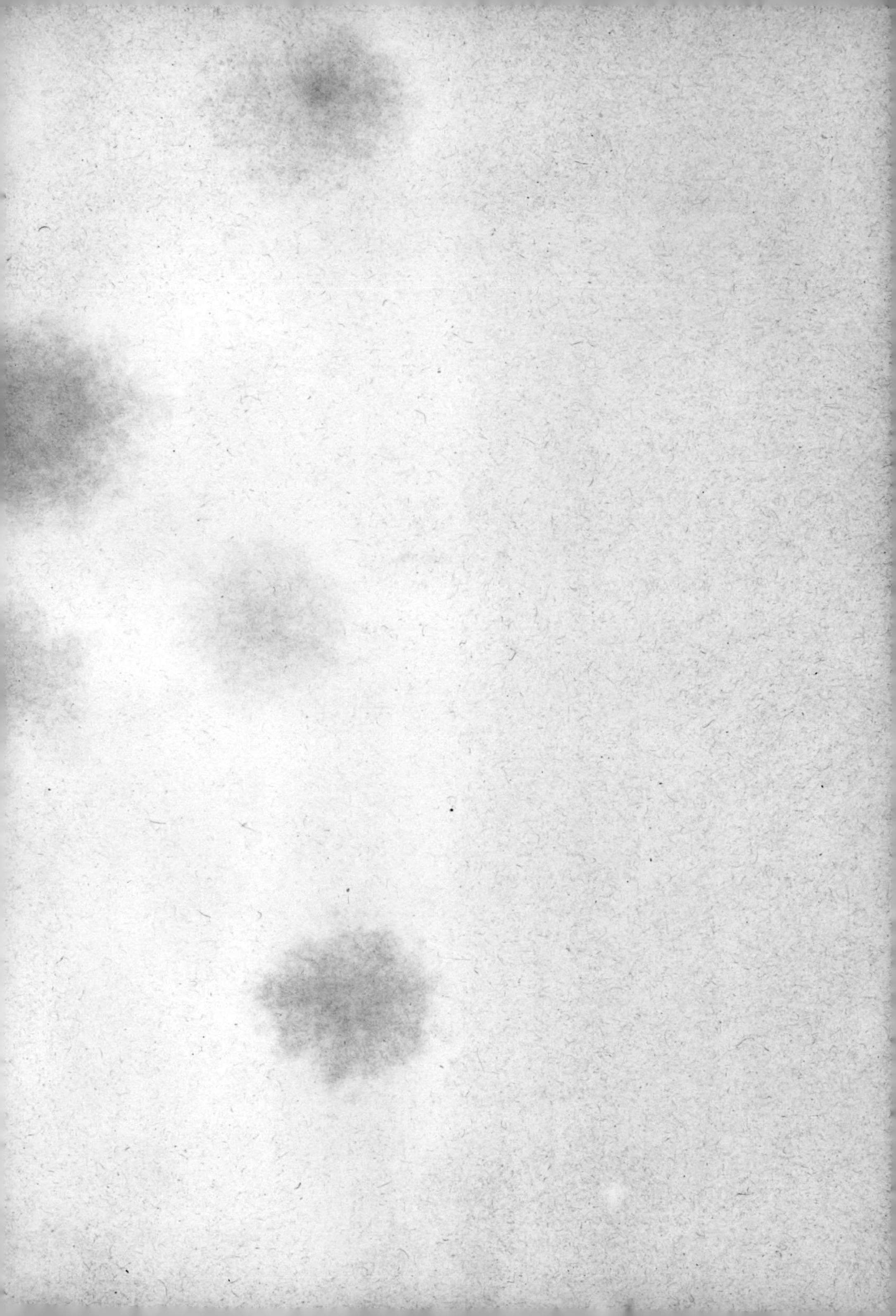

一九九一
文化評論

龔鵬程 編

三民書局 印行

國立中央圖書館出版品預行編目資料

一九九一文化評論/龔鵬程編.--初版
.--台北市：三民，民81
面；　　公分
ISBN 957-14-1929-X(平裝)

1.中國—文化—論文，講詞等

541.262　　81004327

© 一九九一文化評論

編　者　龔鵬程
發行人　劉振强
著作財產權人　三民書局股份有限公司
印刷所　三民書局股份有限公司
地址／臺北市重慶南路一段六十一號
郵撥／〇〇九九九八—五號
初　版　中華民國八十一年十月
編　號　S 54089
基本定價　陸元陸角柒分
行政院新聞局登記證局版臺業字第〇二〇〇號

ISBN 957-14-1929-X (平裝)

編序

龔鵬程

孔子作《春秋》，有些年月，無事可記或不予記敍，遂竟留白，此謂「史之闕文」。孔子讀古史，頗以得覩舊記闕文爲幸，認爲史著應有制斷，不必瑣瑣載錄或藻飾虛華，應具有闕疑的精神。此就史著而言，誠應如是，但後世讀史者面對這些歷史的空白處，實在也不能無所遺憾。

因爲歷史其實即存在於論述之中。倘無論述，春花秋月，日升日落，時序雖仍流轉，事件卻未能在我人之意識中構成意義。徒如風雨飄過中夜，人醒來視之，則如未曾發生過一般。

故對於我們身處的時代，我們不但要眞誠地處理時代之挑戰，面對時代的問題，亦應論述我們這一切時代中的活動，説明其經歷，指陳其意義。也唯有在不斷論述之中，我們才能辨明自己在歷史中的地位，並反省我們的作爲，揭示未來可能的方向。

年度文化評論，即本此精神而編。所論述的對象，則是剛剛過去的民國八十年。這個年分，因爲恰屬整數，各界慶祝活動不少，也有不少文獻論述說明了建國八十年的重大意義，這當然也是論述這個時代的一種方式。但假若我們對歷史的觀察視角並不僅從政治或政權這個角度來看，那麼，討論這一年的活動與意義自然可以有更寬廣的視域。在這個以民國紀年爲民國八十年、以西元紀年爲一九九一年的年分裡，我們的文化活動，究竟有何値得論述者？對於中國社會文化的發展，這一年又表現了什麼値得注意的方向，創造了什麼價値，顯露了什麼問題？追問這些問題，才能使我們的歷史論述，不僅是記載歷史而已，更是一種文化探索之工程。

本此意趣，本書邀集了海內外從事文化探索的學人，對當代文化發展，展開多層面多角度的論述。在過去一年中，海峽兩岸値得注意的文化現象、領域和發展特徵，經此勾勒，精神眉目，實已躍然紙上；臺灣社會，在急遽變遷發展中充滿了騷亂不安的成份；大陸則是在沈重的壓力下，逐漸發展民族新生的力量；至於兩岸關係與世界局勢，變動不居，而我人肆應無力，盱衡未來，荆棘仍多。凡此政治、社會、文學、藝術、哲學、宗教各方面的文化表現，共同體現了一個雖未必足稱偉大，卻也殊堪紀念的時代。

負責觀察並論述這個時代的撰稿人，包含了海峽兩岸及流亡海外的大陸學者。每篇文章，都有其獨特的觀點，編者並未強行統一；除做必要的編輯處理外，也不甚刪削原稿。因此，存在於書中的某些論點，也許仍可商榷，但這個時代的特徵正是如此，歷史要求當代中國的知識分子在長期暌隔之後，共同來面對中國文化發展的課題，而多元觀點之彼此尊重與了解，在現階段，可能比辨明其是非，衡斷其價值之高下更爲重要。

讀此文化評論者，不唯應以此爲史鑑，亦當由此陶養曠觀文化之視野以及諒察中國文化處境之悲情。

中華民國八十一年　於大陸委員會

一九九一文化評論

目次

揮別舊時代，邁向新歲月

陳瑞貴

從人類社會的整體活動發展史來看，無論是政治的、經濟的，或社會的，基於生存上不同層次的需求或與外在環境的互動，都具有「連續」與「不連續」的性質。但「連續」與「不連續」之間卻很難完全釐清，因爲「不連續性」源於「連續」時間架構中繁多複雜的變化或變化所導致的結果。所以，從較長的時間架構，比較容易找出造成「連續」中「不連續性」的重大影響因素。

基於此，就整個世界而言，幾乎可把一九九一年視爲二次大戰以來許多人類活動實驗的階段性年代。在這一年中一些活動的結果呈現出來，諸如：波灣戰爭再一次證明武力統一的失敗，相對應於和平整合的歐洲共同體(EC)；蘇聯的解體繼東歐變革之後提供半個世紀來共產主義實驗上的挫敗，相對應於人類追求獨立、自主的需求成就等。去年一連串的「大環境」事件使世界各國開始重新建構全球的新秩序。

今年對中華民國而言，誠然也可視爲在臺灣厲精圖治的展現階段；亦可視爲臺灣從緩慢變遷到急遽變遷的一個完整階段。雖然一九九一年對生活在臺灣的中國人而言，並沒有經驗到一九九〇年以前的幾年間令人激動與引發震撼的各種社會運動、股票風波、或名列世界十大新聞的「立院亂象」。但在過去一年中，懲治叛亂條例的廢止，動員戡亂時期的宣告終結，臺獨意識型態成爲民進黨的黨綱之一，二屆國代選舉的順利完成，以及資深民代的功成身退等政治大事，若再結合海峽兩岸互動的擴大，外滙存底的傲視全球等經濟及社會的因素，則亦可說是重大轉捩的一個年代。此一年代所顯現的意義極爲深遠：一九九一年的成就提供中華民國臺灣的人民一個爲廿一世紀開展新生活的擘劃基礎。易言之，許多過去被視爲民主進步與發展障礙的主要因素在今年一年間幾乎被一舉盡除，因而預留出一大片的迴旋空間，讓決策者乃至於全民爲自己的未來開始進行基礎性的規劃。

一、中華民國能成爲「世界公民」嗎？

——遽變世局中的定位與因應

二次大戰後，對中華民國而言，可說是喪失了數千年來「甲天下」的雄霸四海的傲氣，所能做的只是如何使自己從民國以來的衆多挫敗中在這塊小島中逐漸重新站起來。世界的所有事務只會影響她，而她根本沒有影響世界的能力。這種事實對她而言是殘酷的、痛苦的；但卻也提供危機下的「反危機」力量。四十二年來，在政府與人民胼手胝足，含忍奮鬥下，從接受外援到獨立成長的事實證明所有的戮力開始展現預期的碩果。當然，這時的中華民國不再沉默了！

雖然在外交上，基於國際政治的現實，我們近幾年來所獲得的成就是有限的，但是經濟上的努力在去年七五○億以上美元的外滙存底卻是傲視全球的。由於經濟的成就招致越來越多國家對我們的注意；兼之，六年國建計畫的逐步開展，致使更多的國家企圖從我們的既有成就與未來發展上獲取利益。當然，就我國而言，亦嘗試挾經濟的成就，以打破長久以來國際生存空間的窒息。於是我們開始採取更主動積極的策略，期以打入國際舞臺的主流體系，各種計策與建言因應而出。

打開國際生存空間，參與國際政治、經濟事務成爲去年被注視的焦點之一。

無疑的，在內外環境條件上，確實提供我們參與國際社會的有利因素：

1.波灣戰爭不僅證明軍事統一的不可行，更重要的因此製造出一個亟待重建的中東。

2.一九一七年俄國革命後所建構的蘇聯帝國在民主改革浪潮中解組、崩潰了。留下的是十五個殘破凋疲的獨立國家，這種困境不是以「國協」方式所可解決的，而是需要經由體制的調整及社會的重組方能有成。而這一切卻不能不依賴不同方式或程度的外來協助。

3.對於部分經濟成長趨緩或設法擴張其經濟利益的先進國家而言，臺灣快速開放的經濟市場與龐大的國家建設，適足以提供他們競相角逐的必爭之地，於是尋求雙方適度滿足的國際交往變成是可行的。

4.加速開放的政策促使國內外資訊傳輸以及國際間人民、商務、服務的流通互動越來越頻仍，關心國際事務乃至比較國內外各項建設與政策的可能性相對提高。

5.國內企業的發展空間已經明顯地達到極限點，如果沒有更擴大的活動空間，不僅無法滿足企業的要求，甚至在主動或被動的經濟國際化與自由化的趨勢下，必將呈現逆境，所以加速融入世界主流體系的要求日殷。

因此，從我國所創造的經濟成就，尤其最爲我們在今年一年所津津樂道的七〇〇餘億美元外滙存底以及對歐美貿易順差而言，我們確實逐漸具有加入世界主流主體，扮演「世界公民」的條件。從人民、商務、文教、服務、通訊的互動角度而言，「世界公民」角色的形成亦將成爲必然的結果。所以要求融入世界主流體系的聲浪日高是可理解的。若從國際社會責任而言，我們從依附角色而爲自主角色，對於亟待援助的國家確實也應負擔部分的責任；此外在共同維護「地球尊嚴」的知性活動上，既要融入世界主流體系，那麼該部分的參與與義務也是無可避免的。所以，過去一年基於條件的成熟度、事實的需求，更兼民族的榮譽感與使命感。於是無論朝野越加亟盼加入GATT以及聯合國、開展對歐關係、參與援助貧窮或戰爭破落的國家，乃至參加與經濟性、政治性、文教性、科技性等相關的國際組織。這種現象具體地表現在立法院的重入聯合國論辯，行政院的對波灣國家以及中美洲國家的經濟性援助與貸款，民間資金的大量流往美、加、澳、紐，乃至東南亞和中南美洲各國家以及各類經濟性、政治性、學術性團體組團前往包括蘇聯在內的東歐國家考察等。

一時之間我們似乎由一個備受欺凌的小孩，搖身一變而爲臂肌發達的小巨人般。此等在經濟成就後亟思分擔部分全球責任或參與世界體系的「世界公民」心態是可以肯定的。藉由全球參與而擴展我們外交的、政治的、商業的及其他範疇的生存空間的作法絕對是必要而且正確的。但是我們是否能如願以償!?正是我們在興奮與殷盼所應省思的課題之一！

1.國際政治的現實：任何國際事務的開展，各國均以國家利益爲前提，這是一種基本的認知。在衆多國家與中共既存著正式外交關係的前提下，雖然我們提供了足夠的「美意」與「殷盼」，但在中共基於其本身生存空間而全面扼殺我們生存空間的事實下，「落花有意，流水無情」的結果就很容易湧現。易言之，我們的努力在各國盱衡其政治與經濟和社會部門的利益調和下，就很容易產生無力感，縱然政府殫心竭力企圖達成國人期望是相當困難的，因爲變數是操在他人。所以如何運用逐漸成熟的經濟優勢而帶來政治成就，達成融入世界主流體系的終極目標，顯然是政府部門決策上所面臨的最大困難。

2.全國共識凝聚困難：不僅政府部門與民意機構對於參與之組織或援助、貸款等等國家時有相左之外，尤其政治立場或國家定位的認知常是擴展國際生存空間上的困擾，在國家主權和現實環境的調和定位上尤難。此外民間經濟力量與外交策略的運用的結合上的欠缺，使政府部門的努力顯得事倍功半，民間的需求難以獲致政策密切的配合，而出現抱怨與要求的窘境。因此，政府與民間對於「共同開發國際生存空間」共識若能凝聚而爲具體的力量或可改變過去所顯現的沉悶情境。

3.長程國家藍圖的模糊：許多有關我國與世界關係的論辯，基本上是出於對國家前途的關切，過去一年以外交部次長章孝嚴和立法委員謝長廷的論辯最是令人喝采。兩位分別代表政府部門與民意機構的立場企圖從理論與現實去尋求未來我國與世界的關係。在諸如此類的討論中最常被環繞的問題是中共的因素，雖然這是現實中的最大困境，但如果我們能爲自己提供一個長遠的生活藍圖的話，許多的論辯或許會更有益些。易言之，如果我們能清楚地說明下一個世紀我們將企盼的可行的生活藍圖，那麼我們將出現更多抉擇的機會或可供嘗試的途徑，若此以長遠藍圖爲目標做爲階段性策略釐訂的根本的作法或將提供國人較趨一致的發展活動。

4.全民世界觀的淡薄：當前充斥在國人觀念中的除了傳統威權教育下的意識型態外，就是汲汲營營於短程利益的追逐。自我、國家與世界之關係的認知和互動的作法等觀念顯得相當疏離和淡漠，長久的「回顧式」教育確實提供我們認識的來處以及民族精神的凝聚，但在遽變及快速開放的環境中，對於自我與世界的依存關係和互動行爲的觀念卻顯得相當不足。尤其在遽變衝擊下，原有的民族與國家的精神卻沒有充分發揮而被功利主義的現實所取代，因而自我、國家與世界的連結關係變得非常脆弱，所以「前瞻性」的教育是被迫切要求的。如果一般的世界性資訊能被人民所廣泛接受與運用的話，那麼，適切扮演「世界公民」的角色，以及結合個人、社會單位、國家的力量與其他國家的正確互動也較為可行。因為我們如果自認為可以扮演「世界公民」的話，那麼除了應有的經濟條件外，其他有關的意識型態條件與精神也是不能忽略的。

因此，中華民國在以經濟條件為出發點嘗試扮演「世界公民」角色的努力，從正面的意義而言，長期的全民(政府與人民)的努力確實創造了包括物質與社會的基礎條件；但在意識型態與互動作法上似乎是未來亟需建構的部分。尤其在長期的國家與世界關係藍圖的描繪尤為重要。

二、統獨問題應該休兵嗎？

「統獨」的論辯已非一朝一夕的事，當然也不是今年一年才出現或特別突出的事件。但是今年十月十三日民進黨第五屆黨員大會通過決議，把「臺獨條款」列入黨綱以後，無疑地把「統獨」的論辯加以相當程度的具體化，而嘗試形成一個更兩極化及交付社會即刻解決的問題。這個問題不僅引起了廣泛的討論，而且促使中共以「動武的可能」表示其「嚴重的關切」。因而問題就顯得複雜且嚴肅。

「統獨」的問題不僅來自於臺灣兩岸的長期隔離，而且兼含著複雜的歷史的情結。在歷史發展的過程，衍生出過多的歷史不幸，這些不幸成爲一個社會衝突，尤其是意識衝突的根本因素。事實上從歷史延展、血統傳承、文化綿續的角度而言，若欲將大陸和臺灣強行區隔爲兩個截然獨立的兩個個體是相當困難的。因爲從姓氏的追溯、人口的移動，以及語言、生活、習慣、文物等應用，基本上是有其密不可分的唇齒關係。即使從地殼沉浮的遷移關係而論，兩者之間依然是一體的。

但是從政治的現實而論，生活在臺灣的中國人卻不能不去質疑這些歷史的因素在現實環境中的意義和利益了！因而使我們陷於論辯的窘境中。

從土地、人口，及資源而言，中共控制了絕大部分的中國，這是中共在國際間可以振振有辭強調其所謂「正統」的強有力的理由。

從政治的現實而言，在外交關係上，中共與逾百個國家擁有正式的外交關係，而我們僅擁有二十餘國且絕大部分爲在國際間毫無影響力的小國，其中不是基於利益的需索，就是搖搖欲墜的關係。其他所僅有的不過是所謂的「實質關係」。我們所能採取的「國名」是我們難以接受的「臺灣」、「臺北」、「中華臺北」，甚至與國名或地理名詞扯不上關係的「亞東」或「遠東」。「中華民國」在全球的國家中似乎很少被引用。這或許正是「獨」派人士引以爲「國名」的更迭可爲國際間接受的基本政治理由了！

然而就整個內外政治環境而言，「臺獨」是否可行？似乎是困難重重的事，至少就現階段的政治環境而言：

1.國際間的承諾並不存在：如前所述，絕大部分的國家與中共存有正式的外交關係。相對地這些國家在臺灣所能獲得的利益相當有限甚至不存在。基於國家利益及正式外交的責任，臺灣獨立能獲得國際承認的機率是相當低微的。而眞正可以確保國家安全的要件除本身擁有強大的國力外，強國的全力支持仍是弱國存在的一個重要因素。設若欲臺灣獨立而能存在，此不乏爲一可行之道。但是蘇聯業已崩潰，而美國、歐洲共同體與日本均與中共關係密切，所以前述的可能亦不存在。易言之，只要是中共反對，「臺獨」相對地只是加速以中共爲主的統一罷了，因爲國際間的承諾是不存在的。

2.中共反對「臺獨」：中共最可能攻擊臺灣的時機有三，分別是臺灣內亂、臺灣對外發生戰爭，以及臺灣脫離其所謂的「中國版圖」。臺灣內亂，中共必然有充分的理由敉平其「國內」的動亂；臺灣對外發生戰爭，其可藉「維護領土主權」的概念佔領臺灣；「脫離中國版圖」更是任何一國所不能容忍。所以，「臺獨」的出現在前述的假設情形下是難以存在的，尤其中共反對「臺獨」的立場是絕對鮮明的。

3.「臺獨」缺乏安全維持力量：若不借助外力維護「臺灣共和國」的存在，則可基於自我的強大軍事力量維持其存在。若檢視現階段的國防力量、國防科技能力及國防發展資源，可謂相當貧乏。既無外環境的他國支持，又無內環境的對付中共的絕對優勢軍力以維持存在的安全，則「臺獨」存在的可能性已微乎其微。

4.國人意識支持的缺乏：雖然在臺灣的二千餘萬人民並不全然相當滿意政府的施政且屢有抱怨，但此種現象舉世皆然。因而不能引爲對「臺獨意識」的支持。尤其臺灣現階段擁有九〇%以上的中產階層人民以及九五%以上的中小企業，這種社會條件對政治的反應將會強烈傾向「改革性」而非「革命性」的活動。基於絕大部分人之個人利益的維持，「臺獨」所帶來的社會遽變及因而可能產生的危機，尤其將可能使他們目前所擁有的產生喪失的可能，是他們所質疑和拒絕接受的，這種社會心理明白表現在今年底的二屆國代選舉上。七〇%以上的支持執政黨的選民基本是考慮到該黨可提供其「穩定生活」的可能。若再計入支持中華社民黨、非政黨聯盟及民進黨「統派」候選人的部分則眞正支持「臺獨」的選民意識是相當薄弱的。

所以，除了李登輝總統和郝柏村院長對「臺獨」的政治宣示以及現階段的法律限制外，內外在的政治環境條件基本上對「臺獨」支持的可能性是不存在的。因此堅持在可預見的未來要使「臺獨」具體化將是相當困難的，除非前述的任一條件產生明顯的轉變。但在現階段的情況卻難以看出轉變的可能。易言之，此一問題論辯的價值性是值得商榷的！

三、政黨體質亟待加速轉化

自從七十九年政府宣布解嚴，提供臺灣一個更開放寬濶的政治環境，繼之於過去一年政治革新的腳步更加速進行，五月一日動員戡亂時期宣告終止、五月十七日懲治叛亂條例廢止。此等均在使臺灣的政治加速民主化，象徵著一個舊時代的結束，新憲政時期的開展。這些表現在蓬勃發展的政治活動不勝枚舉，而政黨的快速增加是一個明顯的徵象。在極短暫的時間內，臺灣的政黨已由一大黨三小黨，而轉變爲一大黨愈五十個以上的小黨，形成了「一黨獨大」的多政黨政治環境。雖然其中不乏「泡沫政黨」，但是在國內政治舞臺上已不再是國民黨扮演獨角戲的時代，至少民進黨、社民黨及去年底倉促成軍的非政黨聯盟已可與國民黨分享政治舞臺的氣氛。值此之故，舞臺上的幾個主要政黨面對新的政治環境已難以故步自封或因襲「傳統」了。

具有將近一世紀生命的中國國民黨，在中國現代史扮演著決定性的角色是不可置疑且可擔當得起的。從建國迄今中華民國的命運全然掌握在此一龐大的政黨手中。無庸置疑的，今日臺灣的富庶與經濟成就和民主化也是在此一政黨的主導下完成。雖然民進黨和許多的人士曾在國內政治進化不遺餘力，但主導地位仍操在國民黨手中是毫無疑問的。爲了安全及穩定的理由，長期以來執政黨在決策、選舉等外在表現的政治行爲上均採取「中央集權」的外造政黨的方式，過去採此等方法的理由是可理解且可肯定的。幾乎任何一個社會單位包括企業、政黨、國家在內這種集權的決策方式確可使政策完全貫徹，在預定的期間內達成預定的目標。但卻不能不承認的，隨著歷史的演化，社會環境條件及其內在結構因素不是靜止不變的。易言之，社會的需求將會轉變，舊的需求會在改革中被滿足或被拋棄，而新的需求會因應環境條件而出現或轉爲強烈渴望。內在的黨員、決策者、參與決策者、或具影響力的參與者亦會有所更迭而使黨內的運作無法因襲以往。就執政黨而言，近幾年來表現尤爲明顯，包括立院黨團中次級團體的出現及增加且問政方式、理念和訴求的差異，要求參與黨內決策或政府決策的參與，甚至要求對黨內「民主化」的反省等等。相對於執政黨中央而論，其基本的運作方式雖已不完全採取完全的中央集權方式，但是其運作的本質差異性並不明顯。易言之，內造政黨的屬性仍相當強烈，諸如要求黨團內不得組織小集團、各類選舉，包括民意代表及民意機構的領導者的提名等均表現其本質的執著。

國民黨所堅持的「爲全民負責」的理念是不容置疑的，但此一理念的實踐並非採取「內造政黨」一途不可。如果考慮到「民主化」潮流的要求，以及黨內精英的年輕化和高學歷化，以及執政權力在政府和民意機構的表彰，則可體驗到原所堅持的政黨屬性已難以存在。亦即：今日臺灣的政治行爲並不完全來自於黨的決定，而是來自於社會大衆的力量，其所凝聚表現的方式則在於各級層的民意機構。而且民意代表的問政表現又必須付諸全民的評判，則此使民意代表必須全意關切民意之所趨，且越來越多的民意代表所具備的知識及批判能力在成功的教育環境下已具有充分的程度。因此，協調及整合所屬政黨成員的力量及意識才能使政黨更符合社會的需求。證諸歐洲先進國家如英、德的體制即是。易言之，今天政治的力量在於國會，國會中的黨籍成員勢將逐漸成爲政黨的權力核心之一。此亦將成爲政黨在優勢政治力量維持的重要泉源，進而因此更可使黨力量的結合益加強而有力。

所以，如果國民黨若欲在未來的選戰中持續維持相當的優勢，及創造更強大的政治力量，則其黨內的決策應加速由外造政黨的方式快速轉向內造政黨的型態，整合其黨內精英的力量。

就國內最大在野黨的民進黨而言，除了臺獨黨綱所帶來的選舉挫折感之外，若檢視今年民進黨所舉辦的政治活動，以及其他各類政治活動，則可清楚發現激烈的社會運動基本上不再是人民之所好。因此更理性的問政是其爭取選舉，達成執政最終目標的可行途徑，章、謝的論辯引起國人高度的關切即是一例。

黨內的整合或許是民進黨所面臨的重大難題之一。雖然在國民黨內存在不同派系，使完全的崩裂或強烈的對抗，到底少見。而民進黨的派系鮮明實爲其重大隱憂。即欲爲一政黨，應是具有相同意識的部分人的結合，若是對立，則將大幅削減其追求問政的力量。對奮鬥十年以成的最大在野黨而言，殊爲可惜與不幸。

雖然民進黨一直強調公共政策的研析，遺憾的是諸多問政過於強調技巧，尤其追求「對抗」的方式，相對地減弱了其問政的本質。事實上民進黨可採取的是符合大衆福祉所趨的訴求主題。他如「制憲」與「修憲」之辯、「統獨」論辯或可激情於一時，但卻難以使民衆感受到實質的生活利益。這種省思與發現實則已浮現在部分該黨精英的問政行爲上，只是擴展的速度過於緩慢罷了！

中華社民黨及非政黨聯盟在今年底國代選舉中曾引起高度的關注，雖然結果有些令人沮喪。但若從整個政治結構來看，能獲得令人激賞的成績基本上有其困難。其中社民黨的奮鬥相當引人注目。事實上社民黨的沉穩及理念的嚴肅是可以肯定，唯其組織規模相當有限，訴求的空間雖然寬濶，但其可使用的著力點似乎過少了，如果社民黨及非政黨聯盟持續的擴張與奮鬥，基本上可預期的，她們將越過民進黨許多奮鬥的辛苦歷程而加速擴大，尤其她們所訴求的對象主要在於數目龐大的中產階級和中小企業。就某一角度而言，此等政黨在於強化社會福祉，提高中產階級和中小企業者的地位，這些有關之大衆始終是社會沉默的大多數，且在加速成長中，他們現階段或許傾向於執政的國民黨或不具任一政黨的黨性，他們的歸屬意志是游動的，因而提供了中華社民黨及非政黨聯盟未來相當寬濶的生存空間。

如果國民黨依然可以吸引衆多的民衆（這是極爲可能的），則本世紀結束之前，我們將依然爲「一黨獨大」的政治社會。如果民進黨沒有分裂，而其他政黨快速發展，或許下一世紀初，我們所面對的將又是一個「舊時代的結束、新時代的開始」的新的政黨政治的國家型態了。然而此全然端視現階段主要政黨的革新與奮鬥！

四、政治結構開始轉變了！

四十二年來一直被質疑的「威權政治」以及「舉手部隊」的政治名詞均將隨著民國八十年的結束而成爲歷史名詞。過去一年堪稱對於長久以來老化的政治結構進行了一次大幅度的調整，這種調整並非過去一年的事，也並非完全被動性的。除了整體民意的傾向以外，隨著時間的推移，自然淘汰與環境的、潮流的需求也是重要的因素。簡言之，許多的新生代將快速地展現在我們的政治舞臺，而提供了一個更蓬勃、積極及創新的政治氣氛。這些現象展現在以下的幾個特徵：

1. 年輕化：四十二年來奉獻生命和政治經驗與智慧的一代將逐漸隨著歲月的增長老邁和

制度化的要求而功成身退。三十五歲至五十五歲的政治精英將快速地接掌政權。易言之，中壯年政治精英參與決策的現象在過去一年已開始呈現普遍現象。這批政治精英不是在臺灣出身的，就是自幼在臺灣長大的。其所代表的意義是更關心其所成長的「故鄉」，其注意力將更集中在其成長所在地的建設與福祉。但這並不代表著他們放棄中國一統的觀念，而是嘗試從自我的壯大而達成一統的中國，以及企圖在國際政治舞臺上與中共和其他國家進行公平的競爭，以換取更寬廣的生存空間和滿足理想中的中國人的歷史使命。

2.高學歷化：經濟富裕化帶來的結果之一是教育品質的提高成爲可能。近二十年來臺灣的經濟快速成長，並且在激烈競爭化及社會問題複雜化下，知識成爲被強烈要求的生產資源，而學歷成爲可衡定的重要標準之一。所以追求學歷和知識成爲這個社會的普遍現象。在政治活動，家族、經歷和財力雖然仍有其重要的地位，但學歷的要求成爲另一個新的要求標準。所以，在過去一年，尤其在年底國代選舉中學歷成爲被標榜的要件之一。雖然學歷並不代表著絕對的政治能力，但至少學歷所代表的「知識的力量」卻是不容忽視的。這種現象除了來自社會問題處理的需求外，也來自於教育成就的結果。

3.理性化：情感性、傳統性、和威權性的政治行爲不是被鄙視而拋棄，就是將其色彩降到可能的最低程度。這種現象不僅表現在國家元首、政府決策者或參與決策者，也表現在各級民意代表。所以經由論辯以維護、遂行其政治理念是普遍可見的行爲，「等因奉此」的行爲將被視為可恥。在不同的政治立場間或利益衝突下，將在預留的更多的「灰色地帶」間進行溝通、協調，經由相互妥協的方式取得「贏對贏」的折衷方案而處理公共事務。此不僅在政府單位間如此，更將廣泛運用在政府與民意機構，以及政黨與政黨之間。

4.能力取向：所謂「唯才是用」在未來的歲月中將更明顯。設若欲以權勢、家族、財力獲取地位的可能性將快速降低。在前述三大條件的要求下，缺乏能力的政治人物將被質疑和攻訐。所以幾乎所有的從業人員包括政府官員和民意代表將因全然曝露在媒體之下而受到矚目。缺乏公共事務處理能力將很快被淘汰，因此，越來越多的從政人員將忙碌於相關事務的鑽研和能力提升。

5.清廉化：由於年輕化、高學歷化和能力取向，所以，財力取向相對減低。決策者的地位取得和民意代表的肯定不完全依據其財力的大小，尤其，其個人處事是否違反應有的操守，將被更嚴格地要求。這種現象將被制度化。從今年立法院對「陽光法案」的關注以及人事行政局所接連舉辦的「公職人員財產申報法」即可見一斑。清廉化的要求不是只針對政府官員，尚且包括各級民選代表和各級地方首長在內。所以，「兩袖清風」的清廉形象將普遍被強調。

基於以上幾項特徵，今年一年在政治事務的表現上出現一些值得注意的現象：

1.政府部門對於改革事務的能力增強。包括政治、經濟、教育、社會等攸關民眾的事務大幅增加而且將在未來數年陸續付諸實施。

2.暴力傾向的社會運動相對減少。社會運動並不會因爲民主化而減少，尤其對邁向已開發社會的臺灣而言，由於有過多的制度和規範迫切需求調整，所以社會運動依然蓬勃。但暴力的傾向由於社會穩定的需求和雙向溝通和協調妥協的可能，將因而大幅減少，包括反對黨在內運用理性論辯的可能將快速提高。

3.傳播媒體的影響將大幅提高。由於理性化社會的形成以及資訊流通的快速，所以任何事務均將很快經由媒體報導，並被廣泛、深入的討論。民衆和政府部門均將善用媒體表達自己的意見和維護政策的可行性或對政府詳加說明。

4.創新活動的嘗試將成爲可能。包括攸關社會福祉的政治、經濟、教育文化等事務，乃至兩岸關係和國際事務在經由討論和溝通等的互動後，將會朝向更正面的新的嘗試，過去因歷史經驗而被質疑的因素將消失。

五、更快速的開放和民主化

今年底最引人注目的無異於修憲國代的順利選舉結束。其實此一修憲國代的選舉結果不過是過去多年來全民在政治活動努力的總結罷了。易言之，在選舉中反應出全民(包括政府與民間）追求更開放與民主化的成就。

無論在未來修憲的過程如何，至少可以肯定的是，其結果必然是正面的，符合實際需求的，而且是切合大眾所追求的既有的目標。

回顧過去一年，展望未來的歲月。一些現象是可預期的：

1.更民主化的政府必然存在。政府部門必將更重視民眾的福祉，而且提供中長程的建設藍圖，幾乎所有政治事務和公共政策均將可以被討論、溝通、和協調的。「威權式」的領導將蕩然無存。

2.更理性化的政治活動將蓬勃發展。論辯將成爲解決社會衝突最爲可能的方式之一。由此而揚棄部分傳統的事務和思維方式，以創新的方法或方案面對新的環境。

3.政治活動將成爲人民生活的一部分。隨著引導政治發展的政府和民意結構本質上的改變，人民將被教育以更成熟、理性的態度面對所發生的事務。由於傳播媒體的普及化和對社會事務關注力的提高，人民將更易於感受到政治活動與自我的關係，而融入其生活中。

4.所有的公共事務及政治人物是可被討論的。所謂的「黑箱作業」等威權性、神祕性的作爲將減低到其必要的最低程度。

5.未來取向的活動將更強烈。對於個人或社會品質有利的事務將被置於未來取向中，尤其被架構在下一個世紀加以描繪，而且所有的公共事務均將以下一個世紀初的社會爲設計架構。

雖然我們的社會依然會存在著某些影響我們生存的因素，但從鉅觀的社會架構而言，臺灣朝向更開放和民主化的趨勢是不可阻擋的，而且必然是可成的。主要在於政府和人民均朝向此一目標，這或許是臺海兩岸間最根本也是最重要的差異吧!?

價值認同的混亂與意識型態的競逐

林聰舜

一、「沒大沒小」的年代

民國八十年是讓人目不暇接的一年，強人政治退潮後的種種併發症陸續浮現，臺灣社會旺盛的活力在舊的規範、秩序撤除後，四處流竄，也到處造成前所未見的破壞。由於舊秩序、規範的權威受到挑戰，新秩序、規範尚待建立，於是臺灣社會呈現的是一種價值認同混亂的情況，大部分人唯力是視、唯利是視，卻飄飄然有一種解脫後的快感。這種現象從流行歌曲中已可看出些許端倪，例如流行歌手林強以一句「啥米攏不驚」(什麼都不怕)、「向前行」就風靡了大衆，長期高居排行榜的首位。名諧星胡瓜更以他不太合乎「實力派」水準的歌喉，唱紅了「沒大沒小」這首歌，聽衆喜歡的，恐怕也是歌詞中的「沒大沒小，放肆的情調」。的確，這是一個沒大沒小的年代，是誰也不怕誰的年代。

二、「自由化」的衝擊

年底立監兩院與國民大會資深代表的全面退職，正式標誌了一個舊時代的結束，但臺灣社會結構與政經結構的轉型，卻早已有了脫胎換骨的變化，這種變化可以用「自由化」稱之，亦即國家機器加諸於各種領域的主宰力量漸漸鬆動了，社會上各種力量到處活蹦亂跳，尋找自己表現的空間。

在政治上，不但中央民意代表應具有最新民意基礎的傾向愈來愈明顯，連中央高級官員由民意代表出任也漸成風尚。交通部長簡又新、衛生署長張博雅、環保署長趙少康的入閣，正代表此一風尚。與此一趨勢並行的，是中央的決策方式，也逐漸由以往由上而下的指導方式，轉變爲由下而上的決策模式，具有民意基礎的立法院，逐漸擁有掌握政府決策的力量，成爲政治舞臺的重心，可以看出此一轉變。此一現象可視爲「自由化」後興起的社會力量，逐步趨近權力核心的表現。

在財經上，各種管制也逐漸鬆手，大陸經貿政策、關稅保護、外滙干預等，都逐漸朝向自由化的方向進行，尤其是新銀行的設立，更把財經自由化推到一個高峯，財政部一口氣核准了十幾家資本額在百億臺幣以上的新銀行的設立，是破天荒的大事。

隨著各方面自由化的脚步，政府對各種社會運動與反對運動的管制，也放寬了許多，民進黨臺獨黨綱的提出，雖造成朝野間緊繃的關係，但政府卻始終未採取霹靂的鎭壓手段，可見臺灣反對運動的活動空間確實比以往寬廣了很多。

「自由化」帶來的變革確是結構性的，各種領域的轉變確實讓人眼花撩亂，臺灣社會在短短二、三年間的轉變比以往二、三十年的轉變還要鉅大。但「自由化」並不等於「民主化」，臺灣社會的活力雖在「自由化」中釋放出來，人民雖然得到相當程度的基本自由，但臺灣卻未建立一套新的規範與制度，使社會釋放出來的力量能循著大家認同的遊戲規則運作，因此臺灣社會也在「自由化」中產生了很多新的問題。

「自由化」是大家樂見的，但「自由化」帶來的新問題，卻使很多人不願認同臺灣的現狀，於是對臺灣現狀也有了兩極化的評價。持肯定態度的人，看到了臺灣自由化帶來的活力，也肯定臺灣在全球經濟不景氣的大環境中，經濟持續成長，外貿總值與外滙存底持續增加，國民所得也緊追先進國家，而且六年國建計畫積極推動，一幅「明天會更好」的景象。

但是，有些人卻注意到「自由化」後暴露的問題，看到臺灣社會繁榮背後價值認同的混亂，這些問題對臺灣未來的長期發展更有重大的影響。

三、價值認同的混亂與社會的脫序

「自由化」意謂威權體制時代的管制放鬆了，也意謂社會上有很多空間亟待塡補，但民主時代的遊戲規則卻不是一朝一夕能建立的，在這轉型期間，給予金權力量縱橫捭闔的最佳時機，使臺灣社會孕育出金錢萬能的價値觀，喪失對舊價値的信仰，「貪婪之島」的形容確實看出了臺灣社會的庸俗面。

這幾年的投機風潮，造就了很多新富與新貧，社會階級重新調整，眼明手快的投機者大多發了橫財，勤儉不再是美德，反而是一種無能的諷刺，這就造成了一切向錢看的風氣，庸俗的功利主義瀰漫全島。在立法院，可以看到很多立委赤裸裸地爭取自己的利益(包括非法的)而不以爲忤，而官商勾結的現象也不僅是華隆案而已。至於職司風憲，以糾舉特權爲職責的監察院，居然通過彈劾起訴華隆集團的檢察官許阿桂，種種瓜田李下的行爲，卻悍然不顧清議而我行我素，更可看出我們的民意代表已經可以爲了自己的利益，完全棄舊道德、舊價値觀如敝屣，也可以把清議踩到脚底而橫行無忌了。

有權有勢的民意代表唯利是視，民間升斗小民亦然。投機市場雖然稍告冷卻，股市與房地產市場不再繼續狂飆，但民衆發投機財的心理卻仍瀰漫臺灣的各個角落，因此產業界較粗重的工作已找不足本地的勞工，許多人寧願賦閒在家也不願勤勉幹活，服務業成爲大家羨慕的行業，只要工作環境舒適，收入降低也心甘情願，大家似乎仍在等下一波發投機財的機會。當社會大衆不再遵循以往憑藉勤儉致富的途徑後（事實上勤儉也難以致富），有些人乃以賭徒的心理到處下注，而且在投機不成後，已隱然成爲威脅社會安定的因素，近年來綁架事件盛行，與舊價值觀念敗壞有密切關係。這些人以自己生命爲賭注，賭幹一票成功就可大發橫財的心理，正是投機客與賭徒的變形。而且這些人犯罪時絲毫沒有愧疚的心理，轟動一時的新光集團少東吳東亮被綁票案，主謀胡關寶被捕後，尚大言不慚批評「社會貧富不均」，並指出他們「準備捐二千萬元給慈善機構」云云，捐款之說雖不可靠，但胡關寶擺出來的態勢卻明顯不是自責，而是將自己的罪行合理化，他儼然以劫富濟貧的「義賊」自居。這種將罪行賦予「正當性」的後遺症相當可怕，就罪犯本身而言，他可以因此不再面對良知的譴責與社會倫理規範的壓力，壞事可以幹得理直氣壯。更可怕的是，此種合理化其罪行的現象一旦蔓延開來，勢必造成價值標準的混亂與社會規範的徹底瓦解。正是社會價值認同的混亂造就了胡關寶這類型的人物，而這類型的人物更加速了價值規範的解體。而且，胡關寶並不是特例，將自己罪行或不義合理化的情況觸目皆是，君不見選舉時收授賄選雙方何嘗有半絲愧疚心理？玩弄雛妓的嫖客何嘗有半絲愧疚心理？六合彩的組頭何嘗有半絲愧疚心理？爲金牛護航的立監委袞袞諸公又何嘗有半絲愧疚心理？只要有辦法，吃喝嫖賭騙都被合理化了，甚至成爲羡慕的對象哩！

法律是維護社會秩序的最後防線，但法律制裁所以能夠生效，尙須各種社會價值觀的配合，當社會的價值認同趨於混亂時，法律的權威無可避免會受到腐蝕，如此社會焉能不亂？

價值認同的混亂表現在社會的脫序上，最明顯的徵兆表現在自殺人口的增加。光是職司風紀的警察，今年自殺的案件就有十幾起，這種現象完全符合古典社會學家涂爾幹在《自殺論》中所說的，由社會脫序引起自殺人口激增的理論。另外，諸如安非他命等毒品的盛行，也同樣可解釋爲很多人因爲社會混亂、社會舊價值解體後，無所適從的心理產物，因此吸毒所帶來的夢幻之鄉，就成爲精神的避風港，這些人以短暫的痲醉來逃避現實的壓力。事實上，在近幾年股市與房地產狂飆中，獲利最大的畢竟是本來就有錢的大財團，臺灣雖被稱爲貪婪之島、投機者的天堂，但並不是每個投機者都能滿載而歸，那些後知後覺的投機者，往往接到金錢狂飆風潮的最後一棒，成爲財團的俎上肉，許多人因此而破產，也有許多人因此喪失了正當的工作，導致家庭破碎，這些人面對社會劇烈的變遷，在到處是投機機會，最後卻淪爲投機風潮受害者，他們對社會劇變產生適應不良症是可想而知了。至於有些安分守己的人，也因爲投機風潮造成財富重分配，使他們被逐出中產階級行列，成爲赤貧的「無殼蝸牛」，他們的人生觀會產生遽變也可想而知。臺灣夜生活中，有關酒色等感官刺激的行業如雨後春筍般出現，也反映了很多人在社會脫序的迷惘中，拼命追求感官刺激的現象。

在社會脫序的過程中，往昔被堅持的道德原則或規範體系消失了，社會有趨向庸俗化之勢，挾著「自由化」的尚方寶劍，各種力量一齊流竄出來，爭取各自的利益，有錢有勢的人固然可以無視各種舊規範，進行損人利己、巧取豪奪的勾當，一些被壓制的力量也不甘再保持緘默，伴隨著臺灣經濟發展形成的社會問題，各種比較草根的社會力量也活躍起來，環保、學生、婦女、無住屋者、勞工等社會運動衝擊著現存的社會秩序與經濟秩序，而且這些社會運動往往變成講「力」而不是講「理」。當然，政府的處理態度往往助長此一傾向，例如公害防治本是各階層的人都應重視的問題，但幾次包圍工廠的糾紛(包括公營的電廠等)，只要能夠聚集足夠的抗議力量，政府往往採取息事寧人的態度，以「補貼地方」的名目花錢消災，結果不但環保問題沒有解決，反而使環保運動往不健康的方向發展，受污染地區的民衆不求污染的改善，卻群起效尤向政府或廠商伸手要錢，金錢萬能的庸俗價值觀再度展現，連環保這種應該很乾淨的社會運動也庸俗化了。

面對各種社會力量的衝擊，以及反對力量的挑戰，執政的國民黨雖有一些改革措施，但爲了在選舉中繼續獲勝以確保統治的正當性，卻加緊與地方派系和資本家的合作，這種被政治社會學家稱爲「退縮正當化」的措施，基本上對挽回價值認同混亂的現象，有不利的影響。

最大的反對黨民進黨的表現也令人不敢恭維，面對臺灣社會的種種問題，諸如資本主義惡質化，以及環繞此一基本問題而來的金權政治問題、生態環境污染問題、無住屋問題、勞工問題等，民進黨並沒有一套新的對應辦法，只能以臺獨意識鞏固自己的力量，並且只能從國民黨的錯誤中坐收漁利，因此我們也無法由民進黨的現階段主張中，看出解決臺灣社會脫序問題的途徑。年底的國代選舉中，民進黨遭到挫折，固然可歸因於小選區制度或激烈的臺獨主張，但由於民進黨的道德形象逐漸模糊，已不易鼓舞選民的熱情，使得支持者的投票率降低，恐怕也是民進黨應反省的。（這次強烈支持執政黨的選民，尤其是外省籍選民的投票率接近百分之百，臺獨的危機感促使這些人踴躍投票。相對之下，民進黨的支持者顯然投票率偏低。）

四、統獨的意識型態之爭取代了具體問題的討論

由上所述，臺灣社會在威權體制解體，邁向自由化的過程中，確實產生了很多問題。由於在中國歷史上，這次的變局是亙古未有的經驗，所以應付措施的失當本來就是難以完全避免的，朝野雙方若能吸收經驗，在學習的過程中逐步修正對應之策，應該有希望建立新的規

範，讓臺灣的自由化眞正落實爲民主化，眞正建立自由、民主、均富的社會。可惜近年來逐步趨於緊張的統獨意識型態之爭卻遮蔽了大家的視野，把大家的注意力吸引到這個問題上，從而統獨的意識型態之爭取代了具體的政治、經濟、社會問題的討論。

國會全面改選問題與臺獨問題是近年來反對力量抗爭的焦點，這兩個問題甚至吸引了臺灣社會的大部分改革力量，結果是本可以推動社會進步的力量在此消耗殆盡，大家忘了臺灣社會還有更多不合理、不義的事情有待改革。很多不合理的事也就可以躲在這兩面擋箭牌後面，繼續擴張它的惡劣影響。但隨著年底資深民意代表全面退職後，臺獨問題成爲最吸引大衆注目的問題，而且今年下半年民進黨通過臺獨黨綱後，這個問題更有愈演愈烈之勢。

統獨問題不但出現在民進黨與國民黨的朝野對抗上，國民黨內部主流派與非主流派的區分，也沾染了統獨對立的色彩。很多人習慣以臺灣意識爲標準看國民黨內部的問題，並解釋國民黨的政策，譬如李郝體系、參謀總長劉和謙的任用問題、總統府參軍長蔣仲苓晉昇四星上將問題，都有人拿省籍問題大作文章。甚至行政院準備提土高地增值稅、開徵土地交易稅，都可扯上統獨問題，這些政策本是執政當局面對土地狂飆、財團囤積土地影響公共建設後，不能不採取的手段，但竟然有人在立法院宣稱，這是外省人想藉著稅制搶奪本省人土地。統獨問題被發揮到這個地步，已經是走火入魔了，如果任何一項政策的推動都可隨意被貼上統獨的標籤，大家還能平心靜氣評估政策的良窳嗎？很顯然的，統獨意識的過度膨脹，已經使很多人以情緒化的態度面對具體的政經問題，那麼臺灣在社會轉型期所遭遇的種種困難與挑戰，大家還能集中精神面對嗎？

臺獨意識的興起，固然與歷史因素有關，諸如「二二八」事件的歷史情結、國民黨遷臺早期的統治群結構等是，但臺灣意識至今仍爲某些政治人物不願放棄的資產，卻與現實的政治考慮有關。其一，由於臺灣意識的訴求（當然有強弱之別，最激烈的是獨立建國），不容否認有其市場，因此很多人想佔有這個資源，就民進黨而言，放棄臺獨就容易被打成黨內的少數派，所以縱使因主張臺獨可能喪失較溫和選民的選票，也只能毫無選擇的認同臺獨，這個道理在臺獨條款列入黨綱，以及許信良、施明德兩人競選黨主席時，黨內兩大派系向臺獨派示好，表現得最清楚。同樣的理由也可解釋國民黨在立法院的最大派系集思會的立場，集思會在立院內以擁李反郝和強調臺灣意識著稱，基本上也是認定臺灣意識有其市場，對鞏固他們的票源有幫助。因此，集思會與民進黨在立法院內是既是同志又是敵人的關係，在臺灣意識上他們可以合作，但他們既分屬兩個政黨，更嚴重的是將來在選舉時，票源會有嚴重衝突，因此集思會與民進黨這兩個色彩上有些近似的政治團體，未來的衝突恐怕反會非常劇烈。其二，有些臺獨派認爲，只要臺灣不正常的政治體制這個火車頭解決了，其他的問題都可迎刃而解，所以強調要讓臺灣成爲一新而獨立的國家。其三，把臺灣意識（或臺獨）當作向「官方霸權」挑戰的工具，至於是否眞要獨成臺獨的目的則不確定。

由此看來，臺獨或臺灣意識雖然有其形成的原因，但統獨之爭不能解決臺灣現階段面對的問題卻是明顯的。臺灣目前最重要的問題是資本主義惡質化所衍生的各種問題，這些問題與統獨問題關係不大，縱使臺獨派順利奪取政權，改朝換代，這些政治、經濟、社會問題依然存在，因此把臺灣社會的力量過度投注在統獨問題上是不值得的。民進黨不應以臺獨作爲抗爭的重點訴求，國民黨也不應把精力放在打壓臺獨上，讓統獨的意識型態之爭取代臺灣面對的迫切問題的討論是不幸的，可惜歷史的發展往往不是理性的。

五、臺灣意識與臺灣文化主體性的建立

臺灣意識的表現並不限於政治層面，在日常生活中，亦隨處可見臺灣意識的擡頭。例如閩南語歌曲突然大爲風行，許多重量級歌手紛轉往閩南語歌壇發展；國語電視連續劇插入閩南語對白後收視率馬上大增，而且愈具鄉土味的閩南語愈能吸引觀衆，「婆媳過招七十回」一劇就以這個方式捧紅了白冰冰；楊麗花的歌仔戲這個以阿公阿婆爲主要觀衆群的戲團也終於能上國家劇院公演，並且榮獲李總統親往觀賞，在在顯示臺灣意識眞的擡頭了，不可遏抑了。

然而，臺灣意識的擡頭卻往往只表現爲「出頭天」的意識，表現爲以錢堆砌起來的尊嚴，

對於努力建立臺灣文化的主體性卻亟待努力，臺灣的文化表現仍極度貧乏。前幾年「河觴」那種極度情緒性的影集立即風靡臺灣，不會加以嚴肅反省的情況依然存在，譬如「號稱」以文人畫著稱的大陸畫家范曾，可以在臺灣到處招搖撞騙，卻處處被奉爲上賓；而日本影星宮澤里惠的裸照在日本轟動一時後，也立刻在臺灣掀起搶購熱潮，可見臺灣的文化是相當具依賴性的，事實上臺灣本土也很久沒有產生像樣的文學創作了。另外，大陸圖書熱雖隨著新鮮感降低而減退，但臺灣學者對大陸圖書依賴的情況卻依然存在，從大部頭的工具書到大陸學者翻譯的世界學術名著，到諸如徐崇溫、李澤厚、嚴家其、金觀濤等人的學術作品，以至於阿城、張賢亮、劉賓雁等人的文學創作，仍是臺灣知識界難以企及的。

文化的低落也表現在日常生活中，如臺灣的民間宗教部分已成爲人與神之間可以討價還價，可以賄賂、收買的宗教。街上到處充斥MTV、KTV、理容院、三溫暖、色情賓館等色情場所。而當選舉時，賄選、暴力橫行，高喊「出頭天」的人可以以一票三百、五百的代價出賣自己的選擇權。當選票可以被收買時，人民的主體性自然是喪失了。至於一些到大陸投資的臺商或臺灣觀光客的行徑更令人不敢恭維，他們以財大氣粗之勢，靠金錢建立「出頭天」的尊嚴，對大陸女子的玩弄，已有超過當年被東南亞民衆痛恨的日本觀光客之勢。

再看看臺灣的世界觀，臺灣的世界觀幾乎都是唯美國馬首是瞻，就以波斯灣戰爭爲例，本地傳播媒體幾乎完全採納美國的觀點看問題，簡單地將伊拉克視爲侵略者，將美軍的干預視爲正義之師。事實上這牽涉到歐美強權對產油國的宰制、阿拉伯世界對資本主義世界的種種情結，否則海珊也無法在遭受美軍重創後仍能屹立不搖。又如蘇聯與東歐共黨的瓦解，是人類歷史上的大事，但是卻未見到站在臺灣觀點對這件影響世界深遠的事件深入的分析，臺灣媒體只隨著資本主義強權的興奮腳步起舞，同樣浸淫在自我陶醉的氣氛中。殊不知蘇聯與東歐的共產黨垮了，我們自己的問題並不能隨之解決，而且蘇共等垮臺對臺灣的影響並不必然完全是正面的。但大家寧可將問題簡單化，而不願深思可能帶來的影響。其實臺灣有自己的問題，也有自己理想的世界秩序，這個理想與秩序和美、日等強權並不完全一致，我們能亦步亦趨，完全隨著美國觀點看世界問題嗎？除此之外，臺灣學者慣於生呑活剝的引用與臺灣社會的問題關聯不大的西方理論，解釋臺灣的各種現象，而不能確實面對本土的問題，當作一項挑戰，建立一套適應自己社會問題的理論，正是同樣的依賴心態的表現。《臺灣社會研究季刊》的發刊詞有段話正可以說明這樣依賴心態：「臺灣學術界有關臺灣社會的研究……浮盪飄泊於北美學風所流行、所消費的零碎要素之中。它們在理論架構上有一個基本特色，即靜態地、孤立地把臺灣社會的發展視爲在普遍演化階段上的發展程度問題，而不從歷史的——結構的角度去掌握臺灣社會發展之動態的、辯證的本質性與結構性問題。」然而，像《臺灣社會研究季刊》這種標榜建立適應自己社會之問題的理論的刊物，也在出刊數期後，就難以爲繼了。

由此看來，臺灣意識的擡頭並不代表臺灣文化主體性的建立，亦即建立臺灣新文化不是強調臺灣意識就可成功的。有些人企圖由方言差異、地緣意識和歷史上的分離事實，斬斷臺灣文化與中國文化的關係，並且將臺灣文化視爲求新求變的海洋文化，將中國文化視爲封閉保守的大陸文化。但以目前的發展看，以富有彈性的海洋文化自居的臺灣文化，事實上是依賴美、日，向美、日投降的文化。臺灣民衆如果對自己有信心，應該承認臺灣文化與中國文化血脈相承的事實，歷史上在有信心的時代，是很能接受外來文化的，唐朝就是最顯著的例子，胡樂、胡人藝術，乃至佛教都在唐朝發揚光大，而唐朝兼容並包的性格也造就了偉大的文明。何況中國文化對臺灣文化而言並不是外來的，何必除之而後快呢！

六、知識分子的政治熱

今年是知識分子最活躍的一年，不但在學院內有數不清的研討會召開，我們更看到知識分子的政治熱達到了一個新的高峯。

知識分子今年投入了很多政治活動，清大學生廖偉程等人被捕的「獨臺案」，引發了一連串的抗爭熱潮，接連發生的中正紀念堂教授遭警毆打事件、交大臺研社遭調查局人員混入事件，更把抗爭聲勢擁推向高潮，罷課、示威，眞是校園鼎沸，令人目不暇給。後來又有廢除刑法一百條之爭，以及隨之而來的反閱兵行動，都由知識分子主導，也對社會造成很大的震撼。

另外，知識分子也開始以結社的方式凝聚力量，從幾年前的澄社到中華論政學社，他們積極尋求介入臺灣政治的方式與機會。到了今年，學者的表現更積極，在八月時，張忠棟等六位教授乾脆集體加入民進黨，正式宣告投入反對運動，後來在年底的國代選舉時，朝野兩黨都分配了不少名額給學者，有些學者甚至被列入不分區國代名單中。

知識分子不甘居於象牙塔中，要求承擔社會責任，以天下爲己任，是中國自古以來的傳統，事實上傳統的知識分子就是統治階層，所謂天子與士大夫共治天下，因此不管是由使命感而來的道德情操，或知識分子本身的社會角色，傳統知識分子關懷社會，「家事、國事、天下事，事事關心」，毋寧是正常的。此一關懷社會的使命感也爲現代知識分子所傳承，自然是有歷史的因素存在。此外，社會對知識分子也特別尊重，當權者需要知識分子的支持，來強化統治的正當性，使政治權力不再是赤裸裸的權力，而是與「道」站在一起的權力；社會大衆對知識分子也尊敬有加，這固然有傳統「士農工商」心理的影響，但知識分子不屬於任何特定階級，與利益集團掛鈎較少的清高形象，也有助於知識分子得到大衆的青睞。社會對知識分子的尊敬，可由孫震事件看出來，當臺大校長孫震遭受行政院長郝柏村點名批評後，本來聲望不高的孫震馬上得到社會大衆的同情，並引起知識界大反彈，最後郝院長不得不表示歉意。由這件事可看出知識分子在現代社會仍具有不可輕侮的地位。

然而，一旦知識分子過度投入政治活動，其清新形象無可避免遭到「除魅」的結局，因爲知識分子(尤其是學院中人)也是人，會與凡人一樣犯錯，尤其捲進政治漩渦後，容易暴露缺點，損害清新形象。而且政治最講究實力，而學術界很難眞正結合成一股牢不可破的力量，因此政治權力對學術界的禮遇不可能長期維持。國民黨如此，民進黨對學術界的禮遇也將是階段性的。何況學者過度投入政治活動，不乏藉著「形象牌」這條終南捷徑，「學而優則仕」的。因此社會對知識分子的優容，將不可能長期維持。

知識分子關心社會，投入政治活動，在推動臺灣政治社會結構的合理化過程中，不容否認有相當大的貢獻，但到了知識分子的清新、高貴形象將逐漸褪色的今日，如何認淸自己的地位，調整自己的角色，繼續對社會做出貢獻，是應該認眞思考的嚴肅課題。

七、期待新典範的建立

今年的臺灣社會，充分表現了價值認同的混亂，以及以統獨之爭爲核心的意識型態之競逐，但由以上的分析，我們知道統獨之爭無法解決臺灣社會目前面對的問題，反而遮蔽了大家的視野，讓不合理的現象躲在統獨之爭這面盾牌後面肆虐，繼續毒害臺灣民衆。所以我們有必要從統獨的意識型態競逐中超脫出來，直接面對臺灣的問題，面對臺灣在「自由化」衝擊下產生的新問題，並且針對社會規範瓦解的現象，迅速建立新的典範，讓大家有所遵從。

臺灣社會的富裕是中國歷史上少見的現象，「臺灣錢淹腳目」這句話足以說明此一現象。但由於缺少遊戲規則，所以臺灣社會的最大問題也出在這裡，資本主義惡質化所衍生的問題是目前臺灣最嚴重的問題，金權政治、金錢投機遊戲、貧富不均，以及勞工、環境污染、無住屋等問題都與此有關，甚至價值認同的混亂與低俗的文化現象也與此有關，這個結是臺灣社會求進步最大的癥結，絕非中國結或臺灣結所能解決。統獨之爭，甚至打破不合理的政治體制，都對這個問題的解決無能爲力。

年初，廿一世紀基金會公布一項「經濟滿意度」民意調查顯示：臺灣地區的民衆只有極少數重視財經官員一再強調的「提高經濟成長」，多數民衆對所得分配感到不滿。這是一項警訊，說明由於一般民衆無法完全享受國家經濟成長帶來的好處，已經缺乏與國家社會的命運緊密結合的一體感，表現了他們對國家整體前途的疏離感。如何解決這個問題呢？

由此可知，新的社會規範的建立不能只是暫時把混亂的現象壓制下來，它必須含有某種程度的社會公義，能照顧多數民衆的利益。因此新的社會規範應該能調和各方的利益，建立各階級的人都願意勉強遵守的規範。如果既得利益者一味以保護自己利益的規範要求對方，以拒絕改革的安定要求對方，這種社會規範將不可能爲臺灣帶來光明的前景。

但是建立良好的社會規範無法期待各級議會，因爲我們的議會已經徹底金牛化了。這裡就顯示出許多學者所強調建立的民間社會(civil society)的重要性，如果臺灣能建立有積極活力的民間社會，那麼可以形成社會的多元力量，可相互協調出大家都能接受的社會規範，這時某種程度的社會衝突甚至是容許的，因爲這種衝突只會帶來新的平衡，而不是互相毀滅。另外，在民間社會內部也會形成自己的生活規範或文化規範，新的社會規範就可累積這些成果建立起來。

透過民間社會的努力，我們期待臺灣社會的新典範的建立。

萬象無常：一九九一文化觀察

蔡源煌

一九九一年可以說是「政治掛帥」的一年，無論是國內或國外，發生了許多前所未有的變遷，而且這些國內外大事都是屬於政治範疇的。從年初波斯灣戰爭爆發，經八月間蘇聯保守派政變，到年底蘇聯政權解體，都可以說是第二次世界大戰以來最引人注目的劇變。一九九一年，打開電視新聞節目或翻閱報紙，我們幾乎都在預期驚心動魄的政治新聞。

一九九一年，在臺灣隨著動員戡亂時期的終止，修憲和制訂國統綱領等重大政治工程也一一展開。然而，由於兩年來，國內的政治風暴所留下來的後遺症，主流派和非主流派這個二分法，在政治觀察家和新聞評論員的心目中，幾乎成了一個有效而便捷的觀察準則。在主流、非主流二分的邏輯下，我們看到長榮航空首航和華隆案成了立法院議場內爭議的話題，更重要的是，我們也看到兩種立場的人馬動作頻仍。職是，在派系利益運作下的國會頓時點燃了「小集團政治」的火種。稍後，國會功能改革會成立，矛頭顯然指向集思會，一直到立法院院長、副院長選舉，在在說明了小集團政治的態勢。

由於政治新聞成了每天報紙頭題的主要素材，人們的閱讀習慣早已被制約爲「政治文本」(political text)的消費者。眼看著一九九〇年以前股市投資的書籍一度是最暢銷的讀物，而今政治新聞成爲熱門讀物！鄭南榕的遺孀，葉菊蘭在立法院的質詢稿，無論充滿多大的爭議性，但是作爲新聞，其爆發性卻往往令人措手不及，而《自由時報》則一再成爲這一類爆發性新聞的獨家。

撇開派系糾葛不說，小集團政治的背後可以看出一些小型、小規模的意識型態對峙。而意識型態的對峙則在年底二屆國代選舉期間走向公開訴求之路。有趣的是，選民(或民衆)對統獨之爭的體會和接受，顯然較往常更理性而冷漠。仔細分析，其個中原因也相當耐人尋思。依我看，將近四十年的戒嚴狀態以及大型的意識形態(如「反共抗俄」那種大型的意識形態議論)，好不容易在解嚴之後這幾年內逐漸鬆脫，而在此時此刻祭出另一種意識型態(臺獨)的令旗來，民衆的心理難免有所抗拒。至少就行銷的觀點而言，一時之間尙難以找到市場空間。

在文學生產方面，若說它完全不受周遭政治氣候和意識型態議論的影響，恐怕會被譏誚爲漠視現實了。在一九九一年當中，文學出版方面的幾樁大事，依我的淺見，應數⑴風雲時代出版社推出《黃禍》一書；⑵前衛出版社推出臺灣作家全集系列；⑶重探歷史舊案的作品，如藍博洲的《幌馬車之歌》、陳芳明的《二二八事件》及《謝雪紅評傳》等書之面世。

《黃禍》的作者以類似歐威爾寫《一九八四》那樣的政治啓示錄的口吻探討了華人共同圈可能發生的政治變動。這本書是政治寓言，也是政治預言——雖然它的預言之可信度未必能引起多大的共鳴！《黃禍》一書（共三卷）的出版是一件大事，但書中所作的政治預測未必能引起廣泛的注意和討論，其道理並不難了解。在往常，政治新聞蔽塞，人們很容易從政治寓言或預測當中獲致「知的滿足」；如今，政治新聞大曝光之後，而讀者經過近兩年來報章雜誌的密集薰陶之餘，更多的人已儼然成爲「內情專家」。對於未來的政情變化，不論是近程或長程，大概都有點臆測能力和推論的基本根據。《黃禍》在此刻一片「政治熱」的時段出現，雖未能引起話題，但還是有它的意義在。

前衛出版社的臺灣作家全集系列在一九九一年推出，除了說因緣際會之外，似乎一下子也找不出很好的解釋。但事實上，當資訊正在逐步「全球化」的今天，像自立報系（尤其是「本土副刊」）那樣孜孜不倦地想樹起本土主義的旗幟，的確有其難能可貴之處。以此觀點去看待臺灣作家全集系列的面世，那麼，這個系列應該算是因緣俱足之後的一種行動訊號。特別是在「統獨」意識型態爭論公然見諸報端和電視新聞之後，臺灣作家全集系列和本土主義意識型態畢竟有其相互輝映觀照的一面。

藍博洲的《幌馬車之歌》與陳芳明的兩部專書，同屬於重探歷史公案的性質，但是藍氏的書以報導文學的形式處理五〇年代的白色檔案，比起陳氏的史家筆法更容易找到立即的讀者和市場。

相對於處理政治和歷史的「硬性」品味格調，一九九一年的書市仍舊是「軟調」的天下。在這些軟調產品的格局裡，希代出版公司大有取代皇冠之勢。而這種軟調的出版物，究竟以什麼題材爲訴求，讀者也許從它的書名便可窺見一斑：例如，《你是我最痛的愛戀》、《花雨淋濕了我的影子》等等。

前一陣子盛行「輕薄短小」的製作原則，迄今尚無太大的改變，從情詩短萃到傳佩榮式的短文，依舊是書市的寵兒。以這種趨勢來斷言，我們只好說：現在的讀者腦容量和耐性都變小了，所以若不是坐下來能一氣呵成、一口氣讀完的東西，恐怕愈來愈乏人問津了。

儘管書市仍以情、色等軟調讀物拔得頭籌，仍以輕薄短小爲製作原則。但是，說實話，一九九一年當中，誰也不敢斷言究竟當前讀者的品味定位在何處？品味的變動不居，直教人相信這是一個朝三暮四的時代，究竟讀者喜好什麼，恐怕連出版商也摸不透，而出版的好尚選擇，多半是在誤打誤撞的情況下進行，撞著了只能說賺錢的運到了，瞎貓也能碰上死耗子。總之，過去一兩年，常聽到評論家指謫「文化工業」把文化變成商品消費的芻狗，使文化愈趨通俗下流；事實上，以當前的狀況而言，閱讀品味的變動無常，也可能成爲出版投機者的致命傷，任何既定的出版方針都有可能隨時變成一劑「票房毒藥」！

在文化意見的陳述方面，過去我們曾預期一種新「春秋戰國」的誕生。這樣的預期並沒有錯，只是過去很多人或許預期在百家爭鳴的狀況下，不同意見的衝突傾軋在所難免，而有些人也彷彿準備好在爆發筆戰的當頭，卯足勁，全力投入，裨求個出人頭地的機會。然而，依客觀的觀察，儘管各種言論都可以擺上桌面、檯面，但是在意見公開之際，立場的對峙卻愈淪爲桌面下的小動作。分析其原因，我們發現，百家爭鳴其實也意味著言論影響層面的窄縮。一九九一年給我們最大的啓示是：各種言論，說歸說，誰也別奢想能說服另一方，更不必談誰怕誰了。勢之所趨，各種言論的局面和規模愈顯得狹隘彎促，完全談不上擴大影響。最容易教文化人覺得心酸的無非是：他們的言論只是在媒體的版面空間上發揮了一點塡空的功用。在發表言論的人來說，只是一種心理能量的消耗；在讀者來說，各種言論意見，其實無異於「讀者投書」，在讀畢的那一瞬間就已注定要被遺忘的命運。就此而言，當今的文字工作者，若是「我執」太深，太過於膨脹自我，甚至師心自用，其後果不外兩種：不是過於勞神傷元氣，便是貽笑大方——因爲讀者儘管可以激動一時，但畢竟他們還是冷漠無常的！

總之，從一九九一年的文化現象來看，我們更不該妄以爲天底下有哪種理論陳述可以天久地長歷久彌堅！蘇聯式的共產主義都可以在一九九一這一年當中解潰，況乎其他的理論？

在一九九一年這般五色雜陳變幻無常的文化格局中，我們目睹了八開本周刊猛賣「波霸」的點子，葉子楣成了一九九一年最新出土的性感尤物。臺灣觀衆對大胸脯的崇拜，說穿了，也只是媒體迷幻劑催眠之下的潛意識發洩。這種發洩本質上也是不必經過大腦思考的自瀆，而圖像媒介對波霸的渲染，似乎刻意要去深化觀衆們這種自瀆的沈溺。

在圖像媒介方面，一九九一年是雷聲大雨點小的一年。「牯嶺街少年殺人事件」顯然無法直追前年的「悲情城市」，而地下第四臺的氾濫，數度造成錄影帶業者的抗議，影帶業者甚至指控第四臺侵犯著作權、侵犯智慧財產權，可是喊歸喊，看第四臺的人還不是照看！另外，有線電視法草案於最近完成，到頭來是不是又像廣電法一樣，成了自由競爭的一道詛咒或金箍咒，目前仍不得而知。但是有一點是可以確信的：那就是很多人顯然對有線電視存著太多不著邊際的幻想。若不開放民營，根本談不上「變化」；即使開放民營，在收視率和利潤的壓力之下，也難保不走媚俗KITSCH之路！

對一個有心於文化志業的人來說，一九九一年，政治新聞壓倒一般文學讀物，文學消費品味無常，意見陳述的層次愈來愈小家子氣，愈小規模化——這些現象都不是怎麼令人鼓舞振奮的，而且在一年的傾軋之中，幾乎看不出哪個人或哪一家出版社算得上是贏家。

爲文化大計著想，文化主管機關、學界，和文化出版業者實在應該好好地坐下來談談，儘早確立一些相對的穩定指標，否則一九九〇年代臺灣的文化好尙，搞不好都會像一九九一年這樣，只是隨波逐流而無目的和定向。在政治改革，來考量修憲、國統綱領和兩岸關係的種種政治工程進行之際，其實也該兼顧文化綱領。在文化範疇，若一味講究規範則流於霸道；反之，若一味標榜自由隨興發展，則出版業界和社會都會付出更高的成本卻一事無成！

一九九一年臺灣社會文化評論

蔡錦昌

一、

在進行評論之前，我們應該先來討論一下評論活動所面臨的限制。因爲只有自覺評論活動之限制，才能避免盲目推崇某種評斷方向或者意氣用事地拒斥其他評斷角度，以免整個活動淪爲某人一己一時好惡之所趨而無益於人生社會祥和之氣的增長與維續。評論活動是由評論者和讀者雙方一同參與所完成的，所以這一點自覺對雙方都同等重要。讀評論文字的讀者可不能像去百貨公司購物的消費者那樣，「只要我能力所及而又喜歡」，就將某種貨品要過來抱回家；應該像個去電影院看電影的觀衆，面對一連串的故事情節和影像，深有所感而事後有南柯一夢的醒覺效果。

究竟評論活動的限制在那裡呢？主要有兩點：第一，評論免不了要採取某種觀點，而即使是最深入最廣涵的觀點亦避免不了「作法自斃」的後顧之憂，有所見就有所不見，錮囿於某一定見而無法如其所如地與天地之道運相迴旋。因此，無論是寫評論者或讀評論者，都應該心中有數，知道評論只是個不得已的手段而已，千萬不能心存評論出一個眞理來的雄心壯志而全力在觀點上做功夫，毋寧應該在修辭和語氣上下功夫，保住一點兒迴旋的餘地。第二，評論只是就一時之局勢狀況而評估其得失優劣利弊而已，但是局勢狀況是會變的，誰也不敢說掌握住一種主宰著局勢狀況的因素而預斷其未來變化，因而蓋棺論定其當下之得失利弊。因此之故，評論永遠只能表達評論者的處事態度而無法展現被評論的局勢狀況本身。讀了這篇關於一九九一年臺灣地區社會文化發展情況的評論，並不等於掌握了一九九一年臺灣的社會文化情況；只能說參考了本文對一九九一年臺灣社會文化狀況的分析與評估，知道有這麼一種看法。如果你是個無準備或無心於此的讀者，讀了本篇以後，至少心中亦必須記得：你只知道了本文所謂的「一九九一年臺灣社會文化狀況」而且打算暫時以此爲一主要參考藍本而已。

二、

如果說社會文化大事就是一個社群在某個時期內之事關社會基礎結構變化的重大事件，那麼本年最重大的事件應莫過於民主進步黨黨內通過所謂以建立臺灣共和國爲宗旨的「臺獨黨綱事件」。雖然這僅僅是個百來字的文字宣告，既未正式向內政部報備，政府有關當局迄今亦未以此採取任何制裁措施，似乎整個事情眞的如某些人士所謂只是個「空砲彈」，只是個「名義」問題，與眞正的行動無關。不只如此，還有人因此認爲政府當局與反臺獨人士居然能如此容忍臺獨黨綱之公開存在，足以表現臺灣人民民主政治修養之成熟，以及言論自由在臺灣已經具備實質的基礎。然而鑒諸潛隱在水面下頻頻有所動作的諸般事象，我們就應該認清這不僅僅是個「名義」問題。這是個眞眞實實的「實質」問題。因爲臺獨黨綱之公開發布，已經將過去四十年來視臺灣人民爲中國全體人民之一部分、視臺灣爲中國領土的一部分之當然社會意識打破，使統一與獨立兩種主張成爲在集體意識上平起平坐的議題，使國民黨政府所支持的反臺獨主張相形之下變成一種受到不公平勢力保障的主張，使支持政府變成等於支持現實與維護現狀。今年年底第二屆國民大會代表選舉的結果所顯示出來的就是這種意義。這次選舉國民黨之所以獲得幾乎壓倒性的勝利，固然與國民黨在地方上組織動員的能力有關，也多多少少與國民黨候選人之買票能力有關。然而揆諸爲數不少無所選擇的小市民之投給社會民主黨候選人、北中高三市國民黨候選人的優勢、臺獨黨綱提案人林濁水的低票、民進黨候選人之紛紛改採溫和人緣策略等跡象，臺獨黨綱的確有點兒嚇到人，嚇到原本還信靠政府保護的外省人及其子弟改採與民進黨戰鬥的姿勢，紛紛相互提醒走告支持國民黨的必要；嚇到工商界人士不敢再縱容民進黨，嚇到客語人士更加反對民進黨。過去的反臺獨是理所當然的反對，因爲一來政府還壓得住，二來臺獨勢力還未至於須要認眞去反的地步。但是現在的反臺獨卻變成害怕臺獨帶來禍亂才去反，不反不行。此中之差別甚大。反臺獨居然要靠選票來反，可見臺獨勢力在臺灣之坐大了。

二、

就如同香港人面對一九九七年大陸政府將收回香港的問題一樣，住在臺灣的人也有山雨欲來風滿樓之感。香港人本來就現實，現在就更不必說了。在有辦法走的人都走了或者都安排好了後路以後，留下來的人便唯有更小心更實際地以「少輸就算贏」的心情去面對明天了。

不過，儘管愈來愈接近九七大限，今天港人的心情卻明顯比三四年前開朗一些，因爲大局已定，人事已盡，憂心也是徒然，不如看開些好。相反的，今天在臺灣的人，心情倒比較接近三四年前甚至五六年前的港人，而其焦慮的程度則過之。港人是住在老虎籠子旁邊的人，當然不會有奢望。但臺灣人不然。在島上的臺灣人經過這四十多年來的休養生息與經濟發展，特別是政治上的日益開放，早已經不曉得甚麼叫「克難」精神和「備戰」狀態了。他們覺得島上這麼好的生活就因爲跟大陸統一而化爲烏有，實在太冤枉而心有不甘。他們希望這個世界最好變得更民主更法治，好讓他們這些運氣好的人不必像港人一樣面臨大限，空歡喜一場。說閩南語的臺灣人尤其有這種感受。正所謂「由窮入富易，由富入窮難」，說閩南語這一群經歷過國軍入臺、「二二八」事件和推行國語運動以後，總覺得自己無來由又被人踩在脚底，無法「出頭天」。這分憤憤不平之怨氣，就發作在或激烈或溫和的臺獨傾向上。溫和的臺獨傾向倒也罷了(我想連國民黨的核心分子也有)，最擾亂社會民心的是兩種激烈的臺獨傾向：其一是獨立臺灣會的主事人史明所主張的「臺灣民族論」、其二是陳婉眞領導的「臺灣建國聯盟」和林濁水提案通過的「臺獨黨綱」。前者在理念上是一顆定時炸彈，如果得到閩南語人口的認同，未來很可能會引發另一次「二二八」事件；對比較純種的外省人而言，長期性的威脅最大。後者則在行動上會間接導致臺灣的內部動亂不安以及更嚴重的共軍壓境的危險，在近期內威脅最大。

當然，在任何一個群體中都有一些人是比較敏感而能動性也較高的。而且一般而言，愈是地位高而受教育的機會大的也愈敏感而能動。據我估算，這一類的人在臺灣約佔三四成。這類人之中，有的人因爲是受過教育和有點兒錢財地位、有的人因爲是經歷過戰亂風霜的外省老人、有的人因爲年輕而慕尚美加生活——他們是移民美加澳洲和南美的一群。但這類人之中，亦有的人因爲是留學歸國的年輕人，在臺灣找工作比較容易而且可以陪伴父母、有的人因爲出國多了，發現還是臺灣的生活適合自己、有的人因爲中壯年事業有成，覺得不必再汲汲營營爲稻粱衣裝謀，應該在有生之年做一些具有長久意義的事情——這些人是留在臺灣的一群。當然，這一類人之中，亦有不少人處於一種去與留的混合模式之中，有的當「空中飛人」，經常乘國際班機探視親人或巡察業務，有的家人分散各地，只不過父母老家仍在臺灣等不一而足。由於近年來臺灣經濟起飛，國民收入水準增高，消費力強，隨隨便便一個高中畢業的上班族或甚至一個國中畢業而工作十年，有固定收入和一些外快的人，都可能是個開私家車跑國際機場的常客，所以這種去留臺灣的情況十分平常。

以上所說的這些比較敏感而能動性高的人，對於激烈的臺獨主張與動作比一般人更感焦慮，因爲他們想得比較多，也有能力應付，對得失成敗更看不開，所以心中更容易生出不安之感。有不安之感而能處之泰然者並不多，於是一些怪現象就出現了。這些怪現象大抵都是以壓制不安感爲機制所產生出來的。其中最常見的是以偏概全的泄憤之論，如「臺灣的生活品質太差，不能住下去了！」、「國民黨政府又想出賣我們臺灣人，我要留下來跟他們拼！」、「我們臺灣的工程總是偷工減料拿回扣，比大陸共產黨還不如！」等意見，即是這種撫平不安與焦慮的「氣話」。

四、

一般人如果茶餘飯後發發牢騷，說些氣話偏頗之論也就罷了。不巧臺灣的教育又這麼發達，二三十年來累積地培養了不知多少所謂的「知識分子」。這些「知識分子」又都是些以學到一點西方人的斷事標準就拿來批評自家社會的「有志之士」。他們實際上並不懂得西方學術的人存在姿態，也不懂得西方概念之歷史起源與運作基礎(他們才沒這個閒功夫去追究這麼多)，他們所知的只是那些「民主」、「法治」、「自由」、「人權」、「科學」、「理性」、「眞理」、「正義」等等西洋觀念簡單好用，任誰稍稍學會這些詞的意涵，都能立刻變成孟子所謂的「大丈夫」，頓然覺得自己能夠貧賤不能移、富貴不能淫、威武不能屈，偉岸不群，盱衡天下。爲甚麼能有這樣的效果呢？關鍵就在於：這些觀念都是些「放諸四海皆準」的抽象觀念。就其作爲一種內容與成品而言，這些抽象觀念是旣易學而又威力強大的。就像賽車場上的一輛輛雷諾牌跑車，加點油以後就跑得威風八面呱呱叫；「民主」、「人權」這些觀念在大學裡亦然。只要在課堂上、刊物上吹捧一下，引幾句西洋名人的話撐撐腰，再拿它們往中國社會文化現象上試兩下，包你會覺得有當年「五四」運動時陳獨秀、胡適之的啓蒙威力。我說「就其爲一種內容與成品而言」，意即就其爲一輛輛的賽車和已經在法國雷諾汽車廠造好出廠，可以運送到世界各地代理商出售而言；如果換作觀念的話，便是就其爲一個個有神聖價值與內涵的觀念，以及已經在歐美地區（主要是大學中）歷經幾百年的社會文化演變製造完成，只等待亞非拉地區的留學生將它們帶到非歐美地區的各大學去而言。所以「就其爲一種內容與成品而言」亦即是就其以抽象的方式獲得與使用而言之意。只有這樣，東西才既易學而又威力強大。

可是一件來自本土廣大的社會生活基礎而且又能順當使用在本土生活架構中的事物，是絕不會抽象地得而又抽象地用的，因爲這樣才能源源不絕地生產和消費，同時也可以不斷改良這種事物的品質。試問一個沒有鋼鐵工業和重工業基礎的國家如何能自己製造出一輛輛的雷諾跑車來？同樣的，一個國民消費水準不高而道路設施又差的地方又如何買得起雷諾跑車和開得了它，更別說還需要有賽車文化和專用賽車場等軟硬體設備了。一種既無本土之來處，亦無本土之去處的東西，是註定永遠需要船來補充和推廣不出去的。我們那些搞「民主」、「人權」觀念的知識分子之所以須要不斷補充西洋最新潮流知識（甚至有能力與方便者一有機會就出國「充電」，快速有效），以及我們的政治文化似乎永遠都不符合「民主」、「人權」的標準，即是因爲這些觀念是抽象地得和抽象地用的緣故。

過去這一年這些知識分子組成所謂「臺灣教授協會」、「大學改革促進會」以及「一〇〇行動聯盟」，自以爲是地將這些舶來神聖觀念祭出來強迫施用，以印證他們在大學裡相濡以沫所得出來的那分「大丈夫」感受，以遂他們「天下興亡在我匹夫」的權勢感。他們的頭腦很簡單：不符合「民主」、「法治」、「人權」、「理性」的就不對，就不應該存在。他們憤激不滿，所發的盡是以偏概全的泄憤之論，所行的盡是朋黨抗爭的反政府舉動。如果荀子再世，目覩這種情形，他一定會罵這些知識分子爲「姦人之雄，聖王起所以先誅也，然後盜賊次之；盜賊得變(可教之使自新)，此不得變也。」(《荀子．非相篇》)

五、

我們的知識分子最喜歡的是各種有現代化涵義的事物和觀念。這些東西充斥於臺灣的大學講壇上、報刊上、電視上、教科書上、各種講演上，蔚爲一股社會教育的洪流。雖然這股洪流的始作俑者是三十年前留學美國的大學教授和不少由這些大學教授轉任的當今官員，但是眞正持續發揮影響力的卻是從各大專院校畢業(主要是新聞科系和政治、經濟、歷史等系)

的記者和播報員。尤其是像《聯合報》和《中國時報》這些大報的記者以及他們所捧紅的一批作家，儼然已成爲臺灣地區社會輿論的督導員。就是他們這批人每天督導著自己與讀者們義無反顧地往現代化的大道上前進；就是他們這群人每天重覆使用「民主」、「法治」、「理性」、「現代化」、「進步」這些神聖舶來字眼來催眠全臺灣能看報紙的人口。

如果要說這些現代化主義者有些甚麼共同特色的話，那就是一種潔癖文化，就是一種要把所有不合乎理想的事物通通趕出知覺領域之外的強迫性傾向。這種傾向與知識分子之視「民主」、「法治」、「理性」、「人權」、「和平」等觀念爲神聖不可侵犯之定論的性格有關。就是因爲像記者這等通俗的、傳散性的知識分子太認定這些觀念之眞理性、無疑性、放諸四海皆準性，所以更不能容忍這些觀念不能實際實現在現實生活中，以及說這些觀念只不過是某種特殊時空中的人才有的想法的說法。這種視觀念爲衆多因緣條件所積聚湊合才能產生也才能使用的看法，正是現代化論者這種以散播現成神聖觀念爲職志的知識分子所最不耐煩的看法。就好像一個賣香水的百貨公司女店員之希望每個顧客都認定香噴噴的女人是討人喜歡的一樣，各大報的記者與作家也希望每一位讀者對「理性」、「進步」等觀念早已視爲當然。因爲只有這樣，賣香水這一行和做記者作家這一行才有前途，行情才會高漲，生意才會興隆。如果大家想法太多，做事的分寸太分殊多樣的話，香水和報紙又如何能銷路廣大呢？

所以說：一定要認爲好的事物與壞的事物勢不兩立而且認爲好的事物一定能實際實現，

生活才能有目標與方向，也才會有活潑有勁的力動性表現——比如出現搶購某種香水或大家爭著看某報消息等場面（用現在的性心理學術語來說，就是「高潮」出現）。所謂有理性的現代人，即是這種自以為可以有點兒作為而不甘願虛擲生命、時刻處於蠢蠢欲動狀態的驕傲人物。這樣的人物是最不擅長體會、體諒、忍耐和慨歎的。你若是跟他們說：「事情沒這麼簡單。現在的情況雖然不太好，但是也只能靜待事情慢慢變化，到了局勢有利時才好採取主動。」或者說：「一根針不會兩頭都尖。交通方便固然很好，但是太方便了就會使人怠惰而且失去出門的感覺。」他們聽了這些話，一定會打從心底不舒服，覺得他們被個無名的東西縛綁住，展不開身手。這種不舒服的感覺會令他們厭惡一切曖昧不明的糾纏狀況，因為曖昧不明的糾纏狀況會阻礙或扭曲他們那些簡單直接而又充滿可預期之快感的行動與努力，使他們覺得有如白璧玷汚一樣，非常難以忍受。

六、

作家三毛的自殺事件、反對建核電廠運動以及著名電影編劇小野和吳念眞幫助民進黨策畫電視競選宣傳錄影帶等，都不是孤立的事件。三毛說她厭倦這樣假惺惺、旣醜陋又無望的人生；反核人士說，核電廠既是定時炸彈，也是一種反民主反人權的結果；小野和吳念眞認爲國民黨壟斷臺灣的媒介管道，他們要出來打抱不平。這些人都希望而且認爲可以實現他們的自我。他們認爲人生應該爲自我之實現負責。自我不能實現，則一切都味同嚼蠟，活著也沒意思。生命、榮譽地位、社會進步繁榮等如若是不義之得，得了不如不得。這是一種潔癖文化內化了以後所產生的內疚感表現。通常是一個經濟繁榮的社會中成功人士所特有的行爲。

在今日的臺灣社會，只有五、六十歲以上的人才有可能保持一種勤儉樂天的「隨遇而安」的心態。這種心態乃是吃過香蕉皮和穿過補釘褲的人才能保持的特殊能力。在他們而言，日子只有好過和不好過的不同，沒有所謂義與不義的差別；只有公子哥兒和吃飽飯撐著的人才會如此多愁善感，無事強說愁。

對於吃飽了飯的成功人士而言，人生最大的悲哀就是無聊。無聊有好幾種。感覺到社會上和人生中有所謂不公不義的是其中比較敏感而內化的一種。套一句通俗的禪家話頭來說，內疚感是一種「看山不是山，看水不是水」的境界狀態。人一旦不安於其成功之道，就會覺得到處都是不公不義；而通常的反應方式就是譴責這不公不義的人與事以及打抱不平、伸張正義或者救助貧病、義工義診。在今日的臺灣，這樣的「安心」活動十分普遍。譬如由證嚴法師所領導的慈濟功德會之所以出乎意料之外的成功、親子活動之受歡迎、兒童保護以及殘障福利之受到重視、捐血運動，甚至保護古蹟(如所謂「十三行遺址事件」是)等，都與此內疚感有關。(我的意思不是行善濟貧不好。卹貧賑災、濟弱扶傾，原是傳統儒家王道之一環。然而若果響應過度熱烈，幾乎成爲一種流行，那就變成一種病態的集體行爲了。因爲凡事都應該有個分寸，過猶不及都不好。)

臺灣有句話說：「寵子不孝。」偏偏現在臺灣的父母愈來愈多都寵愛子女，尤其住在都市而經商成功者，更容易有子女不孝的問題。究其原因，除了受教育較高者在學校裡外受到西方思想潮流的影響以外，父母們因爲將大部分精力放在個人事業上而無法分身照顧子女，心中內疚，因而完全倚賴寵愛來補救遺憾，也是重要原因之一。寵愛子女的手段當然以金錢爲主。此所以兒童玩具、衣物、食品，甚至遊樂設施皆大賺其錢。寵愛子女的另一種變形就是挖空心思，盡力設法提供子女最好的成長條件，包括現代版的「孟母三遷」：將住處或戶籍遷至臺北市大安區或美國舊金山灣區；也包括強迫子女上才藝班，學兒童英語，跳兒童芭蕾舞。最後，也包括母親辭職專心帶小孩，陪小孩講話，接小孩上下學。

七、

不要說小孩受寵了以後就會自以爲了不起，以爲天下事就只有寵愛分配合理與否的問題，斤斤計較，擾攘不休；其實大人又何嘗不是？大人受寵了以後，那副爭寵的樣子恐怕比小孩有過之無不及。有句俗話說：「才得三分顏色就想開染坊。」即是指這種得寸進尺、不知天高地厚的「寵子」行徑。

臺灣人的自尊就是一種「寵子」自尊，跟日本人差不多。有了幾個錢以後，就期望西裝革履，受人奉迎。日本人自從又站起來以後，就多方設法宣揚日本民族之優越，在在以「日本第一」爲標榜。舉凡發射太空衛星、建東京鐵塔、磁浮火車比快、佛教大藏經的印刷出版，樣樣都要依足歐美中印刷的標準而猶超過之，連巴黎的後現代主義和美國的瑪丹娜歌舞秀也不放過。總之，日本人要透過這些行爲表現向世界宣告：我們日本人比你們最好的還更好，而且能將你們最好的東西集中在我們這裡；這樣，你們知道我們的厲害了罷？

臺灣人畢竟是中國文化薰陶下成長的中國人，所以即使同樣是「寵子」行徑，也跟日本人微有差異。第一，臺灣人買法國人造的杜邦(Dupont)打火機之所以一定要買打火時會發出

「鏘」一聲的那一種、臺灣人喝酒時之所以一定要喝XO白蘭地而且以乾杯的方式來喝，這些都並不是爲了把外國人比下去或者使外國人看得起我們，而是爲了在自己人面前顯露威風，把自己人比下去，所以根本不必管外國人本身的標準是如何的。第二，臺灣人一如一般的中國人，他們之所以尊敬歐美白人只不過因爲當今歐美白人吃得開、罩得住，並不是因爲歐美白人有甚麼值得尊敬的地方；只要外國人給臺灣人面子，旅行貿易上有諸種方便，臺灣人就很心滿意足；至於外國人心裡面怎麼想，是否眞的很佩服我們，就不是臺灣人所關心的了。總之，臺灣人所要的是面子，是派頭。這種人才會「得了三分顏色就想開染坊」，欺善怕惡，周身賤骨頭。

臺灣人不會像日本人那樣弄出一大堆「臺灣第一」來。臺灣人才沒那個功夫爭這種東西。臺灣人要爭的是：「大爺現在是一隻老虎，可不是以前的病貓。你們最好把眼睛擦亮一點，千萬不可像以前那樣輕易來捋虎鬚。」在野反對黨人士所謂的「臺灣人出頭天」，指的即是這種要求。

臺灣人不能寵。寵了就會不知分寸，自以爲是，會弄出亂子來的。民進黨人士之發起所謂「以臺灣名義加入聯合國」全民公決運動，以及某些三、四十歲的年輕知識分子呼籲大家反對戰爭與備戰，還有朝野不少人士主張無條件開放與大陸三通(通商、通航、通郵)，此皆「寵子」行徑，一廂情願的幼稚想法。

八、

臺灣中國人之好名好派頭，在男人的夜間應酬文化上表現得最突出。臺灣的男人文化當然有日本人的一點遺跡在。所以比起港澳人和大陸人而言，臺灣的大男人主義是頗厲害的。立法委員李勝峯就說過：如果男人的事業不是以夜間應酬來衡量的話，所謂「爸爸回家吃晚飯」這種家庭天倫之樂便不成問題了。在一個像臺灣這樣以中小企業經營者作爲社會主力的中國文化社區裡，以事業爲主的男人早就以有應酬之多寡以及應酬場合之分量來衡量是否有能力有權威了。中小企業的經營文化不只是臺灣企業界的特色，也是臺灣一切軍政文教的特色。臺灣的中央政府事業，其實就是臺灣最大的中小企業，所以其性格也愈來愈有中小企業所特有之彈性以及人緣性（或以現今市面上流行的話說，就是「人脈」）。中國人的事業本來是靠「關係」和「面子」來維持與推展的，而「關係」和「面子」二者之關鍵又在「做人」上——意即如果會做人，關係會愈來愈好而面子會愈來愈夠；反之，如果不會做人，關係便愈來愈差而面子也愈來愈不足。一個人若然既無認識有關係的人，當然亦無人給他面子，如果這樣，他有多大本領也施展不出來（因爲沒有人欣賞這種本領，也沒有人願意幫他施展本領），何況在一個大家的本領仍莫辨高下的競爭場合中，沒有關係與面子的人又如何能有較大機會爲人青睞呢？中小企業既非壟斷性的大企業，又非公認本領高強的專技企業，它們之所以能運作得順利而且活力充沛，就全靠人脈之活絡旺盛了。

中小企業主管的「做人」方式，是一種「人在江湖，身不由己」的做人方式，講究的是魄力與義氣。「人在江湖，身不由己」這句話是從香港傳到臺灣來的。香港是個難民社會，黑社會幫派勢力大。他們的「江湖」主要是黑社會的江湖。而臺灣的「江湖」則主要是官民之間以及商場上的江湖。但不管是甚麼江湖，總之，江湖中人做人的典型是講信用、有膽色，而且行事以義氣爲重，不貪小利而出賣自己人。一言以蔽之，江湖中人尊崇的是「人治」而非「法治」。只要某人是條漢子，說話算話有擔當，便能獲得別人信任，與人合作時不必先訂契約，先小人後君子，也不必管官方律例、民間習俗，想怎麼樣做都可以，免卻很多手續的麻煩和延宕。此種機動變化的「人治」彈性，正是臺灣當今中小企業在國際貿易上的最大本錢。

可是如果每個稍有成就的男人都須要在江湖上好好「做人」的話，那些一般正常的生活機構就必須挪出夠多的空間讓他們發揮才行。「爸爸不能回家吃晚飯」只是其中一面，而且是負面的一面而已。真正讓「江湖英雄」們大大發揮的地方是那些高級酒吧、酒家、大飯店、啤酒屋。怪不得有人說：如果有誰能發明一種使人千杯不醉、萬箸不撐的藥，除了一定大發利市以外，還拯救全臺灣的男人呢！

臺灣男人的「江湖時間」都在入夜之後。因爲夜間不是做正經事的時段，可以弄點兒見眞性情的活動。一個眞正的江湖好漢必須表現他的豪氣干雲，不會婆婆媽媽的整天惦掛著老婆孩子；當然，更不會怕那肝癌肺癌和酒後失態，而不與「兄弟們」、「好朋友們」抽菸乾杯的。臺灣男人要「做人」，就必須用生命去做，用幸福去做，用安全去做。在這些方面能拿得起放得下的人，才會講義氣、夠魄力、有信用。

九、

在拉雜地談論過上面幾個我所注意到的社會文化糾結以後，該是總結一下我對今年一年臺灣社會文化狀況之評估的時候了。

總括言之，今年一年臺灣的社會文化狀況除了因爲發生了臺獨黨綱事件，使過去四十年臺灣之當然社會意識被打破以外，其他如一〇〇行動聯盟事件、年底二屆國代選舉、三毛自殺、十三行遺址風波等，基本上都沒有使臺灣社會文化近十多年來的大致性格產生重大轉變。臺灣仍是一個外貿導向的島嶼中國文化社區。島上的人仍然是不知天高地厚、欺善怕惡的「寵子」，仍然是好名好派頭的XO乾杯族，仍然會寵壞那些自以爲是地亂用舶來觀念的知識分子。在臺灣與大陸有任何實質統一動作之前，我想任何所謂重大事件皆不免只是些大局面中的浪花而已。浪花的根本性質是好看而且曇花一現，卻與社會文化前途之利害無關。

從殺害骨肉事件談基層社會的文化意識

鄭志明

一、前言

隨著現代社會的高度分化，人們以其固有的文化意識與生活方式去謀求適應新的環境與生活條件時，由於衝突情境的增加，舊的問題更加惡化，新的問題層出不窮，經驗了不少嚴重的困難與問題❶。這種現代化的社會變遷所造成社會結構體質的改變，在不同的生活族群裡，其所反映出來的程度與向度各有差異，此時應該考慮到不同族群的文化區隔現象，而非

❶廿一世紀基金會，〈臺灣社會問題分析〉，《一九八八年臺灣社會評估報告》第六章，七九年，頁一〇一。

一律以「公衆論題」(public issues)視之，忽略了問題背後的多樣性，流於一種主觀性的認定與界範❷。

就「社會」的全體結構之內涵，迄今爲止，社會學者有著紛紜繁多的現代社會理論，尙未有著共識的典範出現，彼此間的詮釋差異甚大，重要的理論有：工業社會論(聖西蒙、孔德、斯賓塞)、資本主義社會論(馬克思)、民主社會論或多元社會論(托克威爾)、有機型社會論(曼海姆、米爾士)、大量生產及大量消費社會論(羅斯托)、後工業社會論或知識社會論(丹尼爾)、精英社會論(柏雷圖、莫斯卡)、管理社會論(馬庫色)等❸。這些理論實際上共同面臨到現代社會多元的複合結構問題，有人以爲可以組合成一個具有共同特徵的全體社會，有人認爲全體社會的觀念建立是沒有意義的，亦有人主張應同時具有著巨視與微視兩種層次的認知，掌握到部分與整體的互動關係❹。就社會的內在結構而言，社會區分是有必要的，傳統社會的士農工商不僅是職業的區分，同時也是社會階層的區分，有著各自的文化體系與生活風格❺。

---

❷葉啓政，〈有關社會問題基本性質的初步檢討〉，《當前臺灣社會問題》，巨流圖書公司，六八年，頁六——九。

❸宋明順，《大衆社會理論——現代社會的結構分析》，師大書苑，七七年，自序頁三。

❹陳秉璋，《社會學理論》，三民書局，七四年，頁四二五。

❺楊懋春，《社會學》，臺灣商務印書館，六八年，頁三二二。

現代的社會結構雖然改變了，但是社會階層依舊是存在著，有些學者以收入等經濟條件加以區分。實際上經濟條件帶出了教育水平與生活素質等文化問題。一般社會理論大多偏中上社會的結構性分析上，本文所採用的「基層社會」是指大衆社會中最底層的弱勢者，是社會的邊緣人，當談到社會的整體特徵時常忽略了此一族群的存在。

基層社會的判定基本上還是從文化的立場來加以區分。有些學者稱之爲「貧窮文化」❻。這個術語還是著眼於經濟的分別上，不如赫伯特．岡士(Herbert J. Gans)從品味文化的角度，將社會大衆的文化型態分成五個層次，即上層文化(high culture)、中上層文化(upper-middle culture)、中下層文化(lower-middle culture)、下層文化(low culture)、擬鄉土下層文化(quasi-folk low culture)等❼。本文所指的基層社會大致上是指具有下層文化或擬鄉土下層文化特徵的社會族群，由於其社會地位與經濟能力的低下，其文化需求一向被人所忽視；可是這些人剛從鄉土民俗文化中轉向現代社會，其所面臨到文化衝激比任何族群還要高，其所能獲得的救援與協助卻是最少的，甚至還要承受著造成社會文化低落的罪名。

這幾年來，有關文化發展的評估與展望，很少關心到基層社會的文化型態。學者討論到

❻白秀雄等著，《現代社會學》，五南圖書公司，六七年，頁二〇一。

❼韓玉蘭等譯，《雅俗之間——通俗與上層文化比較》，允晨文化公司，七四年，頁七四——一〇一。

民間文化❽、文化價值觀❾、文化素養指標❿等問題時大多也止於中下層文化現象，對於更弱勢的文化型態尚未有深入的分析與關懷。造成的原因，可能在於基層社會的問題很難成爲公衆論題，因其長期以來的弱勢型態，往往只被視爲私人困擾(private troubles)而已。因其所持有的價值觀念與生活方式與以中下層爲主流的世俗文化是有距離的，雖然其問題也普遍存在於社會結構之中，卻不被大多數人普遍共認。

在資本主義支配下的媒體文化與拜物文化更趨普化與深化之下⓫，在消費文化的強勢主導中，基層社會的民衆不僅未逢其利，反而深遭其害。階級差異文化益趨嚴重，使得原本惡劣的生活條件更加地劣質化；其賴以生存的本土世俗文化，幾乎面臨到瓦解的危機，本身又缺乏了創造與轉化的能力，連「跟著感覺走」的自主性格都難以擁有⓬。導致最親近的人倫關

❽蕭新煌，〈臺灣民間文化的發展〉，《民國七十八年度中華民國文化發展之評估與展望》，行政院文化建設委員會，七十九年。

❾許倬雲，〈文化價值觀的變化與建設〉，《民國七十八年度中華民國文化發展之評估與展望》，行政院文化建設委員會，七十九年。

❿李亦園，〈文化素養指標的再探討〉，《民國七十九年度中華民國文化發展之評估與展望》，行政院文化建設委員會，八○年。

⓫同注❽，頁七四。

⓬同注❾，頁一○。

係也有著渺小無助的感覺。不僅感官性的生活無法獲得滿足⑬，連生存的信念多常遭受到惡劣的挑戰。今年一年中社會問題的擴增，有不少即是親子間的倫理危機，其中以謀害親子的事件，最令人難以寬懷。

在臺灣轉型期社會結構變遷的過程中，傳統價值體系的失靈，導致傳統人際關係的脫序，在基層社會裡眞的是問題百出，發生了不少反家庭倫理的社會事件，如殺親、亂倫、爭鬥、通姦、賣女、犯上、欺下、遺棄等⑭。這些案件有的由於隱藏性高，除非其他刑事案件的併發，否則不太被重視與知悉。這種反倫常的社會事件，在中下層以上的社會是出現了衰退的頻率⑮；可是在基層社會裡其危險性仍然相當的高，一爆發就已不可收拾。由前幾年虐待兒童事件的被報導與社會的愛心搶救⑯，到今年一連串殺害子女的案件，可知在基層社會裡人倫的悲劇，似乎有著激烈上昇的趨勢。

本文以殺害子女事件爲切入點，企圖分析出基層社會的生存壓力與文化意識。且經由文化意識的內涵，掌握到基層社會價值失序的文化因素。因此本研究仍然屬於抽象思考的理論

⑬同注⑩，頁一一。
⑭陳秉璋、陳信木，《道德社會學》，桂冠圖書公司，七七年，頁二七三。
⑮同注⑭，頁二七六。
⑯見《人間雜誌》第三二、三三等期的系列報導。

分析，只能凸顯出弱勢生存者所面臨的文化困境，至於具體的社會行動則非本文所能處理的。

二、民國八十年間的殺害兒童事件

父母對子女的教養態度也可以做爲文化素養的指標之一。傳統與現代對教養理念的衝突，也是造成今日社會威權性格與平權性格矛盾對立的主因，任何階層的人都可能會陷入到這種矛盾現象之中，產生了衝突感與失調感的心理狀態⑰。這種權威行爲與平權行爲的矛盾現象在很多人的身上都可以看得到，與教育或階層的高低沒有必然的關係。每個不同的階層文化亦有其調適轉化的管道與方法，但是也可能因此產生了社會的矛盾現象，造成不同族群之間的針鋒相對，有著壁壘分明的對立。在如此的矛盾情境之中受害最大的，往往是基層社會的弱勢生存者。

生活在社會底層的人，社會結構性的變遷對他們衝擊最大，傳統社會原本具有的文化規範設計⑱對於中下層社會來說，多少還可以進行文化的自我修補，來減少其失調的損害，沒有必要全面更改其基本模式或理念。可是對基層社會來說，生活條件的惡劣化導致人際苦痛

⑰楊國樞，〈工業化過程中國人在性格及行爲上的矛盾現象〉，同注❷，頁三一——三五。

的深化，產生對俗念系統的失調感與不信任感，增加了心理與情緒的不安，進而違離了原本的價值理念。這種價值的失調最容易發生在家庭生活的「親怨」上⑲。

所謂親怨是指撫育者與被撫育者之間的怨恨，包括上對下，下對上以及夫妻平行等關係，本文僅就上對下的關係談起。在傳統社會上對下的關係普遍存在著權控的現象⑳，以打罵責罰的方式來對待子女，嚴重一點就會產生了虐待兒童的行爲。何種階層的人會虐待兒童，這是沒有定論的，只是基層社會出現的頻率會高一點。這是由於基層民衆所承受的生存壓力較大，再加上學習的不足，會產生文化匱乏的現象㉑，進而影響到正常心理人格的發展，對社會的身心適應也比較差，有著抑鬱、焦慮、恐懼與妄想等精神病狀的傾向㉒。虐待兒童事件的發生與家長的心理狀況有著密切的關係。

---

⑱余德慧，〈中國社會的人際苦痛及其分析〉，《中國人與中國心——人格與社會篇》，遠流出版公司，八〇年，頁二九四。

⑲同注⑱，頁三〇二。

⑳同注⑱，頁三〇七。

㉑林松齡，〈貧窮問題〉，《臺灣的社會問題》新編，巨流圖書公司，七三年，頁一〇八。

㉒楊國樞，〈臺灣民衆之性格與行爲的變遷〉，《中國人的蛻變》，桂冠圖書公司，七七年，頁四三九。

根據八十年度報紙的社會新聞可以得知，虐待兒童的事件大多肇因於家長的反常心理，如八十年元月彰化縣家庭扶助中心接獲一件兒童虐待案件，四名孩童因父母離異，成爲父親的出氣筒，時常在酒後施予毆打、灌尿、鍊腳等體罰㉓。又八十年七月臺中市馮姓市民因太太離家出走，經常虐待家中三個兒女，罰孩童在門外馬路下跪，或以鐵鍊拴住孩子的頸部，又不讓及齡的孩子就學㉔。親屬結構的不完整所造成生活的無助，對大人或小孩有相當大的傷害，大人將生活的外在挫折轉爲對孩童的攻擊性體罰，在缺乏自我控制的生命氣質下更容易發生。此即基層社會文化上的內在隱憂。以其經濟條件與教養素質，要努力地維持家庭的和諧是愈來愈困難，加上目前家庭人數較從前少，有時沒有足夠的人手與經驗來承擔與安慰家人情感上的激動，因而常造成一發不可收拾的後果㉕。

經驗的不足及生活的壓力，也會使母親心理不平衡而對孩子施暴，如八十年七月九歲陳姓學童向警方指控其母親經常以鐵鍊加鎖將他綁在房間椅子上㉖。又八十年十一月臺北市蘇姓婦人長期折磨女兒不成人形，且不接受社工人員的輔導，還常打電話到辦公室謾罵㉗。基

㉓八十年一月六日《聯合報》記者簡慧珍彰化報導。

㉔八十年七月廿六日《聯合報》記者林哲雄臺中報導。

㉕林義男，《家庭與婚姻問題》，同注㉑，頁三〇九。

㉖八十年七月廿八日《聯合報》記者陳金章臺北報導。

層社會的婦女在生計的折磨下有更多的疏離感、無力感、孤立感與焦慮感，甚至有了心理或精神疾病的傾向，易產生意外造成人間的悲劇。八十年度有幾件兒童死亡案件是因此而產生，如八十年三月彰化基督教醫院有個周歲女孩被虐待致死的個案㉘，又同月三重彭姓男孩被母親以鐵絲綁在床沿致死案㉙。十一月彰化基督教醫院舉辦「兒童虐待與兒童保護」醫務社會研討會指出一件楊姓姐弟被輕度智能不足的母親虐待致死事件㉚。

六月底發生在新竹縣新埔鎮四歲孩童鍾金亮死亡事件更是人間的一場悲劇。因其不好好吃飯，被母親彭春英扭住耳朵猛撞牆壁休克死亡，該位母親所生的三名兒子也都不到兩歲就死亡㉛。該事件發生在五分埔山區，母親的智能與精神似乎異於常人，有更多的生存困境，只是如此的家庭反而孩子都生一大堆，累積出更多的社會問題。因此，殺害孩童事件與基層社會的社會參與、經濟生活、家庭關係、社區環境與個人心態等文化條件都有密切的關係，而在功利拜金主義的經濟倫理的操控下，基層社會的民衆在各種有形與無形的文化壓擠下，

㉗八十年十一月十四日《聯合報》記者施靜茹臺北報導。
㉘八十年三月四日《民生報》記者吳玉貞彰化報導。
㉙八十年三月卅日《聯合報》記者陳燕模三重報導。
㉚八十年十一月廿六日《聯合報》記者簡慧珍彰化報導。
㉛八十年七月三日《聯合報》記者范揚恭等連線報導。

幾乎很難再找到合理的出路，成爲當今社會頗具危險性的隱藏性炸彈，一旦眞的已經無路可走時，只好一一引爆。

基層社會的文化條件雖然比較差，卻非意謂著他們沒有屬於自身的文化。基層社會仍然有其一套文化體系，可以說是一種社會的次文化，由生活條件比較弱勢者這一社會階層所發展出來而專屬這一階層的一套規範、信仰、價値、態度、行爲模式等文化型態㉜。此一階層所引發的社會問題與其生活文化有著共變關係，如八十年八月底所發生的周呂美鳳溺子案，其背後所反映的是這一階層所共同面臨的文化困境。

八月廿五日三十歲的周婦把其五個小孩視爲妖魔，在金山海邊將其五名稚兒推入海中溺斃，其夫周朝復以乩童爲業，相信孩子已獲得解脫，還到海邊與殯儀館起乩作法。大衆傳播媒體大多指稱周婦迷信神明走火入魔，周氏神經失常。而未注意到此一階層的文化意識等問題。後來周婦翻供，指出她是受不了長期的家庭壓力，和先生的感情發生變化，加上面對五名年幼的稚子無人照顧，才萌生攜同孩子一起投海自盡的念頭㉝。還有其他的說法，謂夫妻感情恩愛，因不忍心自己與五名小孩拖累了先生的修行，才萌生尋死的意念㉞。這一些供辭已反映出此一階層經濟與非經濟等方面的生存困境，其中影響最大的還是文化意識的問題，

㉜同注㉑，頁一〇五。
㉝八十年八月廿九日《聯合報》記者詹三源臺北報導。

可以經由信仰的認知來合理化其不正常的行爲，沒有絲毫悲傷的表情，還認爲是一種解脫。

此一事件的發生也與虐待兒童有關，臺北市政府社會局於八月廿一日接獲周家友人的檢舉電話，廿三日派社工人員前往龍江路周朝復家中訪查，因未構成嚴重傷害與未達重度危機，依法不能強制安置。但是因小孩舅舅的要求，曾打算廿六日再與周朝復夫婦商量小孩安置的問題。卻不幸發生了此一事件㉟。此一事件的發生是不能把問題推到社工人員的處理不當上，可是什麼原因造成社工人員的涉入反而造成當事者更激烈的虐待行爲呢？這背後所牽涉的文化意識應爲社工人員所深知，才能避免適得其反的工作困境，眞正化解掉隱藏於基層的社會問題。

此一事件引發出不少足以深思的公衆論題，包括經濟與非經濟等方面的文化討論，比如由貧窮問題帶出社會福利與社會救濟的反思；由疾病問題帶出精神病患的醫療與居住的反思㊱；由婚姻問題帶出婦女人權與社會地位的反思；由虐待兒童帶出人口與教養等結構的反思；由自殺現象帶出家庭怨恨與社會適應的反思；由宗教信仰帶出民間巫術的靈驗性格與風

㉞八十年八月卅一日《中國時報》記者簡余晏臺北報導。

㉟八十年八月廿七日《中國時報》記者張啓楷臺北報導。

㊱張春華，〈灰色世界的人們何處安身——精神病患的醫療與居住問題〉，《一九八五年臺灣社會批判——社會轉型》，敦理出版社，七五年，頁一六八——一七八。

氣的反思等。這些實際性質的問題已有不少社會學者專心致力於學理的研究與事理的分析，可以提供我們不少寬廣的視野與一些可資參考的解決途徑。本文則建立在這些基礎上作比較形上與抽象之文化意識的反思上，並非對社會的不良現象提供一套具體而有效的處理辦法，而是社會問題的本質性格的討論，追究其理念與價值觀念的文化背景與歷史條件，可以說是一種人道主義性質的反省，企圖從根源的觀念上作價值的調適。

三、事件背後的文化意識

由於社會經濟與文明結構的激烈變動，社會景觀的快速轉化，傳統的生活型態幾乎蕩然無存，傳統的價值觀念也似乎無能爲力。生活在社會底層的民衆很難學習到新的生活技術，或設計一套生活策略，以一種富創造性與挑戰性的方式來對應外在的變動。最常見的方式還是回到傳統社會的儀式活動中，以傳統儀式的價值體系來建構個人經歷生活危機過程所需要的心理發展之相應狀態[37]。問題是在基層社會裡，儀式活動的精緻層面受到現代文明的侵蝕，愈趨於表面化與浮面化，幾乎失去了其內在持久的價值意識，剩下來的往往是具有功利色彩的巫術儀式。這種巫術儀式缺乏了合理中節的生活秩序與文化美感，可以說是農業社會原有秩序規範的解體，也是傳統價值美感理念的喪失，而其所擁有的現代是一個日漸商品化與庸俗化的社會，已沒有精緻的心靈感度與時間去創造文化的純粹性與理想性㊳。

基層社會的巫術儀式與臺灣社會的宗教信仰氣氛有著密切的關係。今日臺灣的宗教隨著社會的繁榮與發展有著愈來愈興盛的現象㊴，各個宗教的發展又與社會階層的文化素質有關。中上階層以信仰基督宗教或佛教爲主㊵，中下階層比較偏重在世俗佛教、廣義道教（一般神廟）、一貫道與其他民間教團等，更下層的基層社會幾乎是民間信仰中最底層的巫術世界。臺灣巫術信仰的興盛是臺灣近幾年一個很普遍的現象，各種小型神壇的林立，在數量上幾乎壓過傳統民間信仰的一般神廟，也因此爲基層民衆提供了不少的謀生的方式，在田野調查中確實發現依附神廟爲生的人口增加不少，其中大多數是屬於靈媒性質的人物㊶。神壇與一般

㊲喬治·歐尼爾等著，文堅譯，《現代生活危機的超越》，志文出版社，六三年，頁五二。
㊳沈清松，〈個人和群體生活的秩序與美感〉，《民國七十八年度中華民國文化發展之評估與展望》，頁六一。
㊴瞿海源，〈我國宗教變遷的社會學分析〉，《我國社會的變遷與發展》，東大圖書公司，七〇年，頁三六二。
㊵瞿海源，〈宗教與政治的關係〉，《氾濫與匱乏——八十年代社會評論長篇》，允晨文化公司，七七年，頁三四七。

神廟最大的不同在於其經常性的巫術儀式與活動，這些活動被稱之爲「濟世」，主要的目的就是爲信徒消災解厄，或者提供明牌。

周朝復基本上是屬於神壇的靈媒者，報紙稱之爲「相士」不太恰當，這種以靈媒爲生的人，有他們一套自以爲是的價值系統，報紙稱之爲「迷信」也不太恰當，應該進一步追究「迷信」背後的文化意識。周朝復的閉關與呂美鳳帶著孩子投水，主要是要完成他們的共同理想，即「得道成仙」；而周朝復也自認其具有靈力，能讓小孩起死回生[42]。在其成仙的理念下可以將其所做所爲也理念化，如孩子吵，踢傷孩子，將其合理化爲孩子被妖魔附身。且進一步地理念化，指出其孩子已被「元神」附身，算是「妖魔」，具有七千五百年功力，長大後會「元神出竅」禍害人間，乾脆把他們殺死，以免後患無窮[43]。

如此的推理，在他們的知識系統裡是可以成立的；問題是這樣知識系統是如何流行在基層社會裡呢？這與民間信仰的靈驗性格有密切的關係，其信仰的情緒與宗教的認知，完全來自於神明的靈驗與否，而不在乎神明的內涵與神格的高低。因此他們的宗教理念與知識認知

---

41 這項觀察很難數據化，但是可以透過神壇林立的事實中加以追察，筆者曾深入各種神壇中做訪察。

42 八十年八月廿八日《聯合報》記者詹三源臺北報導。

43 八十年八月廿七日《中國時報》臺北金山綜合報導。

都相當的淺薄，有的只是民間怪力亂神的傳說，這些傳說在神力的靈驗下常被基層的民衆深信以爲眞，且作爲奉守信行的價值理念。由此可知，如此的價值理念是建立在巫術的崇拜上，在顯靈的靈驗上，是不在乎傳統儒家道德風範的人文化信仰精神。也就是說在巫術的靈驗下，其相關的倫理內涵實在非常稀薄空泛㊹。

這樣的信仰層次可以說是停留在傳統文明的最底層，得不到傳統文明的灌溉與滋潤，更不用說建立新時代的倫理規範與生活秩序。故臺灣今日的社會尤其是基層社會其生存的危機，不單是倫理規範的問題㊺，還包含了整個價值意識重整的問題。價值意識的重整，在不同的社會階層裡其展現的面向也各自不同，人文學者重視的是中上階層以上的社會，關心的是中西文化價值觀念的創造性轉化；社會學家重視的是中下階層的社會，關心的是價值意識在現實與生計中的基本需要㊻。對於更下層的社會而言，到目前爲止，似乎還不被重視與研究，可是這個階層的思想意識對整個社會的理性發展也頗具殺傷力，不得不去關心與探討。

基層社會這種巫術化的思想型態，依據唐君毅的定義，是不能稱爲「文化意識」的，因爲缺乏了自我實現的理性要求㊼。本文使用此術語採用比較中性的詮釋，也希望我們把關注的

㊹瞿海源，〈臺灣的民間信仰〉，《民國七十八年度中華民國文化發展之評估與展望》，頁二七。

㊺黃光國，〈新時代的倫理規範〉，《社會重建》，時報出版公司，八〇年，頁二七四——二八七。

焦點擺在理性文化意識以外的思想型態上。或許這些思想型態也沒有理論價值可言，往往一眼就可以看穿，只是生存需求上一些很原始的理念罷了。可是在現代社會仍有一群人靠原始理念作爲其生存的價值依據，不正是一件嚴重性的文化問題嗎？

基層社會的意識型態是與其所依附的大衆社會之文化意識有著經驗互動的關係，非自絕於大衆文化之外，也就是說其意識型態仍屬於大衆文化的一部分，只是其整體表現比大衆文化更原始性些。比如李亦園曾指出大衆社會的「符咒心理」，其特徵有兩大類，一類是對特定符碼的執迷，另一類則是對神祕數字的沉溺㊽。李亦園對現象的觀察也大多偏重在中下層社會，如果把此一心理，下降到基層社會的表現中，其特徵更多，如符咒的權威化、符咒的規範化與符咒的體系化等。

所謂符咒的權威化，是將符咒的神聖性功能視爲人間最高的價值權威，即經由原始宗教的信仰意志，把神祕化的符咒轉化成神聖性的禁忌與儀式，有效地控制或支配人們的行爲㊾。故基層社會的符咒心理有強烈的儀式權威性格，擴大了其信仰的象徵性與權威性，如周朝復

㊻鄭志明，〈儒釋道思想俗世化的危機與轉機〉，《儒釋道與現代社會學術研討會論文集》，東海大學哲學研究所，七九年，頁一八七。

㊼唐君毅，《文化意識與道德理性》上，學生書局，六四年，頁三六。

㊽同注⑩，頁一三。

起乩作法，深信小孩因此可以復生，即是符咒權威化的心理。有人以爲這種心理很荒唐，可是這種心理與起乩作法乞求明牌的心理有何兩樣？

所謂符咒的規範化，是將符咒神祕經驗的靈驗事蹟視爲社會重要的生命禮俗，即以符咒巫術法力的操作形式來化解人際間的困境或建立生活的社會規範[50]。以符咒的靈力作爲日常生活一種習慣性與規範性的價值原則，對基層社會的民衆來說是習以爲常的事，故當發生了某種特殊或異常的狀況或情境時，會回到符咒的宗教語言裡，視爲邪魔入侵，必須再利用符咒的靈力來加以驅逐。如周朝復將小孩的吵鬧視爲惡魔轉世，進而想到了對策，即爲了防止他們害人，只好犧牲自己的孩子。如此的想法對周氏夫妻來說，是非常壯烈的，甚至是一種道德使命。基層社會的道德信念有的就建立在符咒的靈力下，造成了道德的異化，形成神祕式的道德或權威式的道德，更加地促成現實生活的墮落與迷亂[51]。

所謂符咒的系統化，是指符咒的泛靈思想與信仰理念支配了人們生活上的任何活動與價值系統，使得生活的價值與意義只是爲了成就符咒的神聖性格，如此符咒的信仰成爲人間精神價值唯一體現的最高指導系統。以爲人們唯有獲得神明的恩賜，掌握到符咒的靈力，才能

[49] 同注[14]，頁八八。

[50] 鄭志明，〈傳統巫術不可失去神聖性〉，《臺灣的宗教與秘密教派》，臺原出版社，七九年，頁二一九。

進入到與神明共享的世界，解決一切存在的苦難。周朝復的閉關修行與其妻的投海成全，都在這套思想的系統化之中，堅守其信仰的理念，相信得道成仙後自然能化除存在的災難，因此可以放棄一切世俗的羈束，追求生命得以實現的永生。

由此可知，基層社會的民衆，可以從一個簡單的信仰心理發展出一套價值系統來。面對這一套價值體系，我們也可以自命清高，批評爲迷信，罵這些人爲愚夫愚婦。可是我們不可以認爲基層社會是一個沒有文化與沒有意識的組織體，誤以爲這些問題經由官方的教化政策與文明的理性演變就可以解決了[52]。也就是說，如果雙方缺乏相知性的溝通與理解，問題依舊是存在的。而且這個問題不僅是信仰的問題而已，還會擴大爲整個文化性質的問題。比如符咒心理的普遍化，加上功利主義與現實主義的變本加厲，以及投機取巧與不勞而獲等心態的無所不在，則會對整個社會的人生素養有相當大的負面作用[53]。

基層社會問題多，加上經濟上的貧窮因素，不僅存在著金錢遊戲巫術化的功利性格[54]，也會因生存的日漸惡劣化，使得庸俗的世俗文化擡頭，產生了「泛符咒崇拜症」[55]，侵入到社會原本已殘缺不全的價值系統，與現代都市文明的劣質文化結合，各種怪異的現象也就層出不

[51] 陳秉璋，《道德規範與倫理價值》，國家政策研究資料中心，七九年，頁一一六。
[52] 鄭志明，《中國社會與宗教》，學生書局，七五年，頁三。
[53] 同注[10]，頁二二。

窮。伴隨而來的是具有原始野味的慾求與文化，社會的理性文化與文化教養反而缺乏流行的市場，壓不過野性的聲音。

文化意識原本就是一個比較抽象的觀念，欲說明一個文化實體形成的主觀心理因素。此心理因素的來源大致有三，一爲傳統性的文化特徵，包括傳統社會的結構性格及其內在自成系統的價值理念；二爲現代性的文化特徵，包括現代社會的結構性格及其內在自成系統的價值理念56；三爲現實生活中的生存需求與互動關係。以上這三種文化來源在社會不同階層的實際運作下亦各自展現出不同的面相；這些不同的面相，亦有其環環相扣的內在文化基因，構成了一個整體性的價值文化體系。

對於這個整體性的價值文化體系亦可分成三個層面來加以說明，第一是傳統性與現代性交流與會通的問題，這比較屬於形上思考的層面，或者是理論反省的層面。此即中國社會現代化運動的問題，一般偏重在思想行爲與文明制度的討論上57，只有知識分子與社會精英才能參與的層面，可以說是中上層社會以上的文化關懷。第二是傳統性與現代性現實運作的問題，也是傳統性與現代性實際並存的現象，這個現象存在於社會的各個階層裡，而其主要象

54 瞿海源，《社會心理學新論》，巨流圖書公司，七八年，頁一七五。
55 筆者自擬的術語，意指由符咒心理所產生的一種文化現象。
56 陳秉璋、陳信木，《邁向現代化》，桂冠圖書公司，七七年，頁一八。

徵則是以大衆文化為核心的中下層社會。第三是傳統性與現代性衝突與矛盾日漸惡化的問題，衝突與矛盾的現象在第一個層面就已經存在，第二個層面把這個現象加以大衆化與普遍化，到了第三個層面則是文化邊緣的層面，面對的是社會價值與規範逐漸被破壞無遺的文化現象，這種文化現象經常發生在基層社會裡。

這三個層面實際上是不可分割的，如果沒有第一個層次的價值貞定與文化共識，就無法在第二個層次上有著合理性的轉換與安置的社會過程[58]，那麼取而代之的是現代性的庸俗文化與傳統性的浮面文化。當第二個層面只是非理性地與現實掛搭，則其所成生的文化弊病，就會在第三個層次上將問題尖銳化起來。對於基層的邊陲社會而言，其所承受的生存壓力是最大的，可是壓力的化除，卻不是它自身所可以獨立完成的。因此，對於基層社會除了愛心的關懷外，還應該努力於理性價值體系的貞定與社會福利政策的眞正實踐與完成。

---

57 金耀基，《從傳統到現代》，時報出版公司，六七年，頁一八五——一八八。
58 葉啓政，《社會、文化和知識分子》，東大圖書公司，七三年，頁九五。

四、結論

近年來有些人喜歡用「貪婪之島」來形容今日的臺灣社會。這或許足以說明臺灣當今各種金錢遊戲的昏亂現象59，但是未必是臺灣文化意識的整體面相。又有人以為臺灣文化是肉體官能文化，只知追求官能的滿足與物質享受60。這也僅是現代文明庸俗文化的表徵，並非臺灣所獨有的，亦不足以說明臺灣整體的文化現象。臺灣的文化現象應該是相當多元的，不同的社會階層其文化型態就有所差異，而同一階層的社會亦有不少文化區間的差異，任何區間文化的特徵，不能視為整體文化的共相。

本文以基層社會的文化意識為題，實際上也無法概括整個基層社會，只是一種社會表象的分析，企圖解說某些特定階層的民衆其行為與價值觀念的表現型態。如此的解說方式也只能偏重在抽象的意識型態，對於社會事實或現象的整體描述仍是不足，不僅無法作出定然的結論，連部分的描述也不周全，僅表達了一個觀察的過程，以及一些觀察後的期望。

59 殷乃平，〈金錢遊戲的疏導與轉化途徑〉，同注45，頁二四〇。
60 蔡源煌，〈當前文化問題剖析及文化建設的努力方向〉，同注45，頁三二三。

本文也期望經由不同階層的文化觀察，能讓我們對文化的視野有著較寬廣的空間，了解到不同的社會結構層次與文化層次其可以展現的多元面向。如此我們不害怕社會庸俗化與浮面化的危機現象，該害怕的是上層理想取向的文化價值，無法透過中層社會規範性文化的運作，而對下層個人實用或功利取向之實際文化價值，產生社會人格提昇作用的狀態，形成了文化斷層現象[61]。

---

[61]同注[56]，頁二四〇。

轉型中的中國大陸社會：穩定與發展

——一九九一年中國大陸社會學的中心議題

謝立中

一九九一年是中國大陸進入改革開放的第十三個年頭。十幾年的改革開放，使中國大陸社會發生了前所未有的巨大變遷，中國進入了一個重要的社會轉型時期。改革開放給中國大陸社會帶來了雙重影響，它不僅帶來了生產力的飛速發展，物質生活和精神生活水準的逐步改善，而且在某種程度上產生了經濟生活、政治秩序、社會結構和思想意識、價值觀念等方面的失範和脫序現象，甚至在某些局部地區出現了社會震盪、衝突和混亂等現象。這些現象嚴重影響了轉型過程的順利進行。正是在這種大背景之下，社會穩定與發展的問題日益獲得人們普遍的關注。就一九九一年的中國大陸社會學界而言，「穩定與發展」成了學者們討論的中心議題。一九九一年五月在天津舉行的中國社會學學術年會把議題確定爲：「社會學：社會穩定和發展的理論與實踐」。在社會學界的權威雜誌《社會學研究》今年第五期上發表的一篇綜述文章，其題目赫然定爲：〈穩定與發展：中國九〇年代面臨的兩大主題〉。在幾種主要的社會學期刊上，討論「穩定與發展」的文章也居於顯要地位。在一定程度上可以說，「穩定與發展」構成了一九九一年中國大陸社會學的兩個基本範疇。圍繞著這兩個基本範疇，我們可以構建起一九九一年中國大陸社會學研究概況的基本框架。

一、結構與變遷：經驗的描述與分析

從某種意義上說，當前中國大陸出現的許多社會問題都是源自於近年來發生的巨大社會變遷，所謂「穩定與發展」的問題也是針對變遷過程中出現的種種社會波動而提出來的。那麼，十餘年來中國大陸社會到底發生了什麼樣的變化，如何在觀念上準確地把握這種變化，這是學者們首先遇到的一個問題。一九九一年的中國大陸社會學界在這方面產生了一批有分量的論著。

中國社會科學院社會學所「社會發展」課題組在《管理世界》一九九一年第一期上發表的一篇題爲〈當代中國社會結構的變遷〉的研究報告，提出了社會結構的變遷是當代中國大陸社會諸種變化中最重要最根本的變化這一觀點。報告認爲當代中國社會結構的變遷又主要是表現在群體、組織和社區結構的變遷這三個層次上。變遷的基本模式是：由於舊結構越來越不適用，新的結構要素逐步地從舊結構中分化出來，隨著新結構要素逐步發育成熟，新的社會整合方式也逐步形成，社會結構逐進化到一個更高階段。就社區結構而言，舊社區結構是由邊界明確的農村和城市構成，是明顯的城鄉二元結構。隨著改革的進行，城鄉之間在人口、產品、資金、技術等方面產生了前所未有的雙向流動，並從原有城鄉二元結構中分化出了一種亦城亦鄉、非城非鄉的中介社區——小城鎭。它使原有城鄉之間的界限模糊了，從而也改變了原有城鄉關係的整合模式。就組織結構而言，舊組織結構的特點是「黨政不分」、「政企合一」。改革的進行，要求企業成爲自主經營的單位，而「黨政分開」、「政企分開」則順應這一要求，使企業與政府在功能上以及相應地在結構上產生了一系列分化。隨著這些分化的發生，一方面政企分開，政企功能都發生了變化，另一方面也產生了一種介於政企之間或政、企與個人之間，以服務、協調雙方爲宗旨的中介組織，如行業協會、企業管理協會、行業公司、集團公司，以及一些行政性公司等等。組織間整合的方式也由過去單一的政府行政整合轉變爲行政整合、市場整合和中介組織間的社會整合相結合的方式。就群體結構而言，改革前大陸利益群體由工、農、幹部、知識分子四大群體構成。這些群體之間分化程度很高，而各群體內分化程度則很低，群體要素的整合主要是以政府的政策和規定爲背景。改革中逐步生長的市場及政府政策的變化促進了原有群體的分化。這一分化大體上有三種形式：(1)原有各群體內的分化；(2)原有四大群體間的流動；(3)原有群體基礎上新群體（如農民工等中介群體及企業家、個體經營者等非中介群體)的出現。這些群體分化本身就生長出一些群體整合機制，如原有群體間的流動有助於消除相互間衝突、新生群體都具有開放性等。但也在群體整合方面產生出嚴重問題，如收入差距擴大，一些新群體經濟與社會定位不一致等。報告指出：中國正處於現代化過程中社會結構變遷的初步階段，即分化較高、整合較低的階段，這自然會出現大量的分化與整合錯位，從而使社會結構變遷出現一些不正常不合理的現象。這些現象從長遠來說是新的社會結構產生前的陣痛，但從目前來說卻是必須正視的問題。

北京大學「社會分化」課題組發表在《社會學研究》今年第二期上的一篇文章〈從城鄉分化的新格局看中國社會的結構性變遷〉對當代中國社會結構的變化也做了大致相同的描述。文章認爲，一九四九年後形成的我國城鄉的二元結構與其他發展中國家相比有明顯的獨特之處：它並不僅僅表現在經濟上，同時也表現在社會、文化和心理上；城鄉各自內部同質性極高而彼此截然相異。改革引起了中國社會結構的劇烈變遷。一方面，從城鄉之間來看，兩者的異質性在縮小，同質性程度在加強，在一些地區出現了明顯的城鄉一體化趨勢，但這一趨勢在不同地區表現極不平衡。另一方面，城鄉內部異質性則在不斷增大，如城市間發展水平與速度差距拉大，城市內出現了組織分化及主要是由組織分化造成的個人分化，在農村中也是如此。在城市分化中，組織或群體的分化占有重要地位，一方面在原有組織系統中，組織的內部結構、行爲方式、實施的各種制度在從同質走向異質，另一方面，民間自發組織大量興起。

這些組織分化不僅改變了原來的組織系統，而且成爲決定個人分化的重要因素。農村的分化則使中國農村出現了四種類型的地區，即高集體化低工業化類型、低集體化低工業化類型、高工業化低集體化類型、高工業化高集體化類型。文章最後對當前中國社會結構的變化狀況做出以下判斷：⑴從整體看，城鄉二元格局雖然依舊存在，但已出現了新的城鄉格局，而不能再用舊城鄉二元格局的視角去籠統概括了，應分地區分析。在有些地區如京津滬及東南沿海地區城鄉差距正在迅速縮小，而在內地及邊遠地區城鄉差距仍然較大。但總的來說是城鄉差距正在趨於縮小。⑵城鄉內部社會成員分化程度加劇，但亦非向西方式的階層化社會結構發展。我國的強行政干預對社會分化的制約決定了不僅城與鄉之間存有壁壘(儘管這種壁壘正在瓦解)，而且在城與城之間、城市各單位之間以及農村中各鄉村社區之間也有層次分明的邊界。這些大大小小的邊界和壁壘阻斷了階層化的進程，切割了原本屬同一階層的人的認同，使統一的階層化體系難於形成。目前我國社會的分化主要屬於集團性分化，這是目前我國不同於西方和一般發展中國家的重要特徵之一。

中國社會科學院社會學所「社會發展綜合研究」課題組在《社會學研究》今年第四期上發表的研究報告〈我國轉型時期社會發展狀況的綜合分析〉一文中，則試圖從更爲綜合的角度來刻畫我國當前的社會變遷。文章認爲，從傳統社會向現代社會的轉型是我國社會在目前發展階段的一個最重要的特徵。社會轉型，是指一種整體的和全面的社會類型過渡，而不僅僅是某些單項發展指標的實現。進入轉型時期的一個重要標誌，是在從農業國向工業國、從鄉村社會向城鎭社會、從同質的單一性社會向異質的多樣性社會的發展中，社會結構的重要指標都已實現或逐步接近轉換點。近十幾年來，儘管我們的改革主要是經濟改革，但社會已經進入一個全面的、整體性的轉型過程。具體說來，我們正在⑴從自給半自給的產品經濟社會向有計畫的商品經濟社會轉型：改革前我國高度集中的計畫經濟實質上是種變形的自然經濟；改革後商品經濟作爲新要素導入，使傳統經濟結構發生巨大變化。在農村，農民已成爲相對獨立的商品生產者；在城市，企業也正在成爲具有更多經營自主權的經濟實體，國家大大縮小指令計畫，基本上實行指導計畫和市場調節。⑵從農業社會向工業社會轉型：在產值結構、城鄉結構、就業結構這三大轉換點中，一九八九年農業淨產值在國民收入中的比重已下降到三二%，城鎭人口和就業勞動者人數比重也逐步上升到總人口的三〇%左右和社會勞動者總數的四〇%左右。⑶從鄉村社會向城鎭社會轉型：一九七八年我國城鎭人口比重爲一五．八%，一九八九年實際城鎭人口已達三〇%左右。⑷從封閉半封閉社會向開放社會的轉型：這包括兩方面，一是全方位的、多層次的、多渠道的對外開放，二是對內開放即加強社會流動。目前，農民向第二、三產業、農村人口向城市、體力勞動部門人員向腦力勞動部門、西部地區人才向中、東部地區、低收入部門人員向高收入部門等的流動日趨加強。⑸從同質的單一性社會向異質的多樣性社會轉型：在所有制方面，確立了以公有制爲主體、多種所有制成分並存的新結構，在群體結構方面，已形成工人、幹部、農民、知識分子、職員、經理、個體勞動者、私營企業主等多種群體，每個群體中還可細分出若干小群體；在組織結構方面，實行黨政分開、政企分開，逐步形成了類型更多樣化、功能更專門化的組織格局；在社區類型上，也在朝著多樣化發展。(6)從倫理型社會向法理型社會轉型：這實際上也是從傳統人治走向現代法治的過程。改革以來已先後制定了一系列法規，法律也正逐漸成爲人們衡量和判斷事物的標準，人們的法理觀念也在發生變化，法律正逐步成爲組織和創造新型社會的「軟件」。文章還指出，我國社會轉型有自己的特點，如結構轉型與體制轉型同步進行，城市化主導趨勢不是城市向農村輻射，而是農村自身城鎮化等；此外，在我國，由於某些不可超越的條件限制（人口、人均自然資源、機遇），這個轉型時期可能會持續得更長一些。

除了以上對當前中國大陸社會結構變遷進行總體描述和分析的文章外，還有爲數不少的文章分別對近年來中國大陸的階級階層結構、家庭結構、社會心理及價值觀念等方面的變化作了專門的描述和分析，可以看作是對上述總體描述和分析的補充與深化。限於篇幅，茲不贅述。

二、問題與根源：變遷過程中的摩擦與衝突

當前中國大陸社會結構的迅速變遷，既帶來了許多新氣象，也產生了許多新的社會問題。對這些社會問題及其根源、解決辦法進行分析和探討，依然構成今年大陸社會學研究的一個重要組成部分。在這方面，有不少文章如李若建的〈中國農村勞動力外流的結構性因素〉，陳永平、李委莎的〈宗族勢力：當前農村社區生活中一股潛在的破壞力量〉，譚深〈城市「單位保障」的形成及特點〉，王曉毅、楊偉民〈淺談當前中國農村社會的整合〉，李楯〈家庭政策與社會變遷中的中國家庭〉，莊平〈關於我國買賣婦女社會現象的分析〉，鄭也夫〈我國腦體收入差距的歷史變遷〉等分別對大陸社會目前存在的「盲流」問題、宗族問題、農村分化與整合問題、社會保障問題、家庭問題、買賣婦女問題、「腦體倒掛」問題等社會問題及其解決辦法進行了深入具體的分析。然而，試圖從一個更爲綜合的角度來全面地分析這些社會問題，則是今年在社會問題研究方面的主要趨勢。

在今年五月舉行的中國社會學年會上，許多代表結合「穩定與發展」的議題，指出作爲「造成社會不穩定之原因」的社會問題目前至少有以下幾方面：(1)改革中利益關係的調整和傾斜

所導致的社會分配不公。隨著多種所有制形式和多種經營方式的出現，社會利益分配機制發生了較大的變化，個人收入形成了多元化的新格局。由於不同階層、不同利益群體、不同行業和部門、不同地區之間的不平衡，使得社會成員競爭機會不均等，個人間的收入差距十分懸殊，由此導致資金和勞動力向流通領域集結，國民經濟比例失調，社會勞動力盲目向沿海開放和發達地區流動，知識分子隊伍長期不穩定，大中小學流失生急劇增多。由社會分配不公導致的社會結構和社會秩序的失衡，已成爲影響社會穩定的顯在的或潛在的消極因素。(2)由社會控制機制的渙散、錯位或混亂及控制管理主體的某些腐敗、低能、失範和棄職導致的越軌行爲的增加。在政治領域，少數黨政幹部以權謀私，貪贓枉法，腐敗現象屢屢發生；在經濟領域，假公濟私，損公肥己，行賄受賄索賄，走私販私猖獗；在社會領域，賭博、賣淫、吸毒販毒、拐賣人口等醜惡現象死灰復燃，這些越軌行爲嚴重影響了社會治安秩序。(3)改革過程中新舊體制和運行機制並存與交替所導致的摩擦和衝突。在新舊體制並存與交替過程中，舊的社會結構、社會秩序、體制格局和運行機制已被打破，而新的社會結構、社會秩序、體制格局和運行機制又處在建立之中，這樣，兩套秩序和規則之間必然會發生碰撞和排斥，造成暫時無序、管理眞空或行爲規範的空白狀態，從而導致一系列社會摩擦和衝突。(4)多元文化之間的相互摩擦和衝突日益明顯。改革以來外來文化的大量傳播，使中國本土文化受到嚴峻的挑戰。在這種狀態下，昔日確立的人生觀、世界觀和價值觀失去了原有的權威和地位，而取代它的現代文化價值觀念尚處於朦朧狀態，社會成員陷入了沒有明確的目標追求和行動準則的困境，近年來出現的信教熱和封建迷信活動泛濫即是這種狀況的反映。

中國社會科學院社會學所「社會發展綜合研究」課題組的研究報告〈我國轉型時期社會發展狀況的綜合分析〉一文專闢一節討論「社會轉型時期存在的問題」。文章認爲，在社會轉型時期，由於社會現實在一些深層次上發生變化，社會的分化狀況出現一些新的趨勢，以往的某些社會整合方式已不再適應現實的要求，而新的社會體制還沒有完全建立起來，新舊兩種社會體制、秩序、規範和機制的並存交替局面將會持續一個較長時期，由此而產生的各種摩擦、矛盾和衝突會在一定時期內表現得異常激烈。文章指出，在大陸當前社會轉型時期存在的各種問題中，較爲突出的是：(1)社會的結構性衝突顯化。其中最突出、最根本的衝突依然是城鄉之間的結構衝突。改革以來，一些傳統的農業區域成爲新型的城鄉、工農結合體，但總的來說不僅原有的城鄉二元格局依然存在，而且在某些方面城鄉差別有進一步擴大的趨向工農業發展的不平衡，城鄉商品交換的不平等，社會晉升機會的不平等，收入差距和消費水平等方面的差距依舊突出。每年有數百萬農民從農業轉向非農業；但是，由於戶籍制度、食品供應制度、教育制度、就業制度、醫療制度、住宅制度等方面的一系列限制，農村剩餘勞力的轉移受到嚴重阻礙。城鄉之間的這種結構衝突還有加劇之勢。(2)社會運行機制的摩擦加劇。改革打破了已不再完全適應社會發展狀況的傳統社會整合方式，而新的社會運轉秩序還沒有完全建立起來，因而在很多方面出現了「雙軌」局面，如計畫機制與市場機制並存、行政管理機制和經濟調控機制並存等，使政府、企業、個人的決策都處於兩難境地，導致行爲規範的混亂和大量的摩擦與衝突。⑶社會的利益差別擴大。隨著收入水平的全面提高，在總體水平上的平均主義問題尚未解決的同時，城鄉之間、產業之間、行業之間、企業之間、地區之間、職業群體之間和個人之間的收入差距則逐步擴大，利益格局發生重要變化，利益差別和分配不公問題成爲人們最爲關切的一個問題。⑷科技、教育發展滯後。近年來科技、教育獲得長足發展，但總體上看，其滯後於經濟發展的狀況仍未得到根本改善。科技、教育經費比重仍然偏低；科、教總體水平仍較落後；科、教投入的產出效益較低，且與生產的實際領域存有脫節現象；人才鏈條斷裂、後繼乏人；職業收入「腦體倒掛」；中、小學生輟學、流失現象較嚴重。⑸社會失序現象嚴重。在社會轉型過程中，一些舊的行爲規範被衝破，而新的規範體系尚在建設中，造成了規範體系的暫時紊亂和較嚴重的社會失序現象。犯罪案件，尤其是經濟犯罪顯著增加；大案要案增多；一些過去基本消滅的醜惡現象又死灰復燃，如賭博、吸毒、賣淫、嫖娼；公衆的安全感受到妨害。該報告還指出，在轉型過程中，新舊社會體制、秩序、規範的並存、交替和衝突的局面將會持續一個較長時期，某些「遲發展效應」和「過渡性現象」會在一定時期內表現得比較突出，這些問題有些屬於現代化過程必然伴隨的副現象，有些則是由於戰略和政策選擇失誤所造成的，但無論是何種情況，都沒有必要驚慌失措或對改革的國策產生懷疑。但也應注意強化穩定機制、協調機制和整體配套機制，選擇好改革措施出臺的時機，不能奢望通過行政干預在短時期內完成轉型。

三、穩定與發展．九〇年代的兩大主題

不斷深化的中國大陸改革進程以及改革過程中出現的大量社會問題、社會衝突，迫切地提出了社會穩定與發展的問題。如何維持相對穩定的社會環境，在盡量減少社會波動的情況下進一步改革和發展，既是近兩年來理論界和社會各界普遍關注的一個熱點，又是我國九〇年代面臨的兩大主題。在今年的社會學學術會議和刊物上，穩定和發展的問題，是人們討論興趣最濃厚的一個問題。

(一)關於社會穩定的概念

什麼是「社會穩定」？對這個概念至今尚未有統一的界說。根據有關報導，在今年五月舉行的中國社會學學術年會上，學者們對「社會穩定」這個概念提出了六種不同的界說：(1)將社會穩定界定為一種良性運行與協調發展的狀態，其內涵指社會有機體能夠協調整體與部分、

部分與部分之間的相互關係與相互作用，使社會運行處於有條不紊的整合狀態；其外延指整個國家和社會的穩定，包括政治穩定、經濟穩定、意識型態穩定、社會秩序與社會結構的穩定和人心穩定等，具體表現爲政通人和、民心安定、社會成員各司其職，社會沒有巨大的紛爭、衝突和嚴重的危機、戰亂，法律、道德和習俗能有效地規範人們的行爲。⑵社會穩定是社會結構的一種相對的、動態的平衡狀態，即社會運行過程中的有序化及各種社會衝突處於相對緩和的狀態，而不是指那種絕對平衡狀態。⑶社會穩定僅指不包括經濟穩定在內的其他社會生活、社會關係的穩定。⑷社會穩定僅指社會保障、社會福利等具體制度的穩定。這種定義把經濟穩定、政治穩定和人心穩定等都排除在社會穩定的外延之外。⑸社會穩定指社會文化模式沒有突然或劇烈變遷的狀態，即用來對未成年人進行社會化的文化觀念、行爲規範，正是上一代人由衷信仰和身體力行的，並且是社會管理系統所倡導和現實生活中通行的。⑹社會穩定指一個社會具有可以把握的確定性狀態，其外延包括社會規範的確定性，人的社會行爲尤其是社會管理系統行爲的確定性，人的社會心態的確定性及可以預見的未來趨向的確定性。

姜忠在〈對社會穩定的理論思考〉一文(《社會科學研究》，一九九一年第二期)中就有些論著把社會穩定等同於社會秩序而與社會變遷相對立或把社會穩定界說爲「社會處於正常而平靜的量變發展狀態」的看法提出了異議。他指出，社會變遷既包括絕對運動，也包括相對平衡、相對穩定下的變遷，因此不能把穩定與變遷相對立；變遷既有量變也有質變，有些質變要打破舊的社會穩定，但有的質變則不但不排斥社會穩定，而且必須以社會穩定爲前提。因此也不能把社會穩定單純理解社會的量變過程。他認爲，社會穩定的本質內涵是「良性的社會互動」。在良性的社會運行和互動中，使社會呈現協調發展的狀態和和諧的人際關係就是社會穩定。社會穩定的對應物不是社會變遷而是社會動蕩或動亂。

㈡社會穩定的類型

對社會穩定之類型的畫分也是多樣的。參加中國社會學年會的學者中，有人根據當代社會主義國家的狀況，將社會穩定畫分爲僵化型穩定、遲滯型穩定和發展型穩定；有人按照社會文明型態，將社會穩定分爲農業文明型和工商業文明型；有人按照與社會外部環境的關係，將社會穩定畫分爲開放型與封閉型，前者是一種具有巨大社會活力的穩定，後者是窒息社會生機、趨向僵化死寂的穩定；有的人從社會發展目標出發，把社會穩定區分爲富裕型與貧困型，求生型與發展型；有人根據社會結構，將社會穩定區分爲群體本位型與個體本位型，民主型與專制型，尊卑等級型與平等契約型；有人按照社會運行規律，分爲競爭型與平均主義型，剛性型與柔性型，沸騰型與凝固型；也有人從社會控制的角度出發，分爲內生機制型與人爲外控型，自律型與他律型，人治型與法治型；還有人以社會變遷爲標準，將社會穩定分爲變革型與守舊型，量變型與質變型，此外，還有些學者從馬克思主義哲學角度出發根據社會基本矛盾的運動，把社會穩定分爲經濟基礎主導型與上層建築主導型。前者主要源於經濟基礎的內在必然性，是根據蒂固的長治久安，後者主要基於上層建築的強大控制，缺乏牢固的基礎，難以長久維持。

姜忠在上面提到的文章中，也把社會穩定區分爲停滯性穩定和發展性穩定兩類。在停滯性穩定中，社會管理者不是針對社會問題進行全方位協調，改進社會結構、疏通運行渠道、調整社會成員間的利益關係和其他關係，而是滿足於相對平衡和量變的現象狀態，表面上風平浪靜，背後卻可能潛藏著許多不穩定因素。發展性穩定則是把穩定與發展結合起來，相輔相成，在穩定條件下發展，通過發展來促成更可靠更長久的穩定。發展性穩定應是我們抉擇的社會穩定類型。

劉萬厦在〈論九〇年代中國的社會穩定〉一文(《社會》，一九九一年第八期)中，把社會穩定分爲動態穩定和靜態穩定兩大類。動態穩定是社會內部始終充滿了活力，因而在穩定中不斷往前發展的穩定狀態，靜態穩定則是窒息了社會內部的一切活力和生機，致使社會趨向於停滯和瓦解的穩定狀態。我們應該追求動態穩定。

㈢社會穩定與發展的關係

穩定與發展是什麼樣的關係?在關於社會穩定的涵義及類型的討論中實際上已經蘊含了這個問題。明確地說,在有關會議和報刊文章中,關於這個問題主要有兩種觀念。一種觀點認爲,社會穩定與社會發展的關係是相輔相成的。社會穩定是社會發展的必要前提、基本條件,沒有一個相對穩定的社會環境,社會發展就難以實現。社會發展則是社會穩定的最終目的。社會發展反過來又有助於社會的穩定,使穩定建立在更加牢固的基礎上。持這種觀點的學者認爲,我們現在所尋求的社會穩定,應當是在高水平上的發展中的穩定,我們是在穩定中求發展,而不是停滯不前、安於現狀。因此,社會穩定的方針應是「穩中求進、穩中求改、穩中求快」,是建立一個不斷自我完善、充滿生機與活力,適應改革開放和現代化事業需要的、社會控制體系能自我調適的發展中的穩定。這種觀點得到大多數學者的贊同。

另一種觀點則不同意社會穩定只是發展的前提條件的看法,提出社會穩定既是手段又是目的的觀點。持這種觀點的學者認爲,社會穩定與社會發展的關係是不斷變化的,社會穩定何時爲目的何時爲手段要視特定的時空條件而定;在一定時期內是強調穩定還是突出發展,也要視社會的需要而定。他們認爲中共十一屆三中全會以後的主要問題是突出發展,當時提出的一系列改革開放的方針和政策,其基點是突出發展。近幾年提出治理經濟環境、整頓經濟秩序的方針和政策，則主要是強調穩定。持這種觀點的學者人數較少，並被一些評述者批評爲是對現行政策「進行機械式理解」。

㈣社會穩定的機制或條件

既然社會穩定是社會發展的必要前提，那麼，如何才能實現社會穩定呢？或者說，社會穩定的機制或條件是什麼？這是人們討論的一個小熱點。

朱力在〈社會穩定的三個環節〉（《南京大學學報》哲學、人文、社會科學版，一九九一年第一期）一文中，指出社會管理、社會控制、社會工作是社會穩定的三個基本環節。整個社會的管理包括管理主體系統、管理手段系統和管理客體系統。社會管理主要針對管理主體而言，它是社會穩定的調節機制，社會管理主體通過宏觀上對整個社會系統協調管理，達到調整全體社會成員關係，促進社會良性運行。社會控制針對管理手段而言，它是社會穩定的約束機制，通過制度、法律、紀律、習俗、道德、思想工作等，來約束社會成員的行爲，尤其是控制反抗社會的力量與制裁少數越軌者。社會工作針對管理客體而言，它是社會穩定的保障機制，通過預防和解決社會問題所進行的社會工作，維護社會成員的生存基本利益和基本權利，尤其是幫助處於弱者地位和身體缺陷的社會成員，消滅不穩定因素。

黃啓學在〈論我國社會在穩定中求發展的協同調控機制〉（《廣西師範大學學報》哲社版，一九九一年第一期）一文中提出，實現穩定的局面需要建立起一個互相聯繫的綜合的協同調控機制。這個協同調控機制由互相聯繫的多級機制組成，主要有：社會系統整體的優化目標機制、政局和政策的穩定機制、改革的協同機制、利益的協調機制、有效的社會控制和社會心理調適機制。這五個方面，互相聯繫，互相配合，共同促進社會在穩定中獲得發展，使社會走上良行運行之路。

呂世辰在〈準市民與社會穩定〉（《山西師大學報》社科版，一九九一年第二期）一文中就對「準市民」的管理問題與社會穩定的關係發表了自己的看法。所謂「準市民」是指近年來從農業中游離出來，從事二、三次產業的生產經營活動，身分介乎於農民和市民之間的那部分勞動力。目前準市民總數約三億，其中勞動力一億三千多萬，能否管理好這批人對社會穩定的實現有重大影響。文章提出了對準市民綜合管理的三條設想：第一，建立並要求準市民加入一定的社會組織；第二，對準市民實行集中統一領導；第三，確立準市民的社會地位。通過綜合管理使準市民政治、經濟和社會生活穩定，從而促進社會穩定發展。

劉萬厦在〈論九〇年代中國的社會穩定〉一文中提出，保持社會穩定，是一項改革與控制的社會工程。它的內容包括：⑴要突出以經濟建設爲中心，全力抓好經濟建設，帶動並促進其他方面的改革；⑵靈活調節群際關係；⑶積極而穩妥地推進社會主義民主政治建設；⑷盡力避免重大失誤。

陸建華在〈社會獎罰與社會穩定〉（《社會》，一九九一年第八期）一文中認爲，當前中國大陸社會失序的最根本的原因在於「合理的社會獎罰的喪失」，或者說「不合理的社會獎罰的取代」。社會獎罰指的是以一定的規範標準爲基礎對某種社會行爲或社會現象進行利益的給與或剝奪的社會過程及其結果。「合理的社會獎罰」即與社會的規範標準相一致的利益給與或剝奪。「不合理的社會獎罰」則指社會的規範評價與利益評價缺乏必要的一致性，符合規範的行動得不到合理的利益，受到報償的往往是那些被明確地或含糊地認定爲違法越軌的行爲。不合理的社會獎罰取代合理的社會獎罰，是社會失序乃至動蕩的根本原因。要實現社會穩定，必須盡快重建新的合理的社會獎罰及其機制；要對規範標準進行必要的調整，也要謹慎地對利益標準的合理性進行界定，在此基礎上使規範評價和利益評價重歸一致。

燕秦在〈黨風不正中國沒有穩定可言〉（《社會》，一九九一年第九期）一文中，則直率地指出，執政黨的黨風不正是威脅中國社會穩定的關鍵問題。要實現社會穩定，必須解決執政黨的腐敗問題，搞好廉政建設。文章認爲現階段廉政建設的戰略重點有三：一是用黨章的力量規範全黨；二是加大改革分量和步伐；三是完善法規制度，使治貪治腐經常化、規範化、法制化。

社會穩定的機制或條件問題也是今年中國社會學年會上討論的一個重要話題。據有關報導，在這次會上有的學者認爲，社會穩定機制的主要內容是要建立一套行之有效的社會保障體系，首先包括四項基礎條件，即國家有關社會保障的法律與政策、社會保障基金、社會保障人員和社會保障團體；其次涉及八個工作項目：計畫生育、社會保險、社會福利、優撫和安置、救災救濟、衛生保健、轉業和續業分配、專業人員培訓；第三、社會保障的工作系統和工作方式。也有人指出，建立社會「安全閥」機制，廣開溝通渠道，協調不同階級和階層、不同群體之間的利益要求，有利於緩解和減少不斷積累的衝突因素，使群體不滿情緒及時得到疏導，從而避免或消除反社會的集體行爲。另一些人則指出，建立社會預警系統，制定社會穩定與不穩定的控制參數，使對社會不穩定因素的控制量化和科學化，是實現社會穩定的一個重要手段。

這次會上有部分學者專門討論了社會穩定中的心理因素。有人指出，社會失範導致了人們社會心理的失衡和傾斜，反過來又破壞社會結構和社會秩序的有序性。他們認爲，社會心理的失衡或社會心理障礙是任何社會動蕩不安的內在的深層根源。社會心理障礙會釀成群體情緒，導致反社會集體行爲，進而破壞社會整合，危及社會的穩定與發展。因此，必須採取種種措施消除和減少社會心理障礙，優化改革的社會心理環境。

另一些與會者則討論了社會控制與社會穩定的關係。有人指出，社會秩序的穩定與否同社會控制手段的運用是否得當密切相關。社會控制不能簡單理解爲懲罰，而應全面地積極地理解爲協調。剛性控制和柔性控制要有機結合互相配合，才能充分發揮社會控制在維護社會穩定中的功能。

(五)發展問題

穩定的目的是爲了發展。在實現社會穩定的條件下如何進一步發展，是「穩定與發展」問題的有機組成部分。在今年的中國社會學年會上，有的學者提出經濟與社會協調發展的觀點。所謂經濟與社會協調發展是一種以經濟發展爲基礎，以社會發展與之相適應，兩種發展相互促進，以實現人的全面發展爲目標的社會變遷過程。在這種過程中，某一方面的發展以不犧牲其他方面，或不給其它方面造成障礙爲前提；並且某一方面的發展能夠緩解、消除歷史造成的失調現象，即經濟發展是解決各種社會問題的手段，社會發展是鏟除阻礙經濟發展的社會性障礙，消除經濟增長的負社會後果的過程。

另一些學者則提出了是高速發展還是有效發展的選擇問題。他們認爲，非適度的高速增長造成了增長效果的低度兌現、經濟發展的比例失調、波動幅度太大、嚴重的環境污染和社會有機體的失衡。鑒於此，他們提出了「適度發展」的概念。所謂適度發展，是一種著眼於發展成果的有效性，強調發展過程平穩遞進的發展模式。其基本特點是發展的充分化、節約化、民族化和整體化。我們今後的發展應該選擇適度發展的模式。這樣才能在發展中求穩定，在穩定中求發展。

四、發展與現代化：中國大陸社會轉型過程的一般理論考察

穩定與發展的問題是當前中國社會轉型過程中產生的一個基本問題。社會轉型過程，從本質上說是社會的現代化過程。如何從現代化這個更爲一般的層次上來檢視中國的過去、現在與未來，對中國社會的穩定與發展具有重要的理論意義與實踐意義。因此，對現代化理論的探討，持續構成大陸社會學者研究的一個重要內容。

孫立平在〈全球性現代化進程的階段性及其特徵〉（《社會學研究》，一九九一年第一期）一文中，以「全球性現代化」作爲分析的對象，提出全球性現代化進程迄今經過了四個階段，在每個階段都有一批國家捲入了現代化進程。第一階段是始於十七世紀中葉的西歐現代化；第二階段是十八世紀中後期的現代化，捲入的國家有美國、加拿大、澳大利亞、紐西蘭及北歐、南歐、中歐等地區的國家；第三階段是始於十九世紀中後期的現代化，捲入的國家有德國、俄國、日本、中國等；第四階段是二次世界大戰後的現代化，捲入的國家有東南亞、拉美、非洲等地區的國家。文章對每個階段的現代化過程的具體特徵進行了比較分析，爲從全球角度研究現代化過程提供了一個理論基礎。

孫立平的〈後發外生型現代化模式剖析〉（《中國社會科學》，一九九一年第二期）一文則進一步對早發內生型現代化國家與後發外生型現代化國家的現代化模式進行了比較分析。文章認爲早發內生型現代化具有自發性、漸進性和自下而上的過程三個明顯特點，而後發外生型現代化則是在面臨外部現代性挑戰的情況下強行啓動的。在後發外生型現代化的初期階段，政府充當著現代化啓動者、推進者的角色。後發外生型現代化可以而且需要採借早發內生型現代化的已有成果，以加快現代化的進程。它們都試圖採取「一籃子解決」的辦法來全面推進現代化。這樣做雖有可能，但也會帶來許多問題。因爲現代化的各種內容與因素之間是存在著一定時間和邏輯上的相互聯繫的。由於固有傳統和外部環境等條件的制約，現代化諸因素間的形成與發展往往會出現「錯位」現象，並由此導致社會結構等方面的失衡與緊張狀態。因此，後發外生型現代化國家往往在經濟、政治和文化上面臨一系列「兩難窘境」，如消除貧困與增強國力的矛盾，強化政府能力、穩定秩序與政治民主化的矛盾等。能否解決好這些問題，是後發外生型現代化能否成功的關鍵。

在〈論現代化的時序模式〉（《社會學研究》，一九九一年第二期）一文中，孫立平進一步對現代化諸因素的時序模式問題進行了討論。文章認爲，現代化雖然是社會生活各個領域、各個方面的一場全面性變革過程，但在實際的現代化進程中，不可能將現代化各方面同時推進。同時推進的努力在歷史上往往是以失敗告終。由此，現代化在不同方面、不同因素之間，在時間上就形成了一種先後不同的序列關係，即現代化的時序模式。文章以土耳其、日本、印度、印尼、美、英、法、德和東亞、拉美等地的國家爲例，從政治的先決條件、經濟起飛與政治整合的時間問題、經濟現代化的延滯問題、社會與文化變革問題和城市化問題五個方面分析了不同現代化時序模式的主要差異，並從現代化的起點條件、危機與挑戰出現的順序、示範效應和現代化策略等方面探討了影響現代化時序模式差異的重要因素。

孫立平的另一篇文章〈現代化與社會問題〉（《社會科學戰線》，一九九一年第二期）則著重探討了現代化過程中社會問題大量增加的基本原因。文章認爲，由於現代化的各個方面不可能以同等速度齊頭並進，而傳統因素各方面的瓦解速度又往往快於現代化因素的形成速度，因而造成了傳統瓦解和現代化建設速度以及現代化各方面形成速度之間的異步性。這種異步性會在社會生活中造成一系列的「眞空狀態」，如權威眞空、整合眞空、價值眞空、控制眞空等等。這種「眞空狀態」的結果，是造成社會生活的種種紊亂，並帶來種種社會問題。文章指出，現代化導致社會問題增多，這也許是人們爲現代化所必須付出的代價之一。但如果社會問題不斷嚴重化，而社會又缺乏解決或控制這些問題的能力，就可能會造成現代化的受挫。

任曉在〈現代化進程中的政治一體化〉（《社會》，一九九一年第十期）一文中則討論了在現代化過程中重建政治一體化的問題。政治一體化指政府獲得人民信任、認同從而形成政府在人民支持下啓動和組織現代化進程，人民經由政治過程參與現代化建設的格局。文章指出，在現代化過程中，由於魅力權威漸漸消逝、挫折感的產生和加劇、分配不公觸發的「合法性」危機、政府調適能嚴重不足、缺乏利益表達機制引起利益衝突、價值一元化變爲多元化等原因，傳統的政治一體化必然要與現代化進程不相適應。因此有必要重建政治一體化。重建政治一體化也需從六方面進行：建立新的法理權威、消除挫折感、公平分配以取得較大合法性、提高行政效能、疏通利益表達渠道、鑄造新「價值核心」。

虞和平的〈試論中國近代化概念涵義〉（《社會學研究》，一九九一年第二期）一文則著重分析了中國近代化的內容與特點。文章認爲，所謂中國近代化是中國近代史上的資本主義現代化，它屬於殖民地、半殖民地國家的現代化範疇，核心內容包括資本主義的工業化、民主化和民族化。中國近代化包括一八四〇年至民國成立前的準備階段和民國成立後至中華人民共和國成立止的正式啓動階段兩個階段。中國近代化的基本特點是被動性、複合性、非自主性和非統一性等，這些特點對中國近代化的進程、方式和結果都有重大影響。

吳忠民在〈關於中國早期現代化的幾個問題〉（《社會學研究》，一九九一年第二期）一文則對「近代化」概念提出了異議。作者從現代化模式、現代化與西方化的關係等方面進行分析，得出結論認爲應以「中國早期現代化」取代「中國近代化」這一概念。作者認爲中國早期現代化的基本特徵及其基本模式是資本主義現代化的低度發展，其具體特徵是：意向性的追求甚於實際性的建設；明顯的二元結構；過多的衝突的存在；缺乏平穩性，搖擺度過大。

五、簡要的評論

結構與秩序的相對穩定是任何一種系統，因而也是社會系統得以存在和發展的基本前提。因此，結構與秩序的相對穩定對任一時期、任一地方的社會系統來說，都具有極高的價值或意義。努力達成和維持這種相對穩定，是任何一個社會系統的管理者所追求的一個重要目標，因而也是每一種文化系統中所必不可少的內容之一。就中國傳統文化而言它甚至是個基本的目標指向。

但是，穩定至少有兩種不同的類型。一種是靜態的、停滯的、封閉性的穩定，另一種是動態的、發展的、開放性的穩定。前一種穩定是在扼殺社會體系內部的一切活力、消除社會體系內部的一切自由空間來達到的，它的結果是使社會長期止步不前，喪失發展和競爭的能力；後一種穩定則是在保持甚至增加社會體系內部的活力與自由空間的基礎上，通過協調體系內部各因素、各方面的關係來達到的，它的結果則是使社會更迅速地往前發展，因而更長久的維持自己的存在。中國傳統文化設計中所尋求的那種穩定，正是一種靜態的、停滯的、封閉性的穩定。中國傳統文化中的許多內容，無一不是以促成這種靜態的穩定為特徵。

當前中國大陸學者們對「社會穩定」問題所進行的討論，在多大程度上已擺脫了中國傳統文化中穩定概念的影響呢？要對這個問題做一個精確的回答目前還很難。但綜觀前面簡要的概述，我們看到，區分「社會穩定」的不同類型，在協調發展的基礎上來把握「穩定」的涵義，摒棄那種與變遷、發展絕對對立的靜態穩定概念，力求在與發展的相互聯繫、相互統一中來把握「穩定」的意義，以期在穩定的條件下促進發展，在發展的基礎上來實現更實在的穩定——這一切與現代化過程相適應的新的「穩定」觀，已經成為絕大多數人的共識。從這裡，我們是否可以窺見正在日漸形成的中國新文化之一斑呢？

注：關於一九九一年中國社會學年會的資料主要來源於以下報導：⑴張文宏，〈穩定與發展：中國九十年代面臨的兩大主題：一九九一年中國社會學學術年會綜述〉，《社會學研究》，一九九一年第五期；⑵丁元竹，〈穩定與發展的社會學探索：中國社會學學會一九九一年年會綜述〉，《社會學與社會調查》，一九九一年第四期。其餘文獻的來源，已在文中各處註明。

民族與文化：一九九一中國大陸之潮

王亞南

近幾年來，在中國大陸民族學、民俗學界，經過一段時間的努力，已經醞釀出了一股「民族文化」、「俗民文化」熱，《民族文化叢書》、《中華本土文化叢書》、《中國民族文化專題研究叢書》等等接二連三地問世。到了國際社會發生重大變化的一九九一年，出於適應國際和國內政治環境、經濟戰略、文化政策的需要，原先囿於有關學術界的中國各民族民俗文化研究，終於為中國大陸全社會所看重，鼓動起一陣前所未有的「民族」與「文化」大潮。這固然不是有關學術界的獨家功勞，但學術上的探討畢竟可以起到啓迪社會、影響民衆的社會良知作用。中國大陸一九九一年掀起了全社會性的「民族」與「文化」大潮，就是這樣的一個有目共睹的事實。

一、

一九九〇年秋季的北京亞運會及亞運會藝術節，著力向全世界展現了絢爛多彩的中華民族文化。這是一個刻意策劃的預示，也是一次精心準備的預演。緊接著，在一九九〇年十二月廿日，規模空前的「紀念徽班進京二〇〇周年，振興京劇觀摩研討大會」在北京拉開了序幕。這項活動一直持續到一九九一年一月十二日，並得到了大張旗鼓的宣傳，顯然成了一九九一年中國大陸「民族」與「文化」大潮的先導。

衆所周知，京劇是中國的「國劇」，集中華民族的多種文化精粹於一體。「紀念徽班進京二〇〇周年，振興京劇觀摩研討大會」的策劃者和組織者頗具匠心，由此下手，自然為「弘揚民族文化」的運作先著下了有力的一鞭。這項活動調動了中國大陸各地及香港、臺灣地區的五〇個京劇表演團體，近三千名演員共推出五〇臺京劇傳統戲、新編歷史劇和現代戲。與觀摩演出同時舉行了振興京劇學術研討會、演出評論會，舉辦了振興京劇藝術展覽等活動。再加上廣播、電視等大衆傳播媒介的大力渲染，一時間，整個中國大陸儼然成了一個空前絕後的京劇露天大舞臺，彷彿舉國上下就只上演著同一個節目——中國京劇。

然而，「國劇」並沒有佔據國家法定戲劇的地位，豐富多彩的中華民族文化也決非局限於京劇。若要涵括中華大地上的民族文化精髓，僅有一個京劇實在是遠遠不夠的。況且，這次的「京劇熱」在很大程度上只是京劇藝術界(包括京劇表演界和京劇票友界)、民間較高年齡層人群中的京劇愛好者及文化宣傳部門的「熱」，京劇界切不可盲目樂觀，以爲中國京劇從此已重新振興起來。傳統的中國京劇藝術急切需要改革更新，否則難以普遍適應當今中國各年齡層民衆日新月異的現代文化娛樂的需求。眞正要「振興京劇」，只有一條出路，那就是革新京劇。不過，有必要強調指出，這次「振興京劇」活動的意義遠遠超出了京劇本身，儘管它並不能使傳統京劇藝術一勞永逸地走上振興之路，但作爲一個直接誘因，卻引發了中國大陸全社會對民族傳統文化的迫切反顧。在一九九一年的中國大陸，這一點可以說是最具有現實意義的要務所在。

這樣一來，一場民族意識和民族傳統文化意識空前高漲的社會大潮，在一九九一年的中國大陸上不可避免地蓬勃而起。在此，不妨來做一個簡要的回顧。

春季，浙江「發現」並經有關專家認定：初唐便有宋之問和駱賓王等三十餘人、盛唐則有李白和杜甫等四十餘人、中唐又有劉禹錫和顏眞卿等四十餘人、晚唐還有元稹和李紳等五十餘人先後遊歷浙東，浙東形成了一條名符其實的「唐詩之路」。於是，浙東的紹興、寧波、臺州、舟山四市興然而動，準備聯合開發浙東的這一條名曰「唐詩之路」的「古旅遊線路」。同時，三國赤壁大戰陳列館在湖南省蒲圻市赤壁古戰場風景區破土興建。建成後的赤壁大戰陳列館兼而具有遊覽、購物、「三國」題材文藝作品專題欣賞、「三國」歷史研究資料收藏的諸種功能，這將是「三國旅遊線」上的一處重要景點。緊接著，由四川電視臺和雲南電視臺共同拍攝的大型電視系列片《南方絲綢之路》，經北京中央電視臺向全國播出，一時引起轟動。從此，在享有盛名的北線「絲綢之路」之外，又「開闢」出了一條早在公元前四世紀便已形成，自今日四川的成都、宜賓經雲南各地到緬甸和印度的「蜀身毒道」，即「南方絲綢之路」。顯而易見，發掘古老的民族文化遺產的意義並不僅僅局限於發展旅遊業，何況有的線路根本就不適合於旅遊。

夏季，「首屆中國民間文化藝術展覽」在北京出臺，展示了大陸四十餘年來民間文藝的挖掘、搶救、搜集、整理、研究和推廣等各個方面的重要成果。舉辦這一展覽的是中國民間文藝家協會，原名爲中國民間文藝研究會，自一九五〇年成立以來，一向致力於中華民族民間文化藝術的發掘和保護。現在，他們的工作受到了更大的關注。中國的飲食文化舉世聞名，大陸舉辦「首屆中國飲食文化國際研討會」，居然安排在中國大陸最高立法機構會址——北京的人民大會堂舉行，這也可看出有關方面對中國傳統的民族文化（哪怕僅只是飲食文化）的重視。當然，最重要也最能說明問題的，恐怕還是「中華炎黃文化研究會」在北京成立。這個研究會由大陸境內外華人社會名流出任名譽會長、會長和執行會長，雖說是一個「由熱心於炎黃文化的專家、學者、社會活動家、企業家等人士組成的全國性民間文化團體」，但明顯得到了大陸政界最高當局的鼓勵和支持。它的宗旨十分明確：「弘揚中華民族優秀文化，振奮民族精神，爲祖國的現代化建設和統一大業做貢獻。」這已經足以給中國大陸近年來「弘揚民族文化」的所作所爲下一個再清楚不過的注腳。

秋冬季，經過近一年半的興建，由大陸當代國畫大師黃胄先生倡議籌建的炎黃藝術館在北京正式開館。該館爲中國大陸的第一座民辦公助的現代化藝術館，同時也是一家民間性的藝術研究機構，館內設有文物鑑定研究委員會和藝術研究委員會。除收藏當代中國畫、中國古代字畫、文物及其他藝術品外，炎黃藝術館還將從事中國畫和中國民族藝術品的陳列、鑑賞、研究、出版和教學活動，並聯絡海內外畫家、藝術收藏家、鑑賞家和活動家，進行國際藝術交流。幾乎在同一時候，得到海內外炎黃子孫捐助的「炎黃二帝巨型塑像」工程，在河南省鄭州市的黃河遊覽區向陽山破土動工。按照設計，山高八二米作爲塑像身軀，在山頂再建高十六米的塑像頭像，頭像內部設有十大展廳。這將成爲中國大陸全境首屈一指的巨型塑像。此座巨像將背南面北，俯視黃河，其寓意不說自明。據稱，塑像前將建起高十三米的青石「祭壇」，祭壇至巨像的中軸線爲所謂「神路」，兩側配置有高七米的銅鼎及編鐘、聲磬等禮器。這倒頗讓人有些不解，炎黃子孫們對古史傳說中的華夏人文始祖崇敬歸崇敬，但時至今日，有必要「祭」「神」一般地對待他們嗎？再則，炎黃二老若在天有靈，見到他們那個時代也許聞所未聞的某些禮器，眞不知會做何猜想！在看待民族傳統文化這一點上，任何形式的「神化主義」和「浮華主義」將會與虛無主義殊途同歸，一樣有弊無利，遺害子孫。至於北京「中國孔孟文化攝影展」，內容設置爲展示儒家學派源流及其對中國乃至世界的影響，同時也展現作爲孔孟之鄉的山東省在改革開放後的社會發展新面貌。這本來是極有意思的一件事，正好可以顯示出中國正宗傳統文化在適應社會現代化過程中的某些積極方面，但從其展名上卻絲毫看不出最爲關鍵的這一層用意。而且，「孔孟文化攝影」的提法也令人感到難以理解，「孔孟」是一種型態獨立的文化，還是某種文化的一個部類？倘若拋開了文化的外顯表徵，又如何拍攝「文化」本身？相比之下，北京「全國第一屆民族文化風情中國畫大展」之名就異常清楚明瞭，也道出了其「弘揚民族繪畫藝術，開拓民族文化旅遊項目」的蘊意。

在一九九一年，中國大陸社會文化活動最顯著的形式特點，還在於五花八門、數量衆多的那些時新文化「節」會活動。這實際上已是近幾年來大陸出現的一奇，不過，此刻的節會由於別有意味，因而格外地多了起來。特別是入夏以後，各地刻意舉辦的文化節會多得數不勝數——

四月，有「九一紹興國際書法節」即「紹興市第七屆書法節」，又有「浙江省首屆書法藝術節」。

五月，有天津「首屆中國曲藝節」。

六月，有岳陽「九一中國湖南汨羅江國際龍舟節」，又有西安「首屆西北地區話劇節」。

七月至九月，有北京——濟南「首屆中國旅遊書畫藝術節」。

八月，有「福建省首屆書畫節」和「福建省第六屆音樂舞蹈節」，又有貴州「中國西南藝術節」。

仲秋的九月似乎也到了文化節會的收穫季節，有北京「中國長城仿古節」、「九一北京文物節」和「首屆北京圖書節」，有「首屆中國瀋陽秧歌節暨全國優秀秧歌大賽」，有太原「山西國際鑼鼓節暨中國第二屆民間藝術節」，有「第二屆中國淄博陶瓷琉璃藝術節」，有長沙「九一中國湖南國際煙花節」和「湖南第二屆映山紅民間戲劇節」，有廣州「九一年中國旅遊藝術節」；再有成都「四川國際電視節」。

十月深秋繼續豐收，有北京「第二屆金石書畫節」、「第三屆北京合唱節」和「第一屆北京市中小學生藝術節」，有「第三屆瀋陽藝術節」，有石家莊「第三屆中國吳橋國際雜技藝術節」；有「九一中國黃山國際旅遊節」即「首屆黃山節」，有四川綿陽「第四屆文化藝術節」。「官辦」文化節會之外，湖南省民間的京劇票友也不甘寂莫，在長沙舉辦起了「湖南省首屆民間振興京劇戲劇節」。

到了十一月入冬之際，「九一中國湖南張家界國際森林保護節」成了中國大陸熱鬧的節會大賽的尾聲。可是，就在此刻，一個小小的奇蹟出現了，在河北省肅寧縣境內的一個極爲普通的村莊——柏莊村，人們也被這股文化節會熱鼓動起來，竟然自發地舉辦了中國大陸上或許是前所未有的「村級」「首屆群衆文化藝術節」。這不能不說是一個極富象徵意義的事件，它足以向人們表明，中國大陸一九九一年的民族文化節會熱潮已遍及社會的幾乎每一個角落。

二、

誠然，正如京劇不能涵括全部中國文化一樣，漢民族文化也不能代替整個中華民族文化。在一九九一年中國大陸的民族文化熱潮中，各個少數民族的文化也佔據了應有的一席之地。而且，同以往相比較而言，這一年裡，中國各少數民族瑰麗誘人的文化風情，在中國大陸全社會範圍內得到了更多的展現的機會，也引起了中國大陸全社會乃至國際社會的更大的注意。正是各個民族的豐富文化遺產的這種大薈萃、大檢閱，聚成了中國大陸一九九一年引人注目的「民族」與「文化」的社會大潮。

剛剛開年，歷時七天的「全國少數民族舞蹈(單、雙、三人舞)比賽」便於一月三日在昆明落下了帷幕，共有三七個民族的一九八名演員、二〇一個節目參加了決賽，顯示了厚實的藝術功力。在全國範圍內專門舉辦少數民族舞蹈比賽，這在中國大陸上還是第一次。主辦者認爲，從比賽情況來看，中國的少數民族已經具有推出大批精彩節目的實力，人們有理由期待，中國少數民族的藝術將進一步走向全國、走向世界。

三月中旬，擁有全世界最大量觀衆的北京中央電視臺，在電視播放的黃金時間裡，向中國大陸全社會隆重推出了精心準備達半年之久的「全國民族知識電視大獎賽」，這在過去是從來沒有過的。主辦者的目的在於，大力宣傳大陸一貫奉行的民族理論和民族政策，促進各民族之間的進一步了解和團結，維護社會的安定與發展。自然，在這當中，傳播各民族的文化也是應有之義。

四月底，上海舉辦「首屆中華民俗風情大型遊藝會」，特地邀請少數民族民間風情表演團體前往獻藝。其中，來自廣西壯族自治區三江侗族自治縣的侗族民間風情表演團，是一個道道地地的農民業餘表演團體，團員十八人全都是生於鄉里、長於鄉里的侗族青年農民。他們的表演是藝術，也是生活本身，具有鮮明的少數民族特色和濃郁的地方鄉土氣息，傾倒了久處於都市文化氛圍裡的人們。少數民族的亞文化進入了中心都市，意義非同尋常。

八月下旬至十月初，「北京中華民俗風情百樂藝術節」在圓明園舉行，這一大型節會活動同樣旨在弘揚中華大地各民族的優秀文化，顯現大陸民族政策給各民族帶來的欣欣向榮的景象。在一個多月的時間裡，內蒙古鄂托克前旗的蒙族「烏蘭牧騎」表演隊、新疆雜技團的維族「達瓦孜」表演隊、青海海南的藏族風情表演隊、廣東連南的傜族風情表演隊、廣西三江的侗族風情表演隊、廣西融水的苗族風情表演隊、雲南思茅的佤族風情表演隊、雲南元江的哈尼族彝族傣族風情表演隊等少數民族文化藝術表演團體齊聚北京，向中外遊客展示了各具特點而又整合一體的中華大地各少數民族豐富多彩的文化藝術。儘管這主要還是一種讓遊客們體驗「異」文化「采風」樂趣的旅遊活動。但重要之處在於：中國各少數民族的民間之「風」已席捲古老的京城。

九月底至十月上旬，由中國少數民族文化藝術基金會主辦的「中國民族文化博覽會」在北京舉行，貴州、雲南、新疆、海南等省和自治區專門派來了少數民族文化表演團體。博覽會上，「各民族大型婚俗演示」融滙各自民族的音樂、舞蹈、民歌、服飾於一體，是集中表現各個民族民間風情的一個極好嘗試。這一次，貴州省大概下了最大的功夫，把民族婚俗展覽、民族節日文化展覽、民族建築文化展覽、民族刺繡藝術展覽、民族蠟染藝術展覽、民族戲劇藝術展覽和苗族村寨文化展覽等統統搬到了北京，並特意組織了一支有六個民族的人員參加的民族風情演示隊，表演節目達五十個之多，其中有苗族的酒歌、布依族的情歌、仡佬族的地戲和土家族的上刀梯等。特別值得一提的是，臺灣高山族藝術團也專程趕赴北京，他們與大陸著名歌唱家、舞蹈家聯袂演出了一臺以歌頌中華民族團結爲主題的大型歌舞節目，受到了熱烈歡迎。這是大陸首次舉辦的一個集中展現各民族文化風貌的空前盛會，會上唱出了中國各民族的共同心聲：「五六個民族，五六朵盛開的鮮花，五六顆火熱的心，結成一個歡騰的中華。」在當今世界諸多國家內部的民族矛盾異常激化的國際形勢下，中華民族的團結統一卻是海內外絕大多數炎黃子孫的一種普遍共識，這一點的確是值得珍惜的。

十月一日，在毗鄰港澳的深圳，一個大型文化遊樂區「中國民俗文化村」正式開放。這裡薈萃了中國各地各民族的民間藝術、民俗風情和民居建築，多角度多側面地展示中國多民族的民俗文化風情。村內設計有民族藝術大遊行、專業歌舞表演、民俗陳列館、民間節慶等活動，並依照原樣建造了中國二一個民族的二四座村寨，其中有布依族石頭寨、苗族村寨、侗族村寨、傜族村寨、納西族民居和摩梭人(納西族一支)木楞房、高山族民居、哈尼族蘑菇房、佤族村寨、景頗族村寨、黎族村寨、白族民居、傣族竹樓、土家族水上街市、哈薩克族氈房、蒙古包、藏族民居、維吾爾族民居、朝鮮族民居、壯族村寨、彝族土掌房。當然，建村的目的少不了爲旅遊業服務，經濟效益的考慮自在其中，但同時也必然會起到向世界宣揚中華各民族文化的良好作用。

順便提一下，甚至包括香港，也受到了一九九一年大陸內地的這一少數民族民間文化熱的感染，在九月十九日至十月六日的近一個月時間裡，舉辦了從未有過的「中國少數民族藝術節」。當時，大陸派出了陣容強大的「中國少數民族表演藝術赴港演出團」，該團由延邊(朝鮮族)歌舞團、西藏藏戲藝術團、內蒙古鄂爾多斯(蒙族)藝術團、四川少數民族藝術團、貴州少數民族藝術團、少數民族樂器演奏團和雲南「東方彩霞」(民族時裝)藝術團組成。此外，由北京民族文化宮主辦的「中國少數民族結婚服飾展」、由雲南省組織的「雲南民族民間美術展」和「雲南少數民族服飾展」也隨演出團一道赴港展出。

不用說，在一九九一年的中國大陸，最壯觀的民族文化盛會還得算是十一月十日至十七日在廣西南寧舉辦的大陸「第四屆全國少數民族傳統體育運動會」。這樣的運動會已經開過多次，但這一次組織得特別隆重，宣傳得特別熱烈。全中國三一個省、市、自治區(包括臺灣)的五五個少數民族，全都選拔出自己的運動員前來參賽。這次民族運動會已不僅是中國各少數民族傳統體育活動的大檢閱，而且也成了各少數民族優秀文化遺產的大展示。大陸中央民族歌舞團、東方歌舞團和來自新疆、內蒙古、雲南、貴州、廣西的民族文藝工作者，紛紛獻上了富有民族特點的風情歌舞；臺灣少數民族傳統歌舞藝術團，也在運動會開幕第二天匆匆趕來爲大會助興。集音樂、舞蹈等藝術表演和民俗風情、體育競賽爲一體的一二〇個表演項目，更是具有濃郁的不同民族特色和文化魅力。應邀專程前來物色非專業民間藝術團體的法國國際民間藝術節組織主席詹洛克先生，在談觀感時說道：「這次我看到了中國不同的民族，不同的體育項目和傳統文化。中國民族運動會是獨一無二的。只有在中國，才能看到政府出那麼大的力，花那麼多的錢，幫助少數民族發展自己的傳統文化。」事實上，他只說出了中國大陸一以貫之而卓有成效的少數民族政策這一面，而沒有注意到一九九一年中國大陸超乎尋常地「弘揚民族文化」的深刻意蘊。倒是此次少數民族運動會的會歌直截了當地道出了其中的底細：「五六個星座，五六朵花，五六個兄弟姐妹是一家，五六種語言滙成一句話：愛我中華。」「愛我中華，振興中華」，在一九九一年風雲驟變的世界形勢下，對中國大陸來說，還有甚麼比這更現實、更緊迫呢？

三、

中國大陸一九九一年蕩滌全社會的「民族」與「文化」大潮的興起並非偶然，也決不能僅僅視爲一種孤立的文化繁榮現象，聯繫起一九九一年的國際形勢的變化和國內的應對之策，其間的深刻的政治根源和實際的經濟背景同樣是顯而易見的。

第二次世界大戰以後，以美國和蘇聯爲代表，組成了兩大政治及軍事集團，在國際政治、經濟、軍事、外交等領域競相抗衡，由此形成了國際社會的「冷戰」局面，在兩極世界之間建立起一種力量的均勢。到了六〇至七〇年代，德國和日本這兩個昔日的戰敗國，在美蘇軍備競賽的間隙當中埋頭發展經濟，開始以自己日趨壯大的經濟力量重返國際社會；西歐聯合的力量也在增強。與此同時，中國大陸作爲一支對世界均勢具有重要影響的政治力量，逐漸在世界舞臺上嶄露頭角；廣大的「第三世界」國家也紛紛走上了獨立發展的道路。從此，國際社會向著多元多極的方向發展。不過，世界的力量均勢並沒有打破，國際社會的基本格局依然是美蘇兩個超級大國及其盟國集團在相互抗爭，並保持一定的平衡。需要注意到，在這種情況下，美蘇兩國之間的所謂「中國牌」具有砝碼般舉足輕重的作用。同樣，在國際事務中，中國大陸也可以打相應的「美國牌」或者是「蘇聯牌」，這一點是不說自明的。

最近十餘年來，中國大陸實行「改革開放」政策，一方面革除時弊，集中力量發展經濟，另一方面又打開國門，引進資本和技術。顯然，這需要有一個和平安寧的國際環境，有一種安定團結的國內局勢。就此而論，毫不忌諱地說，國際力量繼續保持均勢，保持一種平衡狀態下的低度和平，對於中國大陸來說也是有利的。或者講得更明白一點，排除意識型態上的分歧乃至以往的敵對狀態不談，正如有一個強大的中國可以保持亞洲的穩定一樣，有一個強大的蘇聯也可以保持歐洲乃至全世界的力量均衡穩定。可是，到了一九九一年，這一由歷史形成的國際條件已經不復存在了。

繼東歐的劇變之後，蘇聯由於其國內尖銳的民族矛盾、難以克服的經濟衰退和政治危機，在一九九一年內發生了令人難以置信的巨大變動，作爲超級大國的蘇聯事實上已經分裂而失去了其存在。在歐洲社會慶幸美蘇「冷戰」時代結束的時候，以聲稱建立「世界新秩序」的美國爲首的西方世界，卻將會集中力量，針對中國大陸展開另一類不同性質的「和平冷戰」，而且，這種「和平冷戰」實際上早已開始了，尤其是在美國方面，近年來已出現了「和平冷戰」進一步升級的跡象。中國大陸面臨著多年來少有的外來壓力。

面對來自外部的國際干涉主義壓力，中國大陸民族愛國主義的高昂是勢在必行之事。大陸目前所倡導的「弘揚民族優秀文化」，具有極其鮮明的政治含義。首先，「弘揚民族文化」直接針對著「全盤西化」的主張，特別是針對著中共官方一向堅決反對的「資產階級自由化」。自由民主主義是西方文化的產物，在這一點上，中西文化有著很大的不同。中國大陸並非不需要民主和自由，但大陸所堅持的是在社會主義國體下的人民民主、在中國大陸憲法和法律秩序下的人生自由。其次，強調中國民族文化的特殊性，也是爲了保持中國大陸在國際社會中一貫奉行的獨立自主的立場。中國具有一整套自成體系的獨特的民族文化傳統，其社會情況並不同於東歐，甚至也不同於蘇聯，那些地方畢竟有著西方文化的傳統。對這一點的強調，也是中國大陸對於堅持走自己道路的決心的強調。第三，中華民族是一個具有悠久歷史傳統和超強內聚力的民族，民族主義歷來是中華民族對付外來侵略和干涉的最重要的武器之一。以「弘揚民族文化」來激揚起全社會民衆的民族情緒，這正是中國大陸爲了應付突變的世界形勢和驟增的外部壓力，而大力倡揚愛國主義的一種長期心理戰略。中華民族對於自己悠久歷史和燦爛文化的自豪感，過去、現在和將來都是喚起民族自立、自強精神的有效基礎。總而言之一句話，中國大陸「堅持走具有中國特色的社會主義道路」的宣言和行動，便足以表明這一切。

在國際社會生活中，政治戰略總是同經濟戰略聯繫在一起的。西方社會的政治及軍事同盟，就建立在西方各國共同的經濟利益的基礎之上。西方世界過去對蘇聯東歐集團的「冷戰」，在政治壓力、軍事威脅和外交鬥爭之外，自然還有經濟封鎖。甚至包括對待衆多的「第三世界」國家，西方的經濟援助也往往要附加上許多的條件，壓迫其接受西方社會的政治制度和文化價值觀，在當今國際經濟事務中，西方發達國家對此更加直言不諱。現在，以美國爲首的西方世界對中國的「和平冷戰」，同樣是在政治、經濟等各個方面同時施加壓力，而僅存的超級大國美國則表現得尤爲坦率。在經濟上，中國大陸的「改革開放」進程同樣遭受到巨大的外部阻力。

隨著商品經濟的歷史發展，如今整個世界已經形成了一個統一的商品經濟市場，任何一個國家要想擴大商品生產，發展社會經濟，都不能不進入這個巨大的世界經濟市場。然而，由於西方社會國際資本的長時期經營，爲數極少的幾個發達國家卻幾乎完全壟斷了國際經濟市場。西方世界發達國家正是倚仗著這種「世界經濟霸權主義」的手段，在國際經濟事務中爲所欲爲，進而在國際政治事務中指手畫脚。既然中國大陸已打開國門，走向世界，進入了這一統一的國際經濟市場，力圖以此來促進自己的民族經濟的發展，增強國力，那西方世界就必然會對中國大陸的國內經濟事務施加影響，並還會更進一步對中國大陸的國內政治事務橫加干涉。當前，大陸一方面需要開放國門，引進外國資本和技術，發展經濟，另一方面又必須防微杜漸，抵制西方文化價值觀和政治思潮的侵襲。在以美國爲代表的西方世界對中國大陸「和平冷戰」的政治戰略和經濟戰略雙重夾擊之下，大陸面臨著一個需要很好解決的兩難問題。

中國大陸向來主張，處在不同政治制度和社會意識型態之下的國家，可以而且也應該基於互相尊重主權和領土完整、互不侵略、互不干涉內政、平等互利、和平共處的原則，發展彼此之間的經濟和文化交流。最近幾年來，特別是一九九一年，大陸正是以政治上進一步堅守立場、經濟上進一步改革開放、文化上進一步擴大交流的雙重國際戰略，來對付西方世界在政治和經濟兩個方面對中國大陸的雙重壓力。西方各國也自有其各自的經濟利益所在，中國大陸是一個巨大的投資市場和商品市場，他們對此決不會視而不見。擴大國際經濟交往和文化交流，不僅直接打破了西方對中國大陸的經濟「制裁」，而且也可以瓦解孤立中國大陸的西方國際政治戰略。大陸近兩年來在這一問題上艱苦努力，已經取得了舉世矚目的成效。

在這當中，以民族文化交流來帶動國際經濟交往，是大陸目前所採取的一種行之有效的策略，人們謂之曰「文化搭臺，經濟唱戲」。在國際交往中，各國各地區的民族文化交流有利於加深相互間的了解，促進相互間的合作，這一點是不言而喻的。更何況，在當今世界，旅遊的人文性質越來越明顯，越來越重要，文化交流本身也可以成爲一項經濟事業。這也就是中國大陸各地近年來競相挖掘民族文化優秀遺產、開發民族文化資源、大辦民族文化節會的又一個重要原因之所在。就以前面提到過的一九九一年各地民族文化節會爲例，「中國西南藝術節」、「首屆中國瀋陽秧歌節」、「第四屆全國少數民族傳統體育運動會」等等，大都同時舉辦了商品展銷會、交易會，有的還舉辦了國際經濟技術洽談會。其中，「第四屆民族運動會」期間的商品交易會居然獲得了「小廣交會」的美譽，足見國際商品交易的成交效益十分可觀。至於像「一九九一年中國旅遊藝術節」、「九一中國黃山國際旅遊節」、「九一中國湖南張家界國際森林保護節」這一類的節會活動，則本身就是直接爲旅遊業服務的。

還有一點也應當指出，一九九一年中國大陸的民族文化活動色彩紛呈，同樣也有著調節國內政治氣氛、活躍社會文化生活的一個方面。近來幾年，在西方世界對中國大陸的「制裁」壓力下，海內外都曾有人預言，中國大陸要「收」了。可是，大陸經濟市場開放、政治體制改革的進程早已滙成了一個不可逆轉的歷史潮流，再要閉關鎖國、退守孤立，是絕對沒有出路的，中國大陸全社會也不能接受。看來，大陸政界最高層顯然吸取了以往所謂「一放就亂，一收就死」的深刻教訓，一方面在政治上更加強調「四項基本原則」的立國之本，另一方面在經濟上卻加大改革開放的步伐，同時在文化上也採取了更加寬容的態度。不僅如此，大陸政府(包括各地地方政府)甚至刻意組織起各色各樣的社會文化活動，以有益身心的文化娛樂生活來沖淡國際形勢劇變所造成的國內人們的異常心理。客觀地說來，這確實是政治家們的明智之舉。好多年以來，文化藝術政策一向是中國大陸政局的一個準確的晴雨表，政治上的敏感幾乎總是先通過文化藝術政策的緊縮反映出來。此次卻已經有了很大的例外，這可以表明大陸近一些年來政治上和文化上的一種開明進步，同時也是大陸政界對國內政治和經濟局勢穩定充滿信心的一種表現。

四、

「民族」與「民族文化」是中國大陸一九九一年社會活動的主題，但是，這兩個概念的使用本身卻有著諸多含混之處。

事實上，人們往往是在不盡相同的涵義上使用「民族」這一概念。一般說來，最基本的用法大致可分爲兩類：一是統一民族國家意義上的「現代民族」的概念，例如中國人、英國人、義大利人，或者是中華民族、希臘民族、美利堅民族等等；二是國內亞種族和亞文化共同體意義上的「傳統民族」的概念，比如中國的五六種民族，英國的英格蘭人、蘇格蘭人、威爾士人和愛爾蘭人等，最典型的則是美國人口的種族構成成分。在一個現代的統一民族國家之內，人們同時具有如此上位及下位的雙重民族身分和民族意識，這也是極爲常見的一種歷史遺留情況。除此而外，還另有超越現代統一民族國家的「國際民族」的概念，諸如阿拉伯民族和吉普賽人，強調的是文化或種族的同一性，而並不注重民族國家社會的一體化；再有就是游離於國家行政社會之外的「原始民族」的概念，譬如非洲叢林和大洋洲諸島雨林中的部落民族，但認眞講起來，所謂的「原始民族」其實應該是前於民族國家行政社會的原始部族，把他們稱爲「民族」是不恰當的。「國際民族」和「原始民族」的概念的使用，與現代整個世界都建立起統一民族國家的行政社會的現實狀況不相符合，充其量是一種只具有象徵意義的說法。

在中國大陸，人們使用「民族」這一概念時，由於其所處的具體社會環境不同，也常常會有著很大的差異。在最一般的意義上，「民族」概念顯然是指整個中華民族；但在特殊的意義上，「民族」概念又多指中國的各個不同的民族。在中原地帶或漢民族文化區域內，當人們使用「民族」和「民族文化」概念時，指的主要是漢民族和漢民族的文化；而在周邊少數民族地區，當人們使用「民族」和「民族文化」概念時，則又專指各少數民族和少數民族的文化。在中華大地的廣闊地域間，除了漢民族以外，還共同生活著五五個少數民族，按照大陸全境一九九〇年人口普查統計數據的多少爲序，即壯族、滿族、回族、苗族、維吾爾族、彝族、土家族、蒙古族、藏族、布依族、侗族、傜族、朝鮮族、白族、哈尼族、哈薩克族、黎族、傣族、畲族、傈僳族、仡佬族、拉祜族、東鄉族、佤族、水族、納西族、羌族、土族、錫伯族、仫佬族、柯爾克孜族、達斡爾族、景頗族、撒拉族、布朗族、毛南族、塔吉克族、普米族、阿昌族、怒族、鄂溫克族、京族、基諾族、德昂族、烏孜別克族、俄羅斯族、裕固族、保安族、門巴族、鄂倫春族、獨龍族、塔塔爾族、赫哲族、珞巴族和高山族。中國各個民族的人種成分非常單純，除很少一部分具有或混有歐羅巴人種的體質特徵而外，絕大多數都屬於蒙古人種的各個亞型。但是，中國各民族的語言構成情況卻相當複雜。漢族和回族共同使用漢語，其餘五四個民族則都有自己的民族語言，並分別屬於五大語系。其中，漢藏語系民族共有二九個，主要分布於西南及中南地區；阿爾泰語系民族共有十七個，主要分布於西北及東北地區；南亞語系民族有三個，主要分布於雲南；南島語系民族有一個，主要分布於臺灣；印歐語系民族有二個，主要分布於新疆；另有二個民族的語言尚未確定系屬，而分別暫歸於漢藏語系和阿爾泰語系。在這中間，還有幾個民族的各個支系的語言分屬於同一語系的不同語支，這也是一種較爲少見的情況。語言是一個民族的文化傳統最爲持久的部分，僅從語源來看便可知道，中國各民族的文化淵源十分廣泛。在中國，民族問題歷來是政界高層異常注意的一個問題。

實際說來，早在秦漢之際，中國便已成爲一個幅員遼闊的統一民族國家，四至地域遠遠不只於中原一帶。舉世絕無僅有的龐大的漢民族群體，也是在中國長久的歷史中由衆多的古代民族融合而成的。不過，嚴格地講，直到近現代，在不少的邊陲地區，中華民族國家的行政社會體制從未能夠深入到底層，維持社會機制運轉的仍舊是部族社會的親族結構網絡和親族權力系統。只是在最近幾十年間，人民國家的行政權力體制才眞正貫徹到了社會基層，中國成了一個徹底行政化了的統一民族國家社會，而不再是一個在國家行政體制之下又保持有若干相對自成一體的部落親族結構的傳統社會。在今天，中國的各個民族，包括漢民族，也包括那些幾十年以前尚處於分散的原如部族狀態而沒有形成自身民族統一實體的少數民族，都不是一種單一的社會政治和行政實體，而僅只是一種歷史遺存的國內亞種族群體和亞文化共同體，是統一的中華民族國家的各個不可分割的組成部分。正是如此衆多的民族，構成了一個統一的現代中華民族；正是如此衆多民族的文化，構成了一種多元的中華民族文化。因此，就中華全社會範圍而言，「民族」和「民族文化」概念應當是指整個中華民族和整個中華民族的文化，而不能僅僅用來指漢民族或各個少數民族及其文化。現代的民族主義意識必須建立在統一的現代民族國家的歷史事實基礎之上。

當然，每一個傳統民族，即使是人口甚微的各少數民族，都有同等的權利保持和傳承自己民族的獨特的文化傳統。在這一方面，中國大陸歷來政策的可取性和延續性昭然可見。而在一九九一年，大陸有意識地讓各少數民族的文化在全社會的大舞臺上更領風騷，其間還有另一層至關重要的現實意義。今日世界，國際國內民族問題突出，民族矛盾激化，蘇聯和南斯拉夫國內正因此鬧得不可開交，而中國大陸這邊卻風景獨好，境內外的極少數民族分裂主義分子成不了什麼氣候。但是，大陸社會並沒有對此掉以輕心，「防患於未然」的古訓向來是大陸決策的首選。這一有效之舉至少起到了兩個方面的顯著作用：在國內，促成了各民族之間進一步的文化交流及融合，強化了民族團結與社會安定，有利於穩定政局和發展經濟；在國際上，向全世界顯示了中國大陸全社會的空前團結與穩定，展現了尊重少數民族權利的良好的社會「人權」狀況，有力地反擊西方世界對中國大陸的攻擊和干涉。的確，在保障國內少數民族及其經濟與文化的存在和發展權利方面，中國大陸一向的妥善做法是舉世罕見的。

在此還需要說明，中國大陸近來對「文化」這一概念的使用也實在是太濫了。在世界上，人們「文化」概念最通俗的用法是指知識素養，「文化人」的普遍說法便由此而來；而在大陸，人們以往對「文化」概念的習慣理解多限於文學藝術，「文化部」的定名就標定了這一職能範圍。近一些年，「文化熱」之風吹遍大陸全境，於是乎一切又都可以綴之曰「文化」，這不是「文化」多了，而是「文化」少了，是有關人等缺乏文化(知識素養)的一種表現。學術上的「文化」概念自有其嚴格的定義，從本義上講，「文化」是某一特定的民族(社會)共同體所特有的物質和精神活動及其成果的總稱。除了人們的物質活動及其物化產品之外，在精神活動及其結果方面，文化包括了知識體系、價值規範、歷史傳統和審美經驗這樣幾個大的方面。無論是文化的物質方面，還是文化的精神方面，有一點是共同的，即它們都在人類的社會歷史中積累和延續。因此一言以蔽之，文化是人類特有的一套社會歷史傳承的信息系統。人類社會的各個民族共同體都有自己獨特的文化，因而各有一套獨立的文化信息系統，這才構成了人類世界千姿百態的文化格局。不過，伴隨著交通工具和通訊手段的發展進步，不同民族、不同地區、不同國家之間的社會交往及文化交流迅速擴大，往昔的各個獨立的民族文化共同體的各種天然域界或人爲域界陸續打破，這就不可避免地導致了人類文化信息系統的日趨全球化。在今天的世界上，尤其是物質文化的成就，以及精神文化中的知識體系和審美經驗部分，正日益成爲全人類共同的財富。至少在這一些方面，整個世界正在融合爲一個巨大的文化共同體，或者說是一個小小的地球村。與此相適應，各個民族文化共同體開放自己的文化信息系統網絡，已經成爲一種勢在必行的時代要求。

中國大陸一九九一年「民族」與「文化」大潮的興起，也就是爲了應付國際形勢的突然變化，以更好地適應國內「改革開放」的需要而精心做出的一次調整。這與其說是退守，不如說是進擊。中國大陸必須走向世界，也只有走向世界，「改革開放」已不是一項藉以增強國力的臨時戰略，而成了一種越來越不可扭轉的歷史趨勢。中國大陸能否在堅持「中國特色」與實行「改革開放」之間保持很好的平衡，並最終躋身於世界強國之列，全世界都將拭目以待。但有一點已經取得了巨大的成功：在中國大陸，各民族之間的文化交流及融合日甚一日，各少數民族的文化已突破了往日偏處一隅的亞文化歷史境地，正滙成統一的中華民族文化的共同潮流。人們可以預料，國內各民族文化的融滙整合將使整個中華民族的文化更加煥發出東方文明的動人光彩。

一九九一年中國的宏觀經濟與經濟政策

馬建堂

一九九一年的中國宏觀經濟使人感到喜悅和困惑。說它令人喜悅，是因爲在物價穩定的基礎上，經濟保持了較高的增長率，開始走出以一九九〇年初爲底的低谷；說它令人困惑，一是因爲它使許多經濟學家的預測落空，二是出現了一些反常的現象。在這個意義上，一九九一年的宏觀經濟又是一個難得的實驗場，我們可用經濟運行的實況來檢驗各種理論假說、政策主張的眞僞和得失。只要我們能平心靜氣地接受實踐的裁決，就會避免重犯一些不應出現的失誤，提高我們的經濟研究、政策諮詢和行政決策的水平。

一、一九九一年初的經濟形勢和理論論爭的背景

一九八四年後經濟的持續擴張，使中國經濟連續數年處於充分就業狀態。在這種條件之下，投資需求和消費需求的膨脹，再加之產業結構的惡化和農業生產的徘徊，終於使中國的通貨膨脹率從一九八五年開始明顯上升。如全國零售物價總指數一九八五年為八・八%，職工生活費用指數為一一・九%，一九八八年兩項指標分別為一八・五%和二三・〇%。通貨膨脹的日趨嚴重、經濟比例關係的嚴重失調和流通領域的混亂，迫使中央政府於一九八八年四季度採取以治理通貨膨脹、實現總量平衡為主要目標的緊縮政策。主要措施有：⑴大力壓縮固定資產投資規模，關、停一批在建項目；⑵連續三次提高居民儲蓄利率和貸款利率，並實行保值儲蓄；⑶嚴格控制社會集團消費，增加控購商品目錄；⑷對一些供不應求商品開徵消費稅，並嚴格個人所得稅的收繳；⑸增強了對物價的直接管理，凍結了部分商品的價格。由於地方政府沒能迅速地執行中央政府的緊縮政策，以及政策執行過程和見效過程的時滯，工業生產十一個月後，即從一九八九年的八月分起，增長率才開始明顯下降，而通貨膨脹率更是延遲到一九九〇年二月才開始下降。

從一九八九年八月份始的工業衰退，到一九九〇年二月分陷入谷底，工業生產出現負的增長。隨著經濟衰退的持續，以公有制爲主的經濟固有的對蕭條的低承受力，使工業衰退帶來的壓力更加沉重。第一，隨著固定資產投資的大幅度壓縮（一九八九年名義投資規模下降了八%，實際投資規模約下降了二五%左右），在投資乘數機制的作用下，最終需求出現不足，產品銷售由旺轉滯，出現了所謂的「市場疲軟」現象。對於一直生活在「短缺經濟」中的中國企業而言，市場需求的不足無疑增加了企業經營的壓力；第二，由於市場需求不足，企業開工率下降，甚至出現停產企業，企業職工的工資難以正常增長；第三，企業開工率的下降，使單位產品所分攤的不變成本（固定資產折舊、管理費以及工資）迅速增加，而市場需求不足，使成本的上升難以轉移到價格上去，從而導致企業虧損增加、利潤率大幅度下降。而企業財務狀況的惡化不能不影響到財政收支。由於中國的財政支出剛性很強，財政收入的下降便導致財政收支狀況的惡化。在這種背景下，企業、職工和地方政府都要求中央政府鬆動貨幣政策和財政政策，刺激經濟回升和啓動市場。在這三股社會力量的推動下，以及爲了緩解經濟衰退引起的困難和完成一九九〇年的經濟計畫，中央政府決定從一九九〇年三月分起對實行了十九個月的緊縮政策實行微調。這樣，從一九九〇年三月分起，宏觀經濟政策由控制總需求的緊縮政策轉爲刺激總需求的鬆動政策。

最初的鬆動措施有：⑴降低居民儲蓄利率，其意圖是希望居民增加消費，減少儲蓄；⑵

降低工商業貸款利率，增加對國營大中型工業企業的貸款和商業、物資企業的貸款。增加工業的貸款是爲了使這些企業在產品沒有銷出之前，仍能購進投入品，以維持生產。增加流通企業的貸款，則是希望它們積極購買工業企業的產品，支持它們的生產；⑶減少控購商品目錄，適當刺激集團消費；⑷降低部分產品的價格；⑸適當增加技術改造投資規模。當時有關決策部門並沒能充分認識到，市場的疲軟主要是投資需求不足引起，而把重點放到增加中間需求和刺激消費上。由於中國城鄉居民的消費重心——家用電器、家俱等耐用消費品，已出現了間斷性飽和（下文還要詳細論及），再加上物價的穩定和消費心理的健全，這些啓動政策效果微乎其微。工業衰退和市場需求不足又延續了幾個月。由於衆多有識之士的呼籲和有關決策部門的醒悟，投資從一九九〇年二月起，開始明顯地增加，但總規模仍然偏小。在投資乘數的作用下，工業生產有所回升。特別需要指出的是，各級政府爲了完成一九九〇年的經濟增長計畫，紛紛利用各種手段促進工業生產的增加。結果，工業生產速度從十月份起逐漸攀升，九月分爲七·五%，十月爲一二·七%，十一月爲一五·〇%，十二月爲一四·八%。由於工業生產的增加並不是主要由最終需求的回升引起，所以在一九九〇年底和一九九一年初出現了令人似乎捉摸不透的「反常」現象。一是工業生產回升與庫存嚴重積壓並存，產銷率下降；二是銀行信貸迅速增加與市場價格持續下降並存。一九九〇年整個金融系統信貸增加三一〇〇多億，爲歷年增長幅度最大的一年，然而物價上升指數只有二·一%。許多產品價格出現下降，部分生產資料出現了市場價低於國家牌價的「倒掛」現象。三是銀行貸款的大幅度增加與企業資金緊張並存。儘管銀行貸款增加較多，但大量貸款被工商業企業庫存、在途資金和應付未付的三角債占壓，企業仍然缺乏相應的周轉資金。這三大反常現象的存在增加了把握經濟運行脈搏的難度，增加了中國經濟學家認識的差異。

二、一九九一年初中國經濟學界關於宏觀經濟的爭論

就在這種宏觀經濟背景下，中國的經濟理論界和實際工作部門就一九九一年的宏觀經濟走勢和宏觀經濟政策指向展開了爭論。爭論的焦點集中在以下三個相互關聯的問題上。一是如何估計一九九一年的經濟，並相應採取什麼樣的政策；二是應不應增加投資；三是採取什麼樣的儲蓄和消費政策。

在如何估計一九九一年的宏觀經濟狀況這一問題上，大致出現了三種觀點。

第一種觀點是「通貨膨脹壓力增大論」。持這種觀點的人認爲，二年多的治理整頓並沒有從根本上解決中國經濟需求膨脹的體制因素，從而隨著投資的增加和工業生產的迅速回升，很可能又出現新一輪的經濟過熱，並使通貨膨脹再度死灰復燃。持這種觀點的又可再分爲信

貸需求派和成本推動派。前者主要從一九九〇年和一九九一年初的信貸、貨幣形式來預測一九九一年的經濟。他們大都相信銀行貸款及貨幣的增加與通貨膨脹存在著一種穩定的對應關係。從這一理論假定出發，他們認爲，一九九一年初的貨幣回籠數量少於上年，貨幣供給與銀行信貸的增長率一九九一年都將高於二〇%，加之一九九〇年銀行貸款的超常規增長，這些因素綜合起來將會對一九九一年的物價穩定造成極大壓力。成本推動派的解釋則是：⑴市場疲軟引致的巨額「三角債」和產品積壓，使企業不堪重覆，利息負擔相當大，轉嫁成本，調高價格的壓力難以阻止；⑵由於市場疲軟，計畫調價沒能到位，現在轉化爲企業的虧損增加。一旦需求好轉、機會成熟，這兩方面給企業造成的漲價收入就會變爲現實。

從這種相對謹慎的觀點出發，無論是信貸需求推動派還是成本推動派，都主張一九九一年應採取相對偏緊的貨幣和財政政策，絕不能放鬆對總需求的控制。

與第一種觀點相比，第二種觀點比較樂觀。這種觀點認爲，一九九一年是中國國民經濟全面走出谷底的一年，儘管工業生產速度又可能加快，但物價仍會維持在一個穩定的水平上。支持這一觀點的論據有：⑴儘管一九九一年的計畫投資規模有所增加，但如扣除物價因素，仍然沒有達到一九八八年的實際水平；⑵隨著近十年的相對超前消費，中國居民的消費已進入一個平穩階段，消費在近幾年內不會出現大的波動；⑶一九九〇年和一九九一年初信貸的增加大都轉化爲工商企業的庫存，這種有物資對應的中間需求不構成物價上升的壓力；⑷一九九〇年農業的豐收爲穩定物價創造了條件，因爲在居民的消費支出中，食品類占了一半。

從上述觀點出發，他們認爲一九九〇年的宏觀經濟政策不宜偏緊，否則會損害國民經濟的增長。

在此，需要提及另外一種觀點。這一種觀點在政策主張上雖與第一種觀點相同，即都主張採取偏緊的宏觀政策，但它們之間的政策目的卻是不一樣的。它主張採取偏緊的政策，並不是因爲預期一九九一年的經濟會過熱，而是因爲它主張應繼續維持一九九〇年出現的供大於求的「買方市場」(這與主張增加投資的「樂觀派」是一致的)，以促進企業的競爭，推動企業的創新，並相機推出一些重要的價格政策

由於對一九九一年宏觀經濟走勢的估計不同，關於一九九一年的投資政策自然而然的也就出現了兩種不同的主張。

一種意見認爲投資仍須從嚴控制。因爲投資衝動的體制因素依然存在。在一九九一年計畫投資規模已經增長一二・三%的情況下，地方和企業爭投資上項目的勁頭很大，年初新開工項目增加很多。在這種態勢下，投資規模要從嚴控制，否則又會演化成新一輪的投資膨脹，又要來一次投資壓縮。

另一種意見認爲，不僅一九八九年八月到一九九〇年十月的市場疲軟是投資需求不足造成的，而且始於一九九〇年十月的工業生產回升與庫存增加並存也是最終需求條件下，片面

追求產值增加的結果，要眞正解決市場疲軟和產品積壓問題，必須適當增加投資，特別是基礎行業的投資。目前的計畫投資規模，如果扣除物價的計畫上漲率，並沒有增加多少，還低於一九八八年的水平。所以無論從短期啓動市場看，還是從長期增加發展的後勁看，適當地增加投資都是可取的。從投資品的儲備看，投資的適應增加不僅沒有風險，而且還會減少鋼材、水泥等投資品的積壓。

消費政策和儲蓄政策的爭論主要集中在要不要刺激消費和如何看待居民儲蓄這兩個問題上。

與一九八八年以前消費品市場持續擴張相反，從一九八九年下半年起，消費品市場由熱轉冷，消費需求趨於穩定，前幾年超常增長的耐用消費品需求出現了絕對下降。這樣，若干消費品生產部門，如棉紡行業、毛紡行業、家電行業等，生產能力嚴重過剩，產品大量積壓。這種狀況在一九九〇年末、一九九一年初仍舊存在，甚至有所加劇。而對這種局面，有些人認爲，消費市場的疲軟主要是過高的儲蓄所致。儲蓄減少了即期的消費，而消費需求的不足導致了消費品的積壓。所以，要啓動市場，必須刺激消費，要刺激消費就必須降低居民的儲蓄傾向，要降低儲蓄傾向，一要尋找新的消費熱點，二要降低儲蓄利率。

另外一種觀點認爲，決不能簡單地認爲消費需求不足的原因是儲蓄多了。是不消費引致儲蓄，而不是儲蓄減少了消費。更確切地說，消費傾向下降和儲蓄傾向增加不過是更深層原因同一作用結果的兩種表現。深層的原因包括：⑴作爲拉動前幾年消費需求迅速擴張主要力量的耐用消費品購買熱潮，經過近十年的急劇擴張後，已進入間斷性相對飽和階段，即對那些具有支付能力的收入階層而言，作爲前幾年消費熱點的商品已相對飽和，而對缺乏支付能力的階層而言，這些消費品目前很不能進入他們的消費領域；⑵對於吃、穿和日用類消費品而言，由於這些商品的性質和消費方式，決定了居民購買的穩定性和時間連續性，從而這些消費品市場具有內在的平穩性；⑶本來農村是這些耐用消費品的一個潛在大市場，但是由於近幾年來農產品市場價格的下降、農民建築工的減少和鄉鎮企業發展速度的減緩，致使農民實際收入有的年分下降，有的年份則增長緩慢，從而影響了農村居民消費需求的增長。正是由於上述原因導致了消費品市場的相對疲軟，從而也就導致了儲蓄傾向的提高。從這一認識出發，持這種觀點的人認爲不應該簡單地去刺激消費。因爲消費屬於城鄉居民個人決策範圍，主要受制於收入水平和消費偏好，作爲國家宏觀政策調控對象的應是收入，而不是個人的消費行爲。更不應該用降低儲蓄率、減少儲蓄的辦法去增加消費、去啓動消費品市場。這樣，爭論雙方又涉及到一個重要的宏觀經濟變量——儲蓄。

在八〇年代前期，中國經濟理論界就出現了鼓勵適度消費的觀點（提倡「能掙會花」）。一九八五年後，由於人們日益注意需求膨脹的危險，這種觀點就受到許多批評。隨著一九八九年下半年市場不景氣的持續，又有人認爲信用回籠衝擊了商業回籠，並產生了較大的社會成本：生產能力閒置和庫存積壓，從而主張要適當限制一下儲蓄。持有相同政策指向的另外一部分人則認爲居民儲蓄不過是推遲了的購買力，是潛在的通貨膨脹壓力(「籠中虎」論)。與其讓它日後突然釋放(爆炸)，不如應它現在緩緩逸出。

另一種觀點則與此截然相反。他們認爲，對於中國這樣的發展中大國而言，國內儲蓄永遠是稀缺的資源，是寶貴的金融資產。中國必須堅持穩住消費、鼓勵儲蓄的政策。另外，從理論上講，儲蓄作爲國民收入的一部分，它有相應的物資對應。況且，只要物價相對穩定，儲蓄餘額就只會增加，不會減少。

宏觀經濟政策固然對經濟運行產生影響，但總起來看，經濟是有其內在運動規律的。中國的經濟也在理論界的爭論中按照自己的軌道運行著，並對各種預測、判斷做出自己的回答和客觀的檢驗。

三、一九九一年宏觀經濟運行的實況

如果說一九八八年是上一個周期的峰年，一九八九年和一九九〇年是宏觀經濟的收縮階段的話，一九九一年則是新的經濟周期擴張階段的開始(從月度計，一九九〇年十月是擴張階段的起點)。從而一九九一年經濟運行具有擴張開始階段的共同特點:物價基本平穩下的工業生產的回升。如果用經濟增長、物價水平和就業狀況這三個宏觀經濟指標來衡量,一九九一年是治理整頓以來,經濟運行狀況比較令人滿意的一年。

農業生產超出人們的預料。儘管今年夏季遭受了建國以來最嚴重的水災,糧食產量仍達到八七〇〇億斤,是僅次於大豐收的一九九〇年的年景。除黃紅麻減產外,其餘,棉、糖和烤煙均大幅度增產。棉花產量預計爲1億擔,比上年增長一一%,糖料產量爲八〇二九萬噸,比上年增一一·三%,創歷史最高水平,烤煙二六七萬噸,增長一八%。林、牧、副、漁均較去年有所增長。全年農業總產值將比一九九〇年增長三%,稍低於增長三·五%的計畫指標。農村非農產業發展迅速,特別是鄉鎮工業保持了全年二〇%以上的強勁增長勢頭。全年農村社會總產值將達到一九〇〇〇億元,增長速度約爲一〇%。

工業生產迅速回升,並穩定地維持在一三%左右的較高水平上(見表一),預計全年工業總產值比上年增長一三·五%,大大高於一九八九年(八·五%)和一九九〇年(七、八%)的水平。至於十一月和十二月分工業生產的回落,主要是國家對全民企業長線行業限產的結果。例如全民所有制工業一至十月增長速度爲九·五%,十一月分下降爲五·一%,而鄉辦工業和其他工業以當月增長速度仍高達二三·二%和四〇·七%。

工業生產迅速回升的原因主要有:第一,從一九九〇年始的投資增加已陸續到位,並以

表一　一九九一年分月工業生產增長速度

月　分	1	2	3	4	5	6	7	8
增長率%	11.3	8.6	10.1	12.0	13.3	13.8	13.4	14.6
月　分	9	10	11	12	全年	1988	1989	1990
增長率%	14.9	14.3	9.6	9.5[a]	13.5[a]	20.8	8.5	7.8

a 爲預計數

資料來源：《中國統計月報》、《中國統計年鑒》(一九八九、一九九〇、一九九一)

乘數效應發揮作用。一九九一年全社會固定資產投資規模達到五一五一億元，比一九九〇年增長一五・七%。投資的增加，使生產資料市場迅速轉旺(特別是投資物品，如鋼材、水泥、木材)。全年生產資料全省售額比上年增加二三%左右。市場的活躍帶動了生產的增長。這是生產資料生產迅速回升的主要原因；第二，隨著收入的增加和投資的帶動，消費需求相應增加。估計全國社會商品零售總額爲九〇〇〇億元左右，比上年增長一三・二%。城市居民消費需求增長幅度更大，達到一六．二%。第三，出口勢頭強勁。治理整頓以來，出口需求已成爲我國工業生產重要的推進器。全年出口總額預計達到六八〇億美元，比上年增長一七．八%左右。第四，各級政府促進工業生產的積極性，壓產值、趕速度的現象有所擡頭。

物價持續穩定。全國社會商品零售物價指數預計比上年上升三．一%，大大低於六%的計畫指標。

一九九一年物價的走勢可以畫分爲三個階段(見表二)。其中一至四月是第一階段。期間物價漲幅逐月回落，從一月分的一．四%，下降到四月的〇．六%。由於五月一日糧油調價，再加上居民消費構成中食品類佔了較大的比重，故糧油牌價的上升(糧價上升六六%，油價上升一六〇%)拉動了整個零售物價指數的上升。從五月分開始到八月分，物價上升率逐月增加，構成了當年物價走勢的第二個階段。從九月分起，物價上升率就基本穩定在四%左右，這是物價變動的第三個階段。

從分類價格看，一九九一年的物價變動有這樣幾個特點：第一，城市物價漲幅大於農村，三十五個大中城市全年物價上漲六五%，農村則低於三%。城鄉物價漲幅差距拉大的主要原因有二個，一是國家對糧、油銷價和水、電、煤氣、交通、公園門票等公用事業收費的調升，主要影響城市居民；二是城市居民收入增長速度大於農村，從而使城市居民需求增長超過農村居民的需求增長；第二，計畫價上升，市場價下降。全年國家計畫價格水平上升了一一%，

表二　一九九一年分月物價上升率(比去年同期)

月分	1	2	3	4	5	6	7	8
上升率%	1.4	1.0	0.9	0.6	3.1	3.8	4.2	4.4
月分	9	10	11	12	全年	1988	1989	1990
上升率%	4.0	4.3	4.0	4.3[a]	3.1[a]	18.5	17.8	2.1

資料來源：《中國統計月報》、《中國統計年鑑》(一九九一、一九九〇、一九八九)

a 爲預計數

國家指導價格水平上升了二%，而市場價格則下降了三・三%。例如，完全決定於市場供求的城鎮集市貿易價格一至六月連續下降，只是從六月起才開始回升，增幅爲每月一%左右；第三，在全部商品中，糧油價格升幅最高，爲一九・四%，蔬菜次之，爲六・四%，生產資料價格再次之，全年約爲五・五%，肉禽蛋和文化用品的價格則下降。

總之，一九九一年的物價水平是穩定的，三%左右的微升主要是國家調整城鎮糧油的銷價和公用事業收費的結果。

一九九一年庫存總的變動情況是，全社會庫存增幅逐月下降，到十月末庫存比年初減少（主要是流通企業庫存下降所致），但庫存總量仍然偏大，特別是工業產成品積壓和流動資金佔用仍非常嚴重。如工業系統八月末產品庫存高達二一七八億元，比年初增加二九四億元，比去年同期增長一八·三％。到十月末，僅預算內工業企業產成品庫存便高達一三二六億元，平均每月淨增十億元。十一月末商業庫存則高達三八九三億元，比去年同期增長三％。由於流通企業限購和推銷的雙重作用，商業和物資系統庫存與年初相比有所下降。如物資系統十月末庫存比年初減少了五三·一億元。

庫存嚴重積壓的狀況之所以得到一定的緩解，主要原因是：第一，隨著投資的增加，生產資料，特別是投資品需求較快回升，這是物資系統庫存減少的主要原因；第二，長線工業行業的壓產、限產工作取得一定成效，部分企業由產品積壓轉化為生產能力閒置；第三，城鄉居民收入的增長帶動了消費需求的相應增長。

一九九一年的企業財務狀況和國家財政收支狀況問題很多，主要是企業經濟效益低，國家財政赤字增加。具體說來，⑴企業資金周轉不暢，產成品積壓仍非常嚴重。據中國工商銀行對四萬戶工業企業的調查，在新增四四五億元流動資金貸款中，儲備資金（用於生產備料）僅增加了二五億元，增長率為一·五％，其他都被產成品資金（增一六八億元，增長率為一五%)、發出商品(增二九六億，增長率爲二二%)和應收預付(增四四億元，增長率爲一一%)三項資金占用。在一〇〇元銀行貸款中，約有六二元被不合理的占用；⑵企業成本增加，利稅率下降，虧損額上升。由於資金周轉不暢，利息成本增加，開工率不高，單位產品不變成本增加，投入品漲價，而產品計畫調價不能實現(需求不足，計畫價不能實現)，投入成本增加。三項因素作用的結果，預算內國營工業企業可比成本上升五・一%，虧損額增加一五・三%，企業虧損面高達三五%，即$\frac{1}{3}$以上的預算內企業是虧損的。⑶儘管工業生產的回升帶來的工商稅收的增加(主要是產品稅和營業稅)，使國家稅收收入有所增加(這就是所謂的「增長型效益」)，但由於①企業虧損的增加和上繳利潤的減少；②企業的拖欠；③國家支出的增加(如夏季的抗洪、救災支出)，致使今年財政赤字有所擴大，全年達到一四〇億左右，比年初計畫數增長約五〇億。

由於收入增長、物價平穩和收入差距的逐漸拉開，城鄉居民儲蓄保持了強勁增長的勢頭，全年儲蓄餘額預計爲九一七二億元，比年初增長三〇・四%。在儲蓄總量迅速增長的同時，儲蓄的持有結構也發生了很大的變化。在城鄉儲蓄結構中，農村居民儲蓄增長率低於城鎮居民儲蓄增長率，農村居民儲蓄所占比重進一步下降(見表三)。在城鎮居民儲蓄中，高收入階層持有的儲蓄增加。據有關部門估算，在全部城鎮居民中，佔全部城鎮居民戶數$\frac{1}{5}$的高收入戶擁有$\frac{3}{4}$以上的儲蓄，$\frac{2}{5}$的中等收入戶擁有城鎮居民儲蓄的$\frac{1}{4}$，$\frac{2}{5}$的低收入戶基本上無結餘。

表三　城鄉居民儲蓄結構的變化

年　分	1991	1990	1989	1988	1987	1986	1985	1984	1983	1982	1981	1980
鄉村居民儲蓄增長率(%)	27.3[a]	30.4	23.6	13.6	31.3	35.6	28.9	36.9	40.2	34.5	45.0	49.2
城鎮居民儲蓄增長率(%)	32.1[a]	39.1	40.4	28.6	40.5	39.1	36.2	35.6	28.0	26.3	25.3	39.4
鄉村居民儲蓄比重(%)	25.3[a]	26.2	27.4	30.0	32.7	34.2	34.8	36.1	35.8	33.8	32.4	29.2

a 為預計數

資料來源：根據歷年《中國統計年鑒》計算

以上我們簡要描述了一九九一年國民經濟各方面的變化。細心的讀者也許已經從中發現了一些似乎矛盾的現象，如工業生產大幅度回升，而物價非常平穩，市場價甚至有所下降。特別是從不同角度反映需求狀況的工業生產、庫存、信貸和物價等幾個指標存在著嚴重的差異。現在，筆者首先試圖把這些現象有機地串連起來，以便從整體上把握一九九一年的宏觀經濟變動，然後讓我們來破解這些「反常」現象所隱藏的「謎」。

中國宏觀經濟高速增長和物價穩定的並存、高工業增長率與高庫存的並存和工商貸款高速增長與企業資金高度緊張並存，意味著我國宏觀經濟循環過程與一九八八年前的擴張階段和一九八九——一九九〇年的收縮階段相比，出現了極大的變化，這一變化就是「四高二低」機制的出現，而「四高二低機制」之所以出現，關鍵是國民經濟發生了短路循環。

「四高兩低」機制是高貸款增長率——高產值增長率——高庫存——高儲蓄四高循環機制和低效益、低物價增年率兩種運行的結果。

高貸款增長率是指流動資金貸款迅速增加。為了解決因資金占壓而引起的資金不足，為緩解支付手段的緊張和保持一定的工業增長率，中國銀行系統從一九八九年四季度起，向生產和流通領域大量投放貸款。一九八九年新增貸款一八〇〇多億元，僅第四季度就集中投放了一二〇〇億元貸款。一九九〇年全部銀行和非銀行金融機構新增貸款三〇四四億元，其中銀行貸款新增二九〇〇億元，比上年增長四七・六%。一九九一年僅銀行系統貸款估計新增二九〇〇億元，廣義貨幣 M_2 增長率達到二九%。

高產值增長率是指從一九九〇年四季度始工業生產的高速增長。流動資金貸款的大量注入，暫時緩解了庫存積壓而引起的支付手段不足，從而在產品缺乏滿足實際需求能力的情況下支撐了工業生產迅速回升。工業生產增長速度一九九〇年十月分為一二・七%，十一月分為一五%，十二月分為一四・五%，一九九一年一——十月分平均增長速度為一三・九%，只是國家限產措施在十一月份見效，全年增長率才略有下降，但仍維持在一三・五%的高水平上。在產成品積壓嚴重、企業資金循環不暢的條件下，沒有銀行貸款的高速增長也就沒有工業生產的迅速回升。反過來，要維持相應的高增長率又不得不依賴增加更多的貸款。

高庫存是指庫存積壓高居不下。由於許多產品貨不對路，不能滿足現實需求，也由於某些產品的供給超過了最終需求的增長，這樣由大量注入貸款所拉動起來的並迅速增長著的工業生產，很大一部分就轉化爲庫存的急劇增加。從十月開始的限產壓庫工作，雖使工業生產在十一月和十二月降到一〇%以下，流通企業的庫存也有所下降，但由於全年消費需求和投資需求的實際增長仍然低於工業生產的增長，再加之供求結構的不協調，邊生產邊積壓的狀況仍十分嚴重。

高儲蓄是指在個人收入占國民收入比重不斷提高的條件下，居民手中的很大一部分貨幣收入轉化爲儲蓄。到一九九一年底城鄉居民儲蓄餘額高達九千多億。在經濟處於不景氣階段的一九八九年——一九九〇年，居民儲蓄增長率反而高於擴張階段的一九八八年。

高儲蓄是「四高」機制得以維持的關鍵。在居民儲蓄存款占全部存款六一%(一九九一年中國工商銀行口徑)的條件下，沒有居民儲蓄(資金來源)的高速增長，也就不可能有銀行貸款的相應增加。就這個意義上，「四高機制」的實質是國家從居民手中借款來維持其價値不能充分實現的工業增長。更進一步地說是由居民的儲蓄來支持銀行貸款的增長，再由銀行貸款支持

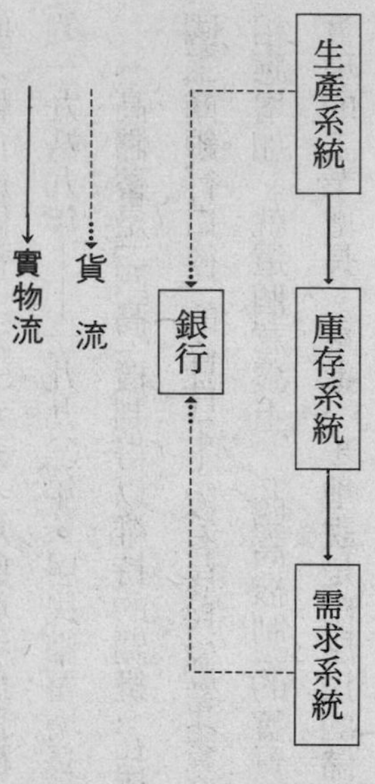

圖一　正常產銷循環

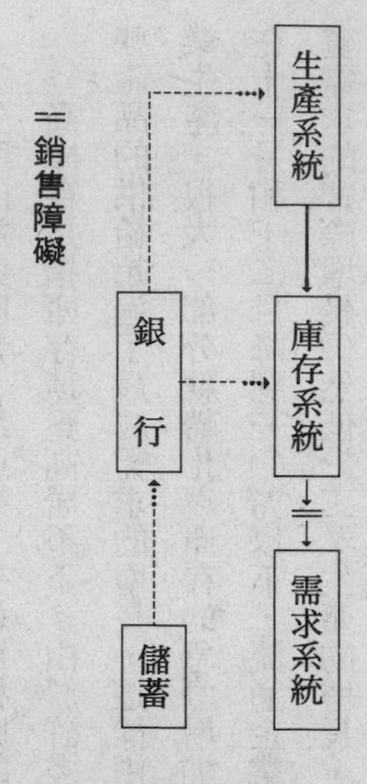

圖二　反常短路產銷循環

工業生產，工業生產的增長導致庫存迅速增加，再由貸款支持工業生產的進一步增長。這樣就出現工業企業靠銀行貸款來取得周轉資金，而不是靠產品的實現獲取收入，流通企業（包括生產企業）靠銀行貸款來「購買」產品，而不是由最終消費者購買的「短路循環」。

宏觀經濟正常的循環，是生產系統生產的產品經由庫存系統的調節流向需求系統（投資＋消費＋淨出口），並從需求系統收回貨款（大宗貨款經由銀行結算），再開始下一輪再生產過程。而在上述的短路循環中，庫存系統部分地替代了需求系統的功能，而庫存系統之所以能有這一替代功能(當然代價很大，也不可能持久)，則是在強勁儲蓄的支持下，銀行系統不斷地向工、商業注入貸款的結果。「四高」機制下的短路循環因而有兩個薄弱環節，一是庫存不可能無限膨脹下去，要麼限產壓庫，包括調整產銷結構，要麼擴張需求；二是銀行不可能長期支持這種虛假的增長(見圖一、圖二)。

所以，透過「四高機制」後面的短路循環，我們就可以發現，我國經濟的復甦和工業生產的回升，有相當一部分是由大量投放貸款而增加的中間需求拉動的，而不是建立在產品的最終實現基礎上的。看不到或不願承認這一點，而對工業生產的回升過於樂觀，就會忽視調整結構和推動企業體制進一步改革的重要性和迫切性。

「四高機制」和「短路循環」的作用，必然是「兩低」的出現，一是物價增長率低，二是經濟效益低。

現代宏觀經濟理論認爲，在經濟尚未達到充分就業點之前，需求的增長只會帶動經濟的增長，而不會推動物價的上升。當然，這是一種較爲古典的假定。實際生活中，當經濟接近充分就業，即現有的生產能力和勞動力利用率已很高時，需求的增長在拉動經濟上升的同時，也會推動物價的上漲。原因有二，一是供給的時滯，二是供給與需求結構的脫節。由於我國目前正處於復甦和擴張階段的初期，不僅生產能力閑置率較高，而且存貨規模也很大。在這種條件下，需求的增長自然不會對物價形成壓力。在市場經濟中，只有當存貨出現明顯下降時，需求的增加才會帶動生產的增長。也就是說，當企業的庫存降至正常水平時，它才會開工。在我國則不是這樣，在庫存沒減少的基礎上，依靠大量貸款強行創造中間需求，強行創造經濟回升。由於，經濟增長率超過了最終需求增長率(在市場經濟下這是不可能的)，結果便是庫存的增加和物價的穩定。簡言之，我國工業生產的高速增長在很長的一段時間裡是充分就業前的增長，是超過了實際最終需求的增長。所以宏觀經濟運行的結果是物價的穩定。高庫存和低物價只不過是較高需求水平上，供大於求這同一個結果在實物和價格上的表現罷了。而工業生產率之所以能超過最終需求，其差額就是由中間需求，準確地說就是由存貨投資需求彌補的。一旦隨著經濟增長曲線接近或達到充分就業點，這時，即使有中間需求的支持，經濟增長率也不可能超過需求增長率，需求增長就會拉動物價上漲。

「四高」機制和「短路循環」的出現，使我國經濟生活中最為緊迫的問題發生了重大的變化。一九八九年前，我國經濟生活中最為急迫的問題莫過於通貨膨脹。日益爬升的通貨膨脹率迫使中央政府不得不採取緊縮政策(在中國也稱為反通貨膨脹政策)。那時，由於經濟從整體上說已處於充分就業狀態(俗稱過熱狀態)，相對於生產系統而言，需求系統過旺，超過了現存生產能力的供給水平，結果是物價的迅速上漲。隨著一九九一年「四高」機制和「短路」循環的出現，我國經濟生活中最為急迫和棘手的問題就不再是通貨膨脹，而是經濟效益的低下。從銀行系統來說，一方面是融資成本很高的資金被大量占壓，或因規模限制而閑置，一方面是迅速增加且必須按期支付的巨額利息，結果是銀行利潤的下降；對生產系統而言，產品不能實現其價值，占壓著大量資金。爲了維持生產，防止單位產品不變成本的急劇上升又不得繼續借入。於是利息成本不斷增加，庫存開支急劇上升。再加之國家對部分投入品的調節，因市場疲軟無法轉移到價格上去。這些因素綜合作用的結果，使是企業效益下降，虧損增加。由於國有企業工資、獎金的剛性，職工收入並不能隨企業效益下降而減少，甚至還要增加，這樣在工資的擠壓下，上繳稅利下降幅度更大。對於流通企業而言，由於它們的經營資金主要靠銀行貸款，銷售不旺帶來的利息負擔更是沉重，再加上庫存租金支出、保管養護費用、削價清庫等損失，商業全行業虧損已非驚人之談。

與擴張階段相比，收縮和蕭條階段利潤率的下降和成本的增加是一個普遍現象，發達的市場經濟也是如此。令人深思的是，我國經濟走出低谷後，經濟效益(特別是利潤率)爲何不見好轉。筆者認爲，淺層的原因是宏觀經濟政策的偏差，包括啓動市場走了彎路和盲目趕超產值，致使工業生產增長率超過實際最終需求的增長。好在中央政府已經認識到了這個問題，已開始抓限產壓庫的工作，並收到初步效果。深層的原因恐怕要從體制中去找。爲何沒有銷路還要生產？爲何不由市場決定企業的生死存亡？爲什麼不堅決關停並轉一批質次價高、貨不對路的企業？爲何繼續對市場不需要的企業增加貸款？一句話，爲何不放開企業，由市場實施存量調整？所以，要眞正消除宏觀經濟中的短路循環，要眞正提高經濟效益，關鍵還是眞正深化企業體制改革，實現企業經營機制的根本轉變。只要眞的把企業交給市場，由企業根據市場狀況自主決策，由市場決定企業的生死存亡，上述的問題就會逐步解決。這恐怕是斯米克現象❶給我們的最大啓示。

四、一九九一年宏觀經濟留給我們的啓示和教訓

人們的觀點、預測可以千差萬別，但宏觀經濟的運行只能有一種軌跡。凡是參加這場爭論的經濟工作者都會、也應該將自己的觀點、預測與運行實況進行一下對照，從中汲取一些有益於今後研究的經驗和教訓。筆者認爲一九九一年的經濟至少給我們留下了這幾點啓示和教訓。

1.投資是決定宏觀經濟走勢的最基本變量。投資過度將會導致需求膨脹、物價上漲。投資過小也會導致需求不足、物價下降。

現代經濟理論早就告訴我們，投資是宏觀經濟運動中最爲重要的因素，在很大程度上，

❶所謂：「斯米克」現象是指原上海拉絲模廠（現名上海斯米克拉絲模有限公司），在外國資金、外方管理人員沒有到位的情況下，僅因爲企業經營自主權的眞正獲得而帶來企業扭虧爲盈，效益大幅度提高的現象。

國民經濟的波動就是投資的波動，因爲投資變動將以倍數效應影響國民收入的變動。現在看來，我們對投資膨脹連帶效應是清楚的，對投資過度擴張的危害也是保持警惕的，這是宏觀經濟決策的一大進步。然而，我們對於投資需求萎縮的副效用未必就看得很準。更確切地說，對市場疲軟的主要原因的認識就出了不大不小的偏差。從一九八九年四季度起，政府就試圖增加需求、啓動市場。但由於沒認識到：⑴市場疲軟的根本原因是最終需求不足，而非中間需求不足；⑵投資需求是中央政府唯一可以調控的變量。從而，先是增加重點企業的貸款，以解決它們的支付手段不足(沒有看到支付手段不足是最終需求不足引致)，後又把貸款重點移到流通環節，希望它們發揮蓄水池的作用(沒有看到庫存從工業企業移到流通企業，並不是產品最終售賣出去)。在走了這些彎路之後，才開始清醒，才開始聽取那些主張適當增加投資同志們的意見。隨著投資的增加，在其乘數機制作用下，生產資料市場和建築市場開始活躍，並帶動了收入增加，從而又帶動了消費品市場的一定活躍。

保持適當的投資規模，既防止需求膨脹，又防止需求萎縮，這應是我們從近年宏觀經濟運行中汲取的第一個教訓。

2.信貸擴張並不一定引致物價上漲。上文曾提到，近年來許多同志從一九八九年以來銀行信貸包括M_2的迅速增加這一現象出發，預測下年通貨膨脹會出現。一旦通貨膨脹沒有像他們預言的那樣時，又認爲貨幣與物價的時滯延長，或者說通貨膨脹雖沒出現，但其壓力卻在增大。近年來的實踐證明這些觀點並不成立。

我們知道，銀行貸款大都是創造中間需求的流動資金貸款，它的增加是否會帶來物價的上漲，取決於兩個主要的條件是否能得到滿足。第一個條件是銀行信貸有多少能轉化為最終需求，換言之，在中間需求增加時，消費、投資和出口等最終需求狀況如何。當最終需求充分時，中間需求的增加能推動可實現（銷售）的國民生產的增加，但並不一定是物價的上漲（這就是一九九〇年十月以來的情況）。當最終需求不足時，中間需求的增加只會導致庫存的增加，連生產的增長都談不上，何談物價的上漲（這是一九八九年八月到一九九〇年十月的情況）。第二個條件是經濟是否達到充分就業，亦即是否存在著閑置生產能力。如果尚未達到充分就業，銀行貸款的增加，即便有最終需求的相伴，它也只能拉動生產的上升，而不會影響物價的穩定。如果中間需求拉起的工業增長率大於實際最終需求增長率時，庫存則會增加，這時是生產能力的閑置轉化為產品的積壓，物價仍然是穩定的。只有當國民經濟達到或接近充分就業位置，若干部門生產能力利用率已臻飽和，成為進一步增長的瓶頸，這時銀行信貸這一中間需求的增長，拉起的不是工業生產的增長，而是物價的上升。那時，我們才可以說，銀行信貸與物價之間有一種正相關關係。如果不去分析最終需求的變動狀況，不去研究是否存在閑置的資源，僅從信貸貨幣的變動來簡單地推測物價的變動，是一種極為不可取的方法。建立在這種結論上的政策建議將有誤於科學的宏觀經濟政策的制定。

在宏觀經濟政策的制定中，要避免機械和簡單化了的貨幣主義觀點，這是近年來宏觀經濟運行留給我們的第二個重要啓示和教訓。

3.宏觀經濟政策對居民消費的調節能力是有限的。而對投資下降帶來的需求不足、市場疲軟和持續增加的儲蓄，一些人就把啓動市場的「鑰匙」押在了消費上。在這種觀點的影響下，中央政府相繼採取了若干刺激消費的措施，如降低儲蓄利率、取消保值儲蓄、降低商品價格。總起來看這些措施的效果都不明顯。其中奧祕在於消費是城鄉居民的個人行爲，國家對消費的調控是通過個人起作用的，遠不如投資那樣直接。宏觀經濟政策是否起作用，關鍵在於這些宏觀經濟政策能否影響決定消費行爲的那些因素。這些因素，上文曾提及過，一是收入(這是凱恩斯主義爲何認定消費只是收入函數的原因)。顯然宏觀消費政策無法直接影響收入。在農民實際收入下降的情況下，不管你如何刺激，消費也不會活躍；二是消費的偏好，這基本上是一個心理因素，國家的消費政策更是無能爲力；三是消費資產的持有狀況，一旦消費者擁有了某種消費品，你如何刺激，他又一般不再重複購買，這是他的收入配置效率問題。至於價格的變化會在一定程度上影響消費結構，但對消費總量的影響不大。總之，國家宏觀經濟政策對消費的調節能力有限，唯一的政策通道是收入。也就是說，宏觀經濟政策可以影響收入，通過收入變動進而影響消費。所以，國家應把消費交於個人、交於市場，由消費者偏好引導市場，進而引導消費資料生產企業的行爲，國家轉而把政策重心移向收入。通過收入政策，調節收入和消費水平，並在此基礎上鼓勵儲蓄，以便爲國家積累籌集資金。對於我們這樣一個大國而講，穩住消費、鼓勵儲蓄、優化投資是把宏觀政策和發展政策結合起來的關鍵。這是我們得到的第三點啓示和教訓。

4.國家已不能直接控制物價總水平，國家計畫調價對物價總水平的影響愈來愈小。隨著市場取向政策的日益深化和價格的不斷放開，國家直接訂價的品種愈來愈少，市場定價的比重愈來愈多。在全部交易額中，按市價交易的數量已達⅔左右。這是價格形成機制的重大變革。我們或許把它稱爲國家計畫指導下的市場主導型價格機制。在這種價格形成機制的作用下，價格水平已基本上取決於最終需求的大小，國家調價對物價總水平的影響大大減弱，這就是一九九〇和一九九一年物價總水平低，大大低於計畫數的重要原因。換言之，現在，物價已不可能由國家物價部門控制，國家只能通過控制最終需求來間接調控物價。現在除了處於自然壟斷部門的公用事業，如鐵路、航空、自來水、電力等，以及少數壟斷性商業外，如糧食，國家調價不僅對物價總水平影響下降，而且計畫價能否提上去還依賴於市場需求。如果市場需求不足，上調的牌價不過是牆上畫餅而已，並不會成爲實際交易中的價格。這一現象給我們的第四方面的啓示是，(1)只要最終需求控制得當，物價就會穩定；(2)競爭性部門計畫價已失去了作用；(3)國家物價機構對物價總水平的影響能力大大下降。

* * *

一方面是因為經濟生活中有若干不確定和不可知的因素，更重要的是在經濟增長和物價走勢的後面存在若干相互交織的因素。所以，一般不相信、也不願意對經濟運行做具體的預測。在這裡筆者只繪出關於一九九二年經濟走勢的幾個最簡單和基本的判斷，擬做為本文的結束。

1.由於一九九一年僅是擴張階段的開始，一九九二年工業生產將繼續擴張。考慮到國家限產壓庫政策的影響，工業生產可能稍低於一九九一年平均一三・三%的水平。

2.隨著生產能力利用率的提高，和投資等最終需求的增加，物價總水平將有所上升。但由於尚未接近充分就業點，物價水平也不會過高，可能維持在五——七%的水平。

3.上述每條推測是建立在投資適度增長的水平上。正如我們再三強調的，投資是異常重要且又難以調控適度的變量。投資的異常變動將帶來經濟增長與物價走勢的同向運動。所以，一九九二年整個宏觀經濟政策的成敗得失依賴於對投資的調控。

4.消費和儲蓄是相對穩定的變量。在消費新熱點沒有出現、物價又比較穩定的情況下，在收入的拉動下，一九九二年的消費將保持一〇%左右的穩速增長。與此相應，儲蓄特別是城鎮居民儲蓄仍如前幾年一樣，保持強勁的增長勢頭，由於收入的增加，估計一九九二年儲蓄增長率可能略高於一九九一年三〇%的水平。

5.在供需結構、企業存量結構難以出現大的積極變化的前提下，工業生產的增長仍然要靠銀行貸款的支持。特別是隨著銀行存款的進一步增加，貸款規模的增長已成必然。一九九二年新增貸款估計將達到二八〇〇——三〇〇〇億，銀行貸款的增加和 M_2 的增加都將達到二〇%以上的增長率。

民國八十年的臺灣科技文化

劉君燦

首先我們問一句：「什麼是科技文化？」據李國偉教授在〈從全國科技會議看若干科技文化的問題〉一文中的定義是：「所謂科技文化涵蓋了有關科技的行爲、習慣、價值、組織等的生態總體。」所以政府科技組織的動態，政府科技政策的釐定，民間科技團體的互動，科技民意的表達和影響力，以及科技人員的追求目標和價值取向，在在都是科技文化的一環。

民國八十年就中華民國而言，是一階段的大壽，而八十年就國內的科技文化而言，也承先啓後地成爲轉捩點的一年，所謂承先是承繼了七十九年民間科技會議的後續發展，國內科技民意開始展示力量；說啓後是開啓了科技文化發展的自主化和多元化。當然這樣的論斷必須有文化事實的支持，因此本文先將七〇年代的科技文化做一簡結，再大抵按月列述並旁議八十年科技文化的事實，最後再對八〇年代做一展望，以標示出民國八十年科技文化的特色。

民國七〇年代科技文化大事

1.七十九年度由行政院主導，主要著眼爲一場「政治科技秀」，而由國科會提出、耗資百億的人造衛星計畫，經過近四、五百名教授相繼發表二封聯名信，強烈反彈後，終於在行政院易長下，改擬成太空科技發展十至十五年長程計畫，八十年預算也從十三億刪到二億三千萬。這一個衛星計畫的發展過程，咸認已激發了本土科技社群的覺醒，科技社群不再沈默地坐視政策對科技盲目的領導。

誠如與學界頗睦的丁守中立委所說，大家反對的不是發展航太工業，而是反對與人民生活、國內民生需求、技術人才、產業能力不能配合的、空泛的，科學研究用的、低軌道的人造衛星。而美方科技行政官員也說人造衛星就通訊而言，在廿一世紀，不如光纖、資訊壓縮速傳系統的有效便宜。就是要人造衛星，買一顆人造衛星附帶部分生產轉移，價錢遠比自己發展要經濟得多。

2.由科學月刊社與國家政策研究資料中心合辦的「第一屆民間科技研討會」於十二月廿九日與卅日兩天舉行，會議的總題是科技與本土，下分「科技政策」、「產業科技」、「科技教育」、

「科學社群與社會」四組，由各組論文標題，亦可見討論內容的一斑：

科技政策組：①專業化與臺灣的科學發展。②國際競爭之科技政策與大型計畫。③臺灣科技政策的形成、制定與執行等相關問題。

產業科技組：①如何突破科技產業發展之瓶頸。②新興工業國家發展製造業的困難與求存之道。③技術引進策略及個案研究。

科技教育組：①我國中小學教育之興革：談中小學科學教育十二年一貫制。②中小學科學教育知多少。③我國研究所的工程教育。④基礎科學的研究所教育。

科學社群與社會組：①科學社群的自主性。②從二種「科學本土化」的意義談「科學文化」與社會的關係。③複雜系統的挑戰與科技工作者的回應。

在出席踴躍、討論熱烈，表達關懷，凝聚共識下，針對研討會的各項議題及討論意見，主辦單位整理出四項結論：

(1)提出全方位的科技啓蒙運動，以「掃除科盲」出發，達到科技紮根的目標。

(2)消弭學界與產業界之間的鴻溝。讓職業教育、研究所教育或學術界的研究與產業界之間得以充分配合。

(3)針對現行科技政策的缺失，提出成立財團法人式的科技政策研究中心，及建立科官系統的構想。

(4)科技社群本身除應強調自主性外，亦應重視自律，科技社群的自主與自律，應被視為一體兩面的訴求重點。

可以說在人造衛星計畫更替後，本土科技社群體認到所以有此爭議現象，正表示我國已由開發中國家進入新興工業國，而這一挑戰無論就科技紮根，科技教育，直到產業科技，科技政策都必須重新釐定，自主自健，乃有兩天踴躍之討論。而在科學教育上，邱守榕的「科學教育不可只為『科學』，科學教育是人文教育。」更體認到教育的整體性，科技是文化互動中的主要成分，有此觀點才可以眞正言科技文化，與科技社群。

而民間科技研討會雖已閉幕，與會者做了不少後續的省思，如批評「六年國建計畫」以大筆經費主控科技發展的「揠苗助長」，中學教育不是精英教育，甚至大學也應成為培養通才的場所，研究所方為從事高深學問的探討與研究之處等等。

而最重要的後續便是其成員與郝院長的面談，和對隨之而來的第四屆全國科技會議的對映與針砭。

民國八十年一月科技文化大事

1.行政院長郝柏村於元月十日下午四時至五時，接見科學月刊社成員六人，科月同仁建議改革科學教育、科技官僚選用必須強調專業能力、第四次全國科技會議無科技教育議題之不當、以及原子能委員會應改為原子能管制委員會、改進強化各學會功能等等。這次接見表示民間科技社群意見影響力已受到看重。

2.元月廿一日至廿五日，第四次全國科學技術會議共研討五天，分五組五大中心議題，第一中心議題是積極改善研究發展環境。題綱：⑴科技政策之規劃與整合；⑵良好研究環境之建立；⑶科技交流與合作。

第二中心議題是提升基礎研究水準。題綱：⑴基礎研究推動策略；⑵基礎研究新領域之推展；⑶科技人才之培育、延攬及配置。

第三中心議題是落實研究發展，提升產業科技水準。題綱：⑴產業科技專案計畫管理；⑵研究成果移轉推廣與保護；⑶產業科技資訊服務與人才培訓；⑷產業合作與研發設施；⑸產業研發相關法令措施。

第四中心議題是策進各領域科技發展重點。題綱：(1)建設科技：①資訊電信技術；②能源技術；③水資源技術；④建築技術；⑤運輸技術；⑥營建自動化；(2)民生福祉科技：①環保科技；②醫療科技；③食品科技；④天然災害防治；⑤原子能和平應用；(3)產業升級技術：①工業升級技術；②農業技術；(4)前瞻科技：①生物技術；②工業前瞻技術；③共同基磐。

第五中心議題是人文社會與科技發展之相互影響與調和。題綱：(1)文化對科技發展之影響與調適；(2)科技發展對國人生活的影響；(3)科技發展對經濟體系之影響；(4)科技發展與組織管理之關係；(5)人文社會學科與科技發展之關係。

由會議議題的廣泛，可見得難獲具體有效的結論，但也可見出國科會企圖凝聚產、官、學、研各界四七〇餘人的智慧經驗，達成對科技發展之共識，對提升產業科技有所致力，而第五中心議題也看得出已認知了科技發展的社會性和文化性。

而會後學界的反應大體如下：

1.科學教育未被納入議題，與會人士主張召開全國科學教育會議，卻遭擱置。而獎勵通俗科學著作與翻譯，也未能在結論中出現。

2.去年十一月國科會提報行政院，準備納入六年國建計畫的「科技發展六年計畫」中，列有十項重點科技(能源、材料、資訊通信、自動化、光電、生物、食品、消費電子、海洋、航太），另擬籌設九個國家實驗室（次微米、實驗動物、高速電腦、防災科技、同步輻射、太空科技、高溫超導、國家標準、工業研究）。但顯然在這次科技會議中未能形成共識，以致未能具體出現結論報告中，僅言「各實驗室可視情況需要由主管部會自主營運，或委託學校、財團法人」，而元月卅一日，行政院院會已通過「國家建設六年計畫」，其中刪除了科技發展計畫部分，實是一令人啼笑皆非的憾事。而科技會議本身未形成共識，可能是一更大的憾事。

3.我國的科技發展政出多門，各部會都管。而各部會亦各有其科技顧問。而科技會議後，呼籲成立一「科學技術委員會」或「科技部」，統籌規劃。但也有學者認爲應把資源充分的下放到大學，研究機關等科研前線，讓他們自主籌設跨校性，科際性的組織，而不像今天既中央集權，又政出多門。

4.在第五中心議題上，人文社會學者與科技界可說兩種人使用兩種不同的語言，各談各的，沒有溝通。這可能有關科學觀念及功能的著譯與通俗科學著譯的貧乏有關。改進之道或係推動人文社會專家與科技專家的科際整合活動，並在大學中加強主輔修或雙主修制度之實施。及落實各大學的通識教育。

總之，由於議題之廣泛，參與者之背景，有許多共識未能形成。但能夠對談，至少浮現了問題之所在，如果有良好的後續發展，就不至於流爲「大拜拜」了！

3.元月十七日舉行第三次的「科技學者——記者座談會」，前兩次分別於七十九年九月廿七日和十一月一日舉行，每次各有其主題，如第一次的主題是「全球變遷：廿一世紀的科學研究重點」。如今「全球變遷」即將由國科會全力推動，並將成爲重點研究項目，因爲這是一個既本土性，又國際性的課題。

第二次則有兩個主題，一是「科學研究結果之可報導性：兼談清華大學『冷融合』研究之報導」，這是一篇刊於《聯合報》七十九年六月十八日第一版頭條的新聞，報導記者並因第一次科技新聞上了報紙頭條，而於十二月獲得了宏碁公司舉辦的第二屆龍騰科技報導獎，這引起學界很大的反彈，因爲報導的科研事實並未發生，由此也可見得一般人對科技的陌生。第二個主題是「國內天文研究之前景：兼談中研院天文所設立之契機」。

第三次座談會也有兩個主題，一是「國內高壓研究之前景：兼談地球內部最豐富的礦物『劉氏石』之正名」，一是「由『民間科技研討會』的建言談『全國科技會議』的使命」。

而科學月刊社和科技記者聯誼會仍然會每兩個月舉辦一次「科技學者——記者座談會」，共同爲社會大衆提供更好的科技新聞，讓一般民衆不再把科學當作現代的巫術，而願意來親近科學，認識其眞、其美。而科技學者致力於此，也表示對科技傳播的看重，與增大對社會的影響力。

一一、二、四月科技文化大事

因爲筆者所用資料前半年只有與《科學月刊》同一發行的《科技報導》。資料所限，未得悉有重大的科技文化大事，但卻獲知有下面幾件可能無時間性的大事。

1.爲達成「富而好禮」社會的需求，工程學子在實務上可能會引起一些道德爭論，因此國內的中原、清華及臺北工專在七十九學年第二學期開設了工程倫理的選修課，而由下列清華大學工學院「工程倫理」課程，也可知其必要性與實務性的一般。

週次	課程內容
一	課程簡介
二	如何做一個好工程師——工學院院長談
三	如何做一個好工程師——從研究單位的觀點談
四	如何做一個好工程師——從工業界的觀點談
五	基本工程倫理守則(Ethic Codes)
六	現代工程師應具的常識

七　數據處理
八　工程師對雇主的義務
九　工程設計與工程倫理——從建築師的觀點談
十　著作權(CopyRight)／電腦軟體與你我的關係
十一　晶片保護法與還原工程(Reverse Engineering)
十二　還原工程——從一位電子業工作者的觀點談
十三　專利與工程倫理
十四　智慧財產權——從專業律師的觀點談
十五　基因／生物工程與社會影響
十六　自動化與社會影響
十七　品質／成本與社會成本
十八　工業安全
十九　能源與環保
二十　廢水／廢氣／廢棄物處理
二十一　工程與環保

而緊隨中原大學和清華大學之後，淡江大學、中央大學、交通大學、中山大學和元智工學院等等，也計畫試開此課程。中原大學更將此精神推廣到商學院。這是一個好的開始，希望所有有關的專業倫理都可以踏實地建立與落實。

2.國科會已正式將延攬大陸科技人士納入該會「科技人才培育、延攬與應用」方案中，第一階段是延攬滯留海外的大陸科技人士，若實施成效頗佳，方才開放延攬大陸地區的科技人士。並在延攬大陸科技人才來臺工作之先，將積極進行兩岸科技人才交流的配合措施，如鼓勵學會招收大陸會員、邀請參加各項活動、鼓勵民間基金會補助大陸學術團體舉辦學術研討會、鼓勵大陸學者在臺灣科技刊物投稿等等。可以說延攬大陸科技人才來臺已進入倒數讀秒階段，屆時勢將對臺灣科技界的生態與結構帶來巨大衝擊，值得詳加觀察。

五、六月科技文化大事

1.第十二次行政院科技顧問會議，於五月六日至十一日，假民航局國際會議廳、世貿會議中心舉行。本次會議的中心議題是「建設臺灣爲西太平洋地區科技重鎮」。科技顧問組表示，科技重鎮的意義，至少包括下列三點：⑴發展出幾項以科技爲基礎且具國際競爭力的產業；⑵在部分科技項目的發展或應用上居於領先地位；⑶塑造能夠促進上述發展所需的環境條件等。

由中心議題可以見得出在經濟繁榮後，產業科技與研究能力更上層樓的企圖心。但一國最高科技顧問除召集人郭南宏外，全爲十位美日歐各國的俊彥。他們偶而空飛到臺灣，或許熟知世界科技形勢，但是否不清楚國情實難得知，這情況是否表示臺灣科技缺乏自主性與本土性，實令人不能無疑。因此是否眞能在借重外才經驗下，能凝聚國人智慧，是頗有爭議的。

2.由國科會主辦，行政院政績展覽協調會報及國父紀念館協辦的「八十年科技特展」於五、六兩月在國父紀念館三樓西廂展出，這是繼七十三年，七十六年兩次後的科技政績展，至少讓國人了解在科技建設上值得宣傳的是那些事。

3.國科會於委員會議中決定，全國科技動態調查擬請國防部科技顧問室在不涉及機密的原則下，提供相關的數據，使得動態資料趨於完整，且與國際資料做比較時，不致由於基準不同，而難以進行，並更確實反應我國科技發展之能力。可以說這又是一個禁忌的開放。

又國科會指出在推動與歐洲國家科技合作時，除繼續中西歐國家的合作外，爲因應東歐丕變，及東歐工作需要，業已設東歐科技組，以加強與蘇聯等東歐國家的交流與合作。可以說這又是科技交流國際化多元化的一步。

4.《科學月刊》姐妹刊物《科技報導》在六月號上刊載核電難題專欄，就民國七十年以來歷年限電原因、跳機機組百分比、電力供給成長率等做分析，發現電源不足歷年都不構成限電原因，並且八十年五月七日實施分區輪流限電時，當日的尖峰用電量只約達一一八四萬瓩，可以看出五五三萬瓩，即三一・八%的機組是在待修或當機而不能發電。而在五年內要興建一〇一六萬瓩，成長達五八・五%，十年內電廠成長幾爲目前的一倍。如果臺灣未能充分利用已有的電廠，還要加以興建，則對目前已有的電力資源實在是一大浪費。且在這樣的擴建下，在八十五年後，臺灣電廠的裝置容量共有二七五三萬瓩，而核四只不過兩百萬瓩，只占七・二六%，所以少了核四，也不過少了1/10不到的電力，而用別的發電廠也可代替。如用燃燒後十分乾淨的天然氣發電，既不需要處理污染，可以蓋在都市周圍的工業區，又可以汽電共生，賣電又賣蒸汽，所以沒有核四就沒有電的觀念，是被簡化扭曲了。而以風險與成本而論，建核四是以大風險賭小利潤，甚至是以大賭無，我們有什麼理由要建一座不安全又不經濟的核電廠？

從「核電難題」連續刊載至十月號，也刊載了八月廿三日輻射防護協會與地球日雜誌的「核能電廠對環境的影響」座談會講者專文，除了核三廠珊瑚白化的肯定外，可以說一再要求核電開發愼重。另外李遠哲也建議檢討現有三座核電廠，再談應否興建核四廠。

七、八月科技文化大事

1.得諾貝爾獎學者李遠哲博士自七月一日起獲聘爲國策顧問，有學者認爲總統任用李遠哲先生的背景，係針對吳大猷與李國鼎兩位大老，因爲他們「不應在其位而謀其政」或「不在其位而謀其政」，弄得多年來科技政策搖擺不定，科技官僚無所適從，請李遠哲這位超級明星來，有制衡兩位大老的作用。

其實李遠哲的出任國策顧問與核能學者張國龍的出任北縣縣長尤淸的機要祕書，以及十月分中研院士李鎭源的參與社會運動，都表示新一代的科學精英的參予社會事務，盡科技學者的社會責任，至於表現好壞那只有看個人。

2.科學發展應在精英路線與大衆化路線上相互配合，《科學月刊》在精英培育路線上繼續已往，於七、八月開設高一新生暑期科學研習班，由大學著名教授講授，爲了因應衆多學子，除在北部地區增加班數外，也在中部地區開班。

3.《天下文化》籌劃了兩年六個月的【全方位思考系列】叢書於八月二日全省同步上市，第一次全省發行量即達五萬本，這是出版界科學圖書難得的發行紀錄，且在一個月內創下連連再版的佳績。九月廿五日金石堂公布十四家連鎖書店八月分的暢銷書排行榜，【全方位思考系列】的《混沌》第三名，《居禮夫人》第四名，《理性之夢》第八名，《你管別人怎麼想》第九名，《全方位的無限》第二十名。這是繼去年《時間簡史》一書一再上暢銷書榜後，今年科普書籍的戰績，可見只要有好的企劃，科學普及書籍一樣會受歡迎，當然這也表示已往的科普工作有了一定程度的誘導成績。

而《天下文化》除了出書外，爲了配合，也在華視視聽中心自七月至十二月每月舉行一場的「科學與人文的夜話系列演講」，由其講題安排也可見努力的一斑：「新科學革命——混沌」、「科技與生活」、「生命的發現——從無到無限」、「核子冬天到又見蝴蝶」、「生命的繁複多樣」、「理性之夢」。

九、十月科技文化大事

1. 十月二日，國科會夏主委在與科技記者的午餐會中，宣布了國科會所支持的氣功(「生物能場」)研究計畫。事實上國科會自民國七十七年初即開始支持有關生物能場之研究，總共支持了四十三個計畫，參與的研究人員有二十餘人，所參與的研究機構有中央研究院物理研究所、臺大醫學院神經科及生理科、臺大電機系、臺大動物系、陽明醫學院醫工所、生化所及傳統醫學研究所，清華大學物理系、師範大學物理系及東吳大學物理系等單位。

他們的一些研究對氣功的本質如氣功功能態，氣功與腦波及脈波之關係，氣功對神經系統發電位之影響，人體經絡系統的本質及外氣對癌細胞之生化影響均提供了科學性的證據。對中國自古以來所流傳下來披著神祕外衣的氣功與經絡系統，跨出了科學化的一步，未來將繼續朝此方向努力。

2.國科會指出，八十年七月間，電信局完成我國首條高速學術網路，科學技術資料中心針對此設計出連接各校園網路之軟體，擬於十月中旬選擇北、中、南十所國立大學校園網路上的工作站實地測試，並於明年二月間全面開放連線使用，研究人員只要透過個人電腦及電話，即可取得國內外最新資訊。

3.備受矚目的核四環境影響評估審查報告已於九月廿四日做最終定案。原子能委員會「有條件」通過核四興建計畫，其條件包括四十一項技術的改進要求及檢討臺電核能相關部門的營運管理。

原委會的審查結論是：

(1)原委會認爲臺電所提「核四環境影響評估報告」，涵蓋「核電廠環境影響評估作業要點」所規定之事項，評估結果亦符合法規要求，惟仍須依環境影響評估報告審查結論之要求，確切執行。

(2)核四廠應盡量採用安全性更高的改良式進步型反應器與雙層圍阻體之設計，以加強電廠之安全性，並縮減低密度人口區，使不超過廠區範圍。臺電在核四運轉前，應做好緊急應變計畫，對核廢料之處置，亦應妥善規劃並執行。

(3)核四廠應配合東北角觀光區，設置視覺緩衝綠帶，及採用暗渠式循環水進出渠道與潛式溫排水放流管設計，以維護沿岸景觀。同時，臺電應妥擬工地管理計畫並予嚴格執行，以有效減低施工時對生活環境品質、生物棲地與休憩旅遊活動等造成的影響。

(4)核四廠興建計畫核定後，原委會特邀集相關機關之代表與學者、專家組成環境保護監督委員會，督促臺電依據「核四環境影響評估報告」及審查結果，確實執行環境保護的各項改善，防治與監測計畫。

(5)原委會並要求臺電研訂具體辦法，強化其核能相關部門之組織、管理及人員訓練，並建立有效之品質保證制度，以確保核四廠設計、施工、運轉與維修品質，提高營運績效，並使每部機組運轉穩定後，非計畫性跳機次數達到世界平均水準以上。原委會並要求臺電提出短中長程的改善計畫。

(6)臺電應訂定具體有效之核能電廠回饋地方建設捐助辦法，以協助發展核四廠附近鄉鎮之地方建設。此外原委會並在報告中建議臺電設置員工社區，加強與地方之溝通、協調，做好睦鄰工作。臺電亦須配合政府機關，共同推動核能資訊大衆化，促進民衆對核能之正確了解。

十一、十二月科技文化大事

1.坐而言不如起而行，科學教育積弊已深，科學月刊社決自編教材。科月社成員有感於現行高中科學教育的弊端積重難返，初步決議將把理論付諸實踐，由科學月刊社編訂一套科學教材，並尋找願意採用這套教材的學校共同合作。初步的構想是將現行中學的物理、化學、生物等綜合成物質科學、生命科學與現代科技三大學科，課程以提供通識教育所必備的科學知識爲主。

2.李國鼎科技發展基金會爲鼓勵通俗科學文章之寫作、翻譯，及科技發展之新聞報導，以普及科學，提升民衆科學知識，特設置「通俗科學寫作獎」，並定於每年頒獎。獎類分設通俗科學寫作獎、通俗科學翻譯獎、科技新聞報導獎，每類分設第一、二、三名，獎金則由十萬到二萬不等。初審由辦理單位科學月刊社之編輯委員會負責，複審及決審則由另籌組之「李國鼎通俗科學寫作獎」評審委員會負責。

3.第三屆航空工業會議和國際航太科技展於十一月十九日在臺北世貿中心揭幕，這次的航太科技展覽，由於國外廠商的參展，我們可以藉觀摩的機會了解國外航太科技上的發明和水準，更可以藉此促進彼此交流、加強合作。在五天的展覽中，計有四九七位來自三七個國家的買主專程前來參觀洽談，另外約有七萬名國內業者及民衆一睹此一難得一見的航太國際大展。

外貿協會說，鑒於目前新臺幣升值、工資高漲、產業技術朝高科技方向發展之際，而航太工業正是技術層次最高的高科技密集產業，對帶動產業升級具有強大關聯效果。而這次雖只是展覽，卻是爲國人打開了一扇視窗。

4.美國麥克唐納道格拉斯公司和我國甫成立的臺翔公司，十一月廿日同時在中美兩地共同宣布雙方簽署合作備忘錄，將由臺翔認購麥道公司在明年一月分立出來的商用飛機公司中四〇%股權，如果雙方細節談判順利，雙方政府也同意核准，則明年三月間將簽訂正式合約。

臺翔公司指出，屬於世界三大飛機製造商的麥道公司，願意出讓股權跟臺翔合資，這是中華民國跨入國際市場的好時機，且臺翔將以中華民國的利益爲談判的中心前提。而新聞曝光後，在中美都引起不小的爭議，因爲技術的移轉與投資效益的考慮都使雙方頗爲愼重。

5.國科會主委夏漢民十二月訪蘇歸來，已與蘇俄國家工程學院院長古雪夫正式簽署科技合作協議書，我方將在明年六月在蘇設立科技代表單位，而蘇方亦將於明年底在臺設立同性質機構。

夏漢民指出，過去蘇俄科技均向軍事方向發展，因此民生工業水準並不高。最近蘇俄政情轉變，欲往民生工業方向發展，卻苦無資金，也缺乏這方面的經驗，而我國正好可從蘇俄取得較歐美更便宜的技術移轉及組件，並提供我國的發展經驗。

後記

臚列完了七十九年至八十年度的科技文化事實，並加以旁議以後，我們可以看出國內科技社群的自主力和影響力，也可以看出政府科技發展的趨向透明化、科技外交的多元化，都在日有所進之中，可見得如果適切發展，可使八〇年代成爲科技文化本土化、多元化的奠基年代，謹深深禱之吧！

生活世界的重新發現及其陣痛下的哲學發展

——一九九一年臺灣地區哲學思潮述評

林安梧

一、威權體制正在瓦解、替換與新生，「實體」逐漸瓦解，代之以另一個「共名」的方式

自邁入九〇年代以來，臺灣整個文化界在政治、經濟及社會的多方推移下，進入了一個嶄新的階段。廣義的來說，文化界推動著知識界，而知識界則觸動了學術界的進一步發展。當然，有些秀異分子是身跨學術界、知識界與文化界，他們雖不一定能成學問上的大器，但卻點燃了新的學術火炬，引領新時代的來臨。

九〇年代不同於八〇年代，亦不同於七〇年代。七〇年代儘管臺灣的經濟雖已頗有發展，但文化面、知識面或者說廣義的思想面，仍然處在威權體制之下，傳統的哲學思想與舶來的

現代化理論以一種極爲奇特的並行方式，向前邁進。當時，傳統的思想雖然不能等同於威權體制，但卻與威權體制形成一共生體。或者說，威權體制主宰了整個傳統思想研究的發展。不過，值得注意的是，在這種主宰下，由於其內部原有的矛盾與派閥的鬥爭，卻也使得其論述能力仍然保持暢旺的能力及醞釀著新的可能。順著現代化理論而來的，一方面是足以敲破威權體制的民主自由思潮，另方面則在經濟發展的推移之下，現代化理論同時又是作爲威權體制維繫的力量。當然，威權體制便在這樣的情況之下，獲得了一種轉移、替換與新生的可能。

從七〇年代末到八〇年代，由於國際局勢的變化，在歷史的理勢推移的情況下，鄉土的思潮已然浮上檯面，臺灣地區從光復後「二二八」的不幸事件，直到此時，首次被迫以一直截而深切的方式面對自己，尋找一新的歷史之認同。雖然，局勢惡劣，內部也時有動蕩，但「面對自己」所發出的動源，使得臺灣更望前邁進，所謂「經濟的奇蹟」於焉造成。面對自己，尋求認同，並不是容易的事情，首先，它所面臨的是如何去鏟除原先歷史所背負的惡業，以及現有的改革之障礙、在這種情形之下，威權體制必然受到更爲嚴重的質疑與挑戰，當然，執政者也被迫加速轉移及改革的步伐。

七〇年代邁入八〇年代，中美斷交、美麗島事件是一重要的象徵與分水嶺。國際上的徹底孤立，使得我們學習到如何看待自己，威權體制的猛烈振動，帶來危機，同時也帶來了轉機。從八○年代邁入九○年代，民進黨的成立、國民黨宣布解除戒嚴、海峽兩岸初步開放及蔣經國總統的過世，又是一重要的分水嶺。顯然的，儘管此中仍然有許多的紛歧與動亂，原先的威權體制已然轉換成一嶄新的方式。或者，有人仍然認爲它是一新的威權體制，但畢竟已不是原先的威權體制了，只要再繼續推移下去，它將邁向一新的方式，這是無庸置疑的。

邁入九○年代，就國內的環境來說，已然不是一黨可以專制的年代，原先的結構方式已然解體，新的結構方式仍然在締造中。就國際局勢來說，風雲詭譎，但卻也醞釀了新的可能。東歐變天、德國統一、蘇聯解體，世界的兩極對立，已然瓦解，獨大的「實體」已不再具有支配性的力量，而轉爲多元的「共名」。這一方面看起來是以美國爲中心的資本主義體制戰勝了一切，但其實不然，骨子裡，卻隱含了一更深層的意義。作爲資本主義對立面的一端這樣的蘇聯的瓦解，正意味著資本主義體制底層的工具理性主義的瓦解，這淸楚的標幟著「現代與後現代的分野」。在這樣的振幅之下，臺灣固然不是與其同步發展，但卻有著相似的振幅，這裡有著「擬似的現代與擬似的後現代的分野」。再者，値得注意的是，隨著海峽兩岸的逐步開放，臺灣面臨著這個稱爲祖國的龐大實體，儘管這實體在一九八九年「六四」之後，充滿著危疑與動蕩，但它卻有一股難以言說的力量向臺灣傾倒過來。臺灣原所處的「主奴意識」狀況，自然由「外力性主奴意識」再轉爲「內力性的主奴意識」，或者說目前這兩重主奴意識形成一張力，而更爲重要的是一股尋求新的可能性的主體性意識正從中崛起。這又與擬似的後現代意識形成一個對立面的兩端，並形成一新的總體。

二、相對於西方的「現代與後現代」，當前臺灣也有著「擬似的現代與擬似的後現代」，擬似的後現代可能導向生活世界的重新發現

如果我們循韋伯的意義來說，所謂的「現代化」就是「理性化」，那麼我們可以說現代性所隱含的宰制是由於「理性」之爲中心所造成的。相對的來說，我們要說擬似的現代並不全然同於現代，因爲擬似的現代之爲擬似，尤其在臺灣來說，則是由於世界體系核心支配、威權體制，與本土的危機意識所共同凝塑而成的一種奇特的理性化過程，這樣的理性化過程造成了擬似的現代。相對於這種擬似的現代，作爲其對立面的一端，而有了擬似的後現代。

「現代——後現代」是同一個對立面的兩端，後現代一方面指的是在現代之後這樣的時間的次序，另方面則指的是對於現代的徹底檢討與反思，甚至更直接的說，是對於現代的理智中心主義的徹底瓦解與尋求重建之可能。後現代尋求的不是核心的支配所帶來的穩定，而是尋求多元的構組，各生其生。因之，大體系而具支配性的思維沒落了，代之而起的是文化思想的部落化，否定與解構的聲音甚囂塵上。在這種風氣的感染之下，配合著臺灣原來的威權體制的瓦解與遞移的過程，批判理論、解構主義，像馬克思、阿多諾、馬庫色、哈柏馬斯、

福寇、德希達等思想成爲當前較爲前進的大學生之最愛。雖然，這些思想多少帶有舶來品的意味，或許我們也可以說這樣的後現代也只不過是一擬似的後現代而已。

但値得一提的是，他們已不同於以前存在主義流行的年代，只是作爲一種負面的、消極的隱匿式的哀愁與逃避而已，它們雖然可能還被貫以諸如「邊緣」或「游擊」這樣的名稱，但它們已然嘗試在締造一嶄新的可能。當然，這嶄新的可能乃始於對於生活世界的重新發現，儘管他們不一定能獨立的去發現所謂的生活世界，但卻可能成爲生活世界重新發現的最重要觸媒。這些年來像《臺北評論》、《文星》、《當代》、《中外文學》、《聯合文學》、《臺灣社會研究季刊》、《思與言》，乃至一向被視爲新保守主義陣營的《鵝湖》月刊都廣汎的討論過這些問題，《鵝湖學誌》甚至刊出過極具水平的哲學學術性的相關文章。各大學的哲學系所、社會系所以及文學系所也多設有相關的課程，在表面上，好像這波擬似後現代的思潮比起以前所流行的思潮來得廣、來得深，但筆者仍要說它仍然只是一思潮而已。由於長久以來，自我認同的危機及傳統土壤的僵固，這些思想仍無法去其虛矯的身段，落實生長，正如臺灣的河流一樣，它只是湍急的小波浪，恐怕仍將逝去。

三、生活世界的重新發現與開啓，文學文化化、文學思想化的催生、民間宗教文化的引入，中國哲學界的陣營已開始有了調整

一般而言，臺灣的哲學界約可分爲三大系絡：天主教系、新儒學系及自由派學者。這三大系，天主教系以輔仁大學爲大本營，而其重要刊物則爲《哲學與文化》，新儒學系則以《鵝湖》月刊、《鵝湖學誌》爲本營，自由派學者自臺大哲學系事件之後，已化整爲零，但隨著臺灣社會的演進，他們已有較大的言說空間，不過在哲學的締造方面，則已然不如胡適及殷海光的年代。其實，這三大系，在學院殿堂中，雖仍有極大的力量，尤其天主教系，甚至握有哲學的支配權或者建議權，不過，他們在一般知識界的影響力卻有限。或者，我們可以說，邁入九〇年代之後，這三大系已然不再能以三大系視之了，更何況臺灣的哲學界長久以來就只有「黨派利益」這樣的黨派性，而少有「學術異議」這樣的黨派性。伴隨著社會的演變、文化思潮的震盪，原先的黨派利益亦稍有變遷，除了多了一些邊緣團體以外，仍可說就是這三大系或由這三大系演變而來。

以中國哲學的研究而言，當代新儒學一系，大體說來，仍依循著熊十力、唐君毅、牟宗三諸位先生的路子，尤其牟先生年雖過八十，但仍孜孜於哲學體系的建構與康德著作的翻譯，

他對於當代新儒學的締造有著極重大的影響力。在一九九〇年底所舉辦的「當代新儒學國際研討會」，不意竟盛況空前，這絕出乎臺灣一般知識分子意料之外。因爲一般知識分子咸以爲當代新儒學態度保守，已然過氣，無甚影響力。但就這回的研討會看來，筆者以爲這可以說明臺灣當前知識界、文化界的聲音並不平穩，其實當代新儒學的立場與關懷的面向仍爲大多數人所認同。所可惜的是，他們不擅長於現代傳播媒體之掌握與運用，再者，他們對於新問題的開發已不如前輩先生們之具有存在的眞實感，當然，在傳承上，他們有著極重大的貢獻。值得注意的是，當代新儒學的後起一輩，並不以前輩先生的路數自限，而在師承方面，也不像以前那麼的直接簡單，大體說來已然十分複雜，因此，在獨立思考的鼓勵之下，當代新儒學一系年輕一輩，倡導開拓新視野，以新感受、新觀念、新方向而開啓一新的研究之路，此已非原來的鵝湖系統所能籠罩，或者說鵝湖系正在解組與重構之中。

天主教系統下的輔仁大學哲學系可以說握有臺灣當前極大的哲學界資源，它的影響力及於政治大學哲學系、臺灣大學哲學系、東吳大學哲學系，並握有「中國哲學會」，配合著黨、政、軍的資源，對於官方極具影響力，並因之而對於一般社會大衆有著極大的影響力。這些年來，天主教系下的神父教授們，不再只是熱衷於相關的神學研究、或者宗教哲學之研究，更且強調「本土化」，而努力於中國哲學之研究。大體說來，他們在立場上仍然不能悖於天主教的原則，主張一超越界的圓滿作爲一切的歸趨。這與當代新儒學一系所強調的道德主體性，簡直是南轅北轍，因此論戰時有所聞。例如，直至一九九一年仍然有著儒家到底是「人性向善論」或者是「人性本善論」的爭辯。不過，我們可以說，這些爭辯仍只是文字上的議辯，再夾雜著派閥爭鬥的慣性而已，它甚至已然不會因此而有什麼勢力消長的問題。或者，我們可以總的說天主教一系他們解釋中國哲學的立場，常站在新實在論的立場，而鵝湖一系則大體仍站在新儒學及德國觀念論的傳統來理解中國哲學。不過，值得一提的是，這些立場隨著時代的變遷，他們慢慢失去了宰制與統合的力量，在兩大陣營中，仍然不乏新的可能。這新的可能，簡單的說是朝向一生活世界的重新發現而開啓的。這已然不是此兩大派系所能範圍的了。清華大學所舉辦的「氣論與身體觀國際研討會」、淡江大學所舉辦的「美學國際研討會」、「宗教學國際研討會」，可見一新的可能，值得重視。

在整個臺灣歷史的理勢推移的過程，哲學開始面對了活生生的生活世界，它已不同於以前之教條的宣說，亦不再封鎖於一超越的形式之理中，它開始邁向一後設的方法論的省思。以中央研究院文哲研究所爲例，在一九九一年便舉辦了極具規模的中國哲學史方法論的省思，這是中國哲學界以前所沒有的。胡適之、馮友蘭、徐復觀、勞思光等先生的中國哲學史著作受到極爲完整的重視與反思。雖然，這只是個起步，但已可見臺灣中國哲學界隱含一新的躍動。再者，由於這些年來，海峽兩岸的逐漸開放，學者的交流日多，書籍的流通亦不言可喻。這給臺灣的哲學界帶來了另一波新的可能。儘管大陸多數的中國哲學著作，仍不免予人馬列思維方式的印象，但這些年來已有相當的改善，又由於多年來他們所著重的是從經濟社會史、權力鬥爭史的觀點來理解中國哲學，注重下層結構，以爲它是一切上層建築的基礎。這些思考方式對於臺灣哲學界，雖無直接的影響，但對於生活世界的重新發現，它多少是有些作用的。

由於生活世界的重新發現與開啓，伴隨著文學文化化、文學思想化的催生，中國哲學的研究有了一些變化。加上民間各種勢力的引入，尤其宗教文化的百味雜陳，它一方面攪亂了原先的神聖次序，另方面它開始締造一新的次序。既有懷疑主義的一切不定之感，又有神祕主義冥契的玄同之思，中國哲學的研究將可能邁向一更寬廣的可能，而不再只是封鎖於聖賢哲人的教言之中，它更不再只是被視爲道德修爲的教條而已。筆者以爲未來的中國哲學將會有大量關於諸如文學社會學、知識社會學、社會哲學、歷史哲學、宗教哲學等向度的研究，老派系必然受到考驗與衝擊，新派系或許不是一朝一夕可建立的，但新社群則無疑的會如雨後春筍，到處林立。

四、伴隨著臺灣的發展，韋伯熱出現，新的思維因之而開啓。資訊的大量增加，使得大家陷入惶惑中。言說的相互擠壓，反而開啓新的生活世界思考之可能

大體說來，早在六、七〇年代，哲學界總把臺大視爲自由主義的大本營，而在西洋哲學方面則重在邏輯與思考方法的訓練，而相對的來說，輔仁大學則被視爲天主教哲學的大本營，在西洋哲學的研究方面重在多馬斯哲學的實在論系統。前者是英美系統，而後者則是歐陸系統。其實，這樣的分法嫌片面，像方東美先生久在臺大講學，他的哲學背景著重在中國的《易經》與西洋哲學的柏格森、懷特海，而洪耀勳、曾天從等先生亦不是英美系統所能範限的。輔仁大學方面亦有類似情形。至於中國文化大學則較富中國哲學的氣息，在西方哲學方面來說多少有些觀念論的傾向。不過，値得注意與令人憂心的是，西洋哲學在臺灣這些年來仍然只是紹述，而少有建樹。其實，不只臺灣如此，放眼整個中國，截至目前爲止，西洋哲學仍未生根而長成自己的學派。如果硬是要派出一個學派的話，可能當代新儒家的牟宗三先生一系可以視爲一種新康德主義吧！

西洋哲學之所以產生不了自己的學派，這一方面是由於哲學研究人口太少，而另方面則是由於多年來我們的西洋哲學研究走的是「國際化」(只是國際化，而不是說達到國際水平)，

而不是本土化。須知，哲學這樣的一門學問與其生活世界與歷史社會總體密切相關，而未「本土化」以前就求所謂的「國際化」，往往只能成爲「國際遊魂」而已。臺灣之如此，一方面所謂的「本土」到底爲何，仍然是個問題，長久以來的亞細亞孤兒命運使得他不敢宣稱自己擁有自己的身軀，因此，它寧可只是個遊魂而以別人之身軀爲自己的身軀。不過，筆者以爲近些年來，臺灣的西洋哲學的研究者，已不像七〇年代以前，可以像《孟子》書中所記的齊人「取諸東郭墦間，回來驕其妻妾」。在七〇年代中葉以後，影印事業的發達，使得資訊的流通大爲容易。八〇年代末期，中國大陸出版品亦大量在臺灣以各種可能的方式出現，或者用盜版、或者用影印，總而言之，它就可以買得到，看得到。到了九〇年代，可以說更無禁忌，大量的西洋哲學譯著傾銷臺灣。加上臺灣許多家出版社的配合，西洋哲學譯著以及介紹入門，大量增加。大體說來，這些現象多少反映著思想文化的蓬勃(雖然，不一定有大發展)。相對來說，學院裡的哲學若不走出自己的創作路子，只好走向更爲基本的文獻式的理解與疏清。大體說來，西洋哲學之研究，在當前臺灣已不再能信口開河，意到筆隨，多少是要有些紮實工夫，否則極易被檢查出來。

在八〇年代末期，臺灣興起的韋伯熱，這多少與臺灣的經濟發展有密切的關係。當時盛稱的東亞四小龍的資本主義經濟發展，比起其他地區要來得快，而這四小龍又恰好都具有極豐厚的儒家文化土壤。這似乎與原來韋伯《基督新教倫理與資本主義精神》的論點有些可以比擬的地方，而卻又與韋伯《中國的宗教》(儒教與道教)的論點又相背道而馳。淺的來說，這樣的經濟發展現象使得人們去作出諸如「儒家倫理」與「資本主義精神」是如何關聯的論題，深的來說，這也觸動了人們對於人文社會科學方法論的反省。當時，由於韋伯熱而投入論戰的兩方知識分子，一方面強調儒家倫理以助於資本主義的發展，而另方面則認爲這兩者並無必然的關聯，因爲韋伯只是點出了倫理與經濟的親近性，而沒有點出其因果的必然性。就表面看來，後者的方法論訓練，的確比前者要來得優秀些，不過令人懷疑的是，他們雙方似乎沒有趁此機會好好的去釐清儒家倫理的內涵究竟爲何，這裡所隱含的心源動力究竟爲何。再者，韋伯的歐洲中心主義的世界觀與其人文社會研究的方法論究有何關聯。做爲一個東亞的子民是否要接受韋伯的世界觀及其所衍申出來的方法論呢?

韋伯熱多少使得思想界注意到了方法論的問題，連帶的也因此而討論到了韋伯義下的「現代性」之問題。這麼一來，便喚起了早在七〇年代所流行的存在主義，加上由歐陸傳入的新馬克思主義、批判理論、結構主義、現象學、解釋學以及英美的語言哲學等，而展開了另一番新的言說論述。到了九〇年代，解構主義的思潮更是風起雲湧的傳入臺灣，它們不只在學院裡有了眞正的位置，更且在當前臺灣的社會實踐上扮演著重要的地位。所謂的「新左派」與「邊緣戰鬥」便在這情形下出現了。

五、沒有大波浪，只有風吹水上鱗。擬大師紛然逝去，典範的轉移，必然陣痛，但在紊亂中有著新的可能。它指向新的生活世界之發現

「只有消費，難有生產；只是轉口，難有實業；只是言說，難以見道。」由於資訊的發達，經濟的進步，使得知識來源的取得大爲容易，加上長久以來，總覺得自己是落後的(而且的確是落後些)，因此，大家已習於消費，而由於消費總比生產容易，遂致生產能力的低落。想想，在三、四〇年代艱苦的歲月中，西方學問資訊的取得何其困難，但當時中國的思想家們卻因此被逼的焦思苦索，而激發了自己旺盛的思考力，有所述作生產。相對來說，臺灣當前的學問資源的取得比起以前眞是容易得多了，但卻沒有產生一偉大的哲學家，整個來說，哲學的思考力亦沒有三、四〇年代來得強(雖然，知識是豐富了些)。哲學啊！哲學！只有永不休止的追求才可能契近她，若只是知識的購買者、消費者，儘管他們也組了哲學作品消費者文教基金會，仍然只是個消費者而已，他們或許爭到了「消費的權利」，但卻喪失了「學問的能力」。

當然，直說我們臺灣當前是喪失了學問的能力，這是說不過去的。因爲，事實並非如此，但如果說，臺灣當前的學問消費能力比起學問的締造能力要強得多，甚至大家以爲學問的消費或者收購就是一種締造，這或許是一不爭的事實。

沒有黨派性，只有黨派利益，由於黨派利益而形成了一些暫時性的黨派，因之也有了所謂的黨派性，但嚴格說來，這是不足以說其爲黨派性的。但筆者願意說，這總比一盤散沙來得好些，因爲這樣的黨派多少也形成了幾個不同的思考方式，使得政權握有者已不可能統治哲學界，因之而使得哲學界有了新的自由的發展之可能。我的意思是說，這些所謂的黨派或者未能有大的締造，但他們卻拉出了一個哲學的生活之場，使得其他非黨派的人們有了締造及發展的空間。再者，相應於當前在臺灣盛行的後現代思潮，它不是對於所謂的「現代性下的理性」有甚麼樣的解構作用，而是對於以前的宰制性體系產生了瓦解的作用，使得原來封鎖的心靈有了一新的可能，它指向一生活世界的重新發現。這裡或許有陣痛，但卻也有希望在。

具體的來說，中國哲學的研究邁入了一九九一年，從一九九〇年底的當代新儒學國際會議的論述結構中，我們發現當代新儒家陣營的聲音並不一致。其中，有多篇文章是對於當代新儒學的反省的，或許其作品漏洞仍多，但我們卻可以從中發現新儒家的陣營已有了改變，或許說是瓦解，但或許也是一新的轉化生機。像作爲當代新儒家陣營的刊物《鵝湖》月刊，刊行了後現代的專題，甚至刊載了像〈臺灣——邁向世界史〉這樣的文章，都不是尋常的。這意味著「新傳統主義」這個詞已不再能用以前的方式來理解它。雖然，余英時先生在新近出版的《猶記風吹水上鱗》雜文集中，有一篇〈錢穆與當代新儒家〉曾花了極大的篇幅批評當代新儒家，但筆者認爲這或許只是余先生所以爲的當代新儒家吧！其實，當代新儒家在臺灣已有了另一發展的嶄新可能，絕不是以前的當代新儒家所可範限的。不過，筆者以爲余先生這篇文章是有意義的，它的意義可以說爲當代新儒家畫下了兩個不同的分界點。九〇年代前的當代新儒學與九〇年代後的當代新儒學是不同的。它已不再是「一元的統一」，而頂多只是「多元而一統」罷了。因爲，如同其他的哲學工作者一樣，他們也在尋找新的生活世界，開拓新的視野，他們並不故步自封。或許余先生看到了一些故步自封的人，但一樣的，在當代新儒學的圈子裡，有些焦思苦索的人也看到一批雖然年輕，但仍故步自封的人。這種情形在其他圈子亦然。余先生說錢穆先生不立門戶，而當代新儒學立了門戶，但我們要說在這立了門戶的情況下，仍有些人是不立門戶的，正如同在那不立門戶的情況下，仍有些人努力在立門戶的。或許有人會怪余先生不識大體，說在當前狀況下，站在中國文化立場的人已不多，何必要強爲分判呢！但筆者想要說，這自然是余先生的權利。說余先生對於同樣中國文化陣營所作的批判這麼的強，他何不將這些氣力用在其所更該批判的敵人之上呢！但筆者想要說，這自然是余先生自有選擇，更何況臺灣當前已不再是陣營與陣營之間的爭鬥了，即使想要樹立陣營的人，都將徒然枉費一番心思而已。一九九一年底，知識界盛傳余先生的這篇文章已造成了中國文化陣營裡的濤天巨浪，但筆者想要奉勸中國文化陣營的諸君子，尤其當代新儒學陣營的《鵝湖》諸君子，不要忘了正如同余先生所使用的書名，猶記風吹水上鱗，「水上鱗」這三個字是何其輕淡。九〇年代後的臺灣哲學思想界不再有什麼大論戰，因爲大家已漸了解大論戰也不過是小波浪而已，或許好好的去重新發現生活世界是更為重要的。

「生活世界」的發現之呼聲，一方面伴隨著臺灣整個歷史社會總體的演進而逐漸的逼顯出來，另方面，則由於西方舶來的現象學、解釋學(詮釋學)、語言哲學、溝通理論等等所注意到的「生活世界」這樣的概念，傳入了臺灣，做了極為有效的觸媒。這一波哲學的傳入，比起以前的有許多的不同，最大的不同在於它已然不再是一龐大的哲學宰制性體系，而是呼籲著要人們當下的注意自己的生活周遭，重新去體會感知，而引起新的哲學問題。儘管，它是在所謂的擬似的現代情境中傳入的擬似的後現代的哲學產品，但卻有著嶄新的可能，值得注意。雖然，一九九一年所發生的對於中國哲學史方法論的檢討仍然不夠深入，也未提出一新方法論的實踐之可能，但我們卻可以發現方法論的後設省察已然標識著生活世界的重新發現的第一步。再者，將這些西方當代學問的世界觀與方法廣泛的運用到其他各門的學問研究之上，也開始有了些新的成果。像一九九一年便有多齣的戲劇的理念與設計與此相關，其他在藝術、音樂乃至建築、設計等的理解與詮釋上多少都運用到了這些學問的資源。就中西哲學的比較與疏通來說，已不像七〇、八〇年代的比較哲學的方式，而是一種新的對比哲學的方式。中國哲學也開始以新的語言進到整個哲學的言說論述之中，雖然，它的力量還非常有限，但卻亦標識著生活世界的重新發現與展開。

末了，我們要說一九九一年的臺灣哲學思潮沒有大波浪，只有風吹水上鱗而已。早一輩被我們稱爲大師的這些擬大師們(雖然不一定可以稱爲大師，但已接近大師級，故稱之爲擬大師，此是據實而說，絕無不敬之意)紛然逝去，臺灣當前的哲學思想界也處在一種擬似典範的轉移，必然有的是陣痛，但在紊亂中卻有著新的可能，它指向新的生活世界之發現。

——壬申年春正月廿日稿於臺北象山居——

一九九一年大陸哲學思想研究述略

程志民

近十年來，隨著改革開放的蓬勃發展，大陸哲學思想研究和文化領域出現了一個百花齊放、百家爭鳴的動人場面。一方面，西方哲學和文化理論洶湧澎湃地席捲著大陸的文化理論領域，另一方面，傳統文化日益復興，引起了各個社會階層的關注和興趣。近幾年來，隨著政治氛圍的變遷，這種狀況有所變化，但總的趨勢則是任何人也無法扭轉的。這裡，筆者就一九九一年大陸哲學思想研究狀況作一述略，以饗讀者，不當之處，尚希各界人士不吝教正。

一、「毛澤東熱」及其他

最近，山西一家出版社出版的《中國的「毛澤東熱」》對這個問題作了廣泛深入的探討。「毛澤東熱」並不是什麼新發現，只不過肯定了一個客觀存在的事實。這種「熱」不是什麼人憑空想像出來的，更不是人爲製造和渲染出來的「海市蜃樓」，而是任何一個人都能感覺到的現實。這個事實的產生和發展，又確實是發人深思的。「毛澤東熱」之所以產生和發展是有著深刻的歷史背景和現實的社會根據的。一九八九年的政治風波，接踵而來的一些社會主義國家發生的逆轉和社會變化，共產主義運動受到巨大的挫折而陷入低潮的情況，使人們特別是青年一代，受到巨大的衝擊和震動，使不少人陷入思想混亂、迷惘和苦悶。而正是這些不尋常的經歷、嚴峻的歷史現實，觸發了人們思考、探索和解釋這些現實問題的強烈要求，這自然就成了人們自覺不自覺地「尋找」、「發現」毛澤東的歷史契機。另一方面，這股「毛澤東熱」中，也包含著人們的一股強烈的「懷舊」情緒。所謂「懷舊」，指的是人們對當前社會現實中存在的腐敗、以權謀私、賄賂成風以及社會分配不公等種種現象的不滿，而又無力加以改變，因此把感情寄託到過去，懷念五〇年代，懷念毛澤東時代。人們希望今天能像五〇年代那樣搞「三反」和「五反」，堅決有力地清除現實社會中的種種可恥的腐敗現象。當然，從根本上來說，這種情緒還是希望我們的黨、我們的社會，保持廉儉、不搞腐敗，是建設性的，而不是破壞性的。有的人可能有些偏激情緒，某些別有用心的人可能利用這種不滿情緒，製造黨和人民及青年的對立。對於我們應保持清醒的頭腦並加以正確的疏導，但更重要的是應當認眞鏟除醜惡、腐敗的現象。我們如果有力地鏟除了腐敗現象，在青年中樹立起大公無私、廉潔奉公的形象，就能更好地團結億萬人民。反之，任憑腐敗現象滋生，這實際上就是一種從內部腐爛的「和平演變」，共產黨就會脫離人民，脫離廣大青年，那後果是可想而知的。

我們認爲，無論是「毛澤東熱」這個現象本身，還是對這種現象的認識和解釋，都有一個不斷發展、提高和演化的過程。應當看到，現在一代年輕人，對毛澤東和他的一生的經歷是缺乏親身感受和深入的認識的。這不僅因爲長期以來放鬆了對他們進行這方面的教育，更因爲一些年來否定、歪曲、貶低毛澤東的思潮，向青年灌輸許多錯誤的、歪曲的事實和結論，對青年產生了十分有害的消極影響。因此，對他們來說，認識毛澤東的本來面目，認識他在中國革命史上的地位和作用，認識他的理論、思想和實踐，就不能不有一個「尋找」和「發現」的過程。近幾年有些年輕人的文章和著作，標以「尋找毛澤東」和「發現毛澤東」的題目，就證明了這一點。的確，許多青年，是面對複雜、動蕩的國內外形勢，帶著大量的「問號」，其中有的人，經歷了歧路和挫折後，開始了「尋找」和「發現」的過程的。

對毛澤東的「尋找」和「發現」，實際上是從一大批較早出現的老一代革命家的回憶錄以及毛澤東身邊的工作人員回憶他生活經歷的文章和書籍開始的。如《毛澤東的衛士回憶毛澤東》、《走下神壇的毛澤東》，這些讀物成爲廣大青少年熱心購買、爭相傳閱的暢銷書，形成了「毛澤東熱」最早的潮頭。權延赤根據毛澤東周圍工作人員口授整理而成的一些讀物，在「尋找」和「發現」毛澤東的過程中，產生了一定的推動作用。正是這些第一手材料，向人們展示了毛澤東的完全不同的形象。毛澤東不是神，但也絕不是一個冷酷無情的「惡魔」，而是一個有血有肉，富有人情味的，非常親切的普通人。同時，從這些讀物中人們也可以看到具有高尚品格、情操和大智大勇、爲人民無私奉獻自己的一生的偉大革命家的形象。繼這些讀物或以這些讀物爲藍本改編的電影、電視劇、話劇等，一而再、再而三地引起「轟動效應」。例如，《巍巍崑崙》、《開國大典》、《毛澤東和他的兒子》、《毛澤東和他的鄉親》、《開天闢地》，通過這些生動的形象，從不同側面眞實、感人地展現了毛澤東的形象和人格。在觀看這些作品時所引起的轟動，同樣構成了「毛澤東熱」的重要組成部分之一。

這些讀物和作品在近年來，特別是今年的「毛澤東熱」中，雖然起到了一定的作用，但是，如果僅僅是這些讀物和作品，那是很不夠的。隨著客觀形勢的發展，人們從這些讀物和作品入手，開始了對中國現代史和中國今天的現實的反思。就是說，從認識毛澤東這個人，到認識整個「毛澤東時代」，認識在毛澤東領導下所展開的勝利的人民革命，並通過對中國革命的道路的反思，尋找中國現實發展所面臨的問題的答案，這就使得「毛澤東熱」發展到了一個新階段。人們熱切地尋找、閱讀關於中國現代史、革命史的著作，如《西行漫記》、《毛澤東的中國和後毛澤東的中國》、牛津版的《中華人民共和國史》，以及外國人評價毛澤東和中國革命的著作。正是通過對歷史的追尋，人們發現了毛澤東作爲中國歷史上空前的民族英雄和革命家的偉大形象。一九九一年《毛澤東選集》第二版的出版，使人們通過直接閱讀毛澤東的原著，來認識毛澤東和毛澤東的理論和思想，這標誌著「毛澤東熱」進入了高一級的階段。

近年來，我國文化領域曾出現過這樣或那樣的「熱」，像「弗洛依德熱」、「薩特熱」、「尼采熱」和「現代派熱」，後來似乎都煙消雲散了。「毛澤東熱」與以往的這些「熱」是不可同日而語的。在一定的歷史階段出現上述這些「熱」，不能說沒有其特定的內在歷史和現實社會的原因。但是，弗洛依德的學說、存在主義學說、現代派的理論和實踐，畢竟是西方資本主義社會在特定歷史階段的特定產物，它們在我們中國是缺乏存在和發展的堅實基礎的。它們畢竟回答不了中國的現實問題，解決不了我們在歷史前進中所面臨的各種迫切的現實難題，它們「熱」了一陣就風流雲散，是不可避免的。而「毛澤東熱」則完全是另一回事。它是直接產生於中國歷史和現實的社會現象，是直接從我們的現實生活中產生的。無論如何，毛澤東的一生、毛澤東時代、毛澤東思想都引起了中國歷史上最偉大的社會變革，不僅空前地改變了中國現代的歷史，而且肯定會極大地影響今後的歷史。認識、總結和反思這段歷史，實際上成為我們前進的出發點之一。因此，這種「毛澤東熱」是不會風消雲散，喪失其歷史影響和意義的。

總之，「毛澤東熱」，從主流來看，是一種健康的、進步的、孕育著希望的現象，它是一種凝聚因素、向心因素、團結的因素和穩定的因素。一九九一年，我國遭到自然界的空前災害，國際社會更是風雲變幻，我們社會仍然出現了團結、穩定的局面。三十多年前，杜勒斯一廂情願地提出，把社會主義「和平演變」的希望寄托在第三代、第四代青年人身上。後來他又預言社會主義國家的青年，終有一天會按照美國的方式思考問題。當前出現的「毛澤東熱」，正是對這種預言作出的有力的回答。

伴隨著這種「毛澤東熱」，近年來，特別一九九一年以來，國內對毛澤東、陳雲、鄧小平和周恩來的思想和理論展開了深入廣泛的研究和討論，這是理論界的一件大事。

對於毛澤東思想的研究，國內一般認爲，毛澤東思想作爲一種科學體系，是實踐證明了的關於中國革命和建設的正確理論原則和經驗總結，是中國共產黨集體智慧的結晶。我們應當把毛澤東晚年的錯誤同毛澤東思想的科學體系區別開來。所以，我們決不能因爲毛澤東晚年犯了錯誤而忽視毛澤東哲學思想的學習。事實證明，毛澤東哲學思想是馬克思主義普遍眞理同我國具體實踐相結合的經驗總結，十一屆三中全會以來，馬克思主義普遍眞理同我國社會主義實踐相結合的實現，正是伴隨著毛澤東思想的重新確立而實現的。沒有毛澤東爲我黨確立的實事求是的思想路線的恢復，我們就不可能衝破長期「左」的思想束縛，就不可能提出改革開放的方針，就不可能形成「一個中心、兩個基本點」的基本路線，也就不可能出現今天社會主義改革和建設的新局面。

關於鄧小平哲學思想的研究，國內一般認爲，鄧小平的理論著述具有鮮明的戰略性、原則性、創新性和靈活性。鄧小平在解決局部問題時總是考慮到全局，在解決當前問題時總是考慮到長遠問題。鄧小平堅持四項基本原則，同時堅持把馬克思主義的普遍眞理同中國革命的具體實際緊密結合起來；他堅持社會主義的發展戰略方向，同時在執行過程中又根據實踐的需要，提出符合具體情況的方針政策。鄧小平的理論貫穿著馬克思主義的唯物論，辯證法和歷史唯物論，既是毛澤東思想的重要組成部分，又使毛澤東思想在新的歷史現實中得到豐富和發展。鄧小平的哲學思想和思維方式的重要內容和鮮明特點，就是繼承、恢復和發展了毛澤東的實事求是的思想。鄧小平堅持實事求是，一切從實際出發，理論聯繫實際，堅持實踐是檢驗眞理的唯一標準。他根據實事求是、一切從實際出發的思維方式，回答和解決了我國新時期的一系列新情況和新問題，但又沒有終結自己的理論，爲我們研究他的思想和中國實際問題留下了廣闊的天地。

二、「傳統文化熱」和中西文化比較

「傳統文化熱」和中西文化比較的哲學探討，近年來在國內外一直在熱烈地進行著，一九九一年，這種情況仍長盛不衰，而且更加深入了。在這股傳統文化熱的高潮中，不可避免地會產生兩個問題。一個是傳統文化的精華和糟粕何在，另一個是，中西文化異同何在，它們之間的衝突、取捨和融合，是人們十分關注的問題。在這股熱潮中，當然也有兩種情況，一是冷靜地評估傳統文化，作出有益於中國今天現實發展的結論和抉擇，二是盲目復古倒退，夜郎自大，鼓吹傳統文化中的糟粕。在近幾年來，這兩種情況都有反映，一方面是客觀地、科學地評估和研討，另一方面是封建糟粕大泛濫。各種經典古籍大量再版，而各種奇書怪記也紛紛出籠，十分引人注目。在《孔子》、《孟子》、《老子》等著作的旁邊，也有什麼奇門遁甲、麻衣神相，眞可謂是大潮淘沙，魚龍混雜，這一切構成了「傳統文化熱」光怪陸離的大潮。

當然在這個席捲華夏的「傳統文化熱」中占主流的還是科學和客觀的評估中國傳統文化，這種情況在知識分子和青年學生中占主導地位。但在廣大社會各階層中，傳統文化的消極影響，封建的人際關係，處世行爲準則和迷信色彩十分濃厚的占卜、算命也是沈渣泛起，令人髮指。有一個十分可笑的現象，就是中國人竟然用現代科學的產物電子計算機來算命，而且至今仍十分時髦，而這是許多搞計算機的文化人樂而不衰的行爲。還有不少壞書、淫書也成爲某些人發財之道。有一本《菜根譚》就是鼓吹封建處世行爲準則、庸俗不堪的書，竟然也成了暢銷書。總之，在「傳統文化熱」中這種種現象並沒有什麼了不起，大驚小怪之處，眞理總會戰勝謬誤，美戰勝醜惡，眞實戰勝虛假。

對於中華民族的優秀傳統文化的哲學探討因此更成爲當務之急了。一九九一年一年來，國內各種報刊和學術著作對於傳統文化進行了廣泛深入的研究和爭論，取得許多難能可貴的共識。許多仁人志士認爲，中國哲學是中華傳統文化的結晶。哲學作爲文化體系的最高層次的核心，是對自然、社會和人生的最根本的看法，包含世界觀、人生觀、價值觀、思維方式和理論教訓等豐富內容。一個民族的精粹的哲學思想既是民族生活的最高總結，又是指導，支配、推動民族不斷前進的動力，因此也就是一個民族的精神。中華民族傳統文化的理論形態集中在中國傳統哲學著作中，並表現爲億萬人民的人格理想、心理素質和行爲方式。中國哲學中最精粹的基本思想，就是中華民族的精神。

那麼，中華民族傳統文化的特點是什麼呢？有人認爲，我國傳統文化的特點是尊重祖先、崇尚人倫、注重道德、重人情。它是在個體農業的基礎上，以宗法家族爲社會背影，以儒家思想爲核心形成的。由於我國的傳統文化是個體農業經濟的反映，固然有其接近自然、純樸而富有生命力的積極方面，但是，由於這種個體農業經濟的土地私有制乃是封建宗法經濟形式，作爲這種經濟關係反映的傳統文化不可避免地有其落後、腐朽的方面。作爲我國傳統文化核心的儒家思想，表現爲重農抑商、重視禮教、卑視技藝，嚴重地阻礙了我國商品經濟的發展，束縛了我國科學技術的前進。因此，我國的傳統文化既有其積極的方面，又有其封建落後、腐朽的方面。我們在進行社會改革的過程中，首先必須批判我國傳統文化落後腐朽的方面，改造和發揚其積極的具有民主性的方面，創立社會主義的新文化，爲社會改革服務。

還有人認爲，中華傳統文化有其豐富的內容，綜合起來，有下面幾個方面：

1.重德精神。重視道德自覺和人格完美是傳統文化的重要內涵之一。儒家特別重視道德人格價值，高度贊揚人格精神美，強調人人應有獨立的人格，遵守一定的道德準則，不屈服於外在壓力，不受外部環境的影響。這些主張對於塑造中華民族的精神品格，產生了重大而深遠的影響，培育了中國人民的自尊自強心態和剛直不阿的正義感，形成了中華民族明辨是非，堅持正義的凜然正氣。

中華民族的重德精神是與古代宗法專制社會結構直接聯繫著的，它在不同時代、不同社會成員中表現爲不同的具體內容，其中有些具體內容已隨著歷史的演變而失去價值。

2.務實精神。儒家文化的理性主義和人文主義精神，以及無神論傳統，長期以來塑造了中華民族的務實精神。中國人歷來重視實際，講求實用，追求事功，而輕浮華，貶空談，鄙玄虛，表現了黜玄想而務實的民族傳統。這種傳統文化精神的基本表現是，在耕稼工商、政事日用，日常生活中追求人生理想，實現自身價值。因此，中國傳統的倫理政治型文化範式，抑制了宗教的泛濫。中國文化講求入世，不重出世；重視德育，輕視言教；崇尚經驗，無視神異；尊崇王權，壓抑神權。中國傳統文化缺乏印度和西方那種宗教意識和彼岸觀念，希望在現世人生中實現道德理想，而不嚮往彼岸超越的幸福和解脫。但是，傳統文化的務實精神是以經驗理性爲基礎，缺乏西方那種實證科學的精神。

3.自強精神。剛健有爲、自強不息的思想，集中地反映了中華傳統文化朝氣蓬勃、努力向上的頑強生命力，表現了中華民族百折不撓的開拓精神、反抗惡勢力的鬥爭精神，完善自我的進取精神，以及在日常生活中的勤勞節儉的美德。自強精神的突出表現是富有「日新」和「革新」觀念。中國歷史上的變法維新、農民起義、人民革命，就是「日新」、「革新」精神的重要體現。自強精神的又一重要表現是，以一種積極而樂觀有爲的精神來指導人生的生活態度，「發憤忘食，樂以忘憂」不斷追求完善自我的體魄、學識、技能和道德。

4.寬容精神。中華傳統文化的「厚德載物」集中表現了兼容並蓄的精神。這種精神要求胸襟廣闊，寬容大度，能夠合理地對待大自然，能夠團結各個方面的人，容納各種不同的意見。中華傳統文化的寬容精神表現爲三個方面：首先，在人與自然的關係上，傳統文化一直重視「天道」和「人道」、「自然」和「人爲」的和諧。其次，在國際關係、民族關係上，傳統文化主張「協和萬邦」。第三，在文化問題上，傳統文化以寬容精神對待域內外各種思想文化。例如，對於佛教東傳、西學東漸，傳統文化都採取開放態度，通過與外來文化的撞擊、融合，不斷吸納、改造和提高外來文化的優秀成分，進而融成爲中華民族文化的有機組成部分。

5.愛國精神。關心社稷民生、維護民族獨立、爲「報國」而獻身的精神品格，是中華傳統文化的特色。這種傳統是中華民族的凝聚力和向心力的結晶。愛國主義的精神實質是肯定個體與社會的統一性，並在此基礎上形成崇高的社會責任感和歷史使命感。愛國主義又是一個歷史概念。我們今天是在突破封閉狀態下，繼承以往愛國主義的傳統，形成一種新型的愛國主義，是與國際主義相輔相成的愛國主義。

關於中華傳統文化的精神核心，國內比較一致的意見是，維持整個中華民族統一的精神凝聚力；激勵中華民族自強不息，發展壯大的精神促進力量；陶冶民族美德，提高民族素質的精神感召和教育力量。中華民族發展過程中表現出來的具體的優秀精神文化型態，都可以歸屬於這三個方面。

伴隨著「傳統文化熱」，圍繞著現階段中國文化的取向問題，國內學術界展開了熱烈的爭論，這也就是所謂的中西文化比較問題。在這場爭論中，詆毀傳統和復興傳統文化，全盤西化和抵制西化，「中體西用」和「西體中用」，走向世界和民族「尋根」，五光十色，紛呈沓現，構成了一幅斑駁陸離，閃爍不定的雜色圖譜。

應該看到，這場中西文化比較論爭，發生在歷史大變革的關頭，它要解決的是文化抉擇和文化建構的任務，而且這一變革的趨勢又和中國的對外開放，特別是西方世界的經濟力量、社會思潮大量湧入有關。因此，在文化取向上便突出地表現爲堅持傳統和接受西化的矛盾對立。作爲一個自步入近代以來經常處於落後、被動挨打地位的民族，我們要奮起急追，爭取早日躋身於先進國家的行列，自不能不向西方國家學習，這就產生了「西化」的動向；而一百多年來我們所受的侵凌與傷害恰恰來自西方列強，民族的屈辱和走向自立的強烈願望，又使我們情不自禁地要擡出固有的傳統文化來對抗西方文化。西方化還是民族化，面向世界還是復歸傳統，成了現代中國文化建構上的二難推理。

嚴格來說，西方化還是民族化的提法，並不是一種科學的命題。我們今天既然把實現現代化作爲目標，而現今已進入現代化社會的又只是西方一部分國家，那麼，學習西方的先進經驗，便是建設新文化的必由之路。同時，我們學習西方，又並不是同化於西方世界，還是走自己的路，建設中國特色的社會主義，所以又不能丟棄民族傳統文化。因此，西方化和民族化並非相互對立的概念，它們本來是一個過程的兩方面，共同構成中國新文化的有機成分。

但是，如果把它們割裂開來絕對化，把學習西方說成是照搬西方模式的「全盤西化」，將民族化理解爲墨守傳統或傳統本位，那麼這兩者之間的衝突便不可避免，而各執一端的弊病亦暴露無遺。西方化認爲，西方文明代表人類現代文明，中國傳統文化屬於古代社會文化，當前世界大勢是走向普遍的現代化，因而與傳統徹底決裂，接受西方的文化模式，是中國現代化的必由之路。但是，這種觀點忘記了，傳統文化作爲民族歷史的一部分，不能予以割裂並任意取捨，因爲歷史還積澱在當代人的實際生活中，構成我們繼續前進的出發點，丟掉傳統，就是去掉了創新的憑藉。此外，這種觀點對文化的轉化採取了一種片面的單線條發展的模式，它不承認在歷史發展不平衡規律支配下，東西方各個民族走向現代化必然有著不同的方式，把西方的文化模式直接移用於我們，只能是方枘圓鑿，異體相斥。

反之，民族化則致力於傳統的復歸，或以傳統爲本位來建構新文化，這也是行不通的。因爲人類社會是在不斷發展前進中形成的，文化傳統也不能不相承相替。我們的祖先固然創造了輝煌的古代文明，但是數千年來的中國傳統文化，始終是在宗法小農業的基礎上演進著的。而現今一個半世紀以來的變革，正是要把宗法式的小農業徹底改造爲社會化的大生產，社會的基礎更易了，還能有不變的傳統文化的「本位」嗎？一切修補和衍續傳統文化的努力，是注定要落空的。

於此可以涉及對「中體西用」和「西體中用」的評析。從表面看，這兩種觀點都強調了中西文化的結合，不像全盤西化或復歸傳統那樣偏頗，而究其實質並無二致。因爲它們所認可的中西交滙，是要以體用分割爲前提的，就是說，在「用」的層次上或許可以實現不同文化成分的合流，「體」的構成卻仍要堅守各自的本位，不容混淆。這樣一來，民族化和西方化依然對峙著，中、西、體、用互相衝突，無法組合成完整獨立的文化體系。因此，解決當前的中西文化之爭，必須跳出中西二元、體用分割的窠臼，另覓新路。

這條新路就在於，對文化的立脚點不能是別的，只能是中國革命的實踐，是社會主義現代化的進程。中國的新文化在一開始便是從傳統和外來兩個方面吸收營養的，但都根據自己時代和民族的需要作了改造，賦予了新的意義。這裡並不存在以誰爲「體」，以誰爲「用」的問題。一定要說體用的話，那麼，「古爲今用，洋爲中用」八個大字較爲妥當，這就是以今天中國的社會發展爲本體，傳統與外來文化均爲其所用。但實際上它們既已進入新文化內部，也就在新的基點上合成新文化自體的一部分，即體即用，並無分畛。這是建構中國現代化文化的正確途徑。

三、關於馬克思主義哲學的研究

近一年多以來，大陸哲學界關於哲學體系如何改革問題繼續展開了熱烈的討論。正是在這個討論中，有人提出了應該特別強調實踐在馬克思主義哲學中的地位，應該把這個問題作爲馬克思主義哲學的核心問題突出出來。有人認爲，以往的馬克思主義哲學體系的一個缺點恰恰在於沒有把實踐突出出來，只是在講到認識論的時候，講到人的認識的來源、認識的發展和檢驗眞理的標準這些問題的時候，才強調了實踐的地位和作用。而實際上，實踐不僅在認識論中有它的地位和作用，在歷史觀裡也有它的地位和作用。人類的第一個活動就是生產的活動，生產活動本身就是一種社會實踐，歷史唯物主義又恰恰是把生產活動當作人類的第一個實踐活動，而且是當作推動人類社會發展的根本動力來看待的。當然，在階級社會裡還有階級鬥爭的實踐，馬克思把它說成是階級社會發展的直接動力。所以，實踐在歷史觀的領域裡也有它的地位和作用。這就是所謂的實踐唯物主義的問題。

有人認爲，不僅在認識論、歷史觀裡，實踐有其地位和作用，而且在本體論裡，也應當有實踐的地位和作用。因爲我們今天所面對的自然界已經不是洪荒時代沒有人跡的那個自然界了，其中有很大一部分是經過人的加工改造的，已經打上了人的實踐的印跡。也就是說，人的勞動已有一部分以物化的型態凝結在客觀的對象中，或者說人的勞動已經對象化了。馬克思有一個重要思想，就是把部分經過人的實踐改造過的自然界叫作「人化自然」。有人認爲，「人化自然」講的就是凝結在自然界的人的物化勞動，也就是勞動的對象化。這種對自然界的看法，對本體的看法，把對實踐的理解拓寬了，使實踐的意義不僅僅停留在認識論的範圍裡，而且擴展到歷史觀和本體論的範圍。有人根據人化自然的觀點，進一步認爲，客觀的本體不應該叫作物質本體，而應該叫作實踐本體。因爲這個本體已經不是原來的那個樣子了，已經經過了人的實踐加工了，人的勞動的結果已經和自然界的物質客體凝結在一起了。有人認爲，實踐本體的提法不妥當，因爲它把實踐的結果和實踐本身等同起來了。實踐本身是不能作爲本體的，因爲實踐是人的一種行動，是主體和客體之間的一種中介，它本身既非主體，又非客體。用馬克思的話來說，實踐是一種創造性的活動，它本身是一種動態的東西，而實踐的結果則是一種靜態的東西。人的實踐的結果使勞動和自然界的某物凝結在一起而成爲物化勞動了。物化勞動是物，屬於客體的範圍，而不屬於主體的範疇。

還有人根據「人化自然」的觀點，進一步提出了「超越本體論」。既然在客觀對象裡、在客體裡也有人的勞動因素，有人的實踐的印跡，所以，主體和客體的界限就很難劃分了。有人認爲，把主體和客體割裂開來的觀點是一種舊的哲學觀點，現代哲學思維應當超越主體和客體的界限，這就是「超越本體論」的含義。

還有一些人認爲，既然實踐這個問題在馬克思主義哲學中地位這麼重要，那麼就可以把馬克思主義哲學歸結爲「實踐唯物主義」，並且應當用實踐唯物主義代替辯證唯物主義。這種觀點的根據是，馬克思本人在一八四六年《德意志意識型態》裡有一段話提到實踐唯物主義。他說：「對實踐的唯物主義者，即共產主義者來說，全部問題都在於使現存世界革命化，實際地反對和改變事物的現狀。」

四、關於主體性的問題

主體性問題是一個關係到哲學、文學、史學、倫理學和美學以及各門社會科學的綜合性的基礎理論問題。近些年來，它成了國內哲學界、理論界研討的一個熱點，至今，不同觀點之間的爭論仍相持不下。一九九一年以來，這個問題仍在進一步加以研究和探討。

關於主體性問題的討論，至今已逐漸將這個範疇以及與其相關的範疇應用於認識論、歷史觀、自然觀、倫理學和美學等領域，對馬克思主義哲學基礎理論的研究在前所未有的程度得到了加深。由於過去我們對主體性問題研究不夠，因而在對其展開探討的過程中，出現了不同的觀點和意見分歧，甚至出現過某種理論上的混亂，這是很自然的。在有些文章中，也確有脫離開辯證法、歷史的唯物主義前提的傾向。要克服這些傾向，應該鼓勵相互之間的交流、探討，並通過各種方式對這種探討和交流加以積極的引導。

在當前關於主體性問題的討論中，人們的觀點分歧，總的說來，集中表現在關於主體性的概念規定及其本質特徵上，形成了兩種不同的基本觀點。一種觀點認爲，「主體性就是人作爲主體所具有的本質屬性」，其本質特徵「就是人在自覺活動中的自主性、自動性、創造性等，實質上就是主觀性」。另一種觀點認爲，既然主體性是主體在對象性活動中表現出來的特性，就不能離開實踐中的主客體相互關係加以規定，而且，人只有在對象性活動中，作爲對象化活動的產物和結果才實現爲主體，才具有主體性。有的論者認爲，簡單地說，「主體性就是實踐的特性」，「其本質規定在於它具有意識和自我意識機能的社會物質屬性」。這樣規定的主體性及其本質特徵，內在地包含著客體的規定，是主體的能動性和受動性的統一，是主觀性和客觀性的辯證的、具體歷史的統一。這兩種基本不同的觀點，展開了主體性在社會歷史領域的作用和意義的多方面的意見分歧。

有人對主體性問題的研究方法進行了討論。在我們的討論中，有人的確是在不自覺的情況下參與討論的，很少考慮問題。經過一段時間的討論之後，回過頭來研究一下方法問題是很必要的。對事物、現實、感性要當作人的感性活動，當作實踐去理解。可見，脫離開感性活動，離開實踐去理解人的主體性的方法是不可取的。只有在現實的實踐活動中，產生主客體的對象活動，才有人的主體性可言。現實中的個人，是從事活動的，進行物質生產的，因而是在一定物質的、不受他們的任意支配的界限、前提和條件下能動地表現自己。這些一定物質的、不受他們任意支配的界限、前提和條件制約著現實的人的實踐活動，因此，考察對象性關係，意味著首先要考察這些一定的物質的、不受他們任意支配的界限、前提和條件。只有這種考察方法才爲主體的實踐活動及其結果提供客觀基礎，才能確定什麼樣的人實現自己的主體性。

有人認爲，應該從多角度、多層次對主體性進行研究。主體性問題不但與主體的認知結構、能力結構及其構成因素有關，而且還與生產力水平、具體實踐活動及其條件、社會歷史條件以及文化背景等多種因素有關，因此，研究主體性問題，必須展開多角度、多學科的綜合研究。例如，從主體性的發生學前提出發進行主體生成的研究，這無疑擴大了我們的視野。

有人認爲，還需要對下面這些問題進一步深入加以研究。首先，既然現在探討中的分歧集中表現在關於主體性的概念規定及其本質特徵上，因此，關於概念的問題還需要進一步加以討論。這主要是，在主客體關係中，如何規定主體性與客體性；主體性、主觀性、人性的關係；主體性與客觀性的關係。其次，與主體性密切相關的一些問題也需要加以討論。如，實踐活動中的眞理與價值的關係；知識與信仰、理性與非理性的作用及其關係；歷史過程中的主觀因素與非主觀因素、規律性與目的性的關係；歷史中的必然性、偶然性和隨機性，決定論規律與統計規律的關係；社會進步與人的發展的關係等。此外，歷史活動中的主客觀關係，科學認識和實踐中的主體性，社會主義現實中的主體建設等問題也有深入討論之必要。

五、理性與非理性的問題

這一年來，我國哲學界、心理學界、教育界以及文藝界對理性、非理性的問題的論述也是非常熱烈的。這個問題其實早在幾年前就已開始引起人們的關注和興趣了。現在的討論只不過是前幾年討論的繼續和深入。

在這個問題的討論過程中，佔主導地位的一種觀點認爲，人類是一種理性的類存在物，唯有人才理性；而人類又是一種非理性的類存在物，唯有人才有情感、直覺、靈感、意志、信仰、頓悟等。因此，人類實質上是以理性爲主導的兼有非理性的統一體。在從類人猿到人的進化過程中，人類的理性和非理性得到了空前的發展，可以說，理性和非理性伴隨著人類的始終。正因爲如此，我們研究人類自身，就不能只局限於研究人類理性的東西，也應當研究人類非理性的東西，研究兩者之間的內在聯繫。那種片面強調理性或僅僅宣揚非理性的觀點，都是與人類自身所具有的特性相違背的，因而也就失去了研究的基本前提。

我們研究非理性的東西，並不貶損或否定理性思維，這與西方宣揚的非理性主義有著質的不同。西方非理性主義作爲一種哲學觀點從根本上說是片面的、錯誤的。其特點是完全否定理性思維的作用，把理性的東西絕對化、客觀化甚至神化。例如，直覺主義者認爲把握事物的唯一可靠的方法或能力便是直覺，而理性無法把握實在，把握事物的「命脈」。幾乎所有的非理性主義者都對理性的分析方法抱著一種強烈的厭惡情緒，他們認爲「多事的理智破壞事物的美貌，分析無異於謀殺」。而我們研究非理性主義，是要通過分析研究非理性的內在結構、機制，理性與非理性之間的互補關係、主從關係等等，去全面深入地了解理性的作用，促進理性和智力的發展，有助於人類更主動地、更正確地認識世界和改造世界。

我們認爲，研究人類的非理性東西，其視野只能是全人類而不是某一民族的非理性的東西。因此，我們除了加強研究中華民族的非理性思維之外，還需要研究其他民族的非理性的東西，當然也要研究西方的非理性主義。現代西方非理性主義的興起有它內在的必然性，以叔本華和尼采爲代表的唯意志主義是現代非理性主義的直接思想來源。狄爾泰和柏格森的生命哲學、現象學、存在主義、弗洛依德主義以及歷史學、宗教哲學、社會學、政治學、文學藝術和科學哲學中的非理性主義思想，是現代西方非理性主義的理論和實踐表現。很顯然，現代西方非理性主義並非是無源之水、無本之木，它植根於現代西方社會生活，並對現代西方思想文化、社會生活有著廣泛的影響。例如，他們強調個人存在爲本體，反對討論一般的本體論問題，是由於個人存在在資本主義社會中的地位和命運問題常常使他們困惑，人與生存環境的矛盾十分突出；他們以非理性的情緒爲基本課題，貶低或否定人的理性認識能力，是因爲他們認爲世界本來就是混沌的、荒誕的、難以捉摸的；他們的悲觀的理論基調、不承認歷史發展客觀規律的非歷史主義等等，都是西方社會意識型態的折射，是許多西方社會問題和社會現象的一個思想根源。因此，對現代西方非理性主義的研究，有利於我們深入了解西方社會，有利於透過西方社會的種種現象，看到其內在本質及其思想基礎。

同時，有人認爲，研究西方非理性主義，應把它看作科學研究的對象。非理性主義在總體上是錯誤的，但並非其所有的內容都是錯誤的。事實上，非理性主義是人類認識世界、認識自我的一種特殊思想形式，是人類認識發展史上的一個環節。非理性主義內在地包含了一些合理的東西。例如，弗洛依德的無意識學說的泛性主義是錯誤和片面的，但是他對無意識所作的某些具體、深入的分析已被現代心理學所肯定，並在精神病的治療實踐中被證明是正確的。另外，與科學哲學拒斥「形而上學」相反，非理性主義把本體論問題放在哲學首位，把人的存在作爲本體論的核心，作爲哲學問題的核心，從而拓寬了對人的研究領域，深化了人對自身的認識。從認識領域看，非理性主義揭示了人類認識中長期被忽視一對重要的矛盾，即理性與非理性的矛盾。它指出思維不是脫離與撇開意志、情感等非理性因素的純理性思維，存在不僅僅指外部世界的存在，它首先包括人的存在。從方法論上看，非理性主義反對哲學中的純思辯的方法，提出哲學應有自己的把握命脈的方法，諸如直覺方法等等。

因此，人們認爲，科學地分析研究西方非理性主義，吸取其內在合理的內容，是非常有必要的。而且西方非理性主義所揭示的非理性因素與中國傳統文化中的非理性因素有某些差異，通過分析比較，可以擇其之長以補己之短。

還有人認爲，毋須否認，馬克思主義哲學研究中長期存在一個缺陷，即沒有很好地重視對非理性的研究。這種情況之產生原因頗多，但與馬克思主義經典作家沒有正面系統地研究非理性是有關的。一些人據此認爲，直覺、靈感、信仰等非理性的東西只是非理性哲學所研究的，與馬克思主義無關；另一些人則認爲，要研究非理性的東西，只有跟在西方非理性主義後面走，其實這兩種觀點是一個意思，馬克思主義無須研究非理性的東西。這是一種幼稚和懶漢的思想。

有人因此認爲，科學地研究非理性主義並不是鼓吹非理性主義，相反，倒是克服非理性主義的重要途徑；科學地研究非理性因素，不是違背馬克思主義，倒是豐富和發展馬克思主義；科學地研究非理性因素，不是貶低、否定理性的地位和作用，相反地倒是促進理性、智力的發展，有助於人們全面發展。只有堅持馬克思主義對非理性研究工作的指導，運用正確的方法，衝破舊的思維方式，才有可能對非理性因素作出恰如其分地科學評價，發展我們的哲學思想。

六、關於西方哲學的研究

近一年來，大陸西方哲學的研究工作，相對於前幾年來說，處於比較冷落的境地。除了爲數不多的專業研究人員之外，似乎對西方哲學的研究的興趣已經降溫。關於西方哲學研究的論文、書籍，對西方哲學著作的譯介，當然還是有，但數量上不如前幾年了。但是，平心而論，在研究的質量上，在深度和廣度上並沒有多少退步，反之，在某種程度上，更冷靜、更客觀，因此也更深入一步了。近一年來發表於國內報刊上的論文和出版的學術著作，可以說是少而精。如近年出版的《古希臘哲學》，《費希特選集》，《尼采與形而上學》等等，都是一些上乘的力作。這裡僅介紹一下兩篇論文，可以反映國內西方哲學研究的廣度和深度。一篇是〈意向性理論的幾個問題〉，另一篇是〈「哲學之終結」——海德格爾晚期思想的大旨〉。頭一篇文章認爲，意向性理論是西方語言哲學的一個重要理論。上世紀末，布倫塔諾對這一問題進行了較爲系統的研究，他的觀點對以後西方意向理論的發展產生了很大的影響。本世紀這一理論在當代西方兩個哲學流派主要代表人物那裡得到進一步深化。該文對意向性理論的若干基本問題——意向與意向性、意向性與語言、意向性與意義作了闡述，並對歐洲大陸哲學家與英美分析哲學家對於這些問題的主要觀點進行了具體的比較、分析和評價。

後一篇文章認爲，海德格爾晚期思想的宗旨是宣告形而上學的終結和一個由思想取而代之的新時代的開始。圍繞這一主題，文章集中論述了海德格爾對從柏拉圖到尼采的西方傳統即人本主義傳統和現代技術的批判。

本文主要引用文獻

1.《中國社會科學》，一九九一年，第一——五期，中國社會科學出版社。

2.《新華文摘》，一九九一年，第一——一一期，人民出版社。

3.《哲學研究》，一九九一年，第一——一一期，哲學研究雜誌社出版。

4.《哲學動態》，一九九一年，第一——一一期，哲學研究雜誌社出版。

5.《光明日報》，一九九一年十一月廿六日。

緊縮與拓展：世紀末的喧譁與頹唐

——一九九一年中國大陸文壇概貌述評

蘇煒

「緩過了一口氣」。這是人們評論一九九一年中國大陸的政治、經濟情勢時，常常喜歡用的一句話。以此觀照「六四」兩年後的中國文壇，則似乎「不過不失」卻又很難「一言而蔽之」，需要作更多的釋疑、辨難工作——因爲其間充滿了太多「邏輯的悖論」和「語意的反諷」。

一九九一年的北京文化舞臺，一方面仍舊彌漫著因「六四」與「蘇東波」（蘇聯、東歐之巨變風潮）衝擊而生的末世頹唐、痲木冷漠，以及因政治重重干預而百病纏身的疲軟無力；而且文化界極左勢力的捲土重來，已經到了無孔不入、興風作浪、爲所欲爲的地步（如將政治干預之手伸向日本魯迅研究界❶，等等），極左派在組織、人事方面的全面操控，也已呈「塵埃落定」之態（詳見後述）。另一方面，被「六四」「急凍」的文壇，似乎又已逐漸從冬眠狀態中蘇醒過來，

❶李歐梵，〈「友邦驚詫論」又一章〉，香港《明報》月刊，一九九一年第十一期。

受壓迫整肅的作家紛紛結束消極的封筆沉默，透現出一派主動抗爭、積極創造、好戲紛呈的局面。這前後兩種因素的相互角力、較量，便使得偌大的京華文壇，如今處處透現出各種矛盾峙立的"tension"(張力)現象。——最「大膽妄爲」的挑戰，竟是出自一向以「謹愼圓滑」著稱的人士的動作(如王蒙的「〈稀粥〉風波」❷)，最敏感新潮的作家群體的新作，竟是由向爲輿論稱作「保守強硬」的軍隊系統的出版社支持出版(如十一月間華藝出版社的《中國當代著名作家新作系列》❸)，這一邊，是官方的各種文藝獎項幾乎全被「革命領袖」、「革命人物」囊括，(一九九一年的電影「百花」和「金雞」雙獎，被大陸文化界人士嘲爲「領袖金像獎」——得獎的全是「毛澤東」、「周恩來」、「焦裕祿」們❹)，那一邊，則是從通俗文化到精英文化的各個層次的作品，都開始各自找到了自己的存活空間而得到了相應的發展(通俗家庭倫理電視劇「渴望」與據錢鍾書《圍城》改編的電視劇在收視率上各領風騷❺，王朔的「痞子小說」〈我是你媽媽〉與蘇童的「後設小說」〈米〉同受讀者青睞❻)，至於文化出版業，則在政治高壓和商業大潮的雙重夾擊

❷此事件海外媒體多所報導，大陸報刊則保持緘默。香港《明報》月刊，一九九一年第十二期，栗子(寄自北京)，〈大陸文化界的高壓與反高壓〉一文及其附錄，爲最詳盡的報導。文內除詳述了事件始末，還附有王蒙的起訴書、北京中級人民法院的判決，以及王蒙發表在北京《讀書》，一九九一年第十一期上的〈話說這碗「粥」〉等文。

❸何頻，〈中共軍方想「收編」敏感作家?〉，《時報周刊》(美國)，一九九一年第三四六期，頁一〇、一二——一八。

❹林凡，〈「淡淡」的通俗文化〉，臺灣《中時晚報》，八十年十一月廿日「時代副刊」。

之下，嚴肅讀物一面掙扎求存，時有朝不保夕之虞，另一面卻又為社會性的逆反心理所助，發行量、影響面反而持續增長（如備受停刊壓力的北京《讀書》雜誌，一九九一年的徵訂數比上年度躍升了二〇％❼），等等，等等。政壇風雲的瞬息萬變與上述文壇現象的撲朔迷離，又交相牽纏、此起彼伏，這就更增加了我們意圖清晰地透視一九九一年中國大陸文壇狀況的困難。

不過，在勾勒出上述矛盾之後，我們或許可以用另一句當今北京知識界人士「知人論世」的口頭禪，對一九九一年中國大陸文壇的風雲變幻「一言以蔽之」了——

「誰，也不能把誰怎麼樣。」

一、「誰，也不能把誰怎麼樣」
——王蒙的「〈稀粥〉風波」及其「文本」的複雜性

哈佛大學費正清東亞研究中心（FAIRBANK CENTER）有一個相當流行的看法，曾經代表了西方的「中國通」們研究當代中國的一種基本思路：當代中國大陸的文學現象，是比任

❺參見〈話說「渴望」〉筆談，《上海文論》，一九九一年第二期。
❻王朔，〈我是你媽媽〉，上海《收穫》，一九九一年第三期；蘇童，〈米〉，南京《鍾山》，一九九一年第二期。
❼見〈敬告讀者〉，北京《讀書》，一九九一年第二期。

何其它專門的歷史記載、統計資料等等更爲直接、更爲眞實的剖示社會、政治、歷史的材料；研究中國問題的專家，必得先從讀懂中國大陸的文學入手，方能找到「進入中國」的捷徑❽。在筆者看來，用這種「文學＝社會、政治」的簡單類比法去認識中國（故勿論美學原則上的偏頗），在中共執政的「承平年代」，往往「失靈」（如一九八五年前後，中國大陸作家曾把「使中國文學眞正作爲一種藝術，而不再只是社會學資料」❾，作爲自己的「神聖使命」，從而爭得了文學可以遠離政治現實的權利）；一旦中共爲政進入「多事之秋」，中國大陸的文學與政治的晴雨表關係，則大體如是——文壇一定要成爲政治的角力場；文學創作必定會成爲意識型態的犧牲品；作家，也就往往要成爲政治的祭供與陪斬。

發生在不久以前（一九九一年十一月）王蒙的「〈稀粥〉風波」，便是這樣一個夾雜了複雜的政治背景和人事因素的非文學的「文學事件」，可以視作最能反映一九九一年中國大陸文壇、政壇爭鬥的雙方角力較量的一個表徵。

十月九日，原文化部長、現屆中共中央委員、著名作家王蒙委託律師，向北京市中級人民法院提出訴訟，爲中國作家協會機關報《文藝報》以「讀者來信」形式對他進行政治陷害一事

❽筆者曾在一九八四——一九八六年間作爲該研究所的「訪問學者」，並同時協助社會學教授傅高義（E. VOGEL）完成他的研究中國廣東改革的專著。爲了了解中國的改革，他曾要求我先爲他介紹中國作家的有關小說，並仔細閱讀蔣子龍的《喬廠長上任記》等作品。

❾趙毅衡，〈作家來信〉，《今天》（瑞典復刊版），一九九一年第二期。

追究法律責任❿。事情緣起於王蒙發表在一九八九年二月《中國作家》上的小說〈堅硬的稀粥〉，在歷經「八九學運」、趙紫陽下野、王蒙辭職掛冠而文化界極左派登臺等一系列事件之後，仍在一九九一年七月公布的由天津《小說月報》主辦的全國文學雜誌「百花獎」上，被評為短篇小說的首獎（一九八九——一九九〇）。「『百花獎』的評定，顯示了全國文學界、出版界並未向權力俯首歸順。」⓫文學界的這一「抗上」舉動，顯然觸動了把持中共中宣部、文化部的王忍之、賀敬之等人的神經。「有關方面」除了發出內部文件批評王蒙的〈稀粥〉與《小說月報》以外，還逼令天津的宣傳文化部門對此作出書面檢討。但是，事情至此並未完結。有人提出，為了反擊文學界自由派「死灰復燃」的「逆流」，必須「追擊」，要在整個文化界以至全社會製造「強刺激」⓬。於是，九月十四日的《文藝報》登出了一篇署名「慎平」的「讀者來信」，指王蒙的〈稀粥〉是對鄧小平等「老當家」進行影射，是配合一九八八年冬和一九八九年初「極少數堅持資產階級自由化」的人和「老當家可以退休」的言論而出籠的。信云：

〈堅硬的稀粥〉發表於《中國作家》一九八九年第二期。當時的政治氣候如何，大家還記

❿見注❷。
⓫〈王蒙「堅硬的稀粥」與「反鄧官司」〉，美國《民主中國》，一九九一年十一月第七期。
⓬見注❷。

憶猶新吧。一九八八年冬、一九八九年初，極少數堅持資產階級自由化的人鼓吹改革的出路在於改變公有制的秩序，實行私有化，臺港有的報刊也鼓噪「老當家可以退休了」。這篇小說發表在這個時候，卻也恰恰是寫「改革」的。不過它寫的是一個四世同堂的大家庭，搞「家政」體制「改革」、推動「膳食維新」的故事。爲這麼個事兒，作者調動了各種各色的政治性大詞彙大字眼，讓那位八十多歲的「爺爺」幕前幕後地來領導、操縱這場「改革」。……

《小說月報》今年第七期上，還有評論家告訴我們，〈堅硬的稀粥〉是一篇「輕喜劇」的「寓言小說」，「可以讀出對中國變革艱難的憂思」。其實，按這篇小說的寓意，豈止「中國是變革艱難」，而是中國的改革簡直就沒有希望，連早上的「稀飯鹹菜」也是「改革」不了的。問題就出在那個「家庭」、「那個爺爺」、那個「秩序」上面。所以，這種「改革」根本也不值得去關心的。

臺灣的雜誌《中國大陸》於去年二月全文轉載了〈堅硬的稀粥〉，加上編者按語說：「此文以暗喻手法，批評鄧小平領導的中國制度」。看來，這編者的政治嗅覺倒比某些人還靈敏得多。⑬

⑬北京《文藝報》，一九九一年九月十四日。

筆者在此不諱鋪張，詳引了這封「讀者來信」，一則爲了有助於讀者了解這一「官司」的始末，二則也因爲，這個一九九一年牽動大陸朝野上下的「文學事件」，竟也與「臺灣國民黨大陸工作委員會主辦的雜誌」⓮脫不了關係，海外的讀者對此一定會「興趣盎然」。其實，正如王蒙在他的上訴書及其補充說明中所言，這封「讀者來信」所採用的春秋筆法，與文革中姚文元批判吳晗的「海瑞罷官」時一無二致⓯。當初的「姚大棍子」，也是先把吳晗劇中的「淸官海瑞」與現實中被罷官的彭德懷相掛鈎，然後再把劇中寫的百姓苦難和「海峽對岸的國民黨『反攻大陸』的叫囂」相聯繫，從而坐實吳晗「反黨反社會主義」的彌天大罪的。熟悉這一段歷史的讀者還記得，正是對「海瑞罷官」的批判，揭開了中國文革十年浩劫的序幕⓰。

歷史的巧合眞是耐人尋味——當年的歷史學家吳晗官拜北京市副市長，是當年非黨知識分子在中共政府中職位最高的少數人之一；今日的作家王蒙原任文化部長，也爲今日「非我族類」(王曾爲一九五七年右派)知識分子中官職最高的人物之一。當年圍繞對吳晗和「海瑞罷官」的處理，曾引發了中共高層激烈的黨爭(所謂的「彭(眞)、羅(瑞卿)、陸(定一)、楊(尙昆)集團」下臺直接與此有關，劉少奇、鄧小平的挨整肅也與此相關聯)；今日的王蒙及其「〈稀粥〉事

⓮⓯王蒙的起訴書，詳見注❷。

⓰姚文元，〈評新編歷史劇「海瑞罷官」〉，發表於一九六五年十二月上海《文匯報》，當時毛澤東說：我的話在北京沒有人聽了，我組織的文章只能拿到上海去發。

件」，同樣是「觸一髮而動全身」，與中共高層圍繞「六四」後的保守派與改革派政爭（所謂「鄧（小平）派」與「陳（雲）派」之爭，以及文化界歷時十年的「歌德派」與「缺德派」的人事爭鬥，息息相關（所謂「歌德派」又稱「賀家幫」——即主張爲共產黨歌功頌德的賀敬之等人的班底；「缺德派」又稱「周揚幫」——即因主張人道主義、支持揭露黑暗的「傷痕文學」而被譏爲「缺德」，在「清污」中受整肅的周揚所支持的班底。當然，現實中的兩派人事糾葛則遠爲複雜）。唯一不同的是，當年毛澤東以批「海瑞罷官」爲發端，而批「三家村」（鄧拓、吳晗、廖沫沙⑰），而批「彭、羅、陸、楊」，最後以批「劉（少奇）、鄧（小平）、陶（陶鑄）」而導致文革劫難的一發而不可收拾；今日北京之「小鄧幫」（鄧力群）與「賀家幫」（賀敬之）策動的批〈堅硬的稀粥〉，本來也是想借批知識界的所謂「黑三角」（李澤厚、劉再復、王蒙）⑱，從而清算整個「自由化」的「思想基礎」和「經濟基礎」——十年改革運動的。（這一點並非筆者杜撰，已有媒體指出，那封清算〈稀粥〉的署名爲〈慎平〉的「讀者來信」的作者，其實即爲《文藝報》主編鄭伯農⑲，而在他同樣主事的另一本極左派刊物《文藝理論與批評》上，早在一九九〇年一月——《人民日報》海外版二月十六日轉載，就刊出弋人（即程代熙）〈涿州會議的前前後後〉一文，爲一九八七年那個不但受到趙紫

⑰鄧、吳、廖三人當時均爲中共北京市委領導人，因以「三家村札記」爲專欄合寫文章而被稱爲「三家村」。

⑱「黑三角」之名，源於大陸一部反間諜電影。原在一九八七年「反自由化」運動中，將王蒙主事的文化部、劉再復主事的社科院文學所，以及中國作家協會，指爲必須清查整肅的「黑三角」，現指「李、劉、王」三人；又稱自由化「三巨頭」。

陽、也受到鄧小平批評的會議翻案。正是在那個號稱「桃園三結義」——涿州為史上劉、關、張結義處——的極左派大集會中，提出了不但要批自由化的「思想基礎」、而且要批「物質基礎」；不但要批「說資本主義的」、而且要批「幹資本主義的」等一系列清算十年改革的口號⑳。然而，這一回，他們的攻勢，卻被迎頭遏止了。首先「斗膽」出來抗衡的——也是至今令整個輿論界摸不清底細的——不是別人，正是歷來以「謹慎圓滑」著稱的「〈稀粥〉事件」當事人、前文化部長王蒙。其動作之大（以個人名義起訴「黨」領導的文藝「機關報」），可說是開了一九四九年以後受批判的知識分子敢於「公然還手」，並且毫不含糊訴諸於法律的先例。

對王蒙的評論，歷來是中國大陸批評界一個困難的話題。在筆者看來，王蒙並非嚴格意義的「自由派知識分子」。所謂「〈稀粥〉事件」，其實並非一場意識型態的爭執，而更多的是一種由背景、觀念、利益的歧異而轉化出來的人事宗派的鬥爭（這本來也是中共政爭的歷來特色之一）。王蒙與李澤厚、劉再復的不一樣之處，即在於，他從未打算離開原有的意識型態的「論說模式」（discourse），去創造與伸張自己的（或反映一個時代的）文學與社會的主張；他（及其作品）對官方意識型態的態度及其作用，從來都是「補臺式」而非「拆臺式」（或稱「異端式」和「語意的顛覆式」）的。但是，你又不能不承認，王蒙的創作，在八〇年代的中國大陸文壇——從

⑲蔡咏梅，〈王蒙告狀震動京城〉，香港《開放》，一九九一年十一月。
⑳可參閱香港《九十年代》刊載的會議簡報，一九八七年七月號。

早期至後期，從語言風格到敘事模式——也即從「文本」到「語境」，不說是「革命性」的，至少也是「開風氣之先」的。筆者在此，僅著重剖析他的前者。王蒙在爲自己辯護的〈話說這碗「粥」〉一文中說：

> 從這些內容上（指小說〈稀粥〉），得出的結論只能是，作者呼喚一種健康的、實事求是的、建設性的態度，只能說明作者的思想觀點在當時早與全盤西化、侈談民主、不問國情的那一套「趙括談兵」劃清了界限，而不可能相反。至於作品中的「爺爺」，是一個寬厚、慈祥、開朗、從善如流的人物。如果不另有隱衷，是不可能因之生走火入魔之想的。㉑

實情誠然如是。就這一點而言，今日的王蒙與當年的吳晗，其「受冤抱屈」的苦衷是完全一樣的。從王蒙先後寫給江澤民及法院的自辯與申訴來看，他所列舉的理由（他是中共中央委員，受公開點名批判須經政治局批准；反攻對方「影射」鄧小平，等等），都完全是在共產黨的「論說模式」之下「中規中矩」的言行（這也是王的自辯引起港臺輿論的另一種批評的原因）㉒。可以設想，如果受批判的李澤厚或劉再復，今天還有公開自辯的權利，他們對此的辯詞一定

㉑王蒙，〈話說這碗「粥」〉，北京《讀書》，一九九一年第十一期。

㉒金鐘，〈王蒙事件的兩層意義〉，香港《開放》，一九九一年第十一期。

會大異其趣。他們一定不會刻意和那些「侈談民主」的「東西」「劃清界限」，而會用一套有別於「黨式思維」的「論說模式」去張揚自身的「主體性」（比如：就算是寫了一個「不寬厚」的、專橫的「老爺爺」，又怎麼樣呢？即便不是「中央委員」，就可以如此被公開批判、羞辱而無還手的餘地了麼？等等）。

特別指出這一點的意義在於：王蒙自辯中對當權者的作「自己人語」，你既可以視作王蒙作為「國情中人」的「以子之矛攻子之盾」式的政治智慧（王確是一個具有高度智慧的人），又可以從中窺視出王蒙這一類「少共」（少年布爾什維克）知識分子，從理念到人格上都確實存在的內在複雜性。問題的癥結恰恰就在這裡：即便是連王蒙這樣的「體制內」知識分子的開明主張，都不能見容於文壇極左派，而面臨要被趕盡殺絕之境地；而極左派們的來勢洶洶，其「醉翁之意」，又決非只是「修理」一個王蒙這樣簡單。這就使得圍繞「〈稀粥〉事件」，被逼到角落裡的「王蒙」們（或可稱「體制內自由派」）、「李瑞環」們（或可稱「黨內開明派」）以及「吳祖光」們（或稱「體制外自由派」），還有海內外反體制的民主派們（他們的政治理念或許與王蒙是大相逕庭的）等等，都不得不聯起手來，站在聲援「〈稀粥〉」的同一戰壕裡；而使得這次的「〈稀粥〉風波」，成了一個具有「代理戰爭」性質的複雜事件——一個既非文學的、亦非純意識型態的，既無法判斷王蒙「發難」的眞實背景的、又無法論定事件結局誰勝誰負的難以讀解的「文本」。

截至本文結稿之前，「〈稀粥〉風波」的演變過程（似乎還不是「結局」），是非常出人意表的。

一方面，「左營」之中的中宣部、文化部、作協的大員、小員們紛紛出來爲《文藝報》與「愼平」助陣。賀敬之在王蒙起訴的第二天即在《人民日報》上發文加以還擊，聲言：「決不容忍文藝界的資產階級自由化泛濫」㉓。《光明日報》主辦的《文摘報》於十月廿七日發表題爲〈爲什麼「稀粥」還會「堅硬」呢？〉一文(此文又轉摘自《中流》第十期)，《文藝報》十一月六日立刻加以「轉載的轉載」㉔。十月初，中國作協機關召開了持續數日的「政治思想工作會議」，坦承〈愼平〉一文是經由作協黨組討論才予以登載的，是黨組「堅決主持的」㉕，瑪拉沁夫則代表作協黨組公開指稱：王蒙的「文章內容有問題當然要批評，不能裝作看不見」㉖。被王蒙起訴的當事人鄭伯農則有恃無恐，各方遊走，該找的門道無一遺漏。果不其然。十月廿二日，北京市中級人民法院對王蒙的起訴作出「不予受理」的裁決。而另一方面，作爲訴方的王蒙卻是一副不依不饒的樣子。抓住「走通門道」的鄭伯農居然在法院發出通知前一天就在《文藝報》內開會宣布「喜訊」的這一有力事實，王蒙於十月卅日向北京最高人民法院對中級法院的判決提起上訴。就在北京與全國媒體對此事件鴉雀無聲之際，上海《文匯報》出版的一分小報《文匯讀書周報》於十月十九日刊出題爲〈「堅硬的稀粥」起波瀾〉一短文，第一次在大陸公衆媒體披露了這一事件。與

㉓十月十日《人民日報》。

㉔一九九一年十一月六日《文藝報》。

㉕㉖㉗見注❷。

此同時，從北到南的作家、批評家紛紛給王蒙寫信、致電聲援。就在「慎平」一文發表的同時，北京《新華文摘》轉載了王蒙的〈話說《紅樓夢》後四十回〉，《作家》雜誌刊出了王蒙的文章和照片㉗，而王蒙本人，則爲「〈稀粥〉事件」兩次公開作答，先在十一月十四日的北京《農民日報》上發表了〈我愛喝稀粥〉，隨後又在《讀書》上發表〈話說這碗粥〉，對左派文人們極盡調侃奚落之能事。十一月訪問香港的吳祖光、沙葉新等作家，更對海外媒體公開表示「支持王蒙打官司」㉘。連臺港的輿論界，都對「六四」後首次出訪的這些文化人士的放膽直言，刮目相看。

在經歷了「十年改革」和「六四」之後的中國大陸文壇，「〈稀粥〉事件」的發生及其不可能有結局的「結局」——「誰，也不能把誰怎麼樣」；在許多方面的歷史呈相，確實都是「史無前例」的。要理清其中的奧祕，就要進一步把「〈稀粥〉事件」，放置到「六四」兩年來的中共政治舞臺的大背景上來考量了。

二、兩軍對峙：「極左派」、「自由派」內裡各有乾坤

——一九九一年北京文壇風潮的臺前幕後

「六四」以後，歷來被中共視爲意識型態重鎮與自由化「重災區」的文學界，面臨的是「從思

㉘見注㉒。

想上組織上」被整肅的命運。「動組織手術」是中共強硬派在歷來的政爭與黨爭中「先發制人」的傳統。隨著王蒙的文化部長被解職，過去十年間在文化界稍有開明、改革聲名的領導者，幾乎全數「中箭下馬」。被北京人稱爲「鬧狗（走狗）荒」的中共文宣系統，一批文革後失勢，人格、文品、名聲俱劣的人物紛紛重新登場（故又有「還鄉團」之稱）。除了著名的北京學界「洋場惡少」何新（以學問受批評便不惜以打架毆鬥相要挾，吹牛拍馬、告密誣友加上批條子爭職稱著名）一夜之間成爲政壇紅人，文革中因批鄧的「黃帥事件」而發迹的徐惟誠（余心言）升任爲中宣部常任副部長以外，各主要文化部門的「大換班」結果如下：賀敬之（文化部代部長，因爲「代」了兩年未轉「正」，被北京人戲稱爲「賀敬之代」㉙）、林默涵（文聯黨組書記）、陳涌、鄭伯農（《文藝報》主編）、馬烽、馬拉沁夫、孟偉哉、鄭伯農（作家協會黨組書記）；劉白羽（《人民文學》主編；侯敏澤、張炯（《文學評論》）主編；丁振海（《人民日報》文藝部主任）等。由於要「占領」的職位太多而甘願投靠緊跟的人士又太少，上述「七、八條槍」㉚便出現了一人身兼數職的狀況（如《求是》、《文藝理論與批評》、《中流》、《當代思潮》、《眞理的追求》等先後創刊的極左派雜誌，上述各人均有兼職㉛）。

㉙蹇言，〈楊白冰與「賀敬之代」的故事〉，《時報周刊》，一九九一年第三四九期，11／2／8。

㉚「攏共才有十幾個人，七八條槍？」爲文革中「樣板戲」《沙家濱》中的土匪頭子的唱詞，大陸知識界通常用來形容當今北京政壇上極左派的「人才狀況」。

在「組織布局」穩定了之後，他們自恃上面有「意識形態太上皇」鄧力群的直接授意和支持、後面有強硬派政治老人們的撐腰，又在多次的「交手」之中把中共分工管意識形態的、作風較為開明的李瑞環「架空」一邊㉜，於是，便在整個中國大陸文化界放肆地大搞批判、鬥爭、查禁書籍、封關刊物，開始了十年文革後的第二個「文化專制主義」時期。繼八九、九〇年各大報刊點名批判李澤厚、劉再復以後，一九九一年一月廿五日，《光明日報》及其他兩個報刊以整版篇幅，發表了署名嚴昭柱的〈論文學多元論的實質〉一文，首次公開點名批判王蒙的文學觀點，文中說：王蒙「懷疑和否定馬克思主義，提出文學的多元本質。……他提倡一切形式的西方資產階級的文學觀點，從而嚴重影響了社會主義藝術」，造成「傷感文學和色情文學泛濫，描寫孤獨、混淆、荒誕和幻覺的書籍腐蝕了人民的精神……」㉝。準備把現仍為中共中央委員的王蒙，作為另一個「資產階級自由化」的重要靶子公開示衆，進一步升高文化界的整肅氣氛。與此同時，《文藝報》等刊又逐一點名批判了張賢亮的小說《習慣死亡》、朱曉平的《桑樹坪紀事》、王朔的《橡皮人》、《玩的就是心跳》，批「先鋒文學」，禁演電影「菊豆」、「大磨坊」和「大紅燈籠高高掛」，流亡作家孔捷生、祖慰等均被「缺席審判」，並且不點名批判了巴金的「說

㉛鍾葵，〈點鬼簿〉，香港《九十年代》，一九九〇年第四期。

㉜發生在一九九〇年的文化部《中國文化報》不點名批判李瑞環事件，雖受到鄧小平、江澤民等人的批評，但由於王震等老人出面干預，此事不了了之。此事一九九〇年各海外媒體均有報導，此處不贅述。

㉝北京《光明日報》，一九九一年一月廿二日。

眞話」論㉞，還發表署名李萬武的專文〈不誠實的「還原生活」——對一種新觀念的質疑〉㉟，對「六四」後「一息尚存」的「新寫實主義小說」的創作(見後述)，進行全面討伐。

事情至此並沒有完，除了思想整肅之外，極左派們還對作家、學者的各種言行舉止進行了「全面盯梢」。一九九一年六月，作家叢維熙、劉心武、汪曾祺、吳祖光、白樺等受臺灣《聯合報》之邀，相會於廣州。當叢維熙(叢爲作協黨組成員)回到北京，卻受到「有關部門」長達數月的審查。十月間山東師範學院等單位在濟南召開了一個紀念「中國現代文學研究會」成立七○周年的學術研討會，因爲邀請了北京、上海的一批前幾年活躍的中青年學者錢理群、王富仁、汪暉、陳平原、王曉明等與會，會議主持者竟受到了「有關方面」的追查㊱。九月廿四日爲魯迅誕辰一一○周年。中共文宣部門除了按文革以來的「慣例」，借魯迅大作「我黨」的實用主義政治文章以外(在中南海懷仁堂舉行大集會，由總書記江澤民發表關於「魯迅精神」是「馬克思主義的大智大勇」的長篇講話，高層政要人物幾乎傾巢出席㊲)。賀敬之等人的政治干預之手竟然伸到了日本魯迅研究界，在國際學界掀起了軒然大波。事緣於日本仙臺、東京等大學爲了紀念魯迅誕辰，擬定在仙臺舉行「魯迅與外域文化」學術研討會，向北京「魯迅博物館」

㉞孔捷生，〈文學的冰川紀〉，美國《民主中國》，一九九一年十一月第七期；太史雲，〈大陸文壇進入多事之秋〉，香港《前哨》，一九九一年第十一期。

㉟李萬武，〈不誠實的「還原生活」〉，《文藝報》，一九九一年四月廿七日。

㊱見注❷。

商借魯迅的遺物在會間展覽。會議除了邀請大陸學者以外，還邀請了海外的「魯學家」們，以及「六四」後流亡海外的原社科院文學所所長、現在美國客座講學的魯迅學家劉再復（他爲上一屆北京魯迅國際研討會的主持者）。不料，中共文化部賀敬之等人聞悉劉再復受邀之後，竟然發文要挾會議主辦者，如不撤消對劉再復的邀請，將取消所有大陸學者的出訪，並拒絕借出魯迅文物。逼於壓力，日本仙臺方面的會議主辦者只好撤消了對劉的邀請。結果，此事在國際「魯學界」引起公憤，海外學者們紛紛拒絕與會，最終導致了日本魯迅研究界的分裂。東京大學等方面退出了仙臺會議，另外在東京舉行了同樣題目的「魯學」研討會，如期邀得劉再復及其他海外學者出席。由於中共文化部的阻撓，反而使劉再復在東京會議上引起極大轟動。明白了眞相的各國學者也紛紛離開仙臺而趕赴東京。中共文化部的粗暴干涉弄巧成拙，在日本與國際學界造成極其惡劣的影響，被日本媒體稱爲「政治跨國干涉學術的罕見實例」㊳。

然而，中國大陸的文壇畢竟經歷了十年開放改革的風風雨雨。「小鄧幫」和「賀家幫」們，也未免「得志太猖狂」而過高估計了自己的力量。就在王蒙被公開點名批判之後不久，王蒙即給江澤民寫信，要求允許反批評。他提出：他現在是中共中央委員，按規定，對他的公開點名批判應當經中共中央政治局同意。既然自己已經被羅列了各種反馬克思主義的罪名，就應

㊲《人民日報》，一九九一年九月廿五日。

㊳見注❶。

當允許他進行答辯和反駁批判，這是黨內起碼的民主。據說，江澤民在王蒙的信上作了批示：黨內同志式的批評和反批評是正常的，允許的。更堅持一點：擺客觀事實，講實踐眞理㊴。由此，對王蒙的第一次公開批判被中共最高層所扼止。幾天後，即一九九一年農曆元宵節，江澤民召集老中青作家春節座談會，讓文藝界對壘的兩派代表人物雙雙對座於中南海懷仁堂。這是「六四」之後，包括夏衍、王蒙、諶容等受壓抑的作家們第一次與「七、八條槍」們同在一個屋頂下相對。此事在當時中共的報章上只是輕描淡寫地報了幾句「氣氛熱烈、繁榮團結」之類的客套話㊵，但據當事者的報告，雙方都當著最高領導之面，就文化界現狀各抒己見。上述夏、王、諶三人更直接批評了中宣部、文化部領導人推行的極左政策，雙方唇槍舌箭，毫不相讓，而江澤民則以息事寧人的態度，對受壓的「自由派」作家有所安撫，表現得相當通情達理。據說賀敬之等人氣得會後大罵「猖狂」，要反「沒有趙紫陽的趙紫陽路線」㊶。可以說，在鄧小平「穩定壓倒一切」的方針之下，極左派們咄咄逼人、欲致對手於死地而後快的態勢，因爲與中共最高層的決策相悖而後助無力，正面臨「無疾而終」的前景。

也正是在這一背景之下，發生了在一九九一年北京政壇中傳說紛紜的所謂「賀敬之代」(文

㊴見注③。
㊵《人民日報》，一九九一年三月四日。
㊶分見注②、⑳。

化部代部長）與軍方楊白冰（中共中央軍委祕書長、解放軍總政治部主任）交惡的故事。北京政壇上有一個「公論」：鄧力群、胡喬木、賀敬之、徐惟誠等「新四人幫」，「是自康生、江青、張春橋、姚文元等覆亡以後，出現的又一個以意識型態起家的野心家集團」㊷。而中共因爲「四個堅持」的需要，又一時無法離開這個根本不把「江核心」（「以江澤民爲核心」）放在眼裡並惹得天怒人怨的文痞集團（在北京，鄧力群有一個別稱：「地下總書記」）。但是，「地下總書記」的班底有恃無恐，卻「不小心」把北京政壇的另一股大勢力——常常作爲鄧小平的「代言人」的「楊家將」（楊尚昆、楊白冰兄弟）——惹惱了。事情源於中宣部、賀敬之、鄭伯農等人在一九九〇年的保定會議上，對軍隊的「政治思想工作」提出批評，宣布要揷手批判「軍內的資產階級自由化」，並在《中流》等雜誌發動批判瀋陽軍中作家張正隆的紀實長篇《雪白血紅》。老軍頭王震等人於是發話「法辦」，導致作者的因文字罪而下獄。對此，楊白冰當時作冷眼旁觀狀，僅指示：「軍隊的事情軍隊自己內部解決」。「賀敬之代」們不但不識趣，還頻頻以「中宣部」、「文化部」的名義審查部隊文藝團體的演出，批、禁另一位軍中作家莫言（《紅高粱》作者）的長篇小說《十三步》，並越過「總政」，調南京部隊前線歌舞團的歌劇「徵婚啓事」在一九九一年春節進北京演出，意圖立爲「新歌劇樣板」（賀敬之以搞「新歌劇」「白毛女」成名）。沒料想，歌劇在北京彩排

㊷見注⑳。

的當晚，楊白冰問：部隊有這麼大個團進北京演出，我爲什麼不知道？當悉知是由賀敬之發的邀請，楊勃然大怒，責令：劇團必須明天離開北京。自此，楊白冰與「賀敬之代」潛藏的矛盾終於公開化。在前述的春節元宵座談會上，正是他陪同江澤民會見文藝界各方人士，並對受壓制的夏衍等老前輩表示敬重之意。隨後，楊白冰下令釋放了被關押的《雪白血紅》作者張正隆，並指示：不得歧視，分配適當工作，鼓勵大膽創作。一時之間，北京城內傳遍了楊白冰挑戰「賀敬之代」的種種故事㊸。各種傳聞，終於以十一月間（與「〈稀粥〉事件」幾乎同時），由軍方系統的華藝出版社組織出版被「中宣部」、「文化部」視爲「自由化分子」的十三位當代作家的「新作大系」，並且推出一臺示威式的出版發行座談會，而掀起高潮，爲海內外輿論所廣泛關注。這十三位作家及其作品是：王蒙（〈我又夢見了你〉）、叢維熙（〈鼻子備忘錄〉）、劉心武（〈一窗燈下〉）、莫言（〈懶得離婚〉）、馮驥才（〈炮打雙燈〉）、張抗抗（〈藍領〉）、葉楠（〈海之屋〉）、張潔（〈紅磨坊〉）、蔣子龍（〈陰陽交接〉）、鐵凝（〈遭遇禮拜八〉）、李國文（〈電車謀殺案〉）、梁曉聲（〈秋之殯〉）、諶容（未詳），等。文壇宿老夏衍爲這套名爲《中國當代著名作家新作大系》寫的序言道：

㊸㊹見注❸。

這些作家敢說眞話，敢於衝破文學上長期存在的清規戒律，接觸到了當今知識分子中相當敏感的問題……也可能他們的作品有一點澀味，乃至越軌，我看這也是時代和社會大動蕩時期的一種難以避免的反映，因爲，這還是有中國特色的社會主義新文藝的「初級階段」。……在當前出版界遇到不少困難的時候，華藝出版社能一舉出版這一代中青年作家的作品，無疑是難能可貴的壯舉。我欽佩他們的勇氣和魄力。㊹

夏衍直白無誤的話語，對於極左派而言，已經實屬「公然挑戰」了。從上述列陳的事件、人物與時序看，筆者可以大膽作出猜測：這套由軍方出面「玉成」的自由派作家「新作大系」，正是在楊白冰陪同江澤民出席那個兩軍對壘的春節元宵作家座談會以後，由楊白冰授意軍方出版社籌劃出版的。海內外輿論在「六四」以後，對大陸政壇的所謂「楊家將」多有惡評；但至少，楊白冰年來的種種挑戰文壇極左派的動作，是大得人心之舉。至於個中是否還有什麼特殊的玄機，則不是筆者可以妄加穿鑿的了。

也正是在這種微妙對立的政治角力之中，中國大陸作家在一九九一年的開春以後似乎「緩過了勁兒」，從對峙的夾縫中尋覓到某種存活空間。翻閱一九九一年中國大陸的各種文學期刊，筆者注意到，一大批在「六四」後封筆沉默的新老作家，又紛紛「重作馮婦」；創作與批評又一時呈現一種「回暖」現象。即便是從官方報導中，也可以看到其中的端倪。如五月廿三日

(毛澤東〈延安文藝座談會上的講話〉發表四十九周年)召開的「全國青年作家會議」。這是「六四」後官方首次召開的全國性文學會議，出席者有三二四名代表(「六四」之後，由於作家的抗拒，北京曾一度連召開幾十個人的「文學座談會」都湊不齊人數)。會上呈現的是「各說各話」的有趣局面。中國作協黨組書記馬烽稱，這次會議的「戰略意義」，是「爲培養跨世紀的社會主義文學接班人做出努力」；於文學毫無關係的老軍頭王震竟也在會上插一腳(據聞，賀敬之等人怕會上「正不壓邪」，特意請來以「殺氣」著稱的王震助陣)，大講「和平演變」是「首要威脅」，要讓「〈講話〉精神永照千秋」；代表中共中央的李瑞環，則在會上一再重引江澤民在春節元宵座談會上的講話，強調「發展講團結、顧大局、心情舒暢、生動活潑的局面」；巴金老人一如既往，來電寄語：「說眞話，把心交給讀者」；冰心書贈大會：「沒有眞情實感時，不要爲『寫作』而寫作。」㊺據一位出訪者告訴筆者，這一場由官方嚴密控制的「文學會議」，其保衛安全措施一如開「黨代會」。但與會的年輕人照樣在王震、馬烽、「馬拉」(沁夫)等人講話時起哄、喝倒彩，會上會下的小圈子異常活躍、小會連連，氣得賀敬之等人大罵「烏煙瘴氣」(同樣的例子是由《人民文學》四、五月間在山西召開的「青年作家座談會」。作家們似乎已經不在乎一般意義的「現實參與」，而把「你說你的，我幹我的」作爲一種新的「生存方略」——大別於「六四」後的

㊺《人民日報》，一九九一年五月廿四日、廿七日。

沉默抗拒）。其中引人注目的小波瀾，當推「六四」後公開退黨，然後被整肅（撤消《人民文學》主編職務）的作家劉心武，發表於《讀書》上的〈話說趙姨娘〉一文，因被指說爲有「影射現實」之嫌而驟起風波。它實際上成了左派文人們「修理」王蒙的〈稀粥〉「影射罪」的先聲㊻。

話題回到王蒙身上。自從「六四」後卸任文化部長以來，王蒙的「文字生涯」倒是頗爲繁忙而甚具「示威性」的。即便是在中宣部設「專案組」，人盯人式地審查、過濾王蒙在「六四」前後的「政治表現」，隨時面臨被落井下石之時，王蒙依然「一如故我」，大筆揮灑他的漂亮文章。他在《讀書》雜誌上開了「欲讀書結」的專欄，兩年間談《紅樓夢》，說李商隱，議北京方言，還由「三聯書店」出了一本正經的「紅學」專著。同時，還在《上海文學》、《中國作家》等雜誌四處發表他新寫的「毫不手軟」的小說和詩歌㊼（據筆者的粗評：小說尙屬上品，「詩歌」則不敢恭維）。這一切，在文壇極左派那「七、八條槍」們看來，當然是「氣焰囂張」之至。一九九一年七月的廣州《隨筆》雜誌發表了王蒙〈作家的書簡與友誼〉一文，其中披露現任作協黨組書記瑪拉沁夫在一九八九年四月八日寫給他的一封信，信內稱贊王蒙的「難能可貴」，並向王蒙表示「將在你的指導下謙恭謹愼而又努力拼搏地再幹幾年。」王蒙稱此爲「字字火熱，句句忠誠」，並萬

㊻劉心武，〈話說趙姨娘〉原刊於北京《讀書》，一九九〇年第十一期，但引起風波是在《讀書》一九九一年第三期，曾爲此在「編輯室日誌」中寫道：「頗有讀者想從索引角度了解本文。我們諸人研討良久，終未能達此境界……。」

㊼廣州《隨筆》，一九九一年七月號。

分感慨道：「轉眼白雲蒼狗，令人徒增汗顏！」㊽據說有人當面問起瑪拉沁夫有關此「效忠信」的原由，此公答道：「不入虎穴，焉得虎子！」一時在京中傳爲笑談。另外，王蒙自從辭官之後，雖然國外一再有出訪邀請，他始終未動念成行。一九九一年二月他又接到新加坡方面的會議邀請，經中共高層李鐵映過問批准，於九月四日赴新加坡一行。

文壇的「回暖」，王蒙的出國及其上述嘲弄「效忠信」短文的發表，都被中宣部、文化部的現任主事者們視爲一股「逆流」、一種「挑釁」。〈堅硬的稀粥〉被評獎，終於成爲一個觸怒他們的導火線。九月十二日王蒙剛剛自新加坡出訪回國，九月十四日《文藝報》即刊出「愼平」的「讀者來信」。令人也矚目的「〈稀粥〉」風波，即由此拉開了序幕。

三、犬儒主義的勝利：「一次無挑戰的征服」㊾

——電視劇「『渴望』熱」與「『圍城』熱」所透現的大衆文化心態

在文壇政壇風潮暗湧的時候，大衆文化領域卻在不爲官方文宣部門注意的縫隙間，擠出了一片令人觸目的天地。

㊽見注❷。

㊾語見〈話說「渴望」〉筆談，任仲倫，〈一次無挑戰的征服〉，《上海文論》，一九九一年第二期。

五十集長篇電視連續劇（又被稱為「大型室內家庭倫理劇」）「渴望」（編劇：王朔、鄭萬隆等），在中國大陸引發的熱潮，是從一九九〇年下半年延續到一九九一年春天的一個跨年度的文化事件。這齣在海外與臺、港觀衆看來一定司空見慣的「室內肥皂劇」，在長達數月的播映期間，令中國大陸從北到南，從城到鄉，萬人空巷、萬衆爭說，車禍減少，小偷罷偷㊿，「凡有水井（電視）處，皆誦『渴望』詞」（「渴望」之「茫茫歲月，欲說當年好困惑……」的主題曲，婦孺皆唱，數月間簡直如疲勞轟炸一般日夜回響在大陸城鄉上空）。一時之間，「劉慧芳」（劇中女主人公）的涕淚令人淡忘了「六四」的血淚，演員編導頓成明星、模範，從王震到李瑞環的「中央領導人」頻頻接見劇組，「民族傳統的美德」、「精神文明的體現」、「眞善美的典範」之類的美譽不絕於縷；連編導中某些受「六四」牽連而無以解脫的人和事，也因此「煙消雲散」㊿¹（此劇流傳到海外，也曾在部分大陸留學生中掀起通宵達旦的爭看熱潮；筆者曾力求「進入角色」，卻實覺無以卒「觀」，勉力看完三數集作罷）。

相較之下，前後問世的、由錢鍾書著名小說《圍城》改編、由著名女導演黃蜀芹（老戲劇家黃佐臨的女兒）執導的電視連續劇「圍城」，同樣在大陸掀起的一陣「『圍城』熱」，其範圍與熱度，都要狹小得多；卻仍舊是進入了大衆文化範疇的一個「既叫好也叫座」的作品（近訊：「圍

㊿語見從一九九〇年至一九九一年大陸各地報刊對「渴望」「浩如煙海」、「佳評如潮」的批評文字。
51筆者的一、二位朋友恰為「渴望」編導，故悉因由。

城」已獲一九九一年度大陸電視「金鷹獎」之最佳——電視劇獎、導演獎、男主角獎等大獎52),同樣是分析中國大陸「六四」後的社會文化心態的一個有力的範例。非常有趣的是:一如筆者大異於「常人」的觀感一樣,圍繞對「圍城」與對「渴望」的評價,在中國大陸知識分子與民衆之間,也有著非常歧異的區別。據筆者的粗淺觀察,「『渴望』熱」在北京、天津、上海、武漢等北方或內地大城市的反應簡直「如日中天」,在廣州、深圳、海南、福州等沿海開放城市則反應平平;各大城市中,除了一般民衆為「渴望」所痴迷以外,知識分子中,所謂「五、六〇年代包袱較重的一代人」(或稱「舊式理想主義」的一代人53),對「渴望」取激賞態度;而所謂的「自由派人士」(或稱「西化派」人士)則帶著嚴厲的批評和質疑(筆者曾詢問過某位出訪的學術雜誌的編輯對「渴望」的評價,答曰:「慘不忍睹」。近讀李歐梵教授的短文,則直稱「渴望」為「媚俗的一種」54)。更有趣的比照是,為「渴望」著迷的知識界觀衆,往往對「圍城」持批評態度;反之,喜歡電視劇「圍城」者,卻無以「忍受」「渴望」(二者「通吃」的知識界人士雖不乏其人——留美的大陸留學生觀衆群中也大體如此,但兩種欣賞趣味分出的「營壘」,則始終是相當分明的)。然而,知識界的「『圍城』熱」同樣引出了一場並未見諸於報章的爭論。關於這場「圈子」裡

52《人民日報》海外版,一九九一年十二月九日。

53「五、六〇年代一輩人」的說法,是大陸知識界年輕人一種不明確但「約定俗成」的斷代法,一般泛指四九年之後受共產黨五、六〇年代的「純潔理想」、「馴服工具」教育的一代人。

54李歐梵,〈媚俗之二〉,香港《明報》月刊,一九九一年第八期。

的爭論，近期探訪大陸的一些海外人士也曾著文討論[55]。一位出訪的學界人士告訴筆者這樣一種逆反的批評意見：「『圍城』熱」過了以後，你猜現在大陸年輕知識分子裡最「膩味兒」(厭惡)的，是誰的治學方式和人生態度麼？——錢鍾書。「爲什麼？」筆者大吃一驚。「大家似乎如夢初醒：「六四」之後，當局對《圍城》這樣一部本來似乎很不正統、很不『工農兵』的作品，異乎尋常地作了很多宣傳[56]，大家一方面很爲納悶，卻也很爲裡頭插科打諢式的機智津津樂道。等到『熱』過了以後才猛然發覺：當此國難當頭，《圍城》式的犬儒主義，大有利於『安定團結』，也實在是最合時宜的一種流行的時髦。」

筆者對這種「極端」之言雖未敢苟同，但「犬儒主義」一語，竊以爲卻點破了「六四」兩年後大陸流行文化中所透現的社會文化心態的基本特徵——無論「『渴望』熱」或是「『圍城』熱」，不過是其一「俗」一「雅」的一體兩面的表現而已。

所謂「犬儒主義」，這個可以遠溯自古希臘晚期哲學「昔尼克」(cynic)學派的學問主張，本文在此無意作詞源字義的訓詁釋解。在「六四」後中國大陸嚴峻肅殺的文化社會氛圍之中，它指涉的是這樣一種生活方式與面世態度：以插科打諢、放浪形骸、自輕自賤、玩世不恭等等

55 見童若雯，〈進入中國〉，美國《民主中國》，一九九一年十二月第八期。

56 「『圍城』在播放之前和之後，過多的組織『評論家』捧場，報刊過分的贊譽似乎是使觀衆與之熱絡起來，但由於這種現代商業化的做法損害了作品與大衆的本眞關係，不由自主地給自己抹上了一層非本眞的『紋花』。」見顧曉鳴，〈文化在走向本眞的途中〉，臺灣《中國論壇》，一九九一年第七期。

方式去自嘲與解嘲；張揚種種沉湎當下、不問將來、「消解」歷史、逃避現實的「學問」、「主義」爲現實的苟安尋求合理性。它在價值的層面，是非正統的，具有反叛意味的，但在歷史的層面，卻是消極的、虛僞的、以至是「爲虎作倀」的。在專制酷政之下，這種「犬儒主義」確有其「不得不爲之」的「難言之衷」。但是，假如當權者意求以「語言的暴政」(比如通過大衆傳媒)把它強化爲一種現實的秩序，而知識者由此視之爲「必得爲之」的安身立命態度的話，歷史就將落進一個由專制者預設的「論說模式」的陷阱之中了。

細閱一九九一年間中國大陸圍繞「『渴望』熱」與「『圍城』熱」的討論，朝野雙方、社會公衆與知識界所陶醉的那樣一種「皆大歡喜」的氣氛，應該說，由現代傳媒、大衆文化所製造、又爲當政者津津樂道的這一個「論說的陷阱」，是相當成功的。

據報導，「渴望」的構想始於一九八九年「六四」前而完成於「六四」以後的一九九〇年。據作者的說法，這是幾個人「酒足飯飽」以後「胡砍」(海聊)出來的故事。作者之一的王朔(請注意，就是一九八八、一九八九年以來那個在大陸文壇獨領風騷的王朔)說：他們最初的創作意圖是，寫一個「苦情戲」，集東方美德於一人(劉慧芳)，然後讓她倒霉，倒大霉。「讓一個好人受盡折磨，煽動觀衆的同情和慶幸感。」[57]另一位作者鄭萬隆則對筆者的一位朋友說：成功是

[57] 見〈話說「渴望」〉內汪天雲、生民等文中引文，《上海文論》，一九九一年第二期。

不期而遇的。我們當時的想法很簡單：這種時候了，咱們還求個什麼？（鄭萬隆曾爲一九八五年「尋根文學」的主將之一）觀衆想吃什麼，咱們就餵什麼吧。足足的餵，先把一樣吃撐了，再換另一樣——「轟動效應」就是這樣產生的。

這確實簡單明瞭地道出了「渴望」「成功」的訣竅。

「渴望」的故事是簡單而又龐雜的：故事圍繞兩個家庭的矛盾展開——劉慧芳（工人）與王滬生（知識分子），背景是文革十年的萍水相逢而又分分合合。情節主線是王家的孩子小芳（那時叫羅丹）丟失而又撿回的故事。王家遭難，王家大姐王亞茹失去了女兒，又被不知情的弟媳婦劉慧芳撿回來撫養。於是，舅舅、舅母成了爸爸、媽媽，而爸爸、媽媽則成了姑父、姑姑。劉慧芳爲了撫養小芳，不得不放棄親生兒子冬冬，不惜含辛茹苦，爲此又遭到丈夫王滬生的遺棄。結果劫難輪迴，小芳在世上流落了一圈又回到王家；王滬生則循父命與劉慧芳復合，而辛勞半生的劉慧芳，此時已經癱瘓在床……。

筆者無意在此對「渴望」作全面的文本分析，尤其無意作學究式的「藝術探討」。對於一部大衆流行作品而言，「渴望」的成功或許是不容置疑的。也許更值得重視的是，圍繞對「渴望」的評價的歧異——一方面是似乎一邊倒式的「好評如潮」，一方面是近乎「體無完膚」的否定性批評——背後所隱含的社會文化心理意蘊。試看：

「渴望」的成功，是編導對當今社會心態準確把握的結果，也是中國最大多數觀衆傳統審美心理對作品的認同。……「渴望」的理想主義和藝術誇張，正是表達了人的希望張揚「善」與「眞」的雙翼趨向美好境界的心靈渴求，……「渴望」不是一種挑戰，而是一種補償。……是編導和廣大觀衆共同宣泄著對自己青春的禮讚和主宰自己命運的自信，這是人們爲之流淚和讚嘆的動因。[58]

這是從「觀衆心理的補償」角度發出的讚譽。「這種態勢，反映到社會生活中，便是『渴望』所表現的對眞誠生活的渴求……是個人性的尋求本眞的趨勢，在社會生活中的放大。」這則又把這樣一部充滿舊戲式的誤會巧合、編造痕跡的作品造成的轟動，上升到反映社會的「本眞」要求（人性的眞實要求）的高度來「自慰」了。

對「渴望」的批評主要集中在兩個方面：一是劇中道德兩極化的描述（作爲工人的劉慧芳的「仁義」和其知識分子丈夫王滬生的「不義」），「與知識分子的形象主體、以及知識分子與工人市民的本質關係是擰著的。」「誤導」了社會「鬱結著的某種情緒[59]」。二是編導充分利用了傳統的「忠臣義僕」、「烈女節婦」的「原型模式」與觀衆的世俗審美習慣（諸如「輪迴報應」、「大團

[58] 汪天雲，〈展開「善」與「美」的雙翼〉，《上海文論》，一九九一年第二期。

[59] 見注[56]顧曉鳴文。

圓」)，「所以它在接受過程中顯得如魚得水，它不需要觀衆改變自己的道德、情感和審美趣味，可以在現存的思維慣性的推動下，順坡下滑地接受劇中弘揚的東西。」[60]這就使得諸如「委屈求全」、「忍辱負重」、「存天理、滅人欲」一類的傳統道德倫理，成爲觀衆不加思索「代入」劇中的正面價值，「作爲一種個人的人生態度倒未嘗不可，但若是作爲一種民族文化精神，那麼它的缺陷就顯得嚴重，因而不可等閒視之了。」[61]

在筆者看來，上述兩方面相反的意見，只要置於某一種被刻意忽略的時空因素中間，其實就是互爲表裡、一體兩面的。這個時空因素即是：「六四」。在「六四」這樣一場巨大的民族悲劇造成的沉重陰鬱的社會心理背景之下，作爲連演數月、長達五十集的「苦情戲」的「渴望」——其中演練的又是「好人受難」、「忍辱負重」的煽情故事，其社會功用，即是對觀衆鬱結無解的社會心理的一種「補償」，也是對觀衆眞實心理需求的一種「轉移」。這也就是在一旦抽缺了「六四」心理背景(或「背景後移」)的海外環境裡，「渴望」的轟動與成功，爲什麼會引起如李歐梵(包括筆者)等「批評界人士」如此大惑不解的地方。於是，觀衆對「六四」的血淚記憶，可以幻化爲劉慧芳撫孤救孤、歷劫遭難的孤苦無告；女主人公的「以德報怨」、「委曲求全」、逆來順受及其賺來的連天淚水，又可以暗合執政者對於芸芸衆生的「奴性的忍耐」(蘇聯詩人葉爾

[60] 生民，〈「渴望」疑辯〉，《上海文論》，同上。
[61] 王文英，〈「渴望」文化意蘊的兩面觀〉，同上。

甫申科語)的需求;然後,戲裡戲外分明是宿命式的個人的悲歡離合、歷史的劫難輪迴,便幻化爲一種「主宰自己命運的自信」;溢於戲裡戲外的道德化、世俗化的倫理情感——「親親,仁仁」,「老吾老,以及人之老」,「幼吾幼,以及人之幼」,「己所不欲,勿施於人」以至於「存天理,滅人欲」等等,便被幻化爲一種人性的「本眞」追求(人性的眞實需求)——於是,皆大歡喜。編導在裝模作樣地煽情,觀衆在裝模作樣地感動;批評家在裝模作樣地「闡述意義」,執政者在裝模作樣地「繁榮創作」。「一時間街頭巷尾人們紛紛『大砍』這個原本是砍出來的故事,儘管很少人弄得懂到底什麼是渴望,或者渴望什麼。渴望,是失望後的希望還是奢望,或者僅僅意味著一種欲望狀態而已,編導沒寫,演員沒演,觀衆也沒興趣。」[62]——在一場歷史災難面前,一個犬儒主義的「論說模式」(大陸學界習稱「話語結構」),就這樣在「大衆文化」的絕妙包裝之下順利完成了。此中既有眞情,亦有假意,只是眞眞假假,已經無足輕重了。正如李歐梵所言:

如要分析,恐怕要從捷克作家昆德拉所謂的政治的「媚俗」(kitsch)說起,這一個概念和一般所謂的俗品味不盡相同,因爲它的產品除了俗不可耐(因爲它的「話語」全部是陳詞濫

---

[62] 嗚亞,〈話語與隱喩〉,同上。

調）之外，還加上了一層「獻媚」的成分，要故意表現某種假象的天眞（如《人民畫報》中蘋果臉的孩子）或情感（往往是「酸的饅頭」式的煽情），其目的當然不是寫實，而是宣傳——它表揚的也是一個集體的假象。63

至於電視劇「圍城」，它的源於錢鍾書的小說《圍城》的都市知識分子生活故事，在此不必重複。雖然它基於嚴格的原著基礎，而且編導的製作和品味都遠比「渴望」要來得精緻和認眞，因此從鄙視「渴望」的知識界觀衆裡，贏回了相當不錯的口碑（筆者未能「忍受」看完「渴望」，卻不乏「津津有味」地看完了「圍城」全劇）。但是，只要指出這一點區別，就可以明瞭在這個「六四」後朝野雙方似乎配合默契的「論說模式」裡面，電視劇「『圍城』熱」的另一種「角色定位」了：小說《圍城》（連同作者錢鍾書），不但在小說問世後的整整四十年間，在中國大陸官方意識型態的「工農兵文學」的論說模式之中，是完全被忽略的（簡直是「視野之外」的，任何一本「新華版」的現代文學史都絕對不會對它稍示眼波）；而且，在過去十年間，即便總算進入了「視野」——主要由於華裔學者夏志清那本著名的《現代文學史》推崇備至的緣故，而令得從西方漢學界到大陸讀書界均爲《圍城》和錢鍾書的「出土」雀躍不已的時候，官方的文宣部門對此始終是

63同注54。

冷槍冷箭不斷的。——「脫離火熱的鬥爭生活」、「賣弄高深」、「格調不高」之類的官式批評不說，八〇年代初夏志淸曾應錢鍾書所任職的中國社科院之邀，而有一別故國四十年之後的首次中國大陸之行。雖然應夏的要求此行在新聞上一直作低調處理，但在夏志淸正要結束行程的時候，官方《文藝報》卻刊出一篇批判夏志淸的美國版《現代文學史》的大塊文章。此事曾被夏志淸自嘲爲「批林批孔批夏」，而令得作爲東道主的錢鍾書本人尷尬不已[64]。

然而，這一回，官方對電視劇「圍城」的種種「大動作」宣傳，又是組織座談又是「佳評如潮」，卻很出了編導和知識界觀衆的意外(甚至由此令部分觀衆產生了逆反心理[65])。如果說，「『渴望』熱」是編導和觀衆都「不期而遇」、無意得之，其中弘揚的「道德倫理」又正中官方的意識型態「下懷」的；那麼，「『圍城』熱」則是官方刻意在宣傳上「推波助瀾」，而其文本內涵却又是非官方意識型態性的。這眞是特具「中國特色」的大陸文壇、政壇特有的「悖論」。裡面的眞實意圖，是不言而喩的——。

「『圍城』熱」同樣是一種「補償」。對於整個由官方控制的大衆傳媒所營造的意義世界而言，它是對「渴望」所掀起的世俗倫理與欣賞品味的熱潮裡，一種精神貴族式的、「典雅」的生活型態與審美趣味的補償(就電視劇本身達到的藝術高度而言，竊以爲「圍城」是近年的大陸之

[64]筆者曾當面向夏志淸先生詢問過此事的經過。
[65]見注[56]，顧文。

「最」)，在官方意識型態的功利需要裡，對它的「大動作宣傳」，則是對官方「六四」後在知識界中日漸式微(幾近於零)公信力、影響力的補償66，在「六四」後整個大的社會文化心理氛圍之中，「圍城」裡方鴻漸、趙辛楣、蘇文紈等幾個「酸秀才」無傷大雅的冷嘲熱諷、打情罵俏、高蹈洋派，唯其因爲「遠離火熱的鬥爭生活」，而成爲一種時尚之需要——於是，「『圍城』熱」便順理成章地，成爲官方樂見的、由大衆傳媒刻意營造的上述「犬儒主義的論說模式」裡，一種「學院派」、「高蹈派」的補償。

然而，正如筆者在上面所提及，「犬儒主義」在價值層面其實是具有反叛性格的。當它一旦「外化」爲一種社會行爲而且直接向官方可以控制的「主流」挑戰的時候，其面臨的命運就大異於上述的「『渴望』熱」或「『圍城』熱」了。發生在一九九一年七、八月間北京的「文化衫事件」——個體商販推出了一大批印有「煩著呢，別理我」、「一無所有」、「眞累」、「一不怕苦，二不怕死，也不怕你」、「前途？零」、「有口難言」、「拖家帶口」、「多說好話」、「你離我越來越遠」、「密探」等等字樣的「文化衫」，同樣以本來無傷大雅的嘻笑怒罵的方式，成爲某一種社會情緒的新的宣泄渠道，顯露出另一番「現實以幽默視之」的犬儒主義的生存形態。但是，它卻遭遇

66 「六四」後官方對知識界「二錢」(人文學界的錢鍾書與自然科學界的錢學森)都曾有過大動作的宣傳褒揚。儘管「二錢」在知識界的學問、人格、聲望均不可同日而語，但官方對自己在知識界早已失落殆盡的人心的「贖買」意圖，是顯而易見的。

到官方嚴厲的取締：發文下令禁穿此類衣衫；警察當街逼人脫衣解衣；北京市公安局和工商部門八月初突擊搜查製造這種文化衫的工廠，沒收了廠址設在市郊的該廠三十一套印版和九萬多件帶有所謂「不健康語句」的文化衫，全數銷毀；還沒收了工廠售賣的四千件文化衫所得的一萬二千元，凍結了該廠銀行戶頭，最後甚至吊銷了工廠的商業執照[67]。由於篇幅關係，此話題雖同屬「大衆文化」範疇，僅在此「錄以備忘」，述評從略。

四、「世紀末」的衰象與華麗
——一九九一年大陸純文學的拓展空間管窺

世紀末現象導出世紀末風格。時間的危機意識是世紀末風格的重要因素。當文化與文明已越過絢爛的頂峰，盛年不再的隱憂，油然而生。宿命的倒數計時已經開始，末代風華已自腐蝕；在蛻變或消亡的歷史關口上，世紀末的藝術家輾轉惶慄了。他們在繁華中看到了荒蕪，在莊嚴裡見證了嘲虐，在眞理中參悟出曖昧。「時代是倉促的，已經在破壞中，還

[67] 引自懷冰，〈新寫實小說的危機〉，《爭鳴》，一九九一年九月號。關於「文化衫事件」的詳情，可參閱一九九一年八、九月號之香港《九十年代》、《爭鳴》、《開放》以及美國《時報周刊》的有關報導。

[68] 王德威，〈「世紀末」的先鋒：朱天文與蘇童〉，瑞典《今天》，一九九一年第二期。

有更大的破壞要來。」張愛玲說。[68]

這是批評家王德威在一篇論及海峽兩岸小說家朱天文與蘇童的文稿裡，關於「世紀末」的一段議論文字。用它去概括一九九一年中國大陸作家及其作品所氤氳彌漫的基本情緒，倒是頗爲貼切的。

一如上述，與一九九〇年大陸文壇上的壓抑沉悶、在創作上「乏善可陳」相比，一九九一年的「回暖」現象，則不但是政治意義上的，而且是文學意義上的。最突出的一個現象是，過去十年間在大陸文壇先後崛起的幾「代」作家——從「傷痕」、「反思」、「尋根」、「先鋒」到「紀實」與「新寫實」的各派作家，在同一時間均各有新作問世，且都質、量相當，使得一九九一年的大陸文壇，呈現一種色彩駁雜之態，很難以某一單一的派別、「主義」名之（如一九八五年被稱爲「尋根年」，一九八七年爲「先鋒年」或「實驗年」、一九八八年爲「紀實年」或「戴晴年」、「王朔年」等等）。比如「傷痕文學」時期以《李順大造屋》、《陳煥生上城》名世的「五七大軍」（一九五七年打成右派）作家高曉聲，已多年未聞足音，今年推出了續作《陳煥生戰術》[69]（說的即是一個「你說你的，我幹我的」故事），其筆墨的老辣、細節的精道，自成一格，徐徐道來的敘述方式，

[69] 高曉聲，〈陳煥生戰術〉，南京《鍾山》，一九九一年第一期。

[70] 諶容，〈人到老年〉，上海《收穫》，一九九一年第四期。

與當年的「全盛時期」不遑多讓。同樣，以〈人到中年〉引起矚目的久違的諶容，今年推出了〈人到老年〉[70]（並非「陸文婷」的續篇，但同樣是一個知識婦女的長篇故事：退休後辦公司、情變、歷盡種種磨難等等）。當年與諶容齊名，以《沉重的翅膀》獲「茅盾獎」的女作家張潔（以敢言著稱，一九八七年「反自由化」中公開頂撞徐惟誠；「六四」後曾一度流亡美國），今年也新作頻頻（如〈柯先生的白天黑夜〉等）[71]。王蒙和王安憶則是兩個出手驚人的「高產作家」。王蒙似乎是下了狠心要把他當文化部長那幾年耽誤的筆墨功夫補回來。「六四」後的兩年，竟幾乎沒有一個月閒著（他的名字幾乎每月必出現在某一期刊上）。除了上述的在《讀書》雜誌已開了兩年的「欲讀書結」專欄，大談《紅樓夢》、李商隱、審美與批評以至北京方言等等以外，就筆者隨手涉獵所及，即有：小說〈濟南〉、〈搬家〉，詩歌〈漫思〉[72]等等。作品橫跨「傷痕」、「尋根」幾個時期的女作家王安憶則更是筆力驚人。一九九一年所見的中長篇有：〈米尼〉、〈叔叔的故事〉、〈妙妙〉等[73]。甚至連「六四」後被關了監獄（後獲釋）的山西作家、曾在「改革文學」階段以長篇《新星》、《夜與晝》獨領風騷的柯雲路，也發表了他的新作〈夢非夢（外兩章）〉[74]。特別是，在文壇

[71] 張潔，〈柯先生的白天黑夜〉，《上海文學》，一九九一年第一期。

[72] 王蒙，〈濟南〉，爲《上海文學》一九九〇年七月所發，但由《小說月報》一九九一年第一期轉載；〈搬家〉，《上海文學》，一九九一年七月號；詩歌〈漫思〉，《中國作家》，一九九一年第四期。

[73] 王安憶，〈米尼〉，《芙蓉》，一九九一年第三期；〈叔叔的故事〉，《小說月報》，一九九一年第二期（轉自《上海文學》，一九九〇年第六期）；〈妙妙〉，《上海文學》，一九九一年第二期。

[74] 柯雲路，〈夢非夢〉，《小說月報》，一九九一年第二期（轉自《十月》，一九九〇年第六期）。

極左派意圖顯示「一手抓整頓，一手抓繁榮」，以「組織自己隊伍」爲目的的《人民文學》一九九一年第七、八期合刊裡，在一片陌生的「隊伍」名單之下，你可以赫然看到不久前新書與電影挨禁的莫言和蘇童的名字，而讀其新作——儘管發在「左派」刊物上，其非正統的「自由派」色彩，則「一如既往」75。

這就涉及到一個有趣的現象：一方面是文壇極左派確實在組織人事方面「塵埃落定」(各主要領導部門均「占據要津」)，一方面則是他們在創作與批評方面的「全面失控」——被他們稱之爲「前幾年自由化泛濫」的各種文學新潮，依然保持著其「生猛」的勢頭。就刊物狀況而言，不但是氣氛鬆動的南方的《上海文學》、《收穫》、《小說界》，南京《鍾山》(《鍾山》在不爲外界注目的幾年間，已經發展爲全國性的純文學重鎮，值得記上一筆)、廣州《花城》、《隨筆》等，佳作頻現，「風采不減當年」，即便是經過「人事整頓」的北京《人民文學》、《北京文學》、《十月》、《當代》以及《中國作家》、《青年文學》等，則也並非「鐵板一塊」，作者與作品仍時有「可圈可點」之處。至於蜚聲遐邇的北京《讀書》雜誌，則因爲早已成了解中國知識界各種新思潮的窗口而贏得了國際性的聲譽(一九九一年間主辦《讀書》的三位新老編輯，曾先後應邀出席幾個學術討論會)，並在全國知識界獲得了廣泛的聲望。在不時風聞的「停刊」威脅面前，反而讀者訂閱數

75見《人民文學》，一九九一年第七、八期合刊，莫言被禁的長篇已如上述，蘇童被禁的則是由小說改編的電影「大紅燈籠高高掛」(張藝謀執導)。

節節上升。另外，於「六四」後大批流亡到海外的大陸作家和批評家，也逐漸在一兩年的適應期後開始站穩脚跟。北島創辦的《今天》（瑞典）、蘇曉康創辦的《民主中國》（美國）、金觀濤、劉青峰主辦的《二十一世紀》（香港）、梁恆主辦的《知識分子》（美國）等，以及臺、港的多種文化雜誌，已經成爲他們的活躍舞臺和陣地。其中如劉再復、北島、劉索拉、張郎郎等人，新作頻出，甚至可說進入了他們創作的又一個盛期。

創作的復甦，並不意味著文學氣象的宏闊。如果把過去十年大陸文學的蓬勃復興比擬爲「五四」文學（這是以往批評家常常偏好的方式），而討論文學史上的所謂「盛唐氣象」的話，一九九一年中國大陸的文學創作，則彌漫著一片「晚唐之音」——一片末世的氛圍和嘆息。如同魯迅在「五四」退潮後把他的「吶喊」一轉爲「彷徨」一樣，中國大陸作家在一九九一年的筆耕之中，種種懷舊的、追憶的、宿命的、頽唐的、綺靡的、嘲諷的以至玩世的等等情緒宣泄，成了主調旋律（相較之下，前幾年無論批判、嬉皮、荒誕、實驗等等，都帶著一種「少年不知愁滋味，爲賦新詞強說愁」式的潑剌剌的生命元氣）。有幾篇小說的題目，是頗可以化解爲某種一九九一年大陸文壇的「象徵性意象」來讀解的（小說也是不錯的小說）：〈熱也好冷也好活著就好〉（池莉）；〈空的窗〉（陳染）；〈魔障〉（牧鈴、熊明）；〈沒有誘惑〉（習遠）；〈傳說之死〉（李銳）；〈棺材鋪〉（楊爭光）；〈挽歌〉（葉兆言）[76]。

當然，「世紀末」並不包含一種優劣高下的價値判斷在其中。毋寧說，一九九一年大陸文學中這種「世紀末」的氛圍，其突出的、可以値得形諸筆墨的成就，恰恰是這樣一批抒寫「末日情懷」的作品；而「先鋒派(又稱實驗派)」小說和「新寫實派」小說，正是一九九一年大陸文壇沉凝駁雜的「世紀末」風景裡，兩片濃重的色塊。

有一個現象是常常爲海外論者所忽略的：「六四」這樣一場驟烈的政治風暴，就創作而言，對大陸文壇的純文學領域——尤其是先鋒派、實驗派文學領域之影響，可說是微乎其微。一九八九、一九九〇年的文學風景，整體上確實呈一種「門可羅雀」式的「乏善可陳」，但刻意在觀念層面和現實政治「劃清界限」的先鋒文學，卻恰在一片社會政治的肅殺之中堅持「零敲碎打」的努力，使得自一九八七年開始的「先鋒派實驗文學」——從余華、格非、蘇童、葉兆言、孫甘露、葉曙明等等開始的步履，恰在過去的兩、三年間悄然壯碩、漸臻佳境，而在一九九一年顯露出令人矚目的「實績」。曾有論者指出：一九八七年「反自由化」開始，文壇沉寂，「莫言、韓少功、殘雪、馬原之後，似乎不再見大開大闔的作品。」[77]一九九一年裡，這種「大開

76 池莉，〈熱也好冷也好活著就好〉，《小說林》，一九九一年第一——二期(《小說月報》，一九九一年第二期轉載)；陳染，〈空的窗〉，上海《收穫》，一九九一年第一期；省遠，〈沒有誘惑〉，《雨花》，一九九一年第一期；牧鈴、熊明，〈魔障〉，《湖南文學》，一九九一年第二期；李銳，〈傳說之死〉，《黃河》，一九九一年第二期；楊爭光，〈棺材鋪〉，《小說家》，一九九一年第二期；葉兆言，〈挽歌〉，《上海文學》，一九九一年第五期。

77 見注68。

大園」式的作品出現了（或說是完成了），其中之一，便是我們下面要提及的、數位作家幾年之間不約而同地重筆抒寫的「家族史演義體」小說（姑妄言之）——把筆觸探向「過去」，上溯方志、族譜，追懷父輩祖輩的滄桑業績——仿若是在一片「集體耕耘」的土地上條間獲取的豐碩收穫。

葉兆言（南京作家，葉聖陶之孫）在一九九一年出版了他的系列中篇合集《夜泊秦淮》（浙江文藝出版社出版），集中的四部作品——〈狀元境〉、〈十字鋪〉、〈半邊營〉、〈追月樓〉[78]，每一單篇雖爲前數年（從一九八七至一九九〇）的作業，但合集後方顯露的「民國風俗史長卷」式的氣勢，很爲文壇所注目，實在是「一九九一年景觀」中不可不先提及的一筆。《夜泊秦淮》統共二十餘萬字。開篇〈狀元境〉的敍述始於晚清末年，一直到〈追月樓〉的抗戰年間（作者省略了原設計的末篇〈桃葉渡〉），時間幾乎橫跨四十九年以前的整個「六朝故都」——南京的歷史，故事卻又幾乎與時代、政治無所關聯，只是敷著的一抹淡淡的背景之上的幾個家庭、家族人際關係的市井變遷。「他最初的創作設想是：一、寫盡舊小說。根據對舊小說故事形態的掌握加以發掘與拓展。二、以夜泊過程中五個景點互相獨立又互相連綴爲整體。……三、《狀元境》寫性，《十字鋪》寫官場，《半邊營》寫女人，《追月樓》寫氣節，《桃葉渡》寫禪。」[79]作者的手法是

[78]葉兆言，〈狀元境〉，南京《鍾山》，一九八七年第二期；〈十字鋪〉，《小說家》，一九九〇年第五期；〈半邊營〉，上海《收穫》，一九九〇年第三期；〈追月樓〉，南京《鍾山》，一九八八年第五期。

寫實的，視角卻是虛擬的（忽裡忽外、忽客觀忽主觀的），但它又並非近年「實驗派小說」中相當流行的「後設小說」一般，不斷地「消解」作品的敍事結構，而是像傳統小說情境逼肖的敍述一樣，解除讀者的戒備心理，讓你自然地和他一起走進秦淮河畔風雨剝蝕的世態中去。可是，作者要整體把握的「主題」是什麼（如一般讀者的閱讀期待一樣）？或者說，「訴求」是什麼？讀罷掩卷，你並不了然（甚至在筆者知悉作者的本意以後，也不知所以然——其實他在寫作中也不自覺地偏離了自己意圖）。你只讀出了一種霧狀的、濕重的、陳舊發霉的、時而帶溫軟細語時而又帶熏香濃烈的、有時沉凝有時又躁亂的——情境（不是「情景」）。是一種情境。而且是時代性的。不管是〈半邊營〉裡那個久病在床卻對世事充滿嫉妒的華太太，〈追月樓〉裡那位儒雅執著的丁先生和那本「不死不活庵日記」，或是〈狀元境〉與〈十字鋪〉裡那幾段哀怨莫名、陰錯陽差的男女之情，你會覺得作者似乎就那麼冷冷地隱在秦淮河畔永遠不會散去的濃霧裡，他的故事就是這些霧境本身，他並不打算走出去（比如開掘什麼「深刻的意義」之類），你也休想走得出來。記得讀〈半邊營〉的時候，那種凝固的空間裡了無生趣的窒息感，散發霉爛氣味的「老寡婦的被褥子」式的氛圍，令筆者幾次無以卒讀。我知道自己受到了作者冷冷的戲弄——他要的就是這種窒息感，不管你讀者願不願意，他只是用他的「要到了家」的語言本事，

79 朱偉，〈「夜泊秦淮」雜記〉，北京《讀書》，一九九一年第三期。

把那個情境如實鋪陳出來就是了（對漢語的各種句式、「語境」的探索實驗，葉兆言從他的成名作《棗樹的故事》（一九八七）開始就已經在下苦功）。

這就是「世紀末」。這就是「末代情懷」。六朝金粉已盡付弦歌逝水，暗香流動裡的歌哭僅只是青春與盛年的遺響。葉兆言筆下的世界是凝止的，從情緒、到人物、到意義都是一而貫之的「就是這樣」，「本來如此」，不求「昇華」，也沒打算「臧否」的。相較之下，蘇童（同爲南京作家，一九六三年出生的「文學少年」——相較於四、五十上下的王蒙、戴晴、梁曉聲等人至今還常常被稱爲「中青年作家」），他筆下的詭魅世界，就動態得多、騷亂得多、冶艷得多也狂浪得多了。與其他「先鋒實驗」時期崛起的作家（如余華、格非、葉兆言）等相比，蘇童是在幾年之間迅速「羽翼豐滿」而蔚然見大氣象、大手筆的一個。蘇童早期的小說裡（如《傷心的舞蹈》(80)）有一個「作者自況」式的「童年視覺」（他似乎至今仍隱然保留這樣一個視角），那是一個「純情少年」眼裡似乎永遠長不大、卻顯然又別有深意的世界。筆者幾年前與蘇童曾有「數日之交」，他的年齡與品性，都始終無法讓人擺脫對他及他的作品的這種輕靈飄逸的「純情少年」的感覺。不想三數年之間，蘇童轉眼已成「大樹」——《一九三四年的逃亡》、《罌粟之家》、《妻妾成群》（後由張藝謀改編成電影「大紅燈籠高高掛」，獲一九九一年威尼斯電影節「銀獅獎」）(81)，

(80) 蘇童，〈傷心的舞蹈〉，見黃子平、李拓編，《中國小說：一九八七》，香港三聯書店，一九八八年。

(81) 蘇童，《妻妾成群》，臺灣遠流出版社，七九年。

出來一篇引起一陣轟動。小說世界裡那個散發罌粟幽香的「瘋楊樹村」，那個淫猥潮濕的高宅深院，那個充滿邪媚情欲、瘟疫災禍的「一九三四年」，在在都見奇詭、見世故，見才情，見膽識，令人無法與那個才是「眨眼之前」的「純情少年」的作者聯繫在一起。（在海外華文世界，由上述三個中篇結集的《妻妾成群》經臺灣遠流出版社推出，也曾引起臺、港、海外文學界的一陣「蘇童熱」，同屬難得的「一九九一景觀」。）成為大陸文壇一九九一年的「年度話題」的，則是蘇童今年初繼《妻妾成群》、《罌粟之家》之後的又一力作〈米〉(82)。蘇童的「瘋楊樹村家族史」與莫言的「紅高粱家族」的區別是顯見的：後者在「召喚」業已逝去的歷史生命的活力元氣，前者是在「重塑」一個病態、淫邪、蠱惑的時代。蘇童小說與余華、葉兆言等的不同之處，則是它的具有「體溫」——有作者的視角、情感介入（雖然常常是虛擬的），因此就不僅僅有「呈現」，而且有「強調」、有「再現」、有「主題變奏」（雖然其「意義」是紛繁的而且常常是多面扭曲的）。在敍事類型的劃分上，蘇童常常刻意往「後設小說」上靠，喜歡不斷自我拆解他的小說構造（如《一九三四年的逃亡》），但它的底蘊其實是寫實的，意義指向也是明晰的。「性」與「欲」的呻吟、嘶吼、迷狂、墮落和變態，拓印在一個頹靡的時代背景之上，從中生發出種種意義的「淫亂」與「曖昧」——這，正是蘇童從《妻妾成群》以來所著力的主題表現（對於蘇童，你是可以「斗膽」

(82) 蘇童，〈米〉，南京《鍾山》，一九九一年第二期。

憑自己的感受去讀解「主題」的，因爲總有「形迹」可尋。）這一個主題，到了〈米〉，可說推向了極致。讀過小說的人，誰也不可能忘記迭印在「米」的各種意象之上，那種種愛欲、畸戀、做愛與欲惑橫流的場面。那些極具聳動性的描寫，在傳統的「小說作法」中，你也許會擔心他是否從此寫「盡」了、寫「絕」了（已有論者對此表示擔心[83]），筆者對此倒很是釋然。蘇童的擅寫女子（尤其是思春怨春的女子）、擅寫耽美而倦怠的男人（不管是老是少），他的筆底的瑰麗幽深、綺靡頹萎，淒美處時見激越又常現女性化筆觸，不知爲什麼，總讓我想起曹雪芹與張愛玲。甚至，恕我斗膽，竊以爲從《妻妾成群》、《罌粟之家》到〈米〉，年少的蘇童筆下抒寫的「世紀末的華麗」，已經至少不在張愛玲及其《金鎖記》之下了。蘇童還年輕，他的前路是遠未見止境的。

一九九一年大陸小說的另一支——「新寫實派」小說，可就沒有「先鋒實驗」派們「笑罵由人」、「自生自滅」的幸運了。它們能「存活」到今天，完全是「閻王爺打瞌睡」的緣故——「幸存」而已。從朱曉平（《桑樹坪紀事》）、李銳（《厚土》）、劉恆（《狗日的糧食》、《伏羲伏羲》——即電影「菊豆」）、劉震雲（《新兵連》、《單位》）、李曉、曹乃謙等等自一九八六、一九八七年開始的「新寫實派」小說，其「新」之處，用大陸批評家王干的話說，是「以零度感情介入（不動主觀情

[83]向筆者極力推薦〈米〉的一位大陸文學雜誌的著名編輯（也是蘇童的好友）曾對此憂心重重。

感的創作）」，「從個體形象的精心刻畫（即創造典型形象）轉爲對生態群落、生態群體的描寫（寫大多數人一般的生活狀態），通過『類』的表現，來還原生活的整體面貌。」[84]因爲寫「群落」、講「還原」，必然就涉及到當政者以及文宣部門敏感的「社會陰暗面」問題，「新寫實派」小說於是就命運多舛了。除了改編成電影、戲劇的被禁演、批判以外（如《伏羲伏羲》、《桑樹坪紀事》），種種迹象表明：「六四」後已經從各種對李澤厚、劉再復的政治批判中「騰出身子」來的文壇極左派們，其首先要「逮住」的文學目標，即是這「新寫實派小說」。上述的《文藝報》批判文章，不過只是開場鑼鼓罷了。

池莉與劉震雲是一九九一年「新寫實」小說的兩大星座。女作家池莉是近年出現的「新面孔」，以寫都市青年人的日常瑣屑生活見長，一九八七、一九八八年間，曾以中篇《煩惱人生》、《不談愛情》名世。一九九〇年發表於《鍾山》第四期的〈太陽出世〉，寫現代都市人的從結婚到生育的一段煩惱途程，寫盡都市青年的生存困惑。〈太陽出世〉曾在批評界引起注目，討論之熱延續至一九九一年[85]。其一九九一新作如上引之《熱也好冷也好活著就好》，筆墨仍重落在以往的關懷面上，反映不俗，只是分量稍遜於〈太陽出山〉。這裡，我們著重介紹劉震雲的同樣引起熱烈討論的《一地鷄毛》[86]。這寫的是一對大學畢業生小林夫婦，爲日常的瑣屑生活所糾

[84]轉引自李萬武在《文藝報》上的批判文章，見注[35]。

[85]參見雷達，〈小說的沉潛、斷層與積聚〉，《小說月報》，一九九一年第一期。另見注[67]懷冰文。

纏、所負累，處處捉襟露肘，達到無以自拔的故事。作品從大清早排隊買豆腐、趕上班開始，小兩口爲不愼使豆腐餿臭而鬥嘴，爲省水費在水表上「偷水」用被發現的尷尬，爲調動工作、孩子上學、上班坐班車等等，需要跑各種關係，陪各種笑臉，鬧各種矛盾……只爲了簡單而又簡單的基本生存，所要應付的各種難題關卡，實在透出一種令人窒息的沉重。小說結尾，主人公小林作了一個非常「舒坦愜意」的夢，夢見自己睡在一地鷄毛和皮屑鋪就的床上……讀來令人欲哭無淚。作者一如在他成名作《新兵連》、《單位》中一樣，寫來平實、簡潔，純作白描，不動聲色，相當富於傳統寫實功力(相較之下，同是寫日常瑣細，池莉的筆墨便顯得要滯重繁瑣一些)。

——這是另一派生存形態的「世紀末」光景。瑣屑而費勁，乏力卻無望。筆者不太喜歡《一地鷄毛》結尾的夢中那個「祈雨的湧動的螞蟻群」的意象——不但因爲意義的過於淺熟，太「《黃土地》」了；而且，那也有點「光明的尾巴」的味道。或許，這是因爲筆者太被一九九一年小說籠罩的「末代情懷」所困的緣故吧。

末了，在本節的結篇，有一位必得一提的作家幾乎被筆者不小心「省略」掉了——那是王朔。一如上述，王朔是自一九八七年以來佔盡中國大陸文壇風騷的一位「奇人」，又是一個在

---

86 劉震雲，〈一地鷄毛〉，《小說家》，一九九一年第一期。《小說月報》則在一九九一年第三期專門刊出了雷達、何振邦、潘凱雄、蔣原倫的〈「一地鷄毛」四人談〉，香港懷冰也在《爭鳴》上發表了討論文字。見注67。

「通俗文學」與「純文學」之間「跳來跳去」的不安分者(=「難以歸類」，這正是王朔常常容易被論者「遺漏」的地方)。本來，「遊戲所有」——無論文學、人生、政治、文化等等，正是王朔一而貫之的文學主題和人生主題，你對他認眞似乎就等於被他嘲弄，你對他忽略又發現太值得對他認眞——或許，這正是所謂「王朔現象」的價值與之所在?論起「犬儒主義」，恐怕當今「中土士人」之「祭酒」，非王朔莫屬了吧?坦白地說，作爲批評者，筆者對於王朔及其小說，常常是「愛恨交加」的。從一九八八年《玩的就是心跳》開始，筆者曾力圖「吃透」王朔，但隨即便發覺，這「吃透」的念頭落在王朔身上便顯出了滑稽。「就這麼回事兒」，「好玩兒就是了」——有人常主張對王朔也取這麼一種「犬儒主義」的態度，但你分明知道，這等於什麼也沒說一樣。

——這就是王朔。也就是王朔今年除了《渴望》以外引起轟動的另一部作品——《我是你爸爸》[87]給筆者引出的感覺。你可以不喜歡它，但你必須認眞對待它；你一旦認眞對待它，你又不知如何去喜歡它。至今，筆者已經聽到對這部作品多種截然不同的評價，有認爲是「幾十年中國文學僅見的巨著」的[88]；有認爲「就是那麼一股王朔味兒，連他的嚴肅感也讓人忍俊不住

---

87 見注6。

88 見張郎郎，〈中國油畫走向世界〉一文，雲：「聽說王朔在應時的『渴望』之後，寫出了這部『幾十年來中國文學所僅見的巨著——《我是你爸爸》』。衆多漢學家開始爭相解讀這部巨著，覺得這是破譯中國多層次、多元心態內在密碼的一把多功能的鑰匙。成爲海外漢學家、學者、文人們爭論的熱門話題。」美國《民主中國》，一九九二年十一月第七期。

的」，也有如筆者一樣感到莫名以言，一時間談不出所以然的。因此，還是不作評述，一仍「錄以備忘」吧。

不過，有一點意義是顯明的：王朔是「世紀末」中國文壇的「寵兒」——他身上最觸目的印記恰恰正是這個：「世紀末」。

徬徨與蛻變：一九九一年大陸文學現狀散點透視

陳曉明

「文革」後至八○年代上半期，大陸文學一直充當思想解放的開路先鋒，其勢銳不可當。然而，進入八○年代後期，由於種種現實原因(經濟的、政治的和文化的)，大陸文學已走向窮途末路，它無力在這個時代的意識型態的實踐中起到基礎性的構成作用，去構造現實的想像關係、表述人們的共同願望。儘管依然有許多人在寫作，卻少有人在閱讀；也有人在談論一些嶄新的而尖銳的問題，然而卻激不起多少反響。文學在這個時代已經沒有激動人心的節目上演，在我看來，在我們這個時代文學已經死亡，而我們不過是些哭喪的人。

一九九一年，這個毫無詩意的年分，我又能給大陸的文學描繪出怎樣的形象呢？對於理解歷史的人們來說，「歷史事實」本身無所謂意義，歷史的意義終歸是談論出來的。正像人們經常說的那樣：地上本沒有路，走的人多了也就成了路。我無意於去虛構一九九一年大陸文學的歷史，但是我只能去談論我認爲「有意義的」文學事實。我說過歷史的意義是人們談論出來的，因此，我並不憚於承擔杜撰歷史的罪名，在這一意義上，歷史是自生自滅的。一九九一年，隨著形式主義的探索徹底退化，文學面臨的危機更加深重，因爲這個危機並不僅僅是屈服於文明解體的壓力，也不只是來自整個社會的冷漠，更重要的在於文學自身的創造性已經枯竭。正是這種危機使今日大陸文學處於二難境地：在傳統與創新、形式與實際、個人與社會、寫作與政治、反抗與認同等等雙重選擇方面徬徨不定。當然徬徨也是尋找，它醞釀著變化。歷史何去何從，非預言家無法斷定。但是找到歷史運行的軌跡，則是觀察歷史的人們必須繪出的地形圖。

由於當今大陸特殊的政治情勢，我不得不迴避那些牽涉到政治的問題，例如我無力評價當今的「主旋律」。儘管在一九九一年，主流意識型態支配的文學活動佔據了文壇上的中心位置，然而我更樂於談論那些標誌文學自身歷史發展變遷的現象(或事實)。企圖在一篇文章中概括一九九一年的大陸文學現狀無疑是困難的，與其浮光掠影，不如抓住幾個要點，因此，我主要從小說創作入手來勾畫這一歷史片斷的簡要輪廓。

一、新寫實主義：一面曖昧的旗幟

「新寫實主義」自一九八九年第三期《鍾山》亮出旗號至今，不過二年多的歷史，總算給寂寞的文壇找到一個多數人可以談論的話題。我之所以稱之爲「曖昧的」旗幟，乃是因爲它的動機、立場和含義始終混亂不清，從不同的角度來看，這面旗幟的顏色不盡相同。「新寫實小說大聯展」卷首語寫道：「所謂新寫實小說，簡單地說，就是不同於歷史上已有的現實主義，也不同於現代主義『先鋒派』文學，而是近幾年小說創作低谷中出現的一種新的文學傾向。這些新寫實小說的創作方法仍是以寫實爲主要特徵，但特別注重現實生活原生型態的還原，眞誠直面現實、直面人生。雖然從總體的文學精神來看新寫實小說仍可劃歸爲現實主義的大範疇，但無疑具有了一種新的開放性和包容性，善於吸收、借鑒現代主義各種流派在藝術上的長處。新寫實小說在觀察生活把握世界的另一個特點就是不僅具有鮮明的當代意識，還分明滲透著強烈的歷史意識和哲學意識。但它減褪了過去僞現實主義那種直露、急功近利的政治性色彩，而追求一種更爲豐厚更爲博大的文學境界。」倡導者們把「新寫實主義」描述成兼收並蓄的文學境界，因此也就難免似是而非，衆說紛紜了。

「新寫實主義」受到的批評來自各個方面。在某些人看來，「新寫實」乃是一次企圖對偉大的現實主義實施「和平演變」的拙劣勾當，什麼「生活的原生態，」「現象學還原」「凡人瑣事」無疑是要沖淡社會主義「主旋律」；在那些新寫實小說裡幾乎看不到社會主義新人的形象，更少有奮勇前進的角色——它當然沒有反映這個偉大時代的「本質規律」；在他們眼裡，提倡新寫實主義居心叵測，那些鬼鬼祟祟的理論來路不明，不過是些鷄零狗碎的貨色。而在另一些人看來，「新寫實主義」是一次無恥的背叛和徒然的投降。匆忙提出的「新寫實主義」幾乎從背後給了埋頭形式主義探索的「先鋒派」以致命的一槍，大陸文學在形式變革的十字路口頹然倒地。提倡寫凡人瑣事，所謂回到「生活本相」，還原生活，無非是讓文學再次去認同庸俗的小市民生活。總之，「新寫實主義」是一種平庸、調和、投機的貨色。這種爭執顯然常有很強的偏見，很難取得公正的判斷。就一般理論意義上來看，「新寫實主義」無法定義(命名)，或者無法與「現實主義」作出基本區別，或者與「現實主義」根本相悖。而且有關「新寫實」的具體理論也包含不少謬誤，例如「現實生活的原生型態」，小說是語言的構造物，它又如何能混同於「現實生活的原生型態」呢？特別是被廣泛運用的「還原」這個術語，討論者幾乎沒有讀過胡塞爾(E. Husserl)的書，更不知「還原」乃是回歸主體意識的主觀化的認知方式，胡塞爾現象學的前提條件是：主體應當看作一切意義之源和本，它本身並不眞正是世界的一部分，因爲它原先促成了這個世界的存在。「新寫實」的解釋者望文生義，把「還原」理解成「恢復現實生活的本來面目」。由此可見「新寫實」的有關理論之草率和粗陋。

雖然「新寫實主義」的理論主張不甚明瞭，但是人頭陣容卻是清楚的，劃歸在這面旗幟下的作家主要有：方方、池莉、劉震雲、劉恒、李銳、李曉、朱蘇進、趙本夫、葉兆言、范小青、周梅森等等。這個陣容有不斷擴大的趨勢，以致於某些原來屬於「先鋒派」幹將的人物，如蘇童等人也被拉去入伙。「新寫實主義」的旗號由《鍾山》打出，但被視爲「新寫實小說」的作品卻不限刊於《鍾山》「新寫實小說大聯展」欄目，而且有些代表作品刊於一九八九年以前，如方方的〈風景〉(《作家》，一九八七年第五期)。更有甚者，除去典型的實驗小說，凡是略有新意的作品統統劃到「新寫實」名下，似乎「新寫實主義」是一個巨大的垃圾箱，它可容納任何發霉的物質。

一九九一年《鍾山》第一——三期依然推出「新寫實小說大聯展」，自第四期偃旗息鼓(原因可想而知)。這三期推出的「新寫實小說」除了劉震雲的〈故鄉天下黃花〉和蘇童的〈米〉外，少有出色的作品。長篇小說〈故鄉天下黃花〉連載《鍾山》第一——二期，全書分成「村長的謀殺」、「鬼子來了」、「翻身」、「文化」等四部分，分別寫民國初年、抗戰期間(一九四〇)、土改期間(一九四九)和文革期間(一九六六——一九六八)，半個多世紀中國北方農村發生的故事。就小說要素和敍事方法而言，這部作品與經典現實主義(即一九四九年以後由意識型態權威確認的現實主義)的作品沒有什麼區別，但是，仔細推敲卻大相逕庭。其一，悖離「典型化」法則。

經典現實主義強調眞實地再現典型環境中的典型人物，反映所謂歷史發展的「本質規律」，不用說就是以同語反複的方式證明意識型態權威給定的意義。〈故鄉天下黃花〉却把筆墨重點放置在瑣屑的日常生活情境，去捕捉生活細節中散發出來的幽默因素和反諷意味，個人的偶然行爲和狀態被置於寫作的中心，它替代(顚覆)原來的「本質規律」。其二，消解「階級論」。以「階級性」確認的人物關係法則被推翻，不管是地主還是農民，他們的本質都一樣——崇拜權力並且爲權力所驅使，當官、掌權、光宗耀祖、統治他人，或被人統治，人的生存本能、欲望和最高的願望在這裡達到統一。其三，改寫「革命神話」。這部跨越中國現代「新民主主義」革命歷史階段的作品，却看不到經典現實主義神話講述的農民革命的要求，也看不到他們如何接受「革命道理」走上「革命道路」的歷史進程。相反，這裡只有家族私仇，弄巧成拙的殺戮。革命的辯證法爲歷史虛無主義所消解，不管是在民國初年，還是抗戰土改，或是文化大革命，支配歷史運作的，支配人們日常行爲及其關係的法則，就是權力的辯證法。其四，悲劇感的喪失。這部作品也寫到不少「悲劇性」的場面，但是作者更傾向於去描寫造成這些「悲劇」的荒誕因素，不是永恆正義的衝突，而純粹是一系列弄巧成拙的小聰明構成悲劇的動機，隱藏在背後的可笑的陰謀詭計消解了歷史悲劇的「悲劇性」。總之，儘管這部小說未必達到多高的藝術水準，但是它那平實自然的敍述，於日常性中見出反諷和幽默的筆法，以及它那含而不露的解構「歷史」、「革命神話」的思想，都有耐人尋味之處。

劉震雲的〈一地鷄毛〉(《小說家》，一九九一年第一期)成爲一九九一年的熱門話題。小說描述了深陷於家庭瑣事中的小知識分子的生活困窘，權力與貧困構成惡性循環，它使小人物捲進粗陋的物質生活卻精心謀劃，結果，在每一次生活困難的解決背後，都隱藏著權力的戲弄。人們自認爲精明卻總是爲生活所擺布，貧困單調卻能自得其樂，年復一年的日常生活磨去人們的精神、意志，情感和希望，他(她)只能在眼前的暫時的利益中體味生活的樂趣。這篇小說到底是同情還是批判這種生活現狀無關緊要，它的意義在於令人信服地看到權力關係如此全面又細緻地滲透進人們的(家庭)生活。正是對「權力關係」的意識，使「新寫實主義」找到一個理解當代現實的「癥結」處，也因此具有現實力度。

蘇童的〈米〉被放置在「新寫實小說大聯展」欄目中多少有些奇怪，曾經被看作「先鋒派」幹將之一的蘇童，現在卻樂意站在「新寫實」麾下，足可見「現實」的誘惑終究比藝術冒險要有力量。這部長篇當然比蘇童過去任何一部小說都更注重故事性，它看上去像一部傳奇志怪。其中每個人都是壞人而且都沒有好下場，欺壓、詐騙、作惡、誘惑、淫欲、陰謀、內哄、暗算和復仇等等，構成故事的主要內容，而蘇童敍述這些類似黑社會的事迹卻也能得心應手，於舒緩從容中透示出凶險。顯然，這部小說把個人的經驗發掘得十分充分，人性的原始罪惡與個人獨特經歷混爲一體，他使凶狠的復仇變成是一次合乎歷史理性的自我確證。主角五龍，這個來自鄉村的流氓無產者，總是以「鄉村」的心靈來感受他所蒙受的城市的壓迫，在他仇視城市的瞬間，鄉村的景象總是像夢一樣綿延而至，他幾乎是代表破敗的鄉村向都市實施變本加厲的報復。這個故事依然敍述得舒暢圓潤，但是凶猛的勁頭都顯示出來了，卻也可見蘇童想換換口味。〈米〉的年代背景在廿世紀上半葉(這是中國「新民主主義」革命階段)，從中同樣看不到「革命歷史」的神話模式。因此，我不得不認為，「重寫」中國現代史是這類作品無意識觸及到的一個重大而冒險的課題。

一九九一年劃歸在「新寫實主義」麾下的出色之作寥寥無幾，但是關於「新寫實主義」的談論卻方興未艾。「新寫實主義」之成為一個熱門話題，最主要的原因當然是當代文學無話可說。但是「新寫實」提供了一個包容性很強的話題，這也是各式各樣的人都能說上話，而且說的都不一樣的緣由所在。所謂「衆說紛紜」，其一是指話題本身的含混性引起歧義；其二是「衆說」(說話主體)導致「紛紜」。對於老派批評家來說，這是一個順理成章的論題，只要在現有的理論典範下，在現成的知識水準上就能談論。對於崇尚新思想而又缺乏充足的現代理論準備的人來說，這個題目也大有用武之地，那些道聽塗說的「新名詞」、「新概念」望文生義就能用上。「新寫實」既滿足了對「新」的急切要求，又掩飾了理論知識的匱乏。這就是「新寫實」能夠成為一個熱門話題的主觀原因。

一九九一年各地都召開過各種形式的關於「新寫實主義」的座談會或討論會，引起注意的有年初在中國社會科學院文學研究所當代文學研究室舉行的座談會，會後以筆談的形式在《文學評論》（一九九一年第三期）刊出，隨後《作品與爭鳴》（一九九一年第六期）轉載。這次討論並無權威性可言，就像所有關於「新寫實主義」的爭論一樣，這也是一次「衆說紛紜」的討論，糾纏於「新寫實主義」概念的辨別而難得要領，理論陳舊而知識老化，籠罩著意識型態的陰影而難越雷池一步。

「新寫實主義」本來就是一次假想的進軍，指望它有什麼驚人之舉，或懷疑它有叛亂之嫌都不實際，它不過是當今大陸文學在無可奈何之中所作的一次徒勞的掙扎，它的曖昧不清的姿態恰好是當今大陸整個文化情境的曖昧性之表徵，如果說「新寫實主義」有什麼歷史意義的話，那就是它在「政治／寫作」的雙重意義上打消了文學企圖超越現實的任何幻想。

二、先鋒派：日漸式微與改弦易轍

文學史內部始終存在二股勢力，一股是認同傳統的常規化力量；另一股是反抗傳統的變革力量。變革的力量達到破壞傳統的狀態就被稱之爲「先鋒派」。大陸的「文革後」文學有過幾次變革動向，例如一九八〇年左右的「意識流」小說，一九八五年出現的「現代派」小說。但是，眞正具有反傳統小說觀念的挑戰意義的「先鋒派」是一九八六年以後，也就是由馬原率先反叛，同時有洪峰和殘雪。一九八七年以後，「先鋒派」陣容基本形成，主要有：蘇童、余華、格非、孫甘露、北村等人。詩歌方面出現「新生代」的詩。當代先鋒文學不再（實際也不可能）尋找意識型態熱點，也不去講述完整的關於「人」的故事，而是尋求新的敍事方法，發掘個人化的經驗，沉迷於敍述快感，表達話語欲望，錘鍊語言風格，講究句法語感等等。

然而，「先鋒派」依然曇花一現，一九八九年就已手軟心虛，至於到了一九九一年，先鋒派幾乎名存實亡，或者改換門庭。如蘇童投奔新寫實麾下；或有幾人負隅頑抗，即使偶有新人加盟依然潰不成軍。一九九一年格非和孫甘露未見作品，據說在泡製長篇，結果如何不得而知。《收穫》一九九一年第一期發表北村的〈聒噪者說〉，北村一如既往在語言的迷宮裡流連忘返，這篇類似偵探破案的小說卻充滿隱喻、象徵和形而上的玄想，在不堪卒讀的痛苦中卻依然能體驗到種種思想的閃光和精巧的敍述。類似夢遊的敍述總是節外生枝，誤入歧途，導向諸如眞理／謊言，神性／世俗，文化／蒙昧，言說／緘默……等等似是而非的對立關係構成的思想迷津。也許北村對我們的文化、語言和生活的虛假性有著不同凡響的洞察力，而且他力圖用小說的探作方法來實現他的批判，然而，小說不是思想的外衣，也不是語言的迷宮，身心交瘁的當代小說無力再作形式主義的冒險，北村執迷不悟的探索淹沒於普遍的冷漠之中是不足爲奇的。

呂新一直未被視爲「先鋒派」，這可能是因爲他晚到一步。事實上，一九八九年以來，呂新的寫作就獨闢蹊徑，散發著一種體驗生存狀態的純淨而荒涼的意味，一如晉北的荒山野嶺。呂新的敍述並不依賴於形式結構，卻是生存體驗的產物，這使得呂新的敍述總是陷入那種似是而非的虛幻情境，似乎是行走在生存狀態與語言情境的中間地帶。「先鋒派」當然不是什麼人人寵幸的桂冠，然而在「先鋒派」日漸式微的情形下，呂新偏離傳統的寫作別具一格，沒有理由漠視它的探索意義。一九九一年初，呂新發表〈葵花〉，刊載於《小說家》一九九一年第一期，即「精短中篇擂臺賽」的開場戲上。在「裁判論壇」的評判中，這篇小說評價普遍不高，理由很簡單：「不好懂」。事實上，這篇小說比呂新以往的幾篇小說讀起來舒暢得多，並不存在特別的閱讀障礙，相反，這篇小說的敍事如行雲流水一般自然天成。〈葵花〉的故事幾乎可以找到最古老的模式：英雄外出——妻子在家與人私通——英雄返鄉——復仇。只不過「英雄」被改換成勞動人民。這無關緊要，從結構主義的觀點來看，任何故事都可以找到原型模式。呂新的改寫當然不在於加進了中國晉北山區的生活，更主要的在於寫出了一種生活情境。呂新著力去捕捉人物對自己的存在狀態的感覺體驗，這不是傳統小說或現代派小說中慣有的心理描寫，而是一種感覺狀態中融合記憶的流向，多重經驗在這裡滙聚成「瞬間情境」：「……那時候山區裡還沒有電，她是在很多年以後望見山區裡栽起的電杆後，才猛然回憶起當年的那些炊煙的。」正如作者聲稱的那樣，這篇小說的敍事其實是一些鬆散的回憶，然而，在那荒涼偏遠的晉北山區，在粗礪的生活中滋生出的「回憶」卻是殘留的生存之夢，它是如此倔強地穿越過荒蕪的田野、沈默的山崗和頹敗的牆院而感人至深。粗線條的背景與精緻的情境刻劃恰如粗礪的生活縫隙中湧溢出的無盡的回憶(願望)。這篇小說筆法精細而無斧鑿之痕，隨意說去卻也綿延有致，雖然結尾略嫌笨拙，但仍不失爲一篇頗有意味的好小說。

一九九一年《鐘山》第三期刊出幾篇「新人小輯」：羅望子，〈白鼻子黑管的風車〉；蔣亶文，〈越過房梁的鴿群〉；李洱，〈惘城〉。其中羅望子的〈白鼻子黑管的風車〉似有特色，它把都市之夢與鄉村的自然情懷混爲一體，引進敘述遊戲中，虛假的浪漫情調與故弄玄虛的敘述形成自我解構的力量，其中透示一種明淨而憂鬱的意味。應該劃歸到「先鋒派」名下的作品還有余華的〈夏季颱風〉、潘軍的〈流動的沙灘〉，這二篇作品徒具「先鋒派」的外表而無「先鋒性」可言。余華依然執着於描寫幻覺，潘軍卻在精心製作鬆散的文體。我絲毫不懷疑他們的探索之認眞與虔誠，但是這二篇小說像是精心彈奏的練習曲，筆法圓熟，語言精道，然而沒有特別具有想像力的東西。相形之下，扎西達娃的〈野貓走過漫漫歲月〉(《花城》，一九九一年三期)則顯得生氣勃勃。扎西達娃的小說歷來與衆不同，僅僅歸結爲地域性文化特徵在起作用顯然不夠。如果說過去扎西達娃把西藏的日常生活與宗教的神祕性結合一起，探索生存世界中不可知的隱祕，那麼，這篇小說則顯示出扎西達娃不同的追求，他的小說意識從「生存本體論」移居到「文本可寫性」上。在這裡，開放性的敘述進入爲現代化侵犯的西藏生活的各個錯位的環節，敘述視點隱藏在生活的虛假性的「現代化」組合程序中，敘事變成七巧板似的任意拼合，然而卻錯落有致，左右逢源。與其說這篇小說令人驚奇地看到「現代人」對西藏生活的虛假入侵，不如說展示了西藏生活以亙古如初的法則徹底嘲弄了「現代化」的全部虛妄性。

不管如何，一九九一年因爲有了余華的〈呼喊與細雨〉（《收穫》一九九一年第六期）「先鋒派」才不至於徒有虛名。這部長篇類似自傳體小說，它以一個兒童的視角，來講述「自己」的故事。這段被濛濛細雨籠罩的童年生活，沒有陽光，沒有母愛，沒有希望和歡樂，相反，卻充斥著虐待，欺詐，窮困和各種磨難。儘管在兒童的世界裡存在種種的欺壓，但是它總有各種各樣意想不到的快樂，眞正的危險來自成人世界。這個孤苦伶仃的兒童懷著驚懼注視著陌生的成人世界，在他看來，那是一個危機四伏、凶險詭祕的另外的世界。正是在兒童與成人根本對立的衝突中，余華寫出了前所未有的令人驚懼的兒童生活，也只有余華才有勇氣如此殘酷剝奪童年生活的任何希望和幸福。儘管人們可以懷疑這部自傳體小說有意誇大了生活的不幸方面，但是，余華卻給這段破爛不堪的生活以恰如其分的敍述形式。因爲有了故事支撐敍述，余華的敍事不再那麼晦澀和滯重，結構的變換依然頻繁，但是它以「我」的視點爲轉承關節，並且總是以「相似性」原則把二個情境組合在一起，形成一種「轉喻式」的敍述結構。兒童的敏感心理，愚頑的天眞幼稚與來自成人世界的不可知的力量奇妙地結合，豐富而細致的反常規的描寫性組織竭盡全力製造出兒童的感覺方式，在兒童的視野裡，成人世界裡的粗暴和強權掩飾不住其內在的虛假、脆弱和錯亂。敍事中不斷湧現的那些細節和情境都給人以極深刻的印象，結尾處孩子們扛著那把凳子送行的場景，可謂精彩至極，苦難不幸的童稚生活卻又洋溢著遊戲精神，苦澀中滋生出奇怪的好玩，而好玩中卻又透示出不盡的苦澀，這就是這部作品具有的「後悲劇」風格。

如果把王安憶拉入「先鋒派」隊伍，肯定要讓文壇豪傑驚詫萬分，可能王安憶本人也要竊笑不已。然而，我在王安憶新近發表的幾篇作品中不僅看到了王安憶敍事技法和風格的變化，而且由此看到當代小說的流變趨向。因此，在「先鋒派」潰敗的時候，看到王安憶的變化是令人興奮的，如果不過分誇大「先鋒派」的叛逆性意義，把王安憶新近的探索歸入「先鋒性」的新動向也未嘗不可。〈叔叔的故事〉(《作品與爭鳴》，一九九一年第八期)，〈歌手日本來〉(《小說家》，一九九一年第二期)，〈烏托邦詩篇〉(《鍾山》，一九九一年第七期)，與王安憶過去的作品比較，與當今其他的(「新寫實」或「先鋒派」的)小說比較，這幾篇小說顯示了如下的特點(或新動向)：其一，重寫知青文學，解構八〇年代初期的理想主義。曾經作為知青文學的一個重要作家，王安憶當然不可能輕易拋棄她的寫作經驗，事實上，知青記憶已經構成她的最內在的人生經驗，隨著時代的變遷，她當然會重新審視她的知青經歷和同代人的理想，因此，這種「改寫」可以稱之為「後知青文學」。在我看來，「尋根文學」不能視為「後知青文學」，它與「知青文學」同屬「大寫的人」為軸心的文學範式，而「後知青文學」具有「改寫」、「解構」知青文學的動機，可以劃歸「後現代主義」系列。在王安憶的這幾篇小說中，沒有完整的知青故事作為敍事主體，只是敘述人帶有深重的知青記憶，在每一個敘述視點上都用「老知青」的眼光來看待變動的生活，而實際上，「講述」的故事不斷瓦解了知青的記憶，或者說重新整理知青的記憶，給那個時代的理想價值重新定位。其二，個人的經驗與外部變動社會之門構成對話。「新寫實小說」講述的故事是關於「他人」的故事，自我的經驗發掘得不充分，凡人瑣事的生活面也嫌狹窄。而「先鋒派」雖然個人化的經驗發掘得非常獨特，但無法辨析現時代生活的痕跡。在王安憶的這幾篇作品中，個人經驗與外部世界(歷史與現實)終於展開熱烈對話，可以看到現代化的文化代碼相當豐厚，後工業社會的色彩、感覺、節奏和觀察方式遍及各個敘述視點。與張承志的〈金牧場〉相比，可以看出王安憶的視點不再是一個獨斷論的「自我」，而是處於飄流狀態的不斷自我否定的個人。在與變動的生活秩序對話時，王安憶不至於去咀嚼現代主義的那些老生常談，在這裡，多元性的經驗與熱烈的話語欲望表達沖決了觀念的內省狀態。其三，立體敘述。與解構理想主義的敘述動機，以及個人經驗與外部變動社會秩序相溝通起來的敘述話語的風格相關，王安憶的這幾篇小說呈現出立體敘述的特點。過去(知青記憶)與正在講述的故事，以及正在感受到的社會變化相交合，敘述視點任意移動，而描寫與抒情相融的長句或滙聚多重經驗和複雜的情緒意蘊，視點自由變換而又不失明朗舒暢的情境。

當然，王安憶的「改寫」並不是接受某種觀念的暗示，而是從當今的社會現實的變動中體驗到理想主義之沒落。儘管這種感受和體驗已經十分普遍，但是直接去講述這個時代最後的理想主義者的悲哀，並且給出現實性的評價，不是一件輕而易舉的事情。這個時代的思想軸心已經斷裂，但是思想的碎片卻同樣可能拼貼出奇妙的歷史圖景。值得慶幸的是，王安憶的寫作多少預示著「先鋒性」的探索正在擺脫「現實的失語症」。

三、擂臺賽：一次期待已久的聚集

近年來，大陸文壇一直籠罩著一股失敗的情緒，「先鋒派」不過是一些落荒而走的行吟詩人，少有人聽到他們的聲音；「新寫實主義」的麾下滙集了一群烏合之衆，他們從來就不清楚什麼是「新寫實」，既沒有共同的目標，也沒有相互間的對話，這面旗幟給蕭條的文壇平添幾分淒涼。但一九九一年，在大陸並不著名的刊物《小說家》(天津)推出「精短中篇小說擂臺賽」，一掃文壇委靡困頓之風，令文學界興奮不已，它使文學在走向窮途末路的時候，終於有一個機會聚集一批人完成最後的儀式。

第一期「擂臺賽」刊出四篇小說：蘇童的〈紅粉〉，劉震雲的〈一地雞毛〉，張宇的〈城市逍遙〉，呂新的〈葵花〉。〈一地雞毛〉和〈葵花〉前面分別談過，這裡不加贅述。〈紅粉〉雖然未必是蘇童的力作，但也不可小覷。這個關於妓女的故事，其實在改寫「革命歷史神話」。「舊社會把人變成鬼，新社會把鬼變成人」，這是以《白毛女》爲範本的「現實主義」文本習慣講述的故事，它屬於意識型態權威話語確認的「革命歷史神話」系列。在〈紅粉〉裡，敍述者沒有講述「舊社會」的故事，講述的重點在「新社會」對這些妓女的改造。但是蘇童並不正面去寫秋儀，小萼和老浦遭遇的改造，而是去寫他們的生活方式、生活情調和心理感覺的變遷。這個突然降臨的「新社會」使他們猝不及防而喪失任何自衛能力。秋儀跳車逃跑做了尼姑終至於走投無路；小萼老浦窮困潦倒，老浦結果走上了「自絕」於人民的道路。這些舊社會遺留的「渣滓」，根本無法在「新社會」生存，他們也是人，或者說曾經也是人，可是在「新社會」看不到他們像「人」一樣生活，妓女在舊社會固然不幸，然而在「新社會」也看不到任何幸運，也許更加悲慘。在蘇童的作品裡，第一次出現「現實主義」精神，對人的命運的關注。蘇童的寫作已經十分注重故事性，不過那種生活情調和情境依然是他傾盡筆力的地方，一段破敗的生活卻寫得如歌如訴，這就是蘇童的風格。

楊爭光的〈棺材鋪〉（《小說家》，一九九一年第二期）作應戰之作，與蘇童的〈紅粉〉風格迥異而旗鼓相當。楊爭光慣於刻劃生存的極端狀態，貧困粗糙的生活總是被楊爭光磨礪得有稜有角，它看上去平常簡樸卻暗含煞機，〈棺材鋪〉的故事再次讓人們領略了生活的凶險。土匪楊明遠爲了賣棺材不惜挑動鎮上兩家大戶火拚，雖然屍體橫陳他如願以償，但他唯一的兒子死於非命，結果不管從哪方面講都是一個徹頭徹尾的悲劇。也許「惡有惡報」的宿命意味有點落俗，但是，小說的敍事卻極見筆力，筆鋒暗藏，有險不驚，平實素樸卻風雲迭宕，具有木刻般的效果，如果套用古典術語就是一種「瘦硬」風格。楊爭光的小說可感覺，可品味，而難以詮釋，它有鬼神之氣非俗世陳詞濫調所能言說。

第三期擂臺賽發表池莉的〈你是一條河〉，作爲「新寫實」的一員主將，池莉的〈煩惱人生〉、〈不談愛情〉和〈太陽出世〉幾乎成爲「新寫實」的扛鼎之作，顯然，這篇小說無疑使「新寫實」更加充實。〈你是一條河〉很容易使人想起同是武漢的作家方方一九八七年發表的〈風景〉，她們共同的生活環境和類似的藝術追求，發生這種情況也不爲怪，況且雖同曲而異工。同爲表現五、六、七〇年代中國底層市民的惡劣生活，池莉顯然更注重發掘歷史背景，由此也顯示了「新寫實」不再僅僅侷限於表現日常凡人瑣事，而企圖觸動日常生活背後的歷史動脈，通過重寫那個時期的日常生活來解構意識型態神話。辣辣在三十歲時成了寡婦，帶著七個孩子掙扎在貧困線上。一方面是極度貧困的物質生活，另一方面是翻天覆地的「文革」運動，在生活與政治的夾縫中，辣辣卻是倔強而任性的活著，諸多的不幸和磨難在刻劃這個女性的堅韌曠達的性格的同時，也展示了那個時期與意識型態神話講述的完全不同的生活史。那個時期的「人民」並沒有「意氣風發」、「鬥志昂揚」，以主人翁的精神投身於社會主義革命和建設的高潮；相反，他們掙扎在貧困線上，攪進莫名奇妙的政治運動。與其說「政治」在這裡是一條與物質生活的歷史平行的線索，不如說是它的隱喻，是它的根本的，直接的支配力量。在生活／政治之間，池莉的寫作具有非同尋常的歷史力度，也許如小說結尾處所寫的那樣，改革開放使中國人擺脫了物質貧困，然而四清的失踪與當年得屋的失踪（串連）似乎是一個重複，這個重複〈輪迴〉劃定了一個圓圈，它促使辣辣的生命之旅完結，不過，對於生活／政治構造的歷史來說，這是一個發人深省的問號，或者是無限蔓延的省略號。

比較出色的還有洪峰的〈年輪〉（第三期）和陳村的〈願意〉（第四期）。〈年輪〉可以看到洪峰復出之後的變化，這個由兒童視角敍述的故事力圖顚覆成人世界的理性秩序，成人的權威性在兒童的純粹注視下自行錯位，敍述視點不是停留在講述故事，而且同時提供了一種理解和評判的角度。語言過於乾澀和視點轉變過頻，使敍事不夠舒暢，看得出洪峰在敍述上極下功夫又試圖避免動作太大，這樣，洪峰實際在二方面都吃力不討好；他壓制了故事本身的內涵，卻又不能在敍事話語及其風格方面引人注目。陳村的〈願意〉類似偵緝破案那種通俗小說，我之所以使用「類似」這樣的說法，是因爲陳村有意無意還是在表達現代都市人的「都市病」，看得出其中關於人與自我，自我與他人，人與法，人與社會等等關係的潛在的然而細致的思考，顯然，陳村的表達非常策略，在這裡，敍事的方法論活動替代了觀念在故事中的深度性闡釋。當代中國的都市小說一旦觸及到「生存論」問題就變得十分矯情，或者無病呻吟，或者重復現代派或存在主義的陳詞濫調。陳村換了一種寫法，不直接觸及人的生存惶惑或心理基調，而是對人的活動進行編碼，把「我」置於「案件」與「法」的關係之間，「我」作爲一個當事者，卻始終不能進入這個「案件」的「意義鏈」，我始終在「法」(警察)的注視下，然而「法」也同樣不能讀解「我」的意義，而唯一的「意義」(死者)卻是永久缺席的存在。誤讀實際構成了日常生活的和「法」的秩序網絡。小說似乎信筆寫來，卻環環相扣，自有請君入甕之妙。當然，若能就「人與法」的關係作歷史性的開掘，則能觸及到文明的某些隱私，或許別有一種意義。

值得提到的還有李曉的〈相會在K市〉，這篇小說試圖以現在的視點重新講述三〇年代的革命者的故事。圍繞劉東之死出現不同的歷史敍述和眞假難辨的細節。劉東到底是革命者還是奸細後來眞相大白，劉東出身貧寒還是富家子弟結果也淸楚，然而，這些結果並不重要，重要的在於「革命史」本身值得懷疑。也許李曉原意試圖解構「革命／愛情」的關係，革命，詩(文化)都是虛假的，「我們只能留在愛我們的人的心裡」，然而，事實上，愛情也是反歷史的，隨著歲月的流逝，愛情並不能成爲歷史，一切事物一旦成爲歷史都變得虛假和虛無，歷史徒具形式而無眞實的內容，「形式高於內容」這就是歷史(尤其是「革命史」)存在的基本法則。八〇年代初期，方之的〈奸細〉把一個「奸細」寫成一個「革命者」，方之不過令人信服地補充革命歷史神話，使這個神話更加完美。〈相會在K市〉雖然也澄淸了「革命者」的身分，經歷了肯定與否定的多重辨析，卻使整個「革命歷史神話」變得不眞實。

因篇幅和視野所限，我難以在這裡一一評析其他那些精彩的打擂之作，更何況已經有一大群高明的和不太高明的評論家出任裁判。雖然這次擂臺賽沒有醞釀什麼潮流，也未必把文學的寫作水準推向一個高度；儘管當代小說在講述故事或故事的講述二方面都已耗盡了想像力，寂寞已久的文壇終於有一次熱鬧而悲壯的聚會，它既有廣告般的喧嘩聲勢，也有儀式樣的虔誠與神聖，更有遊戲似的快樂與輕鬆。王安憶對此曾經說道：

> 在一種虛無主義的空氣籠罩著我們的時候，一場擂臺賽重新激起了我們的光榮心。審美的標準又得到一次審核的機會，寂寞的寫作便有了一個聚集地。出於比試比試的念頭，我們恢復了讀作品的耐心和用心，並且開始培養分析的習慣。當我們寫作時，因有了擂臺賽的背景，一種古典的熱情充斥了心中，然後惴惴地等待著評論家打分，這受審的心情重又使散漫的空氣緊張起來，使人保持了現實的觀念。擂臺賽把解散了的我們作了一次集合。
>
> (《文學自由談》，一九九一年第四期，頁一〇五)

在文學無可挽救走向衰落的今天，我們還能祈求什麼呢？這是一次期待已久的聚集，也是一次假想的聚集，如果指望文學從這裡開始遠征，那是不切實際的奢望。

四、諷喻小說：現實主義的奇怪復活

一九九一年，數篇諷喻小說成為文壇的街頭巷隅的熱門話題之一，這顯然是當今中國大陸特殊的社會矛盾的產物。針貶時事，諷喻現實，這本來是現實主義理論認可的乃至提倡的精神，然而事實上，在「建國」以來的文學歷史實踐中，現實主義的含義完全為主流意識型態所規定，合乎權威話語設定的「本質規律」的作品是「現實主義」的，否則就是反現實主義的。「文革後」文學一度充當思想解放的開路先鋒，以批判極左路線為宗旨而被認為堅持和發揚了現實主義精神。八〇年代後期，隨著大陸知識分子參與主流意識型態的實踐的願望和能力大大削弱，所謂使命感和責任感已變得徒有空名，所謂「現實主義精神」理所當然衰落。「新寫實主義」崛起既是對經典現實主義的挑戰，也是對它的補充。「新寫實主義」顯然更多地迴避了當前的現實矛盾，它那種怨而不怒，哀而不傷的筆法一直籠罩著一種市民氣（只是少數幾篇重寫六、七〇年代貧困生活的作品敢於直面慘淡的人生）。一九九一年，幾篇諷喻小說又次提出正規現實的課題，筆鋒犀利，令人耳目一新。

王蒙的〈蜘蛛〉（《花城》，一九九一年第三期）寫一個出身貧寒的小人物祝英哲靠逢迎拍馬爬上公司大老板寶座的故事。這篇小說保持了王蒙一貫具有的幽默風格，極盡諷刺挖苦之能事，在王蒙所有的作品中也是屈指可數的精彩之作。敍述者聲稱小說出自一位僑胞之手，故事的地點也都標明在港臺一類的地方，但是那種逢迎拍馬，爭權奪利，爾虞我詐的惡劣行徑，特別是祝英哲這種「蜘蛛類」的爬蟲，在當今大陸的官僚體制的現狀中俯拾即是。王蒙一度身居要職高官，耳染目睹，多有切膚之感，故寫來無不唯妙唯肖，入木三分。據說這篇小說的人物原型實有其人，但對號入座一類的讀法實不足取，就其一般的寬泛意義而言，這篇小說不過是對普遍存在的逢迎拍馬、勾心鬥角，破壞安定團結局面的醜惡現象的尖銳諷刺。

具有異曲同工之妙的是張潔的〈上火〉(《鍾山》，一九九一年第五期)，「猛獁研究協會」顯然是個虛構的社團組織或機關，爲了維持權力和奪取權力，書記、會長、祕書長以及形形色色的人物展開爾虞我詐的角逐，在權勢和利誘面前，厚顏無恥、貪婪成性。這些人在社會上都是頭面人物，令人肅然起敬，開口閉口都是冠冕堂皇的大道理，而實際卻是滿肚子的男盜女娼，背地裏幹的大都是下作的行徑。恩格斯曾說過，德國的資產階級在德國這堆糞便上生活得很舒適，因爲他們本身也是糞便。這句話同樣也適合描述生長於中國官僚體制中的官僚們，他們是社會主義這棵茁壯大樹上的蛆蟲。與王蒙的幽默稍有不同，張潔的筆鋒似乎更加犀利，尖刻辛辣，不留餘地，把那僞善的面目剝脫得一乾二淨，曝曬於光天化日之下。儘管我對把文學用作「匕首」、「投槍」一類的作法持保留態度，同時也對文學的諷刺之於腐敗現狀是否有濟於事表示懷疑，但是我還是對張潔針貶時弊的勇氣表示欽佩。

此外，劉震雲的〈官人〉(《青年文學》，一九九一年第四期)不失爲一篇精彩的「新官場現形記」，諶容的〈花開花落〉(《鍾山》，一九九一年第五期)以一個小病房爲折射角，寫盡各色人群的生活情狀，雖筆調溫和委婉，卻也耐人尋味。

正如王朔曾經稱他筆下的人物爲「社會主義新人」一樣可疑，我在這個標題之下來談王朔肯定會招致非議，但是，我想提醒人們，當年王朔令人耳目一新之處，不正在於他把神聖的政治格言引用爲插科打諢的原料所具有的反諷意味嗎？事過境遷，王朔身上的「先鋒派」光圈已經褪盡，作爲一個職業寫手，在文壇飽受冷漠的歲月裡，王朔卻成爲各種讀者的寵兒，在這一意義上，王朔是個不折不扣的現實主義者。一九九一年，王朔寫了一組關於「編輯部的故事」，如〈誰比誰傻〉(《花城》，第五期)；〈修改後發表〉(《小說家》，第三期)。據說這是根據一個電視連續劇的底本改寫的，而各家刊物卻依然如獲至寶。一律採用對話體的寫法，難免有粗製之嫌，卻也還生動有趣。在這裡支撐閱讀興趣的動力，來自對話的反諷幽默效果。也許王朔意識到他說的那些故事並不重要，與其棉裡藏針，不如赤膊上陣，就乾脆來對話體，插科打諢，油腔滑調，嘻笑怒罵，或許還有巴赫汀(M. Baxtnh)所說的那種「多聲部」效果。當然，王朔是個聰明人，不會不識時務，不會無視他所面臨的壓力和挑戰，事實上，〈我是你爸爸〉(《收穫》，一九九一年第四期)就多少表現出王朔的變化。例如敍事中的描寫性成分加強，注意捕捉心理變化的層次感，調侃政治格言改換成更具普遍意義的對政治權威話語的反諷等等。那些出現在小說開頭和段落轉折處的描寫性情境，與「先鋒派」小說慣用句法相差無幾，給予角色活動以一種狀態，敘述表達的反諷意味與角色的錯位感覺相交。不管如何，王朔是當今少數幾個能夠觸及中國大陸活生生的現實而又不至於矯飾的寫作者。顯然「諷喻」是他的防身武器，他的人物不僅嘲笑周圍的現實，也嘲笑自己，他們並非是憤世嫉俗之輩，毋寧是永遠找不到（找不準）自己的社會位置的尷尬之徒。如果說王蒙、張潔諸人的諷刺是一把銳利的刀子，解剖那些醜惡現象使之毀滅；那麼王朔的嘲弄僅僅是玩笑，通過對一切不能實現的東西進行諷刺而獲得勝利，王朔的嘲弄與社會現實達成了和解。在這個意義上，王朔遠離現實主義而更趨向所謂的「後現代主義」。

五、結語：暫時的綜合與最後的承諾

一九九一年，大陸文學創作在徬徨與曖昧之中卻也多少醞釀著變化，雖然沒有大起大落的悲壯，卻也有小打小鬧的樂趣。羅素在評價希臘化時期的哲學時引述安古斯的話說道：

形而上學隱退到幕後去了，個人的倫理現在變成了具有頭等意義的東西。哲學不再是引導著少數一些大無畏的眞理追求者以前進的火炬，它毋寧是跟隨著生存鬥爭的後面在收拾病弱與傷殘的一輛救護車。

（羅素，《西方哲學史》，何兆武、李約瑟譯，商務印書館，一九八二年，頁二九一）

只要把這裡的「哲學」改換成「文學」，這裡的評價同樣適用於描述當今的大陸文學。

總括一九九一年的大陸文學（小說創作），我以爲有以下幾點特徵值得強調，這些特徵可能預示了下階段文學的動向：其一，儘管有少數諷喩現實的作品，但迴避現實的寫作態度依然占據主導地位。不管是「新寫實」或改頭換面的「先鋒派」，年輕一輩的作者普遍意識到反映現實的困難，或者講述二、三〇年代的歷史故事，或者重寫五、六、七〇年代的生活，以此來取得文學寫作的「合法性」地位。其二，這並不意味著年輕一輩作者完全迴避現實矛盾，它不過改換一種手法，事實上，解構意識型態神話的意向性正在不斷強化。現實的「失語症」轉變爲敍事的「政治無意識」，改爲中國現代史（革命歷史神話）或當代神話，使得當代小說敍事具有「政治寓言」的風格，這顯然是當今中國作爲第三世界文化的話語所具有的顯著特徵，只不過杰姆遜(F. Jameson)所說的「民族主義」的寓言，在這裡完全體現爲「政治寓言」（反政治權威的話語），也是這種文學苟延殘存卻又依然有頑強生命力的根源所在。其三，年輕一輩的作者趨於成熟的標誌在於對中國歷史與現實的理解有所加深，並且找到特殊的話語表述方式。正如羅蘭．巴特(R. Barthes)一九七四年中國大陸之行後，在一則短文裡表述過的寫作願望：「在意識型態充分活躍的時代，願意去採取正確的立場，具有政治性，但最終又不具有；或許這就意味著，去說出任何其他人很難說出的眞理。」(轉引自蘇珊．桑塔格爲《巴特文選》所作的序言，英文版，希爾和王出版公司，一九八三年，紐約)。近十年後，蘇珊．桑塔格用同樣的意思來描述巴特後期的寫作。站在歷史／政治／文化的交滙處，既觀望到現實的實質而又不混同於其中，這有可能成爲一代年輕寫作者的寫作立場。其四，文學的形式主義探索在一段時間內明顯弱化，一方面是那些探索的形式已經常規化；另一方面各種風格的寫作呈現爲融合的趨勢。當代大陸文學的「新的綜合」時期正在形成，這種形式的綜合性乃是與文學所面對的歷史／政治／文化的多元性相對應的。

盡管我堅持認爲在我們這個時代，文學已經死亡，然而長歌當哭也別有一種景觀，在當今大陸如此複雜的政治文化情境中，文學也許有可能再次復活。這種比喻性的說法，也許無助於理解歷史的眞相，不管如何，對於那些遭受語言異化和歷史困阨的文明中的寫作者來說，文學不得不是這樣一個場所，在這裡，反抗這種異化和困阨乃是文學最後作出的幸福承諾。

流亡中的中國文學

——海外大陸文學一瞥

宋永毅

流亡與文學的關係，在中國文學史上可謂源遠流長。屈原放逐，乃賦〈離騷〉；文姬嫁胡，方有〈胡笳十八拍〉；柳宗元被貶僻地，才成爲一代散文大家；梁啓超亡命海外，才掀起了「小說界革命」……。流亡，常常是中國文學發展的一種非常態的酵素與動力。或許，這一命題具有更大的適用性。早就有學者提出，廿世紀是流亡文化的世紀❶。就文化而論，二〇年代至四〇年代聚集於巴黎的俄國流亡文化，產生了別爾嘉耶夫、洛斯基、蒲寧等一大批傑出的哲學家，神學家，作家；四〇——五〇年代的德國流亡文化，在美國孕育了法蘭克福學派的社會批判傳統，湧現了霍克海默、阿多諾、布洛赫等一批卓越的文化思想家。在文學方面，至少有五、六位流亡作家——德國的赫曼．赫塞(Hermann Hesse)，蘇俄的蒲寧(Ivan

❶劉小楓，《流亡話語與意識型態》，載《二十一世紀》，一九九〇年創刊號。

Bunin)，索忍尼辛(Aleksander Solzhenitsyn)，和憑流亡著作《齊瓦哥醫生》得獎的巴斯特納克(Boris Pasternak)先後獲得了諾貝爾文學獎。如果我們把本世紀二〇、四〇、六〇年代蘇俄、德國、東歐的流亡文化和文學作爲第一，第二，第三次世界性的流亡，那麼，一九八九年「六四」以後的中國大陸流亡文化與文學便無疑是第四次世界性的流亡。其中文學的流亡規模之大，質量之高，在中國文學史上更是空前的。我們可以列出一張包括了新時期十年爲數衆多的重要作家的名單：詩人北島、楊煉、顧城、江河、多多、貝嶺、老木；小說家高行健(又以戲劇家著名)、古華、阿城、張辛欣、孔捷生、劉索拉、徐星、查建英；報告文學家劉賓雁、蘇曉康、戴晴、徐剛、祖慰；文藝理論家劉再復(兼散文家)、黃子平、李陀(兼小說家)、蘇煒……。甚至歐美的一些漢學家認爲，「六四」天安門事件以後，中國大陸已經沒有「中國文學」了。這自然是一種情緒性的看法，但也從一個側面反映了這一流亡作家群的陣容與質量。值得一提的還有，一種自覺的「中國流亡文化」或「中國流亡文學」的整體意識正在他們中形成。儘管行程維艱，但他們篳路藍縷地創刊、結社，還舉辦了規模不小的學術討論會。歐洲的《今天》，美國的《廣場》❷、《知識分子》，香港的《二十一世紀》，日本的《荒島》……這些純文學的流亡文學雜誌或帶有濃厚流亡色彩的文化(包括文藝理論)研究刊物，由聚集在美國普

❷《廣場》，創刊於一九八九年十月，出滿四期，休刊於一九九一年。

林斯頓大學的中國作家、學者組成的「中國學社」，由《今天》編輯部召開的「海外中國作家討論會」(一九九〇年五月)，「《今天》文學基金會」和丹麥奧爾胡斯大學合作召開的「中國文學的現代主義和後現代主義研討會」(一九九一年十月)等，在國際上已開始產生了不小的影響。

由於人類精神歷程的繁複，我很難個別地追踪這種寶貴的自覺意識的形成。但我想引用劉再復在他的散文詩〈漂泊的故鄉〉中的心靈自敍來作一概括，或許，可窺一葉而知秋：

> 兩年前，我開始異國漂流的時候，好像不是生活在陸地上，而是生活在深海裡，時時都有一種窒息感。這種感覺無邊無際，彷彿就把我淹死。我知道，產生這種感覺唯一的原因，就是因爲失落了故鄉。
>
> 故鄉的一切都是我需要的，無論是森林、草原、沃野還是沙漠、洪水、荒灘，也無論是慈母、親朋還是敵人，哪怕是山林裡被我追趕過的、醜陋的野豬和被我捕殺過的小老鼠，也是我需要的。我愛故鄉，包括愛故鄉的貧窮，我永遠不會嫌棄貧窮的父老兄弟。
>
> 然而，我卻被故鄉逼走了。我意識到自己開始漂流……。
>
> 忘記過了多少日子，我的窒息感消失了。再也沒有被淹死的恐懼。這也和故鄉有關，因爲我在另一個世界裡又發現了故鄉。這個故鄉，就是漂泊的故鄉……。

今年五月，我和歐梵等幾位朋友在洛杉磯觀賞了一個德國現代藝術展覽會。在法西斯橫行的時代裡，這些被納粹稱爲「墮落藝術」也被展覽過，創造這些藝術的畫家也被迫流亡。然而，事過境遷，當年納粹眼裡的「墮落藝術」和精神污染，今天卻變得光彩奪目。了解德國這群漂泊到北美的藝術天才，才知道他們想得和我想得很不一樣。他們不是覺得失落了故鄉，而是覺得自己帶著故鄉到海的另一岸，而且帶著的是故鄉最高潔的部分。本世紀最傑出的作家之一托·馬斯曼的一句話放在展覽品的前列，像是展覽的序文，他説，我雖然漂流到國外，但祖國文化就在我身上。此時，我才領悟到故鄉和故鄉文化也在我的潺潺流動的血脈裡，它也在和我一起浪跡天涯。❸

「六四」至今，不過兩年。但中國的流亡作家們已安然地渡過了「文化休克」的精神危機，開始了「肩負著黃土地漂流」，在域外再建與發展中國文學和中國文化的新的歷程。不管他們今後的生滅消亡、變革沿流如何，這都應當説是一個極爲不易的歷史開端，而良好的開端常常是成功的一半。

❸見散文詩集《峽谷之子》首篇，將由香港天地圖書公司出版。

一、

時過境遷，物換星移，流亡的中國作家腳下的是一片完全陌生的土地。這些離開了「母親」的「安泰」（古希臘神話中的英雄），是否能再創文學創作上的奇蹟？還是淪於一般的政治「難民」？對這一問題，連不少歐美的漢學家都搖頭持懷疑態度。但時間是最公正的。如果我們認眞地讀一下僅兩年以來的大陸流亡文學作品，便不難發現歷史的邏輯正向人們「常識性判斷」相反的方向走去。

作爲當代文學最主要樣式的小說，雖不能說已有很大的成就，但平心而論，已有相當起色。就長篇小說而論，這兩年來就出現了高行健的《靈山》，保密的《黃禍》，京夫子的《毛澤東和他的女人們》，古華的《儒林園》，徐明旭的《當高原缺氧的時候》等近十部。如果說判斷一部文學作品是否有價值的標準之一是它是否在文學史上提供了什麼新的東西。那麼，前三部長篇小說更有其意義。新時期十年的大陸文學雖然也受到西方「現代派」文學很大的影響，但大多頂著「現代派」桂冠的作品只是「僞現代派」而已。至於某些這樣的長篇，更只是皮相地借用了某些藝術手法。在主體結構上仍離不開「中心人物——貫穿的情節——完整的故事」等傳統的框架。高行健的《靈山》一出，此種局面宣告結束。因爲他爲我們提供了一部以圓熟的「現代派」技巧寫成的長篇小說。小說寫的是一個在京城受批判的作家，去西南邊境的靈山朝聖的過程。小說採取了第一人稱與第二、第三人稱交互運用的敍述方式，以便多角度地凸現敍述主體。小說中沒有連貫的情節與傳統的人物塑造，用高行健的話來說，他是有意擺脫：「我以爲小說這門語言藝術歸根結底是語言的實現，而非對現實的模寫。小說之所以有趣，因爲用語言居然也能喚起讀者眞切的感受。」❹我們不妨引用一段小說中散文化的敍述，看看高行健把小說完全復歸到語言本身的企圖是否成功。下面這一段寫「他」——小說的敍述主體在京城大街上的行走：

他覺得他這樣走十分古怪，行人好像都在注意他，看出他古怪。他悄悄注意迎面走來的人，卻發現他們那一雙雙直勾勾的眼看的也還是他們自己。當然，他們有時也看看商店的櫥窗，看櫥窗的時候心裡盤算的是價錢合算不合算。他頓時才明白，這滿街的人只有他在看人，而人並不理會他。他才發現只有他一個人才在走路，像熊一樣的是整個腳掌，而人卻用腳後跟著地，整天整年走路的時候都這樣敲觸腦神經，設法不弄得十分緊張，煩惱

❹《靈山》，臺北聯經出版社，一九九〇年十二月版，頁六。

和焦躁就這麼自己招來的，眞的。

是的。

他越走下去，在這條熱鬧的大街上越覺得寂寞。他搖搖晃晃，在這喧鬧的大街上像是夢遊，車輛聲轟轟不息，五光十色的燈光之下，夾在擁擠的人行道上的人群之中，想放慢都放不慢腳步，總被後面的人碰上，撥弄著。你要是居高臨下，在臨街的樓上某個窗口往下俯視的話，他就活像個扔了的軟木塞子，混同枯樹葉子，香煙盒子，包雪糕的紙，用過的快餐塑料盤子，以各種零食的包裝紙，飄浮在雨後路邊下水道口，身不由己，旋轉不已。

看見了。

看見什麼了？

那個在人流中漂浮的軟木塞子呀。

那就是他。

那就是你。

那不是我，那是一種狀態。

明白。你說下去。

說什麼？

說那個軟木塞子。

那是個丟失了的軟木塞子？
誰丟失的？
他自己丟失了他自己。……❺

敍述主體「他」在街上行走的心態，一開始頗有點像魯迅《狂人日記》中的主角，但很快我們即在下面的描述中發現了一些區別。當作者用「扔了的軟木塞子」、「香菸盒子」、「身不由己，旋轉不已」的包裝紙來比喻和隱喻敍述主體時，他強調的並不是「他」這一特定的變態，而是一種多數的常態。一種在喧鬧的現代社會中人的「漂浮感」，在一個專制的制度中主體的「消失感」，人人如同一個「丟失了的軟木塞子」、「自己丟失了自己」。而讀者對這種感覺的獲得，確實不是通過故事，而是通過一系列的語言意象：他的幻覺——擁擠而裏挾「他」的大街——凌亂的軟木塞子、枯樹葉子……使你感受到的。而最後的內心獨白式的語句，又適時地強化了這一感覺。

或許，將《靈山》歸入以深山、老林、舊屋、古廟為主題意象的「尋根派文學」是正確的。但我要強調的仍是，這是第一部中國大陸技巧圓熟的現代派巨作。在頭兩年的流亡文學進程

❺《靈山》，頁四三五——四三六。

中便能孕育出這樣的巨構，是不應等閒視之的。然而，高行健提供給人們的還不只這些。他在近年旅居法國期間，共創作了「逃亡」等十餘個戲劇，其中約一半已在法國劇院上演。他的《靈山》尚未出版，手稿已經放在瑞典皇家學院馬悅然教授的案頭在進行瑞典文的翻譯了。一九八九年，他還在臺北出版了一本短篇小說集《給我老爺買魚竿》。目下，高行健的流亡文學創作正方興未艾，前程未可輕測也。

由一位已負盛名的大陸作家化名「京夫子」撰寫的《毛澤東和他的女人們》一書曾一連三版，風行海外。自然，暢銷決不等同於文學性，但此書也確不同於一般的通俗性文學。在中國小說史上，有關帝王逸聞軼事之作雖一直被作爲「野史」，但也一直是小說流派中的一枝。進入現代以後，寫此類小說反而有了很大的危險與限制，《蔣經國傳》的作者江南的遇刺案，即是歷史明鑒。在大陸，要想寫毛澤東的風流軼事，自然更是想入非非。海外大陸文學則塡補了這一空白。如同作者在「序言」裡所說：

> 研究中國當代歷史，一個重要課題，應研究毛澤東……研究「人」的毛澤東，從來就是中共的一大禁忌。研究毛澤東的性史，更是要「冒天下之大不韙」。然而西人弗洛伊德氏有言：性乃人的基本出發點，我國老前輩孟夫子亦有教誨——食色性也。我們雖然不敢完全苟同兩位前賢的高見，但透過毛澤東與一系列女子的性關係，即俗稱「風流史」的，或許更易

於達到把毛澤東從高居著的神殿上請下來，做一個凡胎俗骨，再到人間紅塵走一遭。❻

另外，作者沒有就「性」寫「性」，而是借毛澤東的私生活展開了一幅自「井崗山游擊」到「文化大革命」的波瀾詭譎的歷史畫面。這樣，這部「野史」式的小說便又有了「正史」的價值。

如果說《毛澤東和他的女人們》僅是恢復了一種爲政治原因所壓制著的一個古已有之的中國小說品種，那麼五十萬字的長篇小說《黃禍》則創造了一個中國小說史上從來沒有過的新品種——如同歐威爾的《一九八四》那樣的政治預言小說。這部小說的發行與蘇俄作家巴斯特納克得諾貝爾文學獎的小說《齊瓦哥醫生》相似，是一部在國內祕密撰寫，在國外出版的「流亡著作」。據說作者「保密」是一位青年政治學研究者，「六四」以後並沒有離開大陸，而是躲藏在某地，花了兩年的時間寫成此書，然後通過曲折的途徑運出手稿，由加拿大明鏡出版社和臺灣風雲時代社同時出版。該書目前正計畫譯成多種文字，已在海外讀者中引起了極大的震撼。

一百多年以前，德皇威廉二世說過這樣一段話：「捍衛歐洲，使它不致被廣大的黃種人侵入……我在幾年前所描繪的那種黃禍正成爲現實。」小說借用了這一說法，預言鄧小平去世之後可能出現的中南海軍政之爭、民運矛盾、南北戰爭、直至世界性的核大戰，十數億中國人口

❻載《毛澤東和他的女人們》，臺北，聯經出版公司，一九九〇年版，頁二。

的世界性大遷移……由於歷史的變幻實在是常常出乎人們的預料，因而實在不能說小說中的一切預言都是準確無誤的。如在小說的後半部，寫到過美蘇兩個超級大國共同摧毀中國的核基地及瓜分中國。而自一九九二年起，一個完整的「蘇聯」在人類歷史上竟匪夷所思般地已不復存在了。我以爲小說對人心的主要震撼力是來自作家對中國國情的深刻了解以及這些無法克服的社會矛盾的深深憂患。例如，中共政權軍政府的本質以及鄧小平死後更殘酷的「路線鬥爭」，中國大陸的人口、資源的巨大矛盾和經濟的極度脆弱性；「民運」、「民主」與中國百姓的實際需求……小說的作者不僅對人類社會發展的各種思潮，中共，臺灣和世界各主要國家的政治結構，經濟狀況，軍事力量，人民的價值觀念等有過數年的紮實研究，而且把它們成功地整合進了這支中華民族命運的悲愴交響曲中，從而，構成了這部小說融「學者化」、「驚險性」與「憂患性」於一體的史詩性的悲歌風格。大陸流亡作家蘇曉康爲此書撰寫了「序言」，他說：

> 「六四」以後，中國大陸走進了一種崩潰的機制。這種機制也有它一套程序，環環相扣，像多米諾骨牌的倒塌一樣，無可遏制。崩潰一般會按三個層面依次推演：社會心理的坍塌、政治制度的解體、倫常法則的中斷。至此，社會開始大分化、大動亂，各種力量輪番撕殺，直到殺出一個新的遊戲規則，崩潰的機制才會停下來。否則社會一直會解體下去，直到文明的總崩潰……。《黃禍》這部書，將這種種變數，和那種雪崩般的坍塌，悉數描摹出來。

寫得如此驚心動魄、如此恢弘而又章法井然的政治預言小說，在當代中國文學史上恐怕還是第一部。作者想像力之大膽奇詭、知識結構之寬闊豐厚、文學之雄健渾然，都是令人驚詫的。❼

儘管蘇曉康前一段話也只是一種預言，但他關於《黃禍》的文學評價，卻是恰如其分的事實。

儘管歷史不盡是悲歌，但當流亡者們剛離開一九八九年的情感慣性，要他們一下子沉醉於鄉村牧歌式的溫馨歡快之中，似乎也是不太現實的強人所難。在這兩年的流亡文學中，值得注意的中篇小說有孔捷生的〈血路〉、〈最後的北京〉，劉索拉的〈渾沌人生〉和張郎郎的〈朦朧的證明〉❽。就這些小說的主題而論，似乎都帶點悲愴色彩。孔捷生的紀實小說寫的是「六四」見聞，據說〈血路〉傳入大陸後，也曾引起不小的反響。與一般宣洩憤懣之情的「六四」紀實文學不同，孔捷生的筆墨顯得平靜而凝重，他的視角顯得遼遠宏闊。他盡可能用微微帶有諷刺，乃至揶揄的筆調去描述歷史，而從不用詛咒式的宣洩。其實，對於一段黑暗的歷史的批判，有時平靜的諷刺才是智者的俯視。張郎郎的〈朦朧的證明〉雖然也是一首「昨天之歌」(對六〇年

❼《黃禍》，臺北，風雲時代出版社，一九九一年版，頁二〇——二一。
❽分別刊登於美國《廣場》，第一、二、三期。

代北京一群追求民主的大學生被打成反革命小集團的回憶〉，但他的著力點是對今天的人生、人類的哲理性自嘲。如果他的小說在略帶感傷的敍述中想朦朧地證明一點什麼，那麼借用小說主人公的話來說是：

平和地記錄著人類曾經的愚昧和無恥，沒有控訴，只有陳述。也平和地婉拒著激動的聖油，拒絕把聖油塗抹在昨天的屍骨上，以便反射某些生者頭頂虛幻的光環。❾

劉索拉四萬字的中篇〈渾沌人生〉，是又一種對傳統文化命運的思考。對於傳統文明的沒落與「石化」，以及近四十年狂暴的「文化自戕」，都有著觸目驚心的揭示。她的筆法，似乎也比〈你別無選擇〉、〈藍天綠海〉等更爲瀟灑成熟。

在流亡者們精神和藝術的雙重探索中，短篇小說自然是最靈活的體裁。自一九八九年起，旅居美國的小說家阿城便在香港《九〇年代》雜誌上堅持幾乎每期發表一篇〈筆記小說〉。至今已有數十篇問世。這些筆記小說所及中國社會百態，在語言上尤下功夫向漢語特有的「白話」(非歐化的)靠攏。另外，僅發表在《今天》、《廣場》、《荒島》上的短篇小說就有數十篇之多。

❾《廣場》，第四期，頁五二。

除此而外，不少中國留學生及流亡者還在海外創辦或主編了一些中文報紙。這些報紙的副刊也有不少短篇小說問世。如原大陸青年作家薛海翔，在美國中部地區丹佛市創辦了頗有影響的《美中時報》。他在該報副刊上發表的〈追日——一個關於存在的爭論〉，借神話新編的形式，進行哲學基本命題的探索❿。

綜上所述，這兩年的流亡小說創作已有了相當的起色，但像高行健的《靈山》這樣的作品尙屬鳳毛麟角。或許這並不奇怪，因爲歷史的思索也還需要在主客體之間拉開一定的時空距離，使流亡者們能比較從容地進入最佳創作狀態。

二、

曾經矗立在新時期十年文學高峯上的報告文學與新潮詩歌，幾乎是全部「主力」都流亡到了國外。曾幾何時，劉賓雁的《人妖之間》，蘇曉康的《烏托邦祭》、《洪荒啓示錄》，張辛欣的《北京人》等，都曾傾倒神州，一霎間，洛陽紙貴。歷史是「過去——現在——將來」一脈相承

❿載《美中時報》，一九九一年四月五日——十一日，第五版「藝術天地」。

的流。當他們剛剛擺脫「過去」，猝然進入完全陌生的「現在」時，過去的陰影總會纏繞他們的記憶。在一九九〇年至一九九一年中，海外出現了爲數衆多的回憶「六四」的紀實文學。可能是因爲記憶過於接近而情感的波濤竟難以稍稍平息，這些作品大多是表達一種正義的憤怒，而在藝術上未能細加雕琢。不過，我這裡還是想提一下郭進的長篇紀實小說(在我看來就是一個長篇報告文學)《西山日落時》⓫。小說的作者據說是一個參與「六四」「平暴指揮」的年輕的高級軍官，現已流亡海外。因而，作品以「北京軍區作戰部副部長李和平」的自敍展開，上至最高決策層，中至軍隊各級指揮，下到學生與北京市民。構成了一幅林林總總的歷史長卷。無庸諱言，作品揭開了大量政治內幕。但它又決不是清末《官場現形記》那樣的「黑幕小說」與「譴責小說」。即便對於屠城的決策者們，郭進仍寫出了他們在「政治權力」——「自身利益」——「良心道德」之間的衡量與抉擇。這樣，人——任何一個人——不管他是屠夫還是慈者的複雜性，多面性便在文學中被凸現了出來。或許，離開一個嚴重刺傷作家感情的歷史事件太近，會有藝術創作上的困難。我相信經過若干年的歷史積澱，會有更成熟的史詩式的作品在這一題材上出現。

中國流亡的報告文學家們面對的是這樣一個兩重現實：一方面，他們獲得了極端自由的

⓫刊登於臺灣《中央日報・國際版》，一九九〇年八月——十月。

寫作環境，像《烏托邦祭》（蘇曉康）那樣，在一道指令下二十萬冊全部還原成紙漿的「現代焚書」現象是決不會發生的。另一方面，他們面對著完全陌生的社會與讀者群。加上語言、種族等等方面的天然隔閡，他們要再創「洛陽紙貴」式的文學轟動效應，恐怕也確有困難。作這一如是觀，我們就不難理解，爲什麼那麼多中國報告文學的「重鎭」流亡海外，在這兩年內卻沒有很成功的作品出現。這裡，並不是說缺乏任何可寫的「重大題材」，有些只是需要等待一段「安全係數」意義上的時間。例如，一九八九年營救那麼多「民運人士」的聞名於世的「黃雀行動」在未來就將是海外報告文學的一個具有「轟動效應」的熱點。

儘管有種種客觀上的困難，但報告文學家們並沒有單純地等待。報告文學家徐剛的〈大牆外的中國人〉系列，便是一種嶄新的嘗試。筆者在「引言」裡敍述了他的創作緣起：

在異國的大街上，從憂鬱和疲倦的眼神中，我能找到我的同胞中國人，憑著感覺我們都能看見心上背著的十字架，不僅爲房租爲生活爲學費，更爲遠隔重洋的祖國。「有中國的消息嗎？」這是永遠不變的見面第一句話。大牆外的中國人。十年改革以來，公費自費留學生以及訪問學者等現在國外的並非精確的統計爲十五萬人之多，而「六四」以後越境出國的只是爲數極少的一部分……當筆者眼下不可能追尋長江黃河的水土流失的時候，便追尋這些人，並眞實地把他們記錄下來，在我們走向一個新的世紀的時候，立此存照。⑫

抱著這樣的信念，徐剛陸續採訪了一百餘人，有「欽定」的「反革命」，也有被點名批判從而徘徊於國門之外的「資產階級自由化」的推波助瀾者；更多的卻是湮沒在西方世界，曾抱著學成回國報效人民之志離開，而現在卻撫弄著護照慨嘆月是故鄉明的遊子。由於作者盡可能地保持著「立此存照」式的敘述，他確實是給我們留下了歷史在某一階段的較爲眞實的面影。自然這種「眞實」不同於大陸報刊上的「愛國」說教，而是攙雜著悲愴、辛酸；混合著矛盾和自嘲的一顆顆眞實的「中國心」。如果說魯迅先生當年疾呼「改造國民性」是在九州之內，那麼徐剛的紀實文學揭示出：即便到了域外，這仍是許多中國人，包括接受著西方高等教育的留學生們的首要課題。且不說一心懷著西方「花花夢」嫁人的「湘妹子」（《湘妹子與瘋人院》）、「趙小姐」（《對瘟疫的認識》），即便是對送報工作充滿怨言的丹麥女留學生小張（《丹麥的送報姑娘》），只想把科研論文帶回國內去發表，然後讓外國人翻譯以壓一壓外國人威風的科學家陳先生（《雲雀園外的科學家》），在他們身上我們能看到的也只是狹隘的愛國主義觀和大牆內的腦力與體力勞動的價值觀。對這些「紀實」，儘管作者並沒有顯示他自己深沉的藝術思辯（相反有太多的傷感），但作品在客觀上卻警策著每一個「大牆外的中國人」：如何拋棄掉昔日在大牆內形成的種種陳舊的價值觀和對西方自由、民主的種種浮面的誤解，認認眞眞地學習人家先

⑫載香港《九十年代》，一九九〇年第十、十一期。

進的東西，這才能成爲一個眞正的大牆外的「現代人」。

海外大陸紀實文學另一類值得注意的作品，是眞正「大牆內」的回憶。這裡，卓然一格的是張郎郎的〈北京素描〉和楊小凱的〈獄中回憶〉系列⑬。比〈大牆外的中國人〉的高明之處在於：這些作家在回憶人生最慘痛的監獄生涯時，卻把情感的宣洩昇華到對人生、人性的哲理思考。始而娓娓道來，繼而點悟迷津，終於使讀者在一個看似尋常的片斷回憶中大徹大悟，掀起心底一陣陣不歇的激情的思考。如他的〈窩頭證〉，回憶當年被打成「反革命」在看守所一餓六年，眼看要餓死。靈機一動，便故意再寫一封「反革命信件」給毛澤東，以爭取盡早判刑去監獄，這樣至少就有了窩頭吃不至餓死。其結果是他立刻被判了十五年，拿到了所有「難友」都羡慕不已的「窩頭證」(判決書)。這自然是一種瘋狂可笑的飲鴆止渴，但當你讀到「那一宿，興奮激動，百感交集。兩眼沒法往一塊合……」時，你便會悲從心底泛來，因爲法制、人性在那段歲月裡都已被扭曲變態到了何等地步。那眞是一種瘋狂的「黑色幽默」。

自然，海外大陸報告文學所取得的成就與這一流亡者陣營往昔的「衆望」仍有著太懸殊的差距。因而，如何在流亡海外的情況下，及時地調整自己的創作座標，開拓新題材、新思路，對於這批曾經叱咤風雲的大陸報告文學「重鎭」們來說，已成了一個迫在眉睫的需要解決的問

⑬分別發表在香港《九十年代》和美國《中國之春》，一九九〇年——一九九一年各期上。

題。

或許，由於詩歌在文學體裁上與報告文學的截然不同，它並不需要廣泛而深入的社會聯繫與社會調查；因而，作為一種心靈的自我吟唱，它在海外的發展仍保持著猛進的勢頭。與報告文學的陣容相似，也幾乎是所有新潮（又稱「先鋒派」）詩的「重鎮」全流亡海外。由於北島在一九九○年在歐洲重新創辦了當年的「地下刊物」《今天》，多數的流亡詩人們又重新聚集在這面在中國當代文學史上意義深遠的大纛下。

既然是由流亡詩人們所寫的「放逐的詩」，對於「流亡」的某種自覺的體認，甚至某種唯我獨淸的知識分子的自豪感與孤獨感的混合，構成了海外新潮詩歌的旋律之一。如楊煉的〈流亡之書〉寫道：

你不在這裡　這筆迹／剛剛寫下就被一陣狂風吹走／空白如死鳥在你臉上飛翔／送葬的月亮一隻斷手／把你的日子向回翻動／翻到你缺席的那一頁／你一邊書寫　一邊／欣賞自己被刪去⑭

當詩人感受到自己爲官方文化所「刪去」，即放逐時，他的態度是「欣賞」，是不與之同流合汚的自豪。至於東東的〈詩人普寧在巴黎過冬〉，則更進一步表達了流亡詩人潔身自好，決不與官方文化妥協，並以蘇俄流亡詩人，諾貝爾文學獎得主普寧自喻的心態：

我很難看清楚自己的影子／在白天，我是叫做普寧的詩人／在夜裡／在樹和巖石的背陰地帶／我可能是一場大雪／或者是瓦上的一角藍天⑮

在黑暗與陰影中仍是純潔的藍天白雪，正寄寓著流亡詩人們的人格理想。但是，也有的詩人以微妙的比喻方式，寫出了他們剛開始流亡時的迷茫心態。如虹影的短詩〈黑暗〉：

你教我的技藝／我接受的方式／當我們離開黑暗／在樓房一幢幢的排列中我找出許多理由　於是／整個事情發生了／就和想像的一樣降臨／失去黑暗，我們不知所措／像膠卷拉出暗盒⑯

⑮載《今天》，一九九一年第三——四期合刊，頁一四二。
⑯同上，頁一三九。

但流亡詩人們的心智畢竟是健全而堅強的，剛走出黑暗的隧道，爲西方文明的強光照射所引起的暈眩畢竟是短暫的。如同北島在他那首象徵性極強的〈在路上〉中反覆咏嘆的那樣：「我調整時差／於是我穿過我的一生。」⑰這種人生的新昇華，對於多數流亡者來說，確如一場「調整時差」。

海外新潮詩的旋律之二，是詩人們作爲一種自覺的「文化邊際人」和「國際人」，面對新的「今天」的藝術思索。如同北島在〈致讀者〉中所言：「由於舞台的轉換，許多中國作家已經處於國際文學的渦流之中……我們應從某種封閉的流亡心態中解脫出來，對國際上文學的重大變化作出反應。」⑱從這一指導思想出發，異域的風物一開始就被大量攝入詩人們的視角，引發他們的人生思索。多多的〈在英格蘭〉寫道：

> 是英格蘭／使我到達我被失去的地點／記憶，但不再留下犁溝　恥辱，那是我的地址／
> 整個英格蘭，沒有一個女人不會親嘴／整個英格蘭，容不下我的驕傲　從指縫中隱藏的泥

⑰載《今天》，一九九〇年第二期，頁四〇。

⑱載《今天》，一九九一年第三——四期，頁一。

土，我／認出我的祖國——母親／已被打進一個小包裹，遠遠寄走……⑲

這裡，詩人抒發的似是對自己文化傳統的激憤的反思。北島的〈布拉格〉，則以極爲破碎的意象群的連綴，展示了隱喻中的城市的歷史。例如，「從世紀大門出發的輕便馬車／途中變成了坦克／眞理在選擇它的敵人」；「越過伏爾塔瓦河上時間的／橋，進入耀眼的白天／古老的雕像們充滿敵意　有了敵意，有了榮耀／小販神祕地攤開一塊絲絨／請買珍珠聚集的好天氣／」。⑳讀了這兩節，讀者很容易聯想到由「馬車——坦克」意象群組成的一九六八年的歷史事變以及由「白天——古雕的敵意——小販」意象群組成的擺脫了共產制度後的新的經濟。與這些異域風物詩不同，嚴力的〈生活迪斯科的多面鏡旋轉體〉直接表現了對社會、人生抽象意義上的過濾。如他對「自由」的思考：「不光是如今／以後的自由也將錄在不同歷史時期的鞋裡／也就是說／再開放的腳趾頭／也必須通過鞋的麥克風來歌唱」。㉑這種對「自由」，即便是歐美式的「自由」的相對性的充分認識才是一種成熟的思考。

⑲載《今天》，一九九〇年第七期，頁二七。
⑳載《今天》，一九九〇年第一期，頁三三。
㉑載《今天》，一九九一年第一期，頁四六。

以《今天》雜誌爲代表的新潮詩歌在大陸當代文學史上的出現，曾經作爲一種嶄新的、獨特的語言藝術結束了詩的「頌歌」時代。它在海外復刊以後，依然非常「強調詩歌在文學中的先導作用，刻意於語言和文學的實驗性」。㉒在「今天」派的詩人中，除了楊煉的詩仍保持著他特有的政治隱喻風格外，一般的都比較清純，少有意識型態的大背景，更貼近於詩的藝術本質。如多多的〈阿姆斯特丹的河流〉一詩，主要是寫一種「流動感」。既有「時間流」，又有詩人的「情感流」。而這種流動感是通過「鴿群像鐵屑散落／沒有男孩子的街道突然顯得空闊」，「秋雨過後／那爬滿蝸牛的屋頂」等意象的微妙結合來顯示的，充滿了動感㉓。又如北島的〈戰爭狀態〉，完全是捕捉大自然中一剎間的類似「戰爭狀態」的聯想意象群構成。如「太陽密集地轟炸著大海／鯊魚們在圍攻下沉的歲月」，「荒草僱傭軍佔領了山谷，花朵緩慢地爆炸，樹木生煙」㉔。

《今天》派的新潮詩固然是大陸流亡詩中最主要的流派，但這並不等於說除此以外就沒有了其他的詩歌。文藝理論家劉再復在大陸還一直是一個素享盛名的散文詩作家。在兩年的流亡生活中，他詩興反而驟增。兩部廿萬字的散文詩集《峽谷之子》和《人論二十種》不久便將在

㉒北島《致讀者》，一九九一年第三——四期，頁一。
㉓載《今天》，一九九〇年第一期，頁二六。
㉔載《今天》，一九九一年第三——四期，頁一三二。

香港出版。讀劉再復的散文詩，不難看到魯迅的散文詩〈野草〉以及雜文的雙重投影。就題材而論，劉再復的散文詩同樣廣博豐厚，無論時論風月，憶友敍事，乃至雜感小品，讀書偶得，皆入文爲詩。但就其獨異的詩思而論，它走得完全是〈野草〉的路子，借用劉再復一篇散文詩的題目而言——〈心靈的孤本〉㉕。如果說傑出作品的誕生是作家不僅戰勝外部世俗，而且贏得了自我心靈的搏鬥的過程，那麼劉再復的全部散文詩正坦誠地表現了這一心靈自我搏鬥的過程。如同劉再復所言：「我很珍惜我的孤本。我認定人生中最可靠的東西還是自己體驗過的東西，還是久久煎熬過自己然後從自己心中流出的東西……我因爲意識到這一點，所以在欽佩他人時並不自悲。總是讀著，想著，寫著，把孤本一頁一頁地展示於人間。」㉖這裡我仍想補充一點，或許正因爲劉再復把他的散文詩作爲自我的「心靈史」來敍寫，在無意中他爲歷史留下了一個有代表性的流亡知識者的精神史文獻。如果將來某一天，歷史學家們興趣盎然於這一階段的中國知識分子史，他們會驚喜地發現：劉再復——也僅此一家——的散文詩留下了多麼珍貴的研究「孤本」。這大概又是作爲文學家的他本人所沒有意識到的「孤本」的價值吧。

㉕載香港《九十年代》，一九九一年八月號，頁一〇二——一〇三。
㉖載香港《九十年代》，一九九一年八月號，頁一〇二。

二、

儘管在中國大陸的流亡作家群中，文藝理論家的數目比例頗小，但如果我們把不少在歐美留學的，早已帶有流亡色彩的大陸青年學人都計算進去，這卻是一支最有潛力的學術力量。從一個禁錮思想的東方專制下進入「資產階級自由化」的西方文明，這一比較文學意義上的「國際旅行」，不僅解放了流亡者們對於某些特定問題的思維方式，而且還在總體上解放了他們的理論視野。一九七八——一九八九年的「新時期文學十年」裡，文學理論的發展雖然也成績斐然，但總是一種夾縫中的萌生和帶著鐐銬的舞蹈。政權干涉的陰影和舊教條的框框，往往潛意識地限制了理論家們內心和外界的視野，以致許多尖銳的理論問題，無法得到痛快、明澈地解決。而理論，是最忌「朦朧」和「猶抱琵琶半遮面」的。「六四」和流亡無論在心態和地域上都造成了一種成功的斷裂，使他們回過頭去重新思考歷史。於是，許多新的、較爲徹底的觀點與結論便應運而生。

在大陸近年來的文學理論發展中，「重寫文學史」是一個既時尚而又有意義的倡導[27]。由於種種視野的限制，在實際成果上收穫很是有限，尤其是以怎樣的總體理論框架去「重寫文學史」，更缺乏眞正新的突破。劉再復的〈文學史的悖論〉㉘在打開「重寫文學史」的宏觀思路上，提出了五組「文學史的悖論」：⑴文學是發展的；文學又是沒有發展的。⑵文學發展具有共時性質；文學發展具有歷時性質。⑶在歷時性的範圍內，文學發展是周期性的，又是非周期性的。⑷文學歷時性運動中，其時間是不可逆的，又是可逆的。⑸文學發展是有規律的；文學的缺乏又是沒有規律的。劉文立論的要點在於，區分清楚了文學發展的現實層次和審美層次。文學呈現爲前一層次時可以作先後因果的比較，而後一層次則無法比較。文學不一定隨世而變，而大陸四十年來所編寫的文學史可以說是絕對的世變論。由此出發，在進行價值判斷時，又必須區分現實價值系統和審美價值系統。而「五四」以來，無論是胡適的《白話文學史》還是大陸的新編文學史，都往往採取單一的獨斷性的審美價值標準來研究文學；又不注意區分文學的現實層面與審美層面。許多大陸文學史往往把現實功利層面上文學對社會、政治的參與當做「進步」，而忽略了在審美層面上的文學退化。結果，出現了無法自圓其說的「思想進步，政治退步」的怪現象。另外，所謂「主流」、「非主流」；「中心」、「邊緣」；更會造成文學史的傾斜。

㉗一九八七年在上海由兩位靑年學者在《上海文論》上提出這一口號，並開闢了討論專欄。一九八九年「六四」後已不復存在。

㉘載香港《二十一世紀》，一九九〇年第一期。

如果說〈文學史的悖論〉提出了新的文學史觀，那麼金觀濤的〈中國文化的烏托邦精神〉和劉再復的〈歷史角色的變形：中國現代知識分子的自我迷失〉等文㉙在如何廓清中國現代文學史的文化大背景上作出了建樹。金文從中國數千年烏托邦文化的源流到「五四」時期知識分子如何把烏托邦當作終極關懷和價值追求之主導型態的發展，說明了為什麼中國現代知識分子如此虔誠而又熱情地接受了馬列主義。儘管探索的是同一命題，但劉文的切入點卻是中國現代知識分子史的變遷。這篇長文中最精彩的部分是「五四」以來中國城市知識分子集團的衍變。他指出，「五四」新文化運動前後產生的知識分子，大致可分為：⑴嚴守知識邊界採取價值中立立場的超越型知識分子；⑵具有專業知識才能，但採取積極的價值判斷和積極參與社會的介入型知識分子；⑶完全越出知識邊界投身於革命和其他政治活動的激進主義型知識分子。劉文又指出，中國現代知識分子的一大悲劇，是歷史未能提供超越型知識分子正常生長的社會空間和個人空間，反而把激進型知識分子的情緒化思考轉變成具體的歷史行動和歷史潮流，以致迫使第一和第二類知識分子都走社會革命的道路，從而使知識分子革命化而喪失自身的職業利益和活動本性，並因此使中國現代知識分子完成了從城市知識分子到激進革命家的轉換。李大釗在一九一九年與胡適關於「問題與主義」的辯論中反對「一點一滴改良」，主

㉙分別載香港《二十一世紀》，一九九〇年第二期和美國《知識分子》，一九九一年第三期。

張「根本解決」。結果為大多數知識分子接受，走向「暴力革命」。知識分子狂熱地走向革命，最終使中國成了一個「革命王國」。但對知識者，付出了極大的代價，使他們從激進的革命家成為這一王國的馴服臣民。劉文鞭辟入裡地揭示：這一轉化大致是一個道德農民化和心靈國有化的過程。毛澤東〈在延安文藝座談會上的講話〉的要害是剝奪知識者的兩種心理優勢：知識優勢和道德優勢。這和俄國民粹主義及中國土生土長的民粹主義影響相連，造成了文學中對農民的崇拜和知識分子的自我貶抑。其結果是知識分子整體素質和水平急遽下降，他們成了沒有了自己的獨立心靈和語言，卻善於講廢話、套話、空話、假話的順民、賤民、暴民。無論是劉文還是金文，都建築了一個新的宏觀的理論框架，而在這一框架中去重新認識中國作家及作品(如老舍、曹禺、巴金)在中國現代文學史上的「自我退化」，便有了比較堅實的理論基地。

在歷史長河的流程中，任何一個承續點都既是過去的終結，又是現在的肇始。因而，歷史對於流亡者的意義就不僅在於它提供了一面明鏡，讓他們洞察自己的過去，更重要的在於它凝聚著巨大的動力把他們推向未來。當然，反省與思考又總是從對過去的回顧開始的。對此，由《今天》編輯部與挪威奥斯陸大學人文學院東亞部、瑞典斯德哥爾摩大學東方學院中文系合作，先後在兩地召開的「海外中國作家討論會」很有意味。會議回顧了近十年來中國文學的發展，討論了一九八九年後中國文學的處境和前景，同時也討論了中國作家在海外的生存和寫作、自身組織和出版刊物等問題。批評家兼小說家李陀在會上對十年中國當代文學現狀的分析與回顧獨具一格。李陀認爲，這十年文學應當看作一個兩條線索並存和互相鬥爭的過程：⑴傷痕文學——改革文學——報告文學；⑵朦朧詩——尋根小說——實驗小說。李陀認爲，第一條線索是一條格調不高的線索。它的特點是一方面對中國的現狀表示不滿，對共產黨政權提出批評，另一方面，它的基本價值體系和觀念仍是支持官方「主流意識型態」的，是某種「小罵大幫忙」。第二條線索則表現爲「邊緣話語」向「中心話語」、「毛式語言」的挑戰，以及對「主流意識型態」的解構和破壞。李陀的觀點雖然不無偏頗之處，但回歸到語言本身的變遷對文學史作重新歸納，他提出了有打開思路價值的問題。李陀的這些思考，又在他的〈現代漢語與當代文學〉、〈一九八五〉等篇論文中作了系統而詳實的闡述[30]。在一九九一年十月十日——十一日丹麥的「中國文學的現代主義與後現代主義」研討會上，李陀指出，應當對「五四」及其影響在語言方面進行檢討。過去，大多數知識分子在反西方「列強」時，對他們的種種話語卻缺少批判，產生了西方話語迷信。八〇年代改革重新強調「現代化」，與此相應的是學術理論的「現代化」。新的理論話語對瓦解毛文體和主流意識型態無疑起了很大的作用，但對西方話語的迷信重新擡頭，使中國知識分子處於一種尷尬中。如何擺脫這種尷尬已成爲新的課

[30] 載臺灣《新地》，一九九一年第一卷第六期和《今天》，一九九一年第三——四期。

題。這又是一個精闢的觀察和一聲遼遠的警音。李陀固執地從語言和話語的視角思考與重構著他完全個性化的「文學史」，已成了流亡的批評家中一個非常特殊的「話語」，對於將來流亡文學的發展走向，也奉獻了一分沈甸甸的思考。

對歷史的返顧不僅需要輪廓性的宏觀把握，還需要某些重點的有理論深度的切入。青年評論家黃子平的〈「革命歷史小說」：時間與敘述〉、〈小說與新聞：當代中國的知識、文化、權力和媒介〉等文㉛，顯示了這一走向。在前文中，黃子平追溯了「時間」在「革命歷史小說」中的沿革。一開始，「未來」以及對於「未來」的自豪感是這類小說的中心依據，由此又決定了它們情節敘述上的一律「反敗爲勝，從水深火熱走向革命人民的盛大節日、從勝利走向更大的勝利」。但是，歷史的進程卻是「革命取代了、吞沒了歷史。以直線發展或螺旋式上升的觀念開始的革命，此時陷入惡性的自我循環，恰如魯迅咒語般的小雜感裡所說：革命，革革命，革革命命，革革革革命……」其結果是，一九八五年以來大陸出現了大量顛覆「革命歷史小說」的「革命歷史小說」，諸如〈紅高粱〉、〈靈旗〉、〈大年〉等。在這些小說中，「時間」被斬首，「未來」被取消。這正是廿世紀末革命了一百年的當代中國人已經體驗或將要體驗的歷史處境。黃的後文在考察權力在當代中國怎樣將「小說」改造成「新聞」，以及「小說／新聞」、「眞實／虛構」

㉛分別載《今天》，一九九一年第二期和《二十一世紀》，一九九一年第五期。

在當代中國「知識——權力」系統中的複雜運作狀況時，也作出了自己獨特的分析。

從宏觀到微觀，從大文化的透視到「史」的重構，爲數不多的流亡理論家們承擔了相當一部分在海外發展中國文學理論的重荷。由於自由的學術空氣和適當的經濟支助，他們完全有可能在域外重建新的文學理論。這種雄心勃勃的追索，已經在他們的研究中下意識地初露端倪。如劉再復的近十篇論文，已顯露出這樣的趨勢。如果說他的〈文學史的悖論〉和〈歷史角色的變形：中國現代知識分子的自我迷失〉著力於文化史背景和新的文學史觀的建立，那麼他在日本東京大學「魯迅與異文化的接觸」學術會議上的發言〈魯迅研究的自我批判〉便是一個非常成功的「重寫文學史」的範例。他的另外兩篇論文〈告別諸神……中國當代文學理論「世紀末」的掙扎〉、〈再論文學的主體性〉[32]則已開始了新的理論進軍。尤其是後文，在「主體性思考的文化背景：對心物二元對立世界圖式的懷疑」，「主體性的若干範疇和文學的超越性特徵」，「作家創造主體性：藝術主體對現實主體的反抗和超越」，「莊周蝴蝶的互夢：主體的充分對象性和主客對立的消解」等方面作出了極有價值的理論建樹。在這篇氣勢宏闊、翔實淵博的長文的結尾，劉再復寫道：「寫到這裡，我的論述尚未完成。關於接受主體性，關於審美意識對現實意識的超越，關於藝術語言對現實語言的超越，關於主體間接性等問題，我正在進一步思考

[32] 分別載香港《明報》，一九九一年十一月；香港《二十一世紀》，一九九一年第五期和美國《知識分子》，一九九一年春季號。

與寫作。」如果把這一心願延伸到整個中國當代文學理論的重建。我想，這不僅是劉先生一人，也是所有流亡的理論家應當，並正在為之奮鬥的事業。

如同本文的副標題所言，本文僅僅是對海外的大陸流亡文學的「一瞥」。「一瞥」者，粗略的掃描也。因而，本文所能提供的，僅是一個輪廓性的初步報告，而並非一種深入的學術研究。但我相信，在若干年後，隨著研究客體——海外大陸流亡文學的發展與成熟，這無疑將成為本世紀中國當代文學史的一個重要的研究課題。

在閱讀了大量流亡者的作品後，我對大陸流亡文學的發展並不悲觀，至少它的發展會比一九八九年以後的大陸文學更好更快。我這一估計首先是取決於對這一流亡者陣營質量、陣容的基本估價，另外是取決於以下的基本考慮：⑴他們所親身經歷的「文革」、「十年改革」、「六四」……已提供了他們豐富的素材礦藏，只要他們能在西方世界眞正獲得新的歷史觀察點，「古拉格群島」式的流亡巨著是應當，並能夠產生出來的。這裡不存在著「在國外沒什麼可寫」的問題(即便國外流亡生活本身也是一種極有潛力的素材)，只存在著「怎麼寫」的問題。⑵他們已經有了一定的發表園地，除了一些他們自己的流亡文學、文化雜誌。香港、臺灣更為他們提供了廣濶的發表園地。⑶他們已有了眞正的創作自由，而且大多數作家的基本生活還是有保障的。此外，由於中共政府對反對派採取的新的「流放」政策，許多重要的大陸理論家、作家(如李澤厚、戴晴等)，正陸續加入與壯大這一陣營，這就使得「在海外重建中國大陸文化」

決不只是一句空話，而是一種實實在在的可能。

自然，可能決不等於現實。在流亡者面前仍橫亙著一系列的路障。他們以前在大陸時被養起來的「貴族」心態、完全陌生的社會讀者群和失去轟動效應的作品、外語障礙、一定的經濟困難與常見的「思鄉病」……。如果他們不自覺地在域外接受異邦文化的精華，不斷改造與提高自己的素質，迅速地適應新的環境。那麼，即使再有十倍的創作自由都是無法寫出傑作巨構的。

對於任何一段正在發展中的歷史作出預測都是危險的。如同本文一再提到的，歷史的邏輯常常會向常識性估計相反的方向走去。因而，以上的預測更只是主觀性極強的「一瞥」。中國大陸的流亡文學究竟前景如何，唯有拭目以待。

找不到定位的符號——臺灣話

羅肇錦

一、前言

對於民國八十年的臺灣語言現象，若要進行文化評論，恐怕不能局限於這一年內的事件報導，而應從整個「臺灣話」的爭論來思考。因此，本文並不採取年鑑式的寫法，而想深入討論有關臺灣話的論事，來說明近一年來各種論點與行爲產生之脈絡。

如果有人問「國語」是什麼？一定有人回答，那就是「中國的語言」或「我國的語言」。那麼，臺灣的閩南話、客家話和山地話，是不是中國的語言？是不是我國的語言？我想，大部分的人，都會毫不思索的說是，當然是。

可是，大家口頭上和概念中的「國語」並不包括閩南話、客家話，也不包括山地話，因爲「國語」是指學校上課唸的，大衆傳播裡頭用的，以及開會、宣達時說的才是國語。其他，做生意用的，或在家裡說的，都不是國語，也就是說，閩南話、客家話、山地話都不是國語，只有「國語」才是國語。所以閩南話、客家話、山地話都不是「中國的語言」，不是「我國的語言」。

這樣推理一定會引起很多人反感，因爲這樣的說詞，和部分臺獨人士的結論相同，都認爲「臺灣話不是中國話」，都帶有強烈的「分裂意識」。

臺灣話不是中國話，誰會相信？但是，我現在提出一個相反的說法，「國語」不是漢語，臺灣話（包括閩、客方言）才是漢語，可能也很少人會相信。雖然不相信，我還是提出來讓大家想想。

在說明「國語」不是漢語，「臺灣話」才是漢語之前，先來看看「國語」和「臺灣話」兩個名詞的糾結。前面說過「國語」一詞，語意不明，解釋起來煞費周章，那麼把它歸入「臺灣話」的一種好了，只要在臺灣這塊土地上，現階段仍被採用的語言都叫「臺灣話」，所以臺灣的國語是臺灣話，閩南話、客家話、廣東話、……也是臺灣話，山地話（包括泰雅、阿美、……等）更是臺灣話。然而大家口頭上和概念中的「臺灣話」卻是獨指閩南話，你說怎麼辦？君不見，應徵工作，頭家劈頭就問「你會不會講臺灣話？」「請你講臺灣話好不好？」他的意思很明顯，是問你會不會說閩南話。

說到這裡，我們發現非但「國語」語意不清，稱「臺灣話」也涵蓋不周。那麼，要稱什麼才對呢？我不知道，你也不知道，沒有人知道，所以臺灣語言是個找不到定位的符號。既然，名稱上找不到定位，表示臺灣語言的形式仍沒有理出一個讓大家都同意的名號。那麼，我們不妨轉而從內容上先做好定位，再來冠上合理的名號。

但是，談臺灣話的內容，問題又一大堆，到底哪一種話才是今天最需要強力推展維護的語言？哪種話才是今天臺灣的優勢語言？對本地優勢語言，我們應該怎麼看待？

有人說：國語推行了四十多年，大家都會說會寫會聽，對臺灣人民的團結，知識的傳播，經濟的發展，甚至政治的遠景都有無與倫比的貢獻，何況國語內涵豐富，語音好聽，學習容易，我們當然要以「國語」爲至尊才對。

有人說：閩南話在臺灣使用的人口最多，保有很特殊的古語成分，有優雅的詞彙，有美妙的聲調，加上它與這塊土地有數百年密切的關係，所以「閩南話」才是今天臺灣的優勢語言。

有人說：客家話最接近唐宋古音，是非常道地的中原語，平仄清楚，鏗鏘有力，吟誦起來抑揚頓挫，精妙悠揚，是最適合承先啓後的語言，何況客家人口分佈廣泛，在國語與閩南話之間，正好取得調和。

有人說：山地話是現今在臺灣最早的原住民語言，而且馬來——澳大利亞語系，有其悠久的歷史文化，雖然沒有文字，卻有深刻的文化內涵，與馬來語連繫起來，是一股非常龐大的語言文化，所以山地話才是眞正的臺灣話。

那麼多的「有人說」，我們要採用哪一個，才能給臺灣話定位。下面分⑴臺灣語言的本質⑵臺灣語言的歷史⑶臺灣語言的文化⑷臺灣語言的社會等四方面加以剖析，再來決定今天要用什麼態度去面對臺灣語言，要選定哪一種語言來給臺灣語言一個定位。

二、臺灣語言的本質

從本質上論，語言是一種社會現象，語言是思維的工具，語言是符號系統，那麼「臺灣語言」就是生活在臺灣的人，應他們社會需求所採用的一套系統符號來當作思維的工具。

由於語言是文化的一環，一切的文化創造，都靠語言去思維，所以怎樣的思維方式就會產生怎樣的文化型態，而社會與文化有密不可分的關係，所以什麼樣的文化型態就會產生什麼樣的社會。同理，語言是社會的現象，所以什麼樣的社會就會產生什麼樣的語言，加上語言是思維的工具，所以怎樣的語言結構，就會帶動怎樣的思維方式。可見，語言、思維、文化、社會之間，是層層互動、環環相扣的關係，我們可以列出這樣的關係圖：

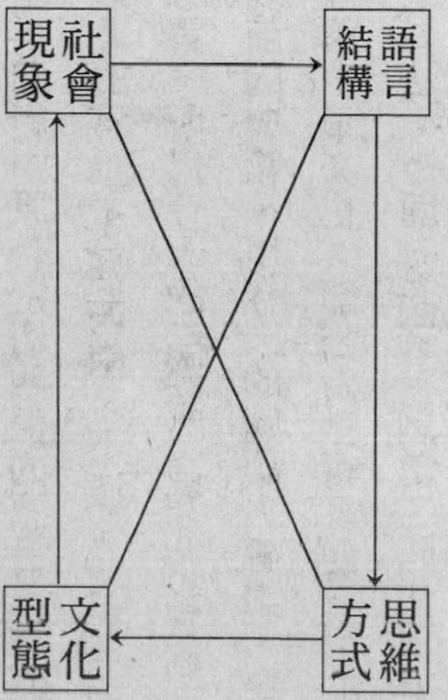

社會現象 → 語言結構
↓
思維方式 → 文化型態

以上層層關係中，不管哪一種語言，它最原始的本質只是一種聲音的符號而已，只是人與人溝通情思的工具，不帶任何主導意識，也不分主客高下。遺憾的是，主導社會發展方向的領導階層，常常以預設的立場，把語言當成泛政治的工具，結果只是符號、只是工具的語言，就被擴展成有廣大影響力的圖騰。於是在利益集團推波助瀾之下，語言就變成政治教化的法器，而無知的群衆，在強力的大衆傳播施法念咒之下，自然跟著政治教化的語言方向游走，再也跳不出來。

汪彝定先生在今年(一九九一)發表的《回憶錄》裡，開宗明義就提出這樣的一個諍言。大意是說，政府來臺之初，有一項可以避免卻沒有避免的錯誤，是把語言當成泛政治的工具，所以遷臺以後，全國上下一律禁止日語，並且規定公共場合(如教學、開會、交通服務)一定使用國語。結果四十年下來，大家都會說國語，但外省來的第一代卻不會說臺灣話，造成領導階層與民衆的隔閡。汪先生只點到爲止，並沒有再深入剖析，把語言符號當泛政治工具以後所造成的負面影響。事實上，四十年推行國語忽視方言，已造成年輕一代說不好母語，有的祖孫之間無法溝通，有的輕視自己的語言文化，有的無法利用母語與古文化接合，有的把自己的母語扭曲變形得失去規律。解嚴以後，更引起許多人的反彈，甚至全盤否定國語，或不顧語言本質，硬把臺灣話從漢語中畫分出來，強調臺灣話(閩南話)不是中國話，這都是把語言泛政治化所帶來的負數。

從中國語言發展的歷史看，這種反彈的偏見是沒有意義的。而且稍微比較分析，就可看出閩南語的漢語本質，反而是「國語」有較多的非漢語成分。

大體上說，漢語七大方言中，長江流域以南的吳語、湘語、粵語、閩語、客語、贛語等六大方言，都是早期與中原有密切關係的語言，它們承襲了十三世紀以前較完整的漢文化。唯獨長江流域以北的官話(包括西南、下江、北方三個次方言)，是十三世紀以後注入滿蒙文化所形成的新方言，所以今天的「國語」(屬北方官話)，也只能承接十三世紀以後「大漢族」文化，十三世紀以前的典籍，用今天的國語去解讀，會變得詰屈聱牙、錯誤百出。而我們的政府口口聲聲要復興中華文化，卻強力推行國語，忍心讓保有較完整漢文化的方言日漸式微，那是捨本逐末的做法。下面分語音、詞彙、語法三方面說明「國語」的非漢語成分，可以了解

「國語」是滿蒙回人用自己母語學漢語，所產生的新語言。

1.語音方面：今天北方官話（國語系統）受滿蒙回語（阿爾泰語系）的影響，在聲調、兒化、入聲、聲母等方面，都起了很大的變化。

(A)聲調：由於阿爾泰語是非聲調語言（Toneless），所以滿蒙（金遼元清）人南下入主中原以後，就以無聲調的語言結構去學有聲調（Tone language）的漢語，當然區分困難，所以就把聲調加以減化。今天官話區，越接近滿蒙回地區的官話，聲調就越少，越接近南方的官話區聲調就越多，而長江流域以南的方言，滿蒙語影響不到，所以至少六個調以上，是中國古聲調現象的保留。揚州、南京接近吳語區則有五個調，合肥接近湖南也有五個調，太原較封閉地區也保有入聲而有五個聲調，其他官話區（如北平、濟南、西安、武漢、成都）都是四個調，而新疆的烏魯木齊、甘肅的天水、寧夏的銀川、河北的欒縣與滿蒙回接壤，所以只有三個聲調。可見聲調的減少是阿爾泰語無聲調語言融入漢語後所產生的現象。

(B)入聲：入聲的消失，也是阿爾泰語無塞音尾的成分，所以學漢語的韻尾-p-t-k時，很自然的就把入聲丟掉了。如閩南話的 iap（葉）、客家話的 iet（乙），廣東話的 lok（六），都有-p-t-k尾，國語則完全消失，變成 ie（葉）i（乙）liou（六）等韻尾了。這種特色在各方言表現得非常明顯，長江流域以北的官話，除了太原較閉塞，南京近吳語保有入聲以外，其餘通通消失。像吳語收-ʔ，湘語保有入聲調類，粵語、客語都有-p-t-k，閩北語有-ʔ，閩南語有-p-t-k

-ʔ，贛語有-t-k，可見官話已無入聲韻尾，也是阿爾泰語融入漢語後所丟失的成分。曾聽北方人說閩南話，把 tshit tsap(七十)說成 tshi tsa，把 lat tsat(拉雜)說成 la tsa，就是把入聲尾-t-p 丟掉後所形成的非漢語韻尾型態。

(C)兒化：「兒化韻」(如一會兒，一塊兒，一點兒)的分布也很清楚，凡官話系統(長江流域以北的地方)，幾乎都有兒化，只是有的唸 w(如蘭州)有的唸 ə(如昆明)有的唸 r(如漢口)罷了。凡東南方言(長江流域以南的吳湘粵閩客贛)都沒有兒化，這種整齊的現象，絕不是偶然。再看兒化的結構是屬於詞尾的附加成分(suffix)，是膠著語(agglutinating language)的衍生字尾(derivational)，滿蒙語是阿爾泰語系，都是膠著語，靠附屬語位(bound morpheme)粘在自由語位(free morpheme)的後面來表現文法關係，所以很容易產生附加詞，加上滿蒙語語尾唸「兒」的很多，所以學漢語時，不自覺的多了「兒」。如 goyar(二)、nigur(面)、gucir(腮)、qabar(鼻)、qar(手)、sakir(糖)、taqar(石)、bakir(錢)……等字尾都有-r，華滿譯語，都譯成豁牙兒(qoyak)、你兀兒(niqur)、哈察兒(quair)、哈巴兒(qabar)、哈兒(qar)、沙乞兒(sakir)、塔哈兒(taqar)、巴乞兒(bakir)。

(D)聲母：國語的聲母與滿語十分接近，尤其捲舌音 tsts'tsts 的產生，極可能就是滿語的成分變成，其他的大致比較如下：

國語 pp'mftt'n-kk'ŋx tsts'ststs'ststs's//

滿語 pp´mftt´n1kk´ŋx／／／tsts´ststs´sjwr

閩語 pp´m／tt´n1kk´ŋhbdzg／／／tsts´s／／／

客語 pp´mftt´n1kk´ŋh／／／／／tsts´s／／h

今天臺灣的閩客語言都沒有捲舌音 tsts´st(ㄓㄔㄕㄖ)，所以臺灣的國語，捲舌音也就自然變成 tsts´s1(ㄗㄘㄙㄌ)了。

2.詞彙方面：在古文言典籍中，詞彙意義與今天白話國語差別很大，但在閩客粵等方言裡卻保有古文的詞意，如跑用「走」，吃用「食」，騙用「詐」，寬用「濶」，熱用「燒」，沒有用「無」，常常用「輒」，湊合用「鬥」，黑用「烏」，臉用「面」，翅膀用「翼」……等，都是古代的詞義現象，今天北方官話已不用，所以唸古籍時，勢必要經過注釋翻譯才能體會，古時成語「面面相覷」「走馬看花」「動輒得咎」如用國語，必須解釋「面」就是臉，「走」就是跑，「輒」是常常，但是用東南方言(如閩、客等語)本身就保有原義的「面」「走」「輒」等用法，不必翻譯注釋就能看懂詞義了。所以站在文化復興的立場，東南方言才是漢文化的本質所在，而羼入許多滿蒙成分的國語，已脫離漢語本質甚遠，用這樣的語言結構，想了解中國文化，其格格不入可想而知。

3.語法方面：漢語在上古時有 SOV 的結構，如「女不我欺」「時不我予」「吾誰欺」「不己知」……都是賓語在前，謂語在後的結構，與今天 SVO 的次序不同，很可能中國早期也有「賓語——謂語」的結構，後來變成「謂語——賓語」的結構，一直延續到今天，國語和各方言都是

SVO的結構，由於語法穩固性較強，滿蒙語雖然都是SOV的結構，並沒有使漢語發生改變，也改成與上古一樣SOV的句法。但是「被修飾語——修飾語」的次序問題，卻明顯的可以看出受滿蒙語影響，今天國語的修飾語都在被修飾語前面（如客人、公雞），與滿蒙語完全一致，但東南方言保有部分被修飾語在前，修飾語在後的情形（如人客、雞公）。常見的詞「棄嫌」「鬧熱」「塵灰」「腳手」「豬母」「牛牯」「下南」「上北」「歡喜」「風颱」「面前」「背後」……等，都是被修飾語在前，修飾語在後，與侗傣語的結構一樣，但與阿爾泰語相反，我們先看看下面的例子：

①壯語（侗傣語）：

pit^{7} pou^{4}鴨公（公鴨）　mou^{3} me^{6}豬母（母豬）

lau^{3} vain^{1}酒甜（甜酒）　au:n^{1} ngu^{4}月五（五月）

②侗語（侗傣語）：

əu^{4} sa:n^{1}米白（白米）　əp^{7} kung^{2}口多（饒舌）

nəi:^{2} pa:n^{1}人男（男人）　məi^{4} sət^{7}樹漆（漆樹）

③畲語（侗傣語）：

ne^{2} kwei^{5}人客（客人）　ne^{2}me^{6}人大（大人）

④佤語（侗傣語）：

tsu^{5} kjo^{1}米白（白米）　ngoi^{3} me^{6}腸大（大腸）

pui lɛn 人兵（軍人）　rom lamh 水汗（汗水）

ne lik 肉豬（豬肉）　rom lok 水沸（沸水）

⑤布努語（侗傣語）：

nu^{2} lu^{4}人老（老人）　pu^{3} khai^{5}人客（客人）

nau^{4} suə:^{3}牛水（水牛）　gang^{5} nau^{3}年今（今年）

⑥布衣語（侗傣語）：

va^{1} u ʔ^{7}花菊（菊花）　pu:i^{6} tung^{5}邊東（東邊）

tin^{1} vung^{2}腳手（手腳）　zam^{4} ta^{4}水眼睛（眼淚）

⑦土族語（蒙古語）：

naa-dəm 笑話　nitsu-va 客人

niuu-dur 今天　rtsu-dur 前天

⑧東鄉語（蒙古語）：

ginie（笑）＋dun（話）→ giniədun（笑話）

tso（客）＋tsum（人）→ tsotsum（客人）

⑨哈薩克語（突厥語）：

qon（住）＋aq（人）→ qonaq（客人）

bul(這)+dʒal(年)→bajal(今年)

⑩滿洲語(滿語)：

uher miqa 牛肉　usun uher 水牛

modun oran 木匠　modun qalqa 木牌

從以上各種實例，很清楚可以看出，在語法上，閩、客、奧等方言，保留了少部分「被修飾語——修飾語」(人客、鬧熱)的結構，這種結構與壯語、侗語、畬語、佤語、布努語、布衣語等侗傣語系的詞序相同，而「國語」則全無這種結構，一律「修飾語——被修飾語」的次序，與土族、東鄉、哈薩克、滿語等滿蒙回語相同，可見「國語」不僅如前面所談語音、詞彙上與滿蒙語相類，連語法上的構詞次序也有非常一致的地方。

因此，談臺灣語言的本質，「國語」在語音的聲調、兒化、入聲、聲母都有很明顯的滿蒙語成分在內，而詞彙也有許多與古文言的意義不同，已經失去許多解讀古文的能力，語法上則「修飾語——被修飾語」的構詞次序，也與滿蒙完全一致，所以「國語」有許多非漢語成分，是證據確鑿的。相反的，臺灣的閩南話、客家話有六個以上聲調，沒有兒化，有完整入聲，聲母無捲舌音，是道地的古時漢語延續下來的，加上閩、客方言，在詞彙上保有許多古詞義(如前舉走、面、濶、無、翼……)，也與「國語」大相逕庭，而詞法上「被修飾語——修飾語」次序的保留，也是閩、客方言所特有。我們從這些不同特色，可以這樣來給臺灣語言一個較中庸的定位——閩、客方言保有較完整漢語的本質，是文化性很強的漢語，在語言結構、思維方式、文化型態、社會現象的層層互動裡，是臺灣的主體語言。而「國語」則在現階段實用功能很強，雖然已失去了許多漢語的本色，但全國七五％的人口使用這一類的官話，我們也不能忽視它，各方言的人也應該會說這個共同語，來溝通情思，才能凝聚力量，而站在臺灣爲主體的立場，它的功能自然降低很多。因此，在臺灣加強方言的保存和教育是刻不容緩的事。其次山地語，雖然今天處弱勢，政府亦應給他們製定文字，推廣他們的文化，讓他們綿延了數千年的語言得以保存下來。

經過這樣的釐析，我們回頭看看「臺灣話」是什麼？毫無疑問的，是以閩南話、客家話爲主體，加上共同的「國語」和少部分的「山地語」所結合而成的多語內涵就叫做「臺灣話」。

三、臺灣語言的歷史

前面說過不同的語言結構會產生不同的思維方式，不同的思維方式會創造不同的文化類型。在臺灣語言的歷史裡，曾有數種完全不同語言的人在這裡生活過，由於語言不同，所以他們的思維方式也不一樣，因此所創造的文化也大不相同。首先，早期傳聞中矮人、黑人的語言文化，我們已無從得知，其次，太平洋島上遷徙而來的馬來——澳大利亞語，或者是從中國東南的古越族遷來，也還沒有完全定論，不過有人從古漢語、侗傣語、南島語做比較（陳康、王德溫在《中央民族學院學報》發表），發現泰雅語、阿美語、排灣語、布農語、魯凱語、鄒語、卑南語、賽夏語、雅美語、葛瑪蘭語、西拉亞語、巴則海語、道卡斯語、卡達加蘭語、巴布拉語、何安雅語等南島語，雖然彼此間差異頗大，但他們的核心詞卻與壯侗族的布衣、傣、壯、侗、水、黎、仫佬、毛難等語頗爲接近。這些侗傣語族，早期住在長江流域以南的廣大區域，漢代稱百越，他們遠在上古時期就在這裡發展他們的文化語言，今天侗傣語與山地語相同的成素，極可能就是早期古越語所保留下來的成素。這支古越語族，在漢人南來以後，有的跨海到臺灣來就是今天的山地族，有的向南遷徙就是今天的侗傣族。然而這兩族的語言也有不好解釋的地方，那就是侗傣語是單音節，山地語是複音節；說他們是同一祖源是否太牽強。這個難題，我們可以這樣解釋：古越語本來就是複音節，遷來臺灣的一支，由於沒有和漢語接觸，所以一直保留著複音節的特色，而南遷的一支由於與漢人往來頻繁，受單音節的漢語影響，慢慢變成了單音。

這種改變，在臺灣的山地語，因與閩南、客家人往來，也有慢慢變單音節的趨向可以得到證明。周法高先生所調查的桃園泰雅語，年輕人與老年人有若干差別，基本上，老年人說的泰雅語音節較複雜，年輕人的較簡單，例如「男人」一詞，老年人說成 melikuj，年輕人省略成 likui，「石頭」一詞，老年人說 bətunux，年輕人說成 tunux，變成與「頭」tunux 同音了，又如「柑」一詞，有人讀 jutak，有人讀 witak。都是受漢語影響慢慢簡化的結果。

下面舉幾個實例比較山地語與侗壯語同爲古越語的流脈：

①眼睛：壯、傣、布衣、侗語都說 ta，而山地族的阿美、布農、卑南、雅美、葛瑪蘭、西拉亞都說 mata。

②火：侗語唸 pui，高山語唸 apui 或 sapui。

③我：壯語、傣語唸 kau，臺灣阿美語唸 kaku，巴則海、賽夏唸 yaku。

④水：壯、傣、侗、水、毛難語唸 nam，阿美語唸 nanum，雅美、葛瑪蘭唸 ranum。

⑤路：傣語唸 ta:ŋ，排灣、卑南、巴則海唸 daran，布農唸 daan。

以上五個例子，都是侗壯語單音節，山地語複音節，是侗壯語比山地語省略或節縮了一個音節，由 mata → ta，sapui → pui kaku → kau nanum → nam daran → ta:ŋ。但「眼睛」「火」「我」「水」「路」等核心詞，縱使差別一個音節，但仍有一半的成素相同，可見他們之間一定有同祖源的關係，才會有這樣的現象存在。

當然，我們也不能因前面的證明，就一口咬定臺灣的山地話就是古越語，從而確信山地同胞是早期由中國大陸渡海來臺的。語言學者的研究，山地語語法與馬來語不盡相同，但語音系統、詞彙意義都跟馬來西亞相似，應該是馬來——澳大利亞語，像阿美語是 VSO 的結構，如 miala(要拿) kami(我們) to tilil(書)，意思是「我們要去拿書」。很淸楚的是動詞在前，其次主詞，受詞最後，這種「動——主——賓」的結構，與現代漢語「主——動——賓」及阿爾泰語「主——賓——動」都不一樣。然而馬來語卻是 SVO 的結構。例如：Dia(他) pandai(擅於) berkendera(騎) kuda(馬)，與阿美語的 VSO 不同。但是「二」阿美語叫 tosa，馬來語是 dua，泰雅語是 saziŋ。「四」阿美語是 sapat，馬來語是 empat，泰雅語是 pajat。「五」阿美語是 lima，馬來語是 lima，泰雅語是 magal。「六」阿美語是 ənəm，馬來語是 enam，泰雅語是 mətsiju。「眼睛」阿美語是 mata，馬來語是 mata，泰雅語是 rawziq。

以上隨手摘錄幾個核心詞，阿美、馬來、泰雅之間的相近性，比起侗壯語，簡直不可同日而語。語法的相異性，可能跟現代漢語與古代漢語的差別一樣，還沒有很淸楚的答案。無論如何，馬來——澳大利亞語在臺灣已有非常悠久的歷史，這個語言在這個「甘薯島」上，早已生根發芽，舉凡山地同胞的社會現象、文化型態、思維方式都與這個語言結構結合在一起了，所以從長遠歷史上論，山地語才是眞正的臺灣話，姑且不論他們是馬來語還是古越語，或者中庸一點說，山地話有部分是馬來語，有部分是古越語，但他們在這塊土地上有那麼長遠的歷史，那麼臺灣話應該是山地話，沒有人可以否認。

其他，十七世紀入侵的荷蘭語、西班牙語，在臺灣的時間都很短，通計荷蘭人三十八年(一六二四——一六六二)，西班牙人十六年(一六二六——一六四二)，還沒有和臺灣這塊土地結合就撤離了，根本談不上有任何影響力，除了留下了淡水的紅毛城以及「三貂角」(西班牙聖名 Santiago)「富貴角」(荷蘭語 Hoek「岬」)以外，早成了過眼雲煙。之後，鄭成功來臺，閩南話、客家話陸續進入臺灣，山地語言文化在漢語蠶食鯨吞之下，漸漸消亡，尤其平埔族，幾乎湮沒在閩客文化之中不見蹤影。

另外，日本佔據臺灣，積極推行日語，不但使漢文化受到斫傷，更使顛危的平埔族語完全瓦解，高山族語也幾乎成了日語。所幸日本在臺統治才五十年，否則臺灣的語言會變成日語。

日本撤離臺灣，國民政府來臺，在語言政策上，比日本皇民化的政策還要強硬，推行國語教育：所有機關學校、大衆傳播一律使用國語，結果高山族語也失去了據點，年輕一代已大部分不會說高山族話了。臺灣本地的強勢語言由日語變成了「國語」，馬來——澳大利亞語在臺灣的掙扎，終是逃不過被征服的命運，這種政治霸權的弱肉強食，相對的也使文化語言遭受毀滅性的殘害。

從山地語→荷蘭語、西班牙語→閩南、客家語→日語→國語，山地語在臺灣有數千年歷史，荷蘭、西班牙、日語、國語都只有數十年，閩南、客家語有數百年歷史。然而有數千年歷史的山地話，卻被數百年歷史的閩客話消融了平埔語，被數十年歷史的「國語」吞噬了高山話。這塊土地的主人不但讓出土地，也讓出了文化語言。

說到這裡，要我從臺灣語言的歷史去定位，我會毫不猶豫的說臺灣話是「馬來——澳大利亞語」，其他的是漢語中的閩南話、客家話、北平話而已。

四、臺灣語言的文化

臺灣山地話雖然沒有文字，但卻有悠久的文化，這些文化是由他們自己語言去思維所創造出來的。如果有一天他們的語言消失了，大家都使用漢語中的國語，那麼在山地住區所培育的文化，也沒有山地祖先留下來的特色了。就像美國黑人，早年被英國人從非洲強行運去美洲販賣當奴工，雖然，後來黑奴解放了，在美國的黑人取得了大部分應有的權力，但是他們早已忘記了自己的語言，全美國的黑人都說美語，他們不可能再創出祖先留給他們的文化，結果，美國的黑人傑出的是全盤美國化，取得了高成就，墮落的就淪爲大都會的浪人。然而，不管有成就的或淪爲浪人，對黑人文化而言已沒有意義，徒然背負著黑皮膚、捲頭髮而造成歧視。如果有一天黑人取得政權，能夠覺醒，那麼他們也必須返回非洲汲取自己的文化，如音樂、宗教、語言等等，否則唱白人的歌，信白人的上帝，說白人的語言，除了膚色以外，又有何意義。

當年康有爲在《大同書》裡，認爲英倫三島的盎格魯、撒克遜人是世界最優秀的民族，甚至認爲膚色越淺的民族是越優秀的民族，所以要世界大同，唯一的辦法是全世界的人皮膚都變得很接近的顏色。以康南海這麼有見識的人，猶且提出這樣的文化觀，其他人的文化偏見，可想而知。

在臺灣，上至袞袞諸公，下至販夫走卒的文化理念中，大部分認爲山地人沒有文化，沒有見識，只知喝酒不知進取，讓他們慢慢融入漢族裡不是對他們很夠意思了嗎？所以山地文化消失了沒關係，還有九族文化村可以參觀，當然，山地語言被國語取代沒關係，這樣他們才能打入漢人的世界，與漢人一爭長短，爲什麼還有人在提倡保存山地話，還在學校教山地話，這些人居心叵測，有意製造分裂主義，實在要不得。

由於我們文化理念如此膚淺，所以四十年來，不曾重視過山地文化語言的保存和提昇，反而是教會的神父牧師不辭辛勞的爲他們用羅馬字母定拼音文字，一方面傳教，一方面保護語言文化。解嚴後，少部分山地籍的青年，鑑於文化語言瀕臨滅絕，起而大聲疾呼，希望在繼續存亡之秋，能使山地語文起死回生。在創作上比較受人注意的有泰雅族的瓦歷斯・尤幹（漢名吳俊傑，筆名柳翱）著有散文集《永遠的部落》，排灣族的莫那能著有詩集《美麗的稻穗》，布農族的拓拔斯・塔瑪匹瑪（漢名田雅各）著有小說《最後的獵人》，雅美族方面有周宗經的雅美神話、施努來的詩和郭健平的散文，另外泰雅族的娃利斯・羅干（漢名王捷茹）的小說，排灣族的林歌、米勅・主卡斯，阿美族的巴辣夫等，都有不少作品在報章中出現。他們的作品大都用漢字書寫，用「國語」創作，只有部分詞彙用借音方法表達，再用注釋加以解說。由於馬來語與漢語完全不同體系，所以表達出來後，仍顯得格格不入。理想的辦法是有自己的文字，用自己的文字來記錄自己的語言，用自己的語言來表達自己的思維，這樣的作品，才是道地的山地作品。

基於這樣的理念和困境，所以有不少人開始編寫山地語字典和讀本。比較常見得到的有黃天來的《臺灣阿美語的語法》，方敏英教士的《阿美語字典》(Amis Dictionary)，以及曾瑞林博士的《泰雅語字典》。另外法籍神父賈士琳也以羅馬拼音寫了一本《布農語典》，巴義慈神父編了《泰雅爾語文法》，都是近年出版的山地語辭典。至於早期的研究，則非常有限，多奥・尤給海和阿棟・尤帕斯合編的《泰雅爾語讀本》(LPGAN KE'NA TAYAL，由泰雅爾中會母語推行委員會出版)，在序文中提及一九三一到今年，泰雅語研究的文獻只有八冊，其中《泰雅語的音韻》及《泰雅方言的音韻規律》是學術的著作，而《泰雅——英語字典》及《泰雅爾語文法》(巴義慈神父，一九八〇，天主教方濟會)，是參考性較廣的基礎著作。如果往後幾年能繼續努力，一定會有更好的成果。可惜邵族、鄒族、賽夏族及卑南族都沒有作品或辭書，更有待搶救。

山地話的情況，大致如上所述，其次是在臺灣數百年之久的閩客方言。由於有數百年時間，在這塊土地上已有感情，生活的種種都與這塊土地不可分，甚至連語言都與臺灣社會文化連結在一起，所以是除山地話以外，第二種與臺灣文化關係比較密切的語言。尤其今天在這塊土地上說這種語言的人口，閩南有七三%，客家有一二%，總計佔八五%。這麼大數量的人口，挾著如前節所述的特質，在臺灣語言文化來說，自然是主流，照理應該保存和整理、承傳得非常好才對。

只可惜一般人沒有這種文化理念，老以爲自己的方言沒有文字，沒有內涵，應該說國語才有程度，因此學校教育一律採用國語，大衆傳播幾乎被國語壟斷，而且或有意或無意的傳播「國語」是高階文化的語言，應好好學習，閩南話、客家話是低俗的話，讓它慢慢淘汰沒關係。

然而，讓我們認眞的思量一下，八五%的家庭裡，大家思維都用閩客語，因此八五%的臺灣文化是用閩客語所創造出來的文化，這樣的文化是接續漢族在十三世紀以前的語言文化，又延續到今天，保有相當中國(以漢而論)傳統的文化，加上後期在臺灣三百年的文化社會現象的薰養調適而成。縱的可以承襲數千年的漢文化，橫的可以在臺灣的土地傳播，是後期的臺灣文化主流，這與山地話一樣，縱的承襲馬來文化，橫的廣布臺灣，成爲早期的臺灣文化。兩者都有歷史的縱橫條件。我們隨手舉一個例子來說明就很清楚。像「三三八八」這個詞，以橫的來說，在臺灣幾乎認識漢字的人，都了解它的內涵，但唸起來可就有不同的感覺了，如果用今天的「國語」唸 san san pa pa，完全失去語音的節奏，變得平穩單調沒有韻味，如果用閩客方言唸 sam sam pat pat 就節奏鏗鏘、平仄分明。

以縱的來說，「三」這個詞在中國構詞裡用得最多，有「一日三秋」、「三長兩短」、「朝三暮四」、「三三五五」、「三頭六臂」、「三病七艾」、「三三八八」、「三跪九叩」，「三」幾乎與一到十的每一個數字相配對，但其他數字絕無如此幸運，這是爲什麼？只懂得說北方官話的人是無法找到答案的，甚至講出了答案，他也無從體會。

答案是：一到十之中，只有「三」是平聲，其他都是仄聲，中國人造詞極重視一平一仄的節奏相對，所以常用「三」來和「一二四五六七八九十」相配，才能顯出節奏。但是「一二四五六七八九十」九個數字當中，除了二四去聲、五九上聲，爲當然的仄聲以外，「一六七八十」都是入聲，也是仄聲。然而國語把「一七八十」都唸成與「三」一樣都是平聲，所以「三三八八」唸起來就沒有平仄相對的節奏感了。但是用閩客方言保有入聲唸起來 it(一) tshit(七) pat(八) tsap(十)，都有入聲，都是仄聲，只能與「三」sam 相配，才是一平一仄。

像這樣的縱的文化問題的解決，是國語所無法完成，所以閩客方言，在臺灣有其特別的地位，縱的可以延續，也可以解釋縱面數千年的歷史文化，橫的可以廣布到臺灣每一個懂漢字的人。

話再說遠一些，能以帶有很完整漢語本質的閩客方言去接續古代典籍，才能通盤了解古代文物制度的眞正內涵。而臺灣四十年來全面推行與漢語本質差異極大的官話，是非常不智的做法。如我前面所說，語言結構影響思維方式，而思維方式不同創造不同文化類型，我們站在臺灣延續或推廣漢文化的大前提下，應該好好維護帶有較完整漢語特色的語言，把官話當做溝通工具就夠了，豈可反客爲主，讓國語膨脹如此厲害，而任眞正的漢語日漸沒落呢？數典忘祖是文化的罪人，今天臺灣要關心文化，這是一個非常重要的理念，否則立足臺灣乾脆大家好好學馬來話，重新建構馬來文化也比建構阿爾泰語系的文化(國語)來得好。

中國在宋以後，遼金元清的入侵入主中國，對漢文化的殘害實在太大了，中國由盛而衰的時期就在宋後的元明清三代，這三代的積弱原因就是失去了自己的語言文化，注入阿爾泰的非漢文化成分，各方面都不能適應，所以國勢一落千丈，加上外族入主中國的高壓手段及過客心態，一切貪汚頇頇都這樣產生了。

談中國文化，歷史總是以堯舜禹湯文武，下而宋元明清，但我從語言來看歷史，南宋以後中國文化只在長江流域以南，長江以北的偌大土地已經變成滿蒙漢的新文化。也就是說宋元明清的文化大部分不是漢文化，如果重寫漢文化史，宋元明清四代，漢文化只是蟄伏、殘喘在東南一帶而已。

回想北宋的李綱，南宋的文天祥，明末清初的史可法、顧炎武、黃宗羲，他們在異質文化武力入侵的時刻所表現的風骨是何等感人，他們關心漢文化語言的衰亡，誓死不屈於滿蒙勢力統治漢族，就是擔心漢文化淪於阿爾泰文化之手，造成漢文化的滅亡。可惜這些丹心照汗青的忠烈之士，最後都是空手拯元元，無力可挽天，滿蒙勢力長驅直入，燒殺虜掠只是當時之痛，極權統治破壞漢文化，才是漢人的致命傷。有清一代，漢人無法出頭天，只知努力考古以慰不平的心靈，所以有考據學上的成就，然而，被統治久了，自己的文化也被破壞光了，人也麻木了，都忘記自己是誰，以爲滿清政府就是天朝，滿蒙語言文化的成分也當成中國文化。最後國父孫中山先生領導的一群人推翻了滿清政府，趕走了政權，卻趕不走滿蒙文化，加上建國初的掌權派對文化認識不夠，竟以滿蒙語入侵而產生質變的「半漢語」——北平話，當做大家的標準語，來推行全國，而純質度較高的方言，反而任其日漸式微，我們今天站在文化的山頭，古風習習，能不令人喟然長嘆？

漢人忘了漢文化而極力推崇阿爾泰系文化，與臺灣的山地同胞，將來忘了山地文化而極力推崇漢文化的情形一樣，都是數典忘祖，扭曲文化的不當做法，從事文化工作的人能不三思。

解嚴以後，部分覺醒人士，開始關心本土文化，但僅止於本土，不願上溯漢的歷史，所以有人想把臺灣從中國歷史中割裂開來，獨自成立一個文化。我不曉得這樣的做法算是什麼心態，因爲與漢文化割裂開來，也等於否定漢文化，也是數典忘祖，也是沒有希望的文化。今天看臺灣的語言文化，應該認清漢文化在哪裡？而創造漢文化的思維語言又是什麼？不能只看本土只以臺灣這樣一個小空間，才三百多年歷史的文化就想獨立開來。必須放眼歷史，認清閩客方言的漢文化傳統，認清漢文化的根在長江流域以南，北方的官話系統文化已非漢文化了，所以好好維護保有漢文化特色的閩客方言，才是今天我們應有的責任。

當然，任何文化工作，都要從生活的周遭著手，處理清楚了，才朝歷史進軍，所以解嚴沒幾年，我們的首要工作是推廣整理閩客方言，但最終目標，決不是只有臺灣這塊土地，只有臺灣這三百多年歷史。說到這裡，我們如果從臺灣語言的文化這個角度，來替臺灣話定位，那麼臺灣話早期是山地話，後期是閩南話和客家話。

五、臺灣語言的社會

了解了山地語言及閩客方言的不可取代性，讓我們看看臺灣社會的語言概況。先說閩南語言的教學及著作，再談客家話的創作和著作。

閩南方言的整理和推廣，平時都有人在做，解嚴以來更進展快速，投入此項工作的人也頗爲可觀。先說閩南語的教學工作，解嚴以來各地閩南語教學的機構紛紛成立，首先《自立報》系在一九八九年開始成立「成人臺語班」，一九九〇年五月 YMCA 已開設臺語班，其後成功大學、美國在臺協會、輔大語言中心、臺大史丹福語言中心都成立臺語教學班，而各大學社團也紛紛成立臺灣語文研究社(如臺大、清大、交大、東吳、輔大、政大、文化、師大、淡江，有的分閩語組和客語組)。私人方面如謝長廷服務處、賁馨儀服務處也開設臺語班。

另外有些機關團體也設「臺語班」(如臺電公司、銀行證券、醫院、交通、中華航空……)，更有趣的是政治用途明顯的「民主基金會」也開設了臺語班。聽說連國外也都開始學臺語(鄭良偉先生在夏威夷，日本的筑波、天理都有臺語班)。

大規模的推展，最值得稱道的是宜蘭高雄兩縣，編纂了鄉土教材，推廣到國小國中。林繼雄在成大開「臺語現代文」，趙順文、方南強、簡上仁在臺北市金華國中開「閩南語教學」，更是一九九一的工作。其次「磺溪文化學會」(李篤恭先生主持)致力閩語創作和研究，「鹽分地帶營」替本土文學創作催生。「臺灣語文學會」(洪惟仁等發起)，更製訂了新的注音方案，採國際音標與羅馬拼音混合的形式，且閩南話和客家話互通，期望對臺灣漢文化有互通的基礎符號，以利漢文化的整理和推展，更希望把臺語作品中音標和書面語各說各話的困擾可以獲得解決。到目前為止國際音標、羅馬拼音、注音符號ㄅㄆㄇ、日本假名音……各行其是，相信臺灣語文學會製訂的符號，能被大家接受。接下來的工作是書面語要採漢字、羅馬字、漢羅共用，這個答案本來很清楚，非用漢字不可，但沒有一個學會來統合，會永遠各說各話，因此「臺灣語文學會」最重要的工作就是統合。

其閩南話的整理工作，除了早年的著作，如吳守禮的《綜合閩南臺灣字典初稿》(文史哲，一九八七)、陳成福的《國臺音彙音寶典》(西北，一九八六)、徐金松的《中國閩南廈門音字典》(南天，一九八〇)、許成章的《臺灣漢語詞典》以外，這兩年有楊青矗的《國臺雙語辭典》(一九九一)、林央敏的《簡明臺語字典》(前衛，一九九一)、陳修(朝會)的《臺灣語大辭典》(遠流，一九九一)、許曹德的《閩南辭典》(尚未出版)都是可圈可點的整理成績。

至於語言研究方面，成績較豐碩的有鄭良偉教授的《從國語看臺語發音》、《走向標準化的臺灣語文》、《演變中的臺灣社會語文》、臺大黃宣範教授的《現代臺灣話研究論文集》、洪惟仁先生的《臺灣河佬語聲調研究》、《臺灣禮俗語典》、鄭穗影的《臺灣語言的思想基礎》、許極燉的《臺灣話流浪記》。學術性的研究，張光宇教授對閩南話與中國語言史的問題有不少新創見。其他曹逢甫、姚榮松、楊秀芳、林金鈔、陳永寶、陳冠學……諸先生的研究，都成績斐然可觀。

臺語文學方面，李赫、莊永明整理諺語，向陽、趙天儀、黃樹根、黃勁連、林宗源的詩，宋澤來、林雙不的小說……等多人的創作，恕我不能一一列舉。

為了維護客家話的尊嚴和爭取生存環境，各項自保活動在一九八八年十二月廿八日「還我客家話」大遊行之後，如火如荼的展開。尤其在爭取客家語的電視新聞和氣象播報，更不遺餘力的呼籲。終於在今年九月臺視、中視、華視，開始有客語新聞氣象的播報了。其次新竹縣採定點學校，嘗試推展客家話教育，是一大突破，而各地「山歌班」紛紛成立，更是難得的景象，有些傳播公司，還請專人用客家話譜新曲（最有成就的是涂敏恒先生），出版了不少新的客家歌，與早期的採茶歌、老山歌並駕齊驅。

至於客家話的整理和創作，除了早年的《客英大字典》、《客法大字典》以外，較完整的研究整理的，有羅肇錦的《客語語法》、《臺灣的客家話》、《講客話》，另外學術的論文有鍾榮富、黃宏祿、余秀敏、張玲英、賴惠玲等人，對客家話的語音、詞彙、語法結構各方面，做細部研究，都有很好的成績（這些學術論著，都用英文撰寫，在臺灣尚未出版，所以不一一列出書目）。

除了學術著作之外，一九九一年內，各大學也成立了不少個「客家研究社」（如臺大、師大、清大、淡江、政大、逢甲亦將跟進），社會上，社教館也曾開過兩期的「客語班」，對年輕一代的客語關懷，有很大的鼓舞作用。雜誌方面，在臺北有《客家雜誌》，已延續四年多，一直爲客家文化與客語生存催生，中部苗栗有《中原周刊》，是老字號的刊物，南部有《六堆雜誌》、《六堆風雲》、《月光山雜誌》，也都以報導客家文化語言活動爲主。更值得一提的是成立了「客家公共事務協會」（簡稱HAPA，首任會長鍾肇政先生），舉辦各種客家活動，如客家文化營、歌謠演唱會，最近準備大型的「鄧雨賢歌曲演唱會」，也集結出版了《新的客家人》一書。其他，推廣性的書籍，正中書局出版了一本《徘徊在族群與現實之間——客家社會與文化》（徐正光主編），專以說明剖析，現階段臺灣客家的文化。字書的編纂，比起閩南話，是最弱的一環，四十年來只有中原週刊社編纂中尚未出版的《客語詞典》而已，著實令人汗顏。倒是陳運棟先生的《臺灣的客家人》、《臺灣客家禮俗》，黃鼎松先生的《苗栗史蹟巡禮》、《苗栗山水紀事》、《苗栗開拓史話》維持一定的文化理念。屏東的鍾孝上先生編有《臺灣先民奮鬥史》、《客家的過去、現在和未來》也是文化史上的難能之作，餘外黃榮洛先生的《渡臺悲歌》、黃子堯的《擔竿人生》，一個是客家長詩蒐集研究，一個是客家詩創作，都在市坊間引起注目。

至於客家文學的創作，早期的小說家鍾理和、吳濁水到中期的鍾肇政、李喬，在臺灣藝文是領航人，在此不必細述，近幾年從事這方面創作的人也愈來愈多，杜潘芳格女士是最早寫客家詩的前輩，其後范文芳教授也投入寫客家詩，他們的創作都令人感奮，而廖金明先生更孜孜不倦的從事客家散文寫作十多年，鍾鐵民、曾桂海是南部的創作尖兵，吳錦發、彭瑞金的評論更力道十足。而中原週刊社從社長徐運德到成員曾桂龍、徐清明、龔萬灶、楊正男、宋聰正都不斷的有客家話作品刊出。另外涂春景先生亦嘗試寫客家詩，清新雋永，客味十足。這些作品和創作者紛紛出現，相信假以時日，必能蔚成風氣，使客家文學創作日益圓熟。

「國語」在臺灣的情形也起了很大的變化，由於解嚴後閩南話受到青睞，所以「國語」的詞彙，一時之間加入了許多閩南語詞彙，不管報紙、電視、各類廣告，都一窩蜂的採用閩南話詞彙（如鬧熱滾滾、白賊、鬥陣、代誌……），可以想見往後的臺灣國語會融入無以數計的閩南話，讓我們拭目以待其變。其他國語方面的語言社會情況，《國文天地》七卷六期專題討論〈當代臺灣語言生態〉，有非常詳細的分析，在此不多贅筆。

總之，臺灣語言的社會，除了國語推行四十年有很大成就之外，幾乎是閩南話的天下，從前面的著作或活絡情形看，閩南話已掩蓋了其他語言而一枝獨秀了，所以從臺灣語言的社會立場，來給「臺灣話」一個定位的話，那麼閩南話就是臺灣話。

六、結語

綜合前面臺灣語言的本質、歷史、文化、社會四方面的現象，我們可以得到這樣的結論：

1.從本質上論：臺灣話是臺灣社會的現象，是生活在臺灣的人的思維工具，是臺灣各語族用來溝通情思的系統符號，因此每一種語言都有他自己的系統，都表現出不同的社會現象，都用他們的語言當思維的工具。我們站在臺灣這個立足點，臺灣是山地話、閩南話、客家話、國語都各自以他的符號系統去思維所產生的一個社會共同體，而四種語言都有他的語言結構、思維方式、文化型態和社會現象，只不過人口數不同，語言使用的機率有大小、文化承傳不同，語言結構有別，所以我們可以這樣說，「臺灣話」是以閩南話、客家話為主體，加上

「國語」和「山地話」所結合而成的多語內涵。

2.從歷史上論：山地話在本島數千年歷史，閩客話只有數百年，而國語只有四十年與日語、荷、西語相類，所以從歷史上論，「臺灣話」是以「馬來——澳大利亞語」，其他的只能算是漢語中的閩方言、客方言、北方方言而已。

3.從文化上論：不同的語言所擔任的文化角色也不同，所製造出來的文化型態也不一樣，閩客方言是接續漢文化的語言，山地語言是接續馬來文化的語言，而國語是滿蒙漢的新生語言，所以從文化的角度論，「臺灣話」早期是山地話，後期是閩南話和客家話，國語尚未進入文化層次。

4.從社會上論：依目前社會熱絡的程度估計，以及所操語言人口比例，加上著作推廣的現況。國語是共同的溝通工具，有其另層意義，其他幾乎是閩南話一枝獨秀，所以從社會立場看，「臺灣話」就是閩南話。

統合這樣的結論，令人很爲難，因爲四個答案都不同：

1.臺灣話是閩南話、客家話、山地話、國語(本質)。

2.臺灣話是山地話(歷史)。

3.臺灣話是早期的山地話和後期的閩客話(文化)。

4. 臺灣話是閩南話（社會）。

所以，最後一個答案是——臺灣話是找不到定位的符號。

以「本土文化的再生」重建臺灣美術新秩序

——一九九一年臺灣美術觀察

黃智溶

在二屆國代選舉結束後的今日，來回顧民國八十年的臺灣文化、美術活動，更是別具深意，政治上資深國代、立委、監委的全面退職，到新國代的產生，宣示了解嚴後，因威權的崩解所導致混亂局面的結束，與新秩序時代的來臨，而這一年的美術活動，尤其是在理論或論戰方面的重點，也都環繞在「如何建立臺灣美術新秩序」上打轉，而大陸渡海來臺三大家（溥心畬、張大千、黃君璧）之中的最後一位水墨畫大師黃君璧也於八十年十月廿九日病逝，他同時也象徵了一個時代的結束，雖然政治和美術的情況不盡相同，但在某些意義上卻又互相指涉、牽連，不能說毫無瓜葛，在政治上，要花上四十多年，費盡多少波折，耗盡多少心力，才順利產生了接棒的第二屆國代，在美術上，新的文化傳承到底在那裏呢？藝術文化的新秩序還要再爭論多久，再費盡多少心力才能眞正建立呢？在這一年之中，又到底有那些活動和事件，在建立文化傳統上，具有深遠的意義呢？

一、從落實本土文化的論爭說起

雖然，爭論只能將問題攤開，引起大家注意，不能眞正解決問題，但卻也有集思廣益之效，而一九九一年有關本土文化之探討，事實上早在一九九〇年歲末，鼎典藝術中心就曾於十二月九日以「如何落實本土文化／藝術的自主性」爲題，邀集文化、美術界人士展開座談，這並非個別孤立事件，實在是針對一九九〇年美術界貌似百花齊放，實隱含混亂、無秩序現象的一個反省活動，但眞正引發這一波「本土文化」論爭高潮的主因，是《雄獅美術》於一九九一年四月分（第二四二期）刊載的〈西方美術．臺灣製造〉一文，所投下的巨大回響，這一篇由身兼畫家、藝術理論工作者——倪再沁先生所寫的文章發表後，無異擾亂了臺灣近幾年來美術界與畫廊業的「一池春水」，引發了一連串對「本土文化」、「臺灣文化」的探索，例如《雄獅》六月號（第二四四期）的〈如何發展臺灣觀點——對「臺灣新美術的回應」〉（劉文三）、〈「批判」的反思〉（李國安）、〈臺灣美術史研究中的陷阱〉（鄭水萍）、〈激情過後的省思〉（王文平）等，均是倪文所引發的第一波回響，而當期（六月號）倪再沁又發表了〈中國水墨．臺灣趣味〉，與前期〈西〉文相對比，可發現〈西〉文是「先破」，〈中〉文是「後立」，〈西〉文的結語是：

對進步的迷思與對宰制的迷思是後現代文化的兩個特質，許多以往視爲邊陲的文化，已經知道要在自己的土地上站起來；臺灣美術在後現代來臨時，在接收了四方襲來的訊息時，是不是也該像義大利、德國一般，從自己的歷史文化本源反省後再生（如德國之新表現、義大利之超前衛）？也只有這樣，才能從混沌的「西洋美術」中走向「臺灣」。

〈中〉文的結語則是：

……水墨畫的未來發展，如果未經深化、如果讓視覺代替了沈思，或讓情趣遮蔽了眞相，就無法爲臺灣水墨拓展新局。唯有眞正的面對斯土斯民，以新而有個性的語言來表達「畫外之意」，水墨畫才能走向一個新的紀元，就此而論，千餘年前的「外師造化，中得心源」仍是臺灣水墨通往新世紀的指標。

姑且不論大家同不同意其指出的未來之路，藝術本來無定解，各種方向，不同流派有深度的努力，都有可能取得一定的成果，但倪再沁對當今臺灣油畫、水墨畫壇的困境所下的診斷，卻是不容否認的。這些問題對稍具有歷史感、責任感的藝術工作者而言，自是不待倪文指出，而早已有之的共識，但倪文提出的時機，與批判的犀利，均加強了此文的渲染力，使更多的藝術工作者投入於這一波「本土文化」、「臺灣文化」的論爭之中。

此後，《雄獅美術》於八月號（第二四六期）刊出梅丁衍所撰的〈談臺灣美術鄉土寫實中現代意識之盲點〉後，復於十一月號（第二四九期）刊出梅丁衍的〈臺灣現代藝術本土意識的探討〉，而同期（第二四九期）也登出倪再沁所撰的〈臺灣美術中的臺灣意識〉，這些可謂是第二波的回響。

在座談會方面，繼鼎典所舉行的「如何落實本土文化」之後，這一波對臺灣美術界「本土文化」、「臺灣文化」的探討，就轉由《雄獅美術》所積極推動，在《雄獅》三月號（第二四一期）中，以「展望臺灣新美術」爲題，刊載了在一九九一年元月分所陸續舉行，地點包括臺灣北區、中區、南區與巴黎、紐約、加州等六個地區的座談記錄，主要議題有：

1.臺灣新美術發展現況的檢視及未來的發展。

2.美術與社會、政治的關係。

徹底地檢視了臺灣美術的現況與未來發展。至於十月分（第二四八期）與十二月分（第二五〇期）相繼製作的「臺灣美術史論」上、下兩個專輯，更是念茲在茲，爲臺灣藝術史的未來，做了深、廣的雙向探討。

而五月號《雄獅美術》（第二四三期）所推出的「新原始藝術特輯」介紹卑南族雕刻家——哈

古，與七月號（第二四五期）所推出的「原住民文化的蛻變」座談會，兩次不遺餘力的介紹原住民文化、藝術，若與同期（第二四五期）所製作的「常民文化特輯」合而觀之，兩者的提出，則是對代表西洋的油畫與中原的水墨兩大傳統的反思，爲所謂的「本土文化」、「臺灣文化」提出了另一種思考的方式，並試圖從這一塊土地所產生的文化傳統中，整理出一套較具系統的藝術傳承。

二、積極重建文化傳統的行動

相對於理論性的探討，民國八十年美術文化界在企圖建立自己（臺灣本土）文化傳統的努力過程中，「八里十三行遺址保存工作的挫敗」與「師大舊圖書館的拆除」兩個事件所帶來的嚴重問題，卻是不容忽視，誠如石守謙、黃貞燕所合撰〈文化傳統的失落危機〉一文所言（見《一九九二臺灣美術年鑑》，雄獅圖書公司出版）。

十三行遺址保存工作的挫敗，不僅吞噬掉過去好不容易經營出來的些微推展文化之成果，也粉碎了文化界在臺灣尋造文化傳統的樂觀夢想。它，不僅是考古界的挫折，也是整體文化界的挫折。然而造成這個挫折的原因，實際上並非只是行政單位的無知，整個社會的消費文化心態才是更根本的病源。這個病源不僅讓我們有十三行遺址事件，也造成師範大學舊圖書館的拆除等種種病象，藝術界近來嚴重的價值混亂現象根本上亦肇因於此。文化傳統在民國八十年的失落，正宣示著臺灣未來文化、藝術發展的最嚴重危機。

從石、黃兩人的立論中，不難看出文化美術界近年來在企圖建立自己的文化傳統，所做的努力與成效的微薄，所有對於自己歷史文化的毀壞，都將使後代重新瞭解前代人的機會消失殆盡，更不用說重新詮釋，或轉化成新的創作因子了。難怪石、黃的文章中要做這樣的感慨：

> 人唯有在文化傳統的歷史之流中，才能感受到自己所處的境遇脈絡，彰顯出自己的存在。否定過往，則人不具理解現在的可能性，人必須以自身所處時空爲基點，出發去尋求、解釋歷史傳統，進而將自身納入傳統之流中，而這個傳統由於是人所積極建構的，且因自己亦含蘊其中，該傳統必然具有意義與生命。

基於這樣的認識，我們才能瞭解爲何今年的文化、美術界要一再而、再而三，念茲在茲地座談「本土文化」論爭「臺灣美術」，因爲一個喪失文化傳統的民族，在藝術創作上就無法找到一個踏實有力的著力點，也找不到一個評判的切入點，造成了倪再沁在〈西方美術・臺灣製造〉一文中所引以爲憂的現象：

> 由殖民文化、仰賴情結到消費文化，臺灣美術的脈搏不由自主地隨著西方激烈轉換的美術思潮而跳動，臺灣的本來面目已被這一股股世界文化淹沒了，這也許是我們接納西方美術，躋身世界文化的代價吧！

也由於我們自身文化傳統的斷層，在面對西洋美術一波又一波浪潮的衝擊時，在前衛的浪頭上迷失了自己的方向，而造成了整個臺灣藝術的混亂。而文化傳統的空洞，其癥結就是我們對自己這一塊土地曾經發生的歷史、產生的文化，所投下的關注和研究實在是太少、太少了。也因爲以前太少關注這一塊自己成長的土地(不論當時是政治或經濟的因素，或是民族性使然)，但現在再不做，以後要做可能更辛苦，甚至無法取得資料了。這也是爲什麼要搶救十三行遺址，保留師大舊圖書館，關注原住民藝術，研究常民文化(包括宗教、寺廟、民俗的研究)，因爲這些有助於瞭解我們的文化傳統。

三、大家一齊來「發現臺灣」

今年度這一波文化傳統的尋根熱，並不是一種偶發現象，音樂界推出了「來自臺灣底層的聲音」，以語言的音韻之美爲條件，搶錄了消失中的臺灣聲音，而「優劇場」近幾年來所探索的主題，例如「溯」計畫、〈追溯本土文化的源頭〉、「鍾馗之死」〈找尋臺灣人的身體〉、「宜蘭明山寺徒步」〈踩在自己的土地上〉等，均有強烈的尋根傾向（劉靜敏所謂的「將臺灣本土文化的根紮入劇場創作」見《雄獅美術》第二四七期，頁一三三），而今年度的尋根熱也不是藝文界的孤立現象，無獨有偶，十一月《天下雜誌》以「發現臺灣」爲題，推出「從歷史出發特刊」，整理出臺灣自一六二〇——一九四五年間重要的歷史關鍵事物，企圖通過與歷史的對話，以凝聚面對未來的力量。在序言〈爲什麼現在要回頭看歷史？〉一文中提到這樣的感受：

在過往的幾十年經驗裡，感覺臺灣幾乎是個全無歷史感的地方。大家虛空地、片斷地、平面地生活在現代的時空裡，最遠只能追溯到自己的童年。就連對「家」的概念也很模糊，因爲遷移是那麼經常發生的事，身邊的朋友沒有一人是住在自己當年出生的地方、甚至成長的地方。「家」所代表的，往往只是一間公寓，一個門牌號碼。每個人都突兀地暫揷到周圍環境裡，似乎準備提起腳來走掉。

爲什麼有這麼濃烈的生存飄浮感呢？

沒有歷史背景作思考的依據，古蹟不過是斷瓦殘垣，英雄也只像是剪貼在紙上的人物，從不曾眞的存在過。

而歷史感的喪失要如何才能建立呢？

如果歷史是共同的記憶，那麼也要先擁有共同的記憶才能留下歷史。

記憶來自何處？史料、書籍、圖片、聲音……處處皆是。但，若沒有從小對身邊人事物的深刻關懷，記憶便無法深刻、長久；記憶無法凝聚共同的力量，便無法寫出共同的歷史。

如果無法認同一個共同的歷史，就無法凝聚共同的力量：

長久以來，鄉愁臺灣，易於渲染，感人愁腸。而長久以來，歷史臺灣，零碎模糊，似乎並不存在。我們對待歷史沒有態度，我們有的只是不負責任的鄉愁。深度觀察臺灣，無疑都看到一幅景像——一列失去記憶的火車，以不顧一切的姿勢往前衝，速度轟隆轟隆。

以上摘自《天下．從歷史出發特刊》的序言，每一句話放在美術界也都可以講得通，而近年來繪畫市場的狂飆，可能也只是一時繁榮的假象——一列失去記憶的火車向前猛衝而已，如果沒有釐清、凝聚歷史文化傳統的根源，這一切繁榮景像的背後，則是一片價值的混亂與無根的飄浮而已。

四、「本土文化」與「鄉土運動」的差異

雖然，這一股追尋自己文化傳統的浪潮是如此的激昂而洶湧，但是這是一件長期累積成果的漫長工作，不能像七〇年代的鄉土運動一樣，流於「鄉土牌櫥窗樣品」的展示會，就像林

惺嶽先生在《臺灣美術風雲四十年》(《自立晚報》出版)一書中所引以爲憂的：

> 鄉土主義者要求美術家應正視本土的生活，反映社會的現實。在強烈反崇洋媚外的前提下，最直接了當的方法，就是舉出最少受到西潮感染的鮮明事物形象以資號召，不期而然的落入鄉村與民俗的範疇裡，因爲在那個世界中較少西化的色彩與工業化的感染。於是水牛、農夫、古屋、村婦、田野、古廟及流傳民間的工藝，乃被肯定爲最佳的題材，如此應急與短視的做法，適足走進狹隘鄉土觀念的窮巷。

經過了八〇年代後現代多元化、國際化的洗禮，九〇年代的本土文化運動自有異於七〇年代的鄉土運動，尤其在史識的縱深上更超越了七〇年代的「懷舊情緒」與「表象象徵」的層次，而臺灣美術史與臺灣歷史、地理的結合，使這一波本土文化運動，厚植了未來發展的根基。如果說七〇年代的鄉土運動是對五〇、六〇年代歐美現代化思潮的反省，一種排它性較強、較消極的鄉土運動，那麼這一波九〇年代的本土文化運動，則是對七〇年代的鄉土運動繼承其肯定本土文化的重要，揚棄其狹隘的鄉土性，兼以對八〇年代的後現代多元化思潮，擷取其解構、共時等重視差異、區域性的多元文化特質，篩檢其無秩序、隨機性，以寬廣的國際觀、世界觀來反視臺灣在世界(地球)的位置和意義，只要能開拓溶入臺灣文化內涵，不避諱任何思想、技法和媒材，所以是一次積極的本土文化運動，基本上，它承認曾經在臺灣發生作用過的任何政治力量和文化流派，也唯有釐清、探索這些盤根錯節、時顯時隱、似無還有等諸多糾纏不清的力量，才能眞正建立起大家急於(但又無法操之過急)追尋、創造的文化傳統。

五、追溯臺灣美術史的源頭

這一波的本土文化運動之所以能在九〇年代形成一股強勁的風潮，自有兩個客觀上的重要因素。

其一：藝術史書籍的相繼出版。兩本有關臺灣美術史的專著相繼完成於七〇年代末期與八〇年代中期，謝里法先生所撰的《日據時代臺灣美術運動史》，根據作者自己的說法：「從一九七五年六月底起，經過整整兩年半的時間(約一九七八年)，這部《日據時代臺灣美術運動史》的初稿，終於在《藝術家》雜誌連載完結。而林惺嶽先生所著的《臺灣美術風雲四十年》，第一版一刷的時間是民國七十六年十月，直接影響了美術界對臺灣本土藝術的關懷和認識，進而得到啓發，而八〇年代相繼出版的《中國繪畫史》(高居翰(James Cahill)原著，李渝翻譯，民國七十三年十月出版）、《中國藝術史》（蘇立文（Michael Suliran）原著，曾堉、王寶蓮編譯，民國七十四年十月出版）、《中國雕塑史綱》（曾堉著，民國七十五年二月初版）、《中國繪畫史》（鈴木敬著，魏美月譯，民國七十六年四月出版），以及相關的《西洋社會藝術進化史》後兩册（亞諾·豪斯（Arnold Hauser）原著，民國七十六年二月出版），與《藝術史的原則》（韓瑞屈·沃夫林（Heinrich Wolfflin）著，曾雅雲譯，民國七十六年十二月出版），這些有關藝術史方面專著的出版，有普及與提昇國內美術界在藝術史的史識，以及對臺灣藝術史的反省。其中以曾堉所著的《中國雕塑史綱》尤具有特殊意義，它不是歐美（或日本）的學者以西方（或日本）的觀點來反省西洋的美術史或詮釋中國美術史，而是以中國人的觀點結合現代藝術理論，來重新詮釋中國的美術史，因爲藝術史除了資料的收集與記錄之外，更重要的是「詮釋」的方法，尤其是創造性的詮釋觀點，爲國內以後撰寫藝術史的工作者提供新的思考方向。

其二：自八〇年代末期，兩岸文化交流更加頻繁後，大陸美術方面的資訊源源不斷湧入臺灣，包括畫作、畫册、藝術理論、美學思想等相關資訊的取得更爲容易，其中李澤厚的《美的歷程》與李澤厚、劉綱紀主編的《中國美學史》等深具自主性的文化特質，給混亂的臺灣畫壇和藝術界不少的啓示。也由於研究成果的相互提供，對於日據時代以前，福建與臺灣之間文化、美術的關係更易於釐清，尤其在民俗宗教文化上，諸如寺廟建築、石灣陶與葉王燒、仙遊畫風與寺廟壁畫中仙、道、歷史人物畫像……等錯綜複雜的關係，在研究上可更上層樓，誠如《雄獅美術》第二五〇期所製作的〈臺灣美術史論專輯——下〉，特別訪問謝里法先生裡的一段話：

其實日據之前被民間普遍接受的只是與宗教信仰有關的藝術，它隨著民俗風情的改變而改變，三百年來已具備了多成分的地方性格。

而同一專輯中也訪問了林惺嶽先生，他也有同感：

……倒是流入臺灣的宗教藝術及民間工藝，進入了生活，介入實用的民俗層面而潛在著草根性的力量。從洪通與朱銘的出現，及李梅樹晚年之全心投入三峽祖師廟的築塑，都可窺探出唐山基層社會的美術移入臺灣的拓荒社會中的演繹及沈潛延展的啓發性。

也唯有透過追溯源頭的努力，才能深入挖掘臺灣民俗藝術發展的無限潛力，及其流變的歷程，而不再把洪通只當做一個純粹的「素人畫家」。若像七〇年代的評論者一樣，以正統的水墨傳統和西洋的油畫傳統來詮釋它，自然無法令人滿意。

六、重新詮釋七〇年代的作品

提到洪通，其實我們也可以就嘗試「重新詮釋洪通」來辯證出七〇年代的關係，與九〇年代當時賴傳鑑先生雖然已注意到洪通的繪畫與道教信仰有關：

> 雖然我不否認洪通的生活與生長，以及對他思考的開展，與他信仰有密切的關係，尤其道教的思想的影響，然而我們所歡迎的是，在日趨現代化，固有文化民間藝術衰微的現在，在我們藝術圈裡出現了一位純樸的，有民俗意識造型的畫家，而並不希望帶有神祕的童乩畫家。（見《雄獅美術》，一九七三年四月第二四期，頁二九）
>
> 洪通說，他作畫時他是有意念的，他想畫什麼，表現什麼在作畫時很清楚，只是過後都忘的一乾二淨。……同時他不但當場寫字給我們看，也把李先生送給他的速寫簿用簽字筆畫了一張素描，可見他的作畫絕非像童乩一般無意中的作爲。（同上，頁二九）

以七〇年代的藝術史觀和民間信仰資料來看，賴先生的判斷是對的，且是當時最有見解的看法之一，洪通的畫確實與道教信仰有關，而洪通的畫也確實與童乩所繪的符不同。但是洪通的繪畫源流到底是道教文化源流中的那一支呢？以目前九〇年代的多元藝術史觀（除了中西藝術史的兩大傳統外）和文化資訊，我們可以認定洪通的藝術根源，正是脫胎自道教文化中的「道士符咒」（較理性學習）一派，它與賴傳鑑所極力否認的「童乩繪符」（非理性、狂塗）自是有別，雖然有別，但「怪力亂神」在所難免，雖然「怪力亂神」在所難免，卻無損於它藝術的價值與美的完整性，而深植於民間的宗教文化，在臺灣就像死火山和伏流一樣，時顯時隱，不擇時皆可噴出，若無還有，不擇地皆可冒出，讓人一頭霧水，摸不清底細，像洪通一樣，讓人一時想不通。

但是想一想七〇年代鄉土運動的盲點竟然是「現代化」（沒有神祕色彩——迷信成分）的觀念在作祟，沒有釐清政治、經濟與藝術之分界，一味地追求西洋方式的現代化，反而無法擺脫「現代化」的符咒，而九〇年代由於後現代多元文化的陶冶，加上政治的解嚴、宗教的解禁，各種政治、宗教文化思想的書籍與祕籙充塞書肆，提供給研究者非常廣泛的資料，九〇年代臺灣年輕畫家如李明則繪畫中的煉氣士、相人術，于彭的劍仙、道士，陳建良的陰陽五行符咒效應等有關道教文化藝術的受到重視（大陸則有呂勝中的剪紙、招魂），這些均是謝里法與林惺嶽所共同關切，與民間信仰有關的宗教藝術，也是我國道教文化（巫術、玄學、養生）藝術的衆多發展之一。

如果要深究洪通繪畫與符咒文化之關係，可以從以下三點來分析：1.書寫工具均以毛筆、墨、紙、硯爲主。2.文字(古篆、隸、行、狂草、楷)與圖案(尤其是人頭、鳥獸)結爲一體。3.符、咒同時施爲(洪通每寫一行「字」，便吟唱一段「詩」，見《雄獅美術》第二六期，頁三六)，其實洪通的「字」近於「符」，「詩」類於「咒」。

事實上道教的符咒文化傳統自有其悠遠的歷史，它可以是政治活動(張角揭竿起義)，也可以是藝術(書法、圖畫、線條)的社會參與(鎭邪、禳災、僻祟等心理、精神治療)，至於發重誓，終身不娶，以童男來加強法力，以爲濟世者(當然也可能有惑世、害人者)，則迹近於身體藝術(自囚)，而乩童的繪符則又與行動藝術的特質相仿，當然它也可以只是純粹的繪畫，如克利、米羅等，端看我們能整理多少支文化傳統的流派，再重新以新的觀點來詮釋。(以上對洪通繪畫與符咒文化多角度的詮釋觀點，請參考曾堉在《中國雕塑史綱》一書結論中，對中國雕塑的詮釋方法)雖然中國藝術不必刻舟求劍於西洋藝術史，但其異曲同工、殊途同歸之妙，則正待吾人拈出，再以宏觀的角度加以品評。

而九〇年代本土文化運動，除了對七〇年代鄉土運動肯定其重視本土文化的意義，揚棄其狹隘的鄉土性之外，也將透過重新檢視七〇年代的作品，予以多角度的詮釋，始能產生新的意義。但是，若想要重新詮釋七〇年代或更以前的作品，則有待於各種學科、各個環結的努力與結合，將曾經在這塊土地發生過作用的文化源流繼續探索出來，除了以上所舉的，透過道教文化的認識來瞭解臺灣宗教藝術源流之外，也將透過對荷蘭、日本、美國藝術史的研究，來釐清臺灣文化的多樣性。

七、不以政治廢藝術

如果以政權的興替來劃分的話，臺灣斷代史研究依序可分為五個時期：

1.史前時代：——一六二四年。
2.荷蘭時代：一六二四——一六六二年。
3.清廷時代：一六八三——一八九五年。
4.日據時代：一八九五——一九四五年。
5.光復以後：一九四五年——。

從以上的劃分中，我們就可以看出今年搶救十三行文化遺址、保留師大舊圖書館在臺灣美術史上的意義。而十三行遺址的發掘研究，可以讓我們窺知上千年前，淡水河口一帶平埔族的一支，其生活型態。他們如何煉鐵、製陶，並與島外民族如何交易，有助於重組臺灣史前文化史；而師大舊圖書館對日據時代臺灣美術、文化活動與發展，也自有其不可忽視的意義。

另外，日據時代官方的「臺展」刻意打壓水墨畫的作法，也使得自明清時代即傳入臺灣的水墨傳統只能潛入民間，以求得發展的生機。而當時所謂的臺灣美術，竟然只是日本刻意主導的東洋畫與油畫，以符合日本矢內原忠雄博士所說的：「我國統治臺灣是要盡量使臺灣脫離中國而與日本合併」的基本原則，我們現在當然不能苛責當時的畫家大都往油畫、東洋畫發展，必須承認當時的政治勢力與客觀形勢，站在文化史的角度上衡量，這反而使臺灣畫壇一方面加入新的養分，一方面要迎接新的挑戰，只是這種接觸是被動的，就像清廷在鴉片戰爭戰敗後與西洋的接觸，是站在不平等的位置上所進行的文化交流。雖然如此，我們還是要承認這股畫壇的主流，但是對於被打成隱流的明清書畫傳統，也要加以追踪研究，以彌補臺灣美術史的漏洞與缺憾。

基於同樣的理念，臺灣光復後，因政治勢力的替換而改變了「省展」的評審結構，東洋畫被打壓，也是歷史的必然邏輯，這也是一次美術史上非自然的發展，但是站在文化史的角度來衡量，這也使得當時臺灣的畫壇勢必要迎接新的挑戰，做出新的回應，而這一波來自祖國（或者是中原正統、大漢民族）的美術衝擊，其內涵自不同於明清時代傳入臺灣的書畫藝術，明清時代的臺灣是屬於沿海省份的移民文化，這種邊陲文化十分注重實用性與現實性，形而上與抽象性的藝術無法生根，而寫意的蟲魚鳥獸（這些日常生活可以看到）與仙道人物（這些民俗宗教信仰以保護生命財產）則得到發展的生機。

但是臺灣光復後，尤其是民國三十八年的撤退來臺，是屬於南渡文化，是整個中央政治文化體系的遷徙，在藝術上除了代表正統山水的三大家外，伴隨著象徵皇室品味的「故宮博物院」大部分的精品，也都一齊渡海來臺，使得水墨畫的最大門科——山水畫中的南、北兩大宗，得到紮根發展的機會，這一股山水畫的力量，正式加入臺灣美術史，豐富了臺灣藝術。

如果我們不以政治廢藝術，並且也承認當時的政治勢力的話，我們關心的不再是東洋畫、油畫或山水畫的「入侵」問題，因爲如果扣除了這些入侵文化，我們懷疑所謂純粹的「臺灣本土文化」可能只剩下史前、原住民、平埔族……等文化而已。因此，我們關心的重點應該是這些文化溶入臺灣文化的程度與層次，換言之，它們是否「臺灣化」、「本土化」了，還是依舊保留它們純粹的血統。

事實上所謂正統／邊陲的文化美術，只是某一階段的辯證、相對關係而已。以「揚州八怪」的黃慎（癭瓢）爲例，相對於「四王、吳、惲」的正統，它曾經是野狐禪，但乾、嘉以後它已打敗了四王的末流，成爲正統了。而上官周、黃慎這一路的仙道、宗教、歷史人物的風格和內涵，在影響福建畫壇之後，形成「仙遊畫風」，傳入臺灣，影響寺廟彩繪風格，溶入民間藝術。在日據時代成爲臺灣邊陲文化。

也因爲有了這種認識，這種後現代式的寬廣包容心態，再談所謂的「本土文化的再生」，才具有歷史發展的意義，才能洞悉美術、文化起承轉合的關鍵。

八、本土文化的再生

如果我們以這種「本土文化再生」的觀點來探討民國八十年的美術創作、展覽活動，在各種創作媒材和藝術思想的領域和流派的綜合表現上，大致可以歸納出三個表現的特點：

1.油畫方面：以臺灣的歷史、地理、宗教文化、政治、社會現象爲題材者，蔚爲風潮，如楊茂林（歷史與政治）、吳天章（歷史圖像）、黃進河（社會、人性）、李明則（宗教、心理），以及漢雅軒畫廊的鄭在東（區域地理的景觀與文化）、邱亞才（人性肖像）、陳來興（風景的重建）、李美慧（重塑山水臺灣）……等。不論他們援引了西洋那幾種畫派的理論思想或技巧，卻能不爲所拘，溶入臺灣文化，另闢新境。

2.水墨方面：余承堯、黃賓虹、李可染，這一「密、實、厚、黑」風格的影響力依舊深遠，而渡海來臺三大家溥心畬、張大千、黃君璧這一路，「輕快、幽雅」具古典型式美的恬淡風格，則進入反思的階段。而余、黃、李三家強調寫生、寫實的特性，應用在臺灣亞熱帶的高山峻嶺，草木叢披的地理景觀上，表現的更加傳神、生動。如于彭「園林清趣」中出入古今，以現代人的新構思，重建元四大家筆墨，展現出現代人與山水的新關係，深化了臺灣山水的表現方式與內涵，也道出了臺灣山水的多重風貌。而五月分於雄獅舉行的「母親、臺灣——臺灣風景五人展」，與八月分敦煌藝術中心舉行的「山水變奏——水墨四人展」，均具有代表性，而其中鄭善禧（民俗、風景）、羅青（都市公路、山水解構）、倪再沁（城鄉景觀）……等表現方式，均將所謂正統山水畫溶入臺灣文化中，產生新意。

3.前衛美術方面：六月分由高雄三位畫家（李俊賢、陳水財、倪再沁）在臺東進行「臺灣計畫」的第一站——「臺東計畫」，將在臺東所進行的自然與人文的觀察記錄，以攝影加上各種不同的素材圖繪後，以藝術形式表達他們對臺東的心得。整個計畫將每年選定二、三個縣市展出，展完剛好是一九九九年，「在如此漫長的歲月裡，三位畫家將透過對臺灣農村、城鎮的觀察與回應，試圖在臺灣歷史的進程中，擔當世紀末見證者的角色。」（見倪再沁，《臺灣前衛美術探尋》）這一次探尋的成果雖然尚未全部完成，但將一向爲人所詬病、懷疑的實驗、前衛藝術「踏實」在臺灣土地上，而不再是櫥窗產品的「移位」而已，它的成果雖然仍有待觀察，但其勇氣與努力，則不容忽視。

關於一九九一年「年度藝術活動與展出」的全部論評，讀者如有興趣，請參閱筆者所撰〈火浴鳳凰後「本土文化」的再生〉一文（《一九九二年臺灣美術年鑑》，雄獅圖書公司出版），此不再贅述。

九、結語

繼二屆國代後，二屆立委也將相繼於明年（一九九二年）選出，政治上已逐步落實本土化，新的秩序也正在建立中，文化、美術界的新秩序呢？相信也唯有落實於這一塊自己成長的土地，文化、美術才能生根、開花、結果。

主旋律回蕩與變奏——神州丹青引

張郎郎

一九九一年夏，在芝加哥大學舉辦了一個別開生面的中國文藝批評標準研討會。與會者有幾位是從大陸來的：中國文學界引導潮流的第一刊物——《人民文學》的編輯部主任朱偉先生、膾炙人口的知識分子刊物《讀書》的副主編吳女士、中國著名作家阿城（當然，他在美國已經旅居了一段時間了）、和剛剛到美國來做訪問學者的畫家徐冰先生……等等。他們在藝術的品味方面、論說方面，各有特色，各有千秋，各有好惡。由此衍生出的大小論題已經十分豐富了。

然而，從整體來看，尤其是「語系」或「語境」方面，他們互相比較容易明白對方表達的內涵。這與在美國常年任教的李歐梵先生、香港的文學家也斯先生或臺灣《當代》雜誌的主編金恆煒先生等與會的海外學者之間，自然有諸多不同之處。可能生活與研究都不在同一文化背景之中，甚至觀察點也不在同一象限之中。

在美國學術界薰陶了兩年的大陸文學評論家，諸如：劉再復先生、李陀先生、黃子平先生等，似乎視角游離於前二者之間。某個人在某個觀點，傾向於一方。可能在另一個觀點，會傾向於相反的一方。在這樣如同「三國演義」般的思維活躍環境之中，討論自然就熱烈起來了。

上述的粗略描述，只是大概輪廓，並不準確。只是說明與會者所用的藝術評價系統有很大的區別，人們所用的語言表述方式相差也很大。因此，不時會產生錯覺、誤解，甚至互相聽不懂對方的基本意思。不斷發生「語境」方面的「三岔口」，各執一端，各說各話，各自發展自己的主題。好在人們有深入探討的足夠時間，有表述各自意見的足夠機會，至少有了開闊眼界、耳界的收益。

在會議的最後的一天，中央美術學院版畫系的青年教師徐冰做了有關中國美術現狀和展望的發言。不料無意中的一句話，惹惱了許多學者。

他說：「美國一位主要畫廊的負責人說：近年來，世界上沒有出現過大藝術家。現在看來只有中國大陸將有可能出現這樣的大藝術家。」言語之中，對東亞的一些國家和地區的美術作品，有「小家子氣」之類貶詞的輕視評價。而對那位畫商信口的預言，又頗為欣賞。

這使海外學者大為憤慨，他們覺得從徐冰語言的背後聽到了一種主旋律的回蕩。從內在共鳴之中透出來了「中原主流文化意識」。在西方學術界來看，這無異於「文化沙文主義」：這種「文化主流意識」是妄自尊大，是無知者的「夜郎自大」。這種笨話怎麼會被一位大陸著名的獨立藝術家所津津樂道呢？這在西方幾乎是不可想像的。

徐冰無疑曾經是一位大陸有分量的美術新潮中的前衛人物，在大陸創作出那樣的藝術巨製需要認眞、執著和勇氣。他的版畫系列作品「析世鑒」，在大陸文藝界和社會各界激發過巨大的轟動效應。人們說：這是美術上的《河殤》。「六四」之後，徐冰的「析世鑒」被北京當局視爲「資產階級自由化」在美術方面的代表作而加以嚴厲批評。

誠然，徐冰在國內受到的批評和在芝加哥所受到的「非難」完全是兩回事，前者是出於政治原因，後者是出於學術思想分歧。在徐冰的主觀感覺裡，一個藝術家想當一個偉大藝術家，有什麼不可以？中國的萬里大好河山和幾千年的文明歷史、四十年的大起大落，再加上近年來中國的經濟開放打開了中國人的視野，宛若錦上添花。這使得中國藝術文化方面發展的條件絕對是「得天獨厚」，具有其他地方難以比擬的雄厚優勢。藝術家有些歷史使命感，是件難得的好事；爲什麼竟會被誤認爲與當年德國法西斯的「強權美學意識」有些相似之處呢？

從西方學者的角度來講藝術家的活動是個體的、獨立的、自由的創作活動。在什麼時間、什麼地點、會出現什麼樣的藝術大家，是不可估測的。這種粗陋的估測，只是非學術的商人一時口滑而已；而在徐冰的反覆表達中，顯然帶有某種民族文化優越感。某種意義上來說，自我種族標榜是對他人的一種排斥和歧視。尤其是在中國周邊的諸如臺灣、香港等地區的百姓，對這些論調十分熟悉，也十分敏感。早就爲中國大陸不斷宣傳「種族優秀」的各種統計數字、歷史陳年舊事或對未來昌盛的預測，感到由衷的不安和不自在。

其實，如今中國當局一再宣揚的愛國主義，已經界定在固定的框架之中，很自然會演繹爲狹隘的「愛黨主義」了。公式是：要民族強盛，就必須不斷強化「民族自尊心」。爲了實現民族的強盛，必須也只能依靠救國救民的共產黨的永恆領導。愛黨和愛國融爲一體，鐫入千秋萬代的歷史豐碑。成爲不可更改，無須爭辯的公理牌坊。

任何陳詞濫調，只要不斷反覆，也會使人在潛意識、在心理深層積澱某一套可以假性依賴的、盲目寄托的最終價值。兩年以來，已經逐漸形成一整套社會心理共識——民族利益至上，成爲不可逾越的新的倫理規矩的基礎。

中國的藝術家從小耳濡目染的，已經是一套套「大哉中華」、「振興中華」理直氣壯的「大而空」的強音。這比「中國將出大藝術家」的預言要誇張千百倍。在繁雜的高音、噪音環境之中，這句話一點也不刺耳，甚至還比較實在。你聽：高調天天有人唱——「世界第一」、「空前絕後」、「劃時代的」等等頂尖級形容詞已經用不勝用了。相比之下，徐冰自然不可能意識到，一個清靜的耳朵從他平和的宣言中，能聽到了什麼樣的不可忍受的「優良族類」的豪言壯語。

如今，中國政府和當權者，對於「大中國主義」的心態予以熱情地鼓勵和推動。也許這是中國政府在「六四」之後找到的，和百姓之間唯一可能的共識。將可能成爲唯一維繫社會架構的心理支柱。

從這個角度，我們來看一九九一年中國大陸美術園地以「宏揚民族精神」的主旋律爲主導的多層次「百花齊放」的繁榮景觀。

一九九一年的大陸美術景觀我們從以下兩個方面來談：

一、美術主流與主旋律

固然，一九九一年由於正好是中共建黨七〇周年紀念日，所以從一九九〇年底美術界就已經在全國範圍動員起來，給黨過個大生日。不但有全國性的「紀念中國共產黨七〇周年美術展覽」，一些主要省市也搞了類似的展覽，這些展覽把愛黨和愛國緊密地結合在一起。雖然黨和官方控制的「中國美術家協會」，爲這些展覽下了不少工夫，雖然也徵集到了不少作品，但並沒有得到預期的成功；沒唱出時代最強音。可能由於是太直接的歌功頌德，使畫家無法放鬆地發揮；總有些彆扭做作。

愛國主義在一九九一年當然是全黨全國宣傳的主調，黨的生日是第一樂章，演出效果不可能使人們皆大歡喜，也在當局的意料之中。其他樂章沒有直接引用「沒有共產黨就沒有新中國」的旋律，效果反而好一些。

這一年舉辦了一系列的全國性的展覽會，信手拈來的例子有：

一九九一年一月，在北京舉辦了「中國當代繪畫展」，其中包括了幾乎所有的中國當代頂尖級畫家；諸如：吳作人、李可染、劉海粟、吳冠中、程十發、亞明、宋文治等人的作品。這些已經鐵定載入中國現代美術史的畫家們，在中國史家看來雖然風格不盡相同，但濃厚的中國風格和民族文化氣質是他們共同的強點。現在被史家們稱爲「中國感」。

當然，世界上許多國家也有由政府出面邀請一批著名畫家開個國家級的畫展，對畫家也是一種光榮。中國同樣等級的畫展不是「以畫爲主」，而是「以人爲主」；得到這種殊榮有一系列的背景要求。要符合國家的主要宣傳對象名單，如果說在西方金錢腐蝕了藝術標準，那麼在中國政治權力依然對藝術標準有短期制約力。

如果說這個檢閱式的畫展，雖然人頭濟濟，但只能說是無功無過、平平而已。既不可能有任何社會轟動效應，也不可能有任何市場收益。在強烈演奏愛國主調時，只是平穩反覆說明「德高望重的老畫家依然在畫畫」而已，並沒有任何新意。當然，還不至於像「黨的生日畫展」那麼過分。國家需要中性的沉著的反覆基調，隱隱轟鳴中烘托出民族的中氣。

一九九一年三月一日，在北京的中國歷史博物館隆重推出「中國當代工筆畫學會二屆大展」。爲組織這次畫展，中國當代工筆畫學會作了充分的準備。該學會通過各分會從全國各地徵集了七七〇多件作品，入選後展出的作品有二七〇多件。在上級的「有主旋律的繁榮」要求下，這個大展是中國美術界一件值得大書一筆的盛事。因爲：

1.工筆繪畫絕對是「中國氣派」和「民族氣質」。而且，從傳統來看：文人畫或寫意等等基本是「士大夫」階級有錢有閒的產物，而工筆重彩的承傳是來自於畫匠、工匠甚至無名畫奴。似乎更接近於勞動人民。暗和了「人民是歷史的主人」一說。帶有濃厚的民間「中國感」。

2.雖然，工筆重彩古遠的傳統可以追溯到「女史箴圖」、「八十七神仙卷」、「搗練圖」、「韓熙載夜宴圖」、「清明上河圖」以及敦煌壁畫、永樂宮壁畫等等，但是到近代以來日漸式微。誠然，四十年來重彩依然難登大雅之堂，可是在民間仍然倍受歡迎。以門神、年畫、月分牌等形式廣泛佔有農村市場。目前，美術界已經開始明白美術市場的重要性。大力宣揚「工筆重彩的復興」，有助於民間市場的開拓。

3.一九七六年工筆重彩從小幅的畫卷走上了巨幅的牆壁，擴大了自身的表現力。似乎是對光輝古典壁畫的一種復興。目前中國的建築藝術界越來越重視壁畫和雕塑的裝飾功能，這和中國官方「樹碑立傳」的願望一拍即合。而工筆重彩又恰好是當今中國壁畫經常採用的不可忽視的重要形式。

或許鑒於上述理由，在展覽開幕的第二天，《美術》雜誌召開了「當代工筆畫創作研討會」，與會者認爲：這個展覽對於推動工筆重彩繪畫走出低谷走向復興是一個重要的里程碑。

有人認爲中國當代的工筆重彩畫，人物畫較強，山水畫較弱。是有其歷史性的原因。或許與四十年來，人物畫比較適合配合社會發展形勢。人們還記得著名人物畫家蔣兆和先生在五〇年代，畫了不少配合抗美援朝的重彩人物畫。已故的女畫家姜燕女士爲配合掃盲運動畫了「考考媽媽」而風靡一時。國畫大師李可染先生那時也畫了「勞動模範遊覽北海」的重彩人物畫。國畫家李琦在重彩畫法吸收了一些蘇聯技法，五〇年代末配合「大躍進」，畫了「主席走遍全國」……

在那個時代，畫家生存於一個狹小的政治空間和文化空間內，不可避免的走上「爲無產階級政治服務，爲工農兵服務」的現代仕途。運氣好的成爲得意的現代御用畫家或門客、淸客；運氣差的被列入另册，甚至失去生存的權利。中國那時是一個集體主義的國家，哪有你個人的藝術選擇。

一九六六年爲配合「文化大革命」，中央美術學院的高材生翁如蘭用工筆勾勒鐵線的畫法畫了名爲「百醜圖」的漫畫。用線老到，輪廓準確，流傳很廣……。

一九九一年的大展中老一輩的人物畫家潘潔茲、顧生岳、黃均、陳白一等人寶刀未老，可惜曾經用一流線描臨摹過「搗練圖」、「簪花仕女圖」的劉凌滄先生、曾經以工筆連環畫「西廂記」而家喻戶曉的王叔暉女士等已經陸續做古，否則大展將更加可觀。

中年人物畫家陣容鼎盛·徐啓雄、蔣采蘋、朱理存、何家英、戴敦邦、胡勃等各有優勢，各有風格。

值得一提的畫幅很多，例如浙江的徐啓雄先生的新作「春風習習」，展出後有幾家雜誌相繼刊載了這幅畫。畫面是兩個江南少女在湖光春色之中在梳理秀髮，題材並沒有什麼新意。可是徐先生很明白如何發揮重彩的優勢，他的飽滿而純淨的藍色恰到好處的表現出江南水鄉的鬱鬱葱葱。據說他用了西方繪畫的螢光色，使得中國重彩更加五彩斑斕。徐先生在中央美術學院就讀的時候，就悟性很強；三十餘年後，捕捉色彩還如此敏銳與準確，至少他還有勤懇耕耘不止的靈感。

何家英的「秋暝」，用含蓄、中庸的線恰如其分地描過，使少女的頭部呈現出寧靜的安逸。這種毫無火氣的精彩佳作在近年是不多見的，平俗之中隱含著長遠的餘音。難怪人們會願意印刷這幅畫的整體與細部，是一張經看的風俗畫。

天津的張名畫的「沽上舊影」、「賣肉茶肆」，可算是另闢途徑，可能這和近幾年來「新文人畫」的興起不無關係。江蘇的「新文人畫」高手徐樂樂、周新京名聲日隆；張名不願意隨此潮流，也繼續模仿「淡漠加裝聾作啞」的流行畫風，而走向另一端。他故意強調了民俗中的滑稽，更誇張到了類似漫畫的地步。在社會或市場的前景無法預測，至少他做到了別具一格。四川張志啓的「明清情話」，重視了情景交融和線染並濟。然而，和其他「新文人畫」的畫家沒有拉開距離。天津的另一位畫家陳軍，用古今對照的構圖十分取巧：近景是一個年幼的女學生，背景是一張巨幅的門神，把自己的兩手絕活全亮了出來。背後的深層含義則過於牽強，又不大清楚。

工筆重彩的花鳥、山水畫家，在這次畫展比較貧弱。雖然，也有諸如：山東的單小勇的「歲月」、北京的金鴻鈞的「生生不已」、江蘇的楊孝軍的「暮秋」、號稱東北虎的馮大中所畫的「虎」，有人認為他遠遠超過了當年工筆重彩的虎王——胡爽庵先生。當然胡先生的學生則絕不苟同。內蒙的周榮生十分認眞的畫了「大野冬牧」，相當整齊細膩，但總有些日本審美趣味的痕迹。河北的尙立新畫了動物生活趣味之作「我也累了」，江蘇的喻慧所畫的「雙鴿」比當年前輩的大師的畫面注意了透視和柔潤，也許同時也失去了些什麼。北京的龐笅所畫的「盛開的鬱金香」，背景的處理和花枝的跳脫，和她拿手的蠟染風格自然接近……作品琳琅滿目，就不一一列舉了。

一個奄奄一息的畫種，居然老樹開新花，總讓人比較寬慰。這和十年來的變化大有關係，也和中國的「特殊國情」，有緊密的聯繫。拉遠一些來看，這類帶有強烈的民族色彩和地域色彩的藝術形式，在現代社會裡如若能夠得以保存。要麼是國家或大型基金會無償地支持或贊助，要麼是操作者在國內或國際找到賴以生存的市場，否則只是靠藝術殉道者的志願與執著，是無法長久延續或發揚光大的。

中國的經濟改革尙未完成，基本還是一個低消費的、簡樸共生的、集體存活狀態的社會。

所以，才能養活這麼多的消費不高、類似手藝人的畫家，農村的集市對年畫的需求還有足夠的低價市場發展餘地。

另一方面，農民在審美方面不斷受到外來信息的衝擊，他們服飾的要求在不斷的變化中，對年畫風格的要求也在不斷的變化之中。如若市場經濟改革完成，是否年畫還有同樣穩定的市場？那時國家是否還有興趣支持這個畫種？畫家的鐵飯碗取消之後，生產成本又在暴漲之中，他們是否還能延續這種生存方式？

當然這些均在未可知之數，誰也無法預測。正如一九九一年初，中國美術界一部分人，還把社會主義藝術的發展近期目的投射於佳作累累的蘇聯正統美術。正如大陸一位知名的美術理論家曾經誠懇地說：「現在有分量的『八路軍藝術』比較缺，我心裡有模式：『園石塊——無產階級的武器』。」

他說的那張畫，是蘇聯六〇年代的一張比較成功的歌頌十月革命街頭流血鬥爭的紀念碑式的作品。在那個時代，將革命現實主義與革命浪漫主義成功地融匯於一爐。革命理想主義的悲壯與高尚，產生了正面意義的宗教般的感召力。當年這幅畫不知感動了多少蘇聯青少年，堅定了他們為共產主義獻身的決心。也使中國觀衆熱血沸騰。如今，蘇聯已不復存在，這些人回過頭來再看這張畫會怎麼想？而這位畫家如果還健在，今天又會怎麼想？還怎麼畫？

一九九一年是使人們不知所云的一年，大陸有些人在「六四」振蕩過去之後，剛剛找到一個新的道德美學立足點——理想中的蘇聯；沒想到那可以把握、觸摸的堅實沉重的園石塊轉眼間竟化為一縷青煙。人們探索的雙足不知向何處落腳，細想之後，有人認為：立足點還得回到本民族的內在，再發現、再發掘、再出發。

不意之中，這樣的思路與黨中央日夜難忘的主旋律之間，有一定程度的諧振。

從這個角度來看，更重要、更能體現這個更為可靠的主旋律畫展是「紀念黃遵憲先生當代書畫藝術國際展覽」。

事端發源與天時、地利、人和。

一九九一年，除了可以說是中國共產黨建黨七〇周年，還可以說是辛亥革命八〇周年。如若通過追尋黨、國家、民族的根基，達到溫故知新的教化目的，天時十分合適，有足夠的理由與說詞。再說一九八九已經過去了兩年，今年的洪水沖淡了消褪中的血痕。眞是不可多得的天時。

地利。兩大國際集團緊張對立一夜間驟然消失，中國自然成為不必爭取的社會主義國家的龍頭老大。同時，又在東西經濟、文化衝突之中凸顯出中國的重要位置。「中國是一個地大物博、人口衆多的社會主義國家。」發了大水，照樣可以豐收。十一億人，照樣可以解決溫飽。「六四」之後，照樣可以安定。中國是東亞四小龍的原料基地、勞動力基地、初加工基地和未來可能的巨大市場。

人和。兩年來中共不斷發出睦鄰政策的信號，不斷發出「寬鬆」、「人權」的信號，同時也不斷發出民族文化認同的信號。巨大信號必然會有不同原因的回音。

香港南源永芳集團公司董事長姚美良先生發出了這樣的回響：

> ……鴉片戰爭以來一五〇年的艱難曲折歷程，說明中華民族是一個不甘沉淪的民族。雖然中國至今還存在不少弊病，還比較貧窮落後，但我們不應當只是抱怨，不要站在旁觀者的立場去冷眼嘲笑她、醜化她。希望大家理解，今天的貧窮不是哪一個人造成的。海外華人，炎黃子孫，希望中國富強，希望有一天，如果從廣州流花賓館頂上看下去，滿街的豐田車已變成國產車，那麼便成功了。❶

姚美良先生在一九九〇年初就開始了贊助、籌辦「紀念黃遵憲先生當代書畫藝術國際展覽」，恰好上述各方條件正在成熟之中，才能得以逐步實現。

正當中國美術界的可靠領導人，根據黨中央的精神：「一手抓整頓。」——他們秉承上級指示：封閉了《中國美術報》、《美術思潮》等「宣揚資產階級自由化」的藝術報刊以後，「清理清

---

❶梁江，〈近代中國的民族魂——「紀念黃遵憲先生當代書畫藝術國際展覽」首展座談會在廣州舉行〉，《美術》雜誌，一九九一年一月號，頁四一。

查」了中國美術家協會，成立了分黨組，進行了「幹部考核、黨員登記」。更加謹慎又認真地改組了中國美術家協會的機關刊物——《美術》。撤掉了原主編邵大甄的職務。並開始有計畫地、「和風細雨地」梳理和批判十年以來，尤其是一九八五年「美術新潮」以來的「資產階級自由化錯誤思想」和有關的代表人物：美學家李澤厚、原《美術》主編邵大甄、原《中國美術報》社長張薔、原《中國美術報》主編劉驍純、中國藝術研究院研究員郎紹君、原《中國美術報》編輯栗憲庭……。

與此同時，「一手抓繁榮」——有規劃、有重點的安排了一系列的展覽，《美術》雜誌編輯部及時「發現」和大力協助了有強烈「愛國思想」的進步港商姚美良先生：「有權出權，有錢出錢」，動員了一百三十多位藝術家「有力出力」，在半年之中，根據「命題」而創作，畫出了一三八件「思想性強，藝術性高」的作品。

命題之題是姚美良先生提出來的：通過紀念黃遵憲先生，弘揚中華文化，振奮民族精神。

當題目出來之後，許多畫家都莫名其妙，甚至許多人根本沒聽說過此人。姚美良先生及其顧問梁通先生到全國各地通過登門造訪或召開座談會，努力普及「黃遵憲學」：介紹黃遵憲生平，介紹黃遵憲的詩文。

黃遵憲先生(一八四八——一九〇五，字公度，廣東嘉應州人)是位晚清時代著名的啓蒙思想家、外交家(曾任清朝駐外大使十幾年)、詩人。是位晚清的維新變法時期的風雲人物。

《美術》雜誌副主編夏碩琦先生，稱黃遵憲爲：「……著名的資產階級改良主義思想家、愛國主義外交家和傑出的現實主義詩人。」❷

我想：香港南源永芳集團公司的老板姚美良先生和黃遵憲先生至少是同鄉，甚至是小同鄉。在故鄉爲前輩先行者樹碑立傳，當然是件好事。在中國能推成如此的規模紀念活動，只有雄厚的財力還遠遠不夠。的確他得了天時、地利、人和。

一九九○年十二月三日在廣州嘉應賓館舉行了首展，四日召開了座談會參加者有：中共廣東省委宣傳部副部長邵啓宇，中國美術家協會副主席、中華全國美學學會會長王朝聞，中國美術家協會副主席、黨組書記王琦，浙江美術學院院長肖峰，著名漫畫家方成，遼寧魯迅美術學院院長宋惠民，《美術》雜誌副主編夏碩琦，廣州美術學院院長郭紹綱等等知名人士，以及中國幾大報紙、電臺、電視臺等數十家單位的記者。一九九一年一月號的《美術》雜誌，以空前的彩頁與篇幅報導了這個展覽和座談。

這的確是一個使人驚奇的「高規格」的開始，在中國不得到上下官方的一致首肯，一介港商在中國介入中國意識型態領域，明目張膽舉辦將巡迴全國的大型展覽；無論以什麼題目來做文章都是絕對不可能的。即便是天大好事也輪不到「海外同胞」來幹。這只有在改革十年以

❷夏碩琦，〈中國近代史的形象回顧——評「紀念黃遵憲先生當代書畫藝術國際展覽」〉，《美術》雜誌，一九九一年一月號，頁一七。

後，只有在如今「一國兩制」的祥和之風勁吹之中，「愛國共識」的雨露滋潤之下才會有這種局面出現。

一九九一年一月十八日，「紀念黃遵憲先生當代書畫藝術國際展覽」終於順利進京，在中國革命歷史博物館「隆重推出」，開幕時中共中央宣傳部部長王忍之，文化部代部長賀敬之和一系列中央領導人物紛紛出席。可見中共對這個展覽的重視態度。一九九一年全年，這個展覽成了美術界的頭號話題，在各大城市引起連串的轟動。至少，媒介上這麼說。直到一九九一年十二月，《人民日報》(海外版)還有報導：此展覽還在繼續巡迴，已經巡迴到了廣東省梅縣。

這個展覽的陣容可謂鼎盛：

延安時代的「天才版畫家」古元，畫了黃遵憲的詩意「舟行韓江」；老木刻家趙延年刻了「湘江淚別」；著名畫家袁運甫畫了水墨畫「太平洋舟中望月」；著名油畫家蔡亮畫了「詩靈土香」；人們都知道的國畫家鄧林畫了「寒林著花幽蘭馨」；前面所談到的工筆重彩畫家徐啓雄畫了「新婚第二夜」，蔣采蘋的「賞櫻圖」，朱理存的「赤足仙」……等等。琳琅多彩，數不勝數。

有幾張畫是應該一提的：

吳冠中先生的得意門生王懷慶的大作「走向世界的人」。畫家用電影中的「仿古效果」的「褪色」膠片的感覺來描繪歷史，這個手法比較現代、比較聰明。畫面和觀衆自然產生距離感。無須要求觀衆作「感情代入」，可以冷眼直面歷史陳迹。相信觀衆聯想和反思的能力。形象把握力度準確，筆觸簡繁有致是畫家自信的記號。

畫家用「砍頭」、「小腳」、「痲木面孔」等等發黃的照片迭印上，透出黃遵憲要衝出中國，尋找救國之道的強烈意願。畫家其實和魯迅先生用同樣的方式在吶喊：救救中國！

東北的趙奇畫的畫面巨大的「生民」(174cm × 840cm)，是以黃遵憲出任美國舊金山總領事時候的往事爲背景：美國種族主義分子掀起反華、排華的浪潮；黃遵憲向美國當局據理力爭，爲華工爭取合法權益，同時幫助他們成立保護自身利益的華人團體。

畫家用粗獷的墨線勾勒出屈辱下大群的華工，中間站著大義凜然的黃遵憲先生。在民族矛盾尖銳大敵當前的情況下，上下一心一致對外凝聚著全民族的求生、反抗的強烈內在力量。「雪恥」、「求強」是畫家的明確訴求，這就是黃遵憲的詩句：「上感國變，中傷種族，下哀生民。」

其他無論是黃發榜的油畫「血染八里臺」，還是楊延文的潑墨中國畫「赤嵌血痕般」等等，都在強烈地展現：磨不去的「民族血」，難以化解的「民族恨」……

整個畫展籠罩著「詩言志」的濃郁藝術使命感，剛好切合了「熱情謳歌偉大的愛國主義精神」的時代雄壯主旋律。使得中央滿意，港商滿意，參展的畫家大致也滿意。在畫裡畫外一片「炎黃子孫，振奮強盛」的共識和共振。不過，當局是否明白當今的世界已經複雜到了隨時可以「正話反說，反話正說」的時代了，用一個簡單的「命題」之作同時達到領導、港商、畫家三方滿意，是否太幼稚、太容易了嗎？

試試換一雙眼來看看這個畫展。譬如說：廖冰兄先生的漫畫「只幸腰間印未失」，畫的是湖南的「度遼將軍」，被日本打敗丟掉了遼東半島，使得「八千子弟半摧折」的吳帥，不惜江山，不惜新鬼，「只幸腰間印未失」。這個辛辣嘲諷的對象身上，難道沒有當今貪官的影子嗎？其他畫家還有畫西太后的、畫譚嗣同的、畫陳寶箴的、畫光緒皇帝的……。國難當頭，舊事重提的潛臺詞已經躍然紙上，和中共的粉飾宣傳的初衷已相去甚遠了。中共寧願專心感受那「愛國主義」轟轟烈烈的氣氛，何必節外生枝去細究其中的「畫」外之音。裝傻是智者的絕招，大智若愚嚒！

轟轟烈烈之下有一個簡單的技術問題：這樣大規模的非盈利巡迴展覽，必須有人出錢。主旋律演奏的樂器，還是需要港商來贊助。實際上這本不符合中共高貴的民族自尊心的一貫作風，然而，一切預算緊張的情況下，任何事情都可以重新考慮。如今只能算大帳，合算就得去幹，哪怕至關重要的面子先得摘下來放在一邊。時代在不知不覺中改變著一切「必須堅持」的規矩。

二、中國繪畫走向國際市場

一九九一年之前，已經一再有人呼籲控制和發展美術市場，並沒有得到應有的重視。一九九一年可能是一個轉捩點，對美術市場問題已經不能視而不見了。

雖然把「七·一美術展覽」放在所有工作之前，放在第一位，這是明擺著「唱隻山歌給黨聽」。黨也不是傻子，但也得擺出來大受感動的樣子。形成互相容忍的共活格局。

隨便抄一則消息：

由北京市文化局、北京市美術家協會、北京國際藝苑美術基金會聯合舉辦的「北京市慶祝中國共產黨成立七〇周年美術作品展」優秀作品發獎大會於八月廿日在國際藝苑沙龍舉行。這是新近落成的國際藝苑自對外開放以來所舉辦的第一次較大規模的美術活動……北京市美術家協會主席劉迅及劉春華、李中貴、官布、李玉昌等有關領導出席了會議……會後，主辦單位組織與會者參觀了北京國際藝苑。❸

這可算得是一九九一年中國美術界的新格局的縮影。這條消息至少可以讀出如下的內容：

❸北京市美協召開「七·一美展」發獎大會，《美術家通訊》，一九九一年十月，頁二六。

1.黨中央的中心政治任務北京美協完滿的完成了。

2.這政治慶功會放在一個政治可靠和經濟開放的完美結合樣板——國際藝苑舉行。無異於表明:「牌子一定要舉,買賣一定要做」。

3.劉迅先生兩個職務:北京市美術家協會主席、國際藝苑董事長。爲黨國擦亮牌子,爲畫家做好買賣。他是一個既忠於職守,又充滿人情的當權者。

這是「六四」後出現的一批典型的「好官」的代表人物,他們上知領導意圖,下知民心和柴米油鹽;因此才能維持上級也能維持下級,是「新良民」所臣服的領導。是官民不相干兩張皮中間的良好潤滑劑。只是不知道,目前這種以一個政黨爲絕對領導的無產階級專政下的「繁榮、穩定」局面可以維持多久。

一九九一年七月開張的北京國際藝苑大廈,美術館在大廈的一樓。面積達三四〇平方米。第一屆畫展,參展者是中國油畫界的主流隊伍。計有:王懷慶、吳小昌、吳冠中、艾煊、王沂東、曹達立、喻紅、韋容、劉迅、朱乃正、李玉昌、葛鵬仁等人。

如果,有心者對照一下一九九一年九月卅日,國際最大的藝術品拍賣公司之一佳士得(CHRISTIE'S)在香港舉辦了歷史上第一次「中國當代油畫拍賣會」的參加者名單;就會發現前後相隔兩個多月的名單,竟如此相似乃爾。或者說明劉迅先生眼光獨到,或者說明佳士得對中國現代油畫畫家的基本隊伍瞭如指掌。

今年以來對美術市場的討論密鑼緊鼓，據不完全統計參加討論的有：中央美術學院畫廊的經理孔長安，文化部畫刊美術市場管理處處長許柏林，北京東方油畫藝術廳負責人何理，同一單位的經理郭潔……。

張學顏先生在一九九一年第一期的《美術研究》上發表長文〈中國美術市場問題試析〉比較全面地、深入地探討了大家共同關心的問題……。

就在人們焦灼地注視之下，在世界性經濟蕭條的當兒，佳士得的第一聲嘹亮錘音，給一九九〇年的中國油畫界帶來了新的希望。

像一些抽樣方式一樣，除去最好的和最壞的，留下中間的部分是比較可靠的價值平均數。這次油畫拍賣，雖然欠缺一些大師級的近作，但是基本包括了主流油畫隊伍。與北京國際藝苑的人選基本相同。參加者大致可以分爲以下四代：

第一代：這是當年從西歐和日本留學回來的老畫家，諸如：徐悲鴻、顏文良、林風眠、丁衍庸、余本、吳冠中等等。

第二代：這是一九四九年後去東歐、蘇聯留學或者在「蘇聯專家」的工作室學習過，受過契斯恰科夫學派的嚴格訓練的，諸如：王征驊、吳曉昌等等。

第三代：這是前兩代畫家培養出來的中年畫家群，近年來勤於思索、努力耕耘，成爲目前中國油畫界的中流砥柱。被人們稱爲「新古典主義」或「新寫實主義」，諸如：陳逸飛、楊飛雲、陳丹青、曹力偉、孫景波、艾煊、姚遠、袁正陽、孫為民、王沂東、朝戈等等。

第四代：這是與西方現代息息相關的，生氣勃勃的開拓者，諸如：劉曉東、喻紅、韋蓉、毛栗子、曹力、王懷慶、邵飛等等。

上述的各代分類只是為了敍述方便，按畫風分類。有些年輕人歸入第三類，有些中年人卻歸入第四代。這裡的畫家們的心理年齡與生理年齡不盡相同。

使人遺憾的是第一、二兩代的許多重要畫家沒有參加這次拍賣，比如：中央美術學院院長靳尚宜和詹建俊、朱乃正、侯逸民等「大師級」油畫家們，顯得十分零落。

第三、四代則陣容鼎盛：

陳逸飛的「潯陽遺韵」，在這次拍賣中是搶手的俏貨。我們可以看到他的「冷漠現實」的畫面，加上了一層「模糊效應」的紗幕。把俗氣做到極致，化腐朽為神奇，點石成金。一錘定音，以中國油畫的空前高價售出：¥一三七五○○○港幣。

楊飛雲的「梳妝」輪廓明晰、柔潤，融合了西歐古典油畫和清末玻璃油畫的兩類不同的細膩。固然張張模特純美面孔略嫌雷同，好在感覺濃烈；可比為醉人的甜酒。

本人的空前高價售出：¥二九七○○○港幣。

詩人艾青之子艾煊，人稱為油畫詩人。深受美國傷感心理寫實大師懷斯的影響，他的畫卷「歌聲離我遠去」畫的是憂傷的西藏少女，畫面深遠、寧靜，歌聲不再憂傷在……

本人的空前高價售出：¥三三〇〇〇〇港幣。

陳丹青也是西藏的專題繪畫的高手，在國內的名氣很大。擅長描繪藏區牧民的質樸、粗獷與彪悍。他到美國之後，似乎在尋找新的藝術語言，還沒有完成自身的轉型。他的「朝聖者」是在國內的舊作。

勉強低價售出：¥五五〇〇〇港幣。

市場價格雖然有一定的藝術定位的參考價值，但絕不是「客觀的」藝術評價。只是市場的商業價值。

出人意料的例如：

李忠良的「蘇州庭院」，小橋、流水、人家、桃紅、柳綠、落花……典型的江南水鄉風光，這類題材，這類構圖，在中國畫裡似乎是司空見慣的了。

以不可想像的高價售出：¥一八七〇〇〇港幣。

電影明星陳沖的哥哥陳川的「陽光下的樹」固然感覺不錯，但按大陸評論家的習慣看法以爲沒有特別的構圖，沒有可觀的形象，沒有實在的筆觸。

然而，以大家跌破眼鏡的高價售出：¥一二一〇〇〇港幣。

談到這裡，市場如此荒誕，已經十分打眼了。大陸的美術理論家面臨了兩難的選擇：是應該調整我們的眼光，還是繼續堅持固有的審美標準而不願苟同市場？

其他部分拍賣成交價格如下(根據佳士得拍賣公司最後資料，僅供參考)

第一代畫家：

吳冠中「江南村鎮」，¥四四〇〇〇〇港幣。

余　本「收割」，¥一二一〇〇〇港幣。

顏文梁「海濱村莊」，¥一二一〇〇〇港幣。

丁衍庸「男與女」，¥八八〇〇〇港幣。

林風眠「裸女」，¥七一五〇〇〇港幣。

第二代畫家：

王征驊「聽海」，¥九三五〇〇港幣。

吳小昌「野杜鵑花」，¥四一八〇〇港幣。

第三代畫家：

孫爲民「光影」，¥一六五〇〇港幣。

李　凱「宮門深鎖」，¥八二五〇〇港幣。

王　忻「蘇州運河」，¥六八二〇〇港幣。

朝　戈「背坐著的裸女」，¥一一〇〇〇〇港幣。

曹力偉「風雪歸牧」，¥八八〇〇〇港幣。

陳衍寧「紅瓜黑籽」，¥七四〇〇〇港幣。

王沂東「風停了」，¥二五三〇〇〇港幣。

孫景波「哲蚌寺的女香客」，¥八八〇〇〇港幣。

陳逸鳴「落潮」，¥一六五〇〇〇港幣。

第四代畫家：

王懷慶「黑窗格剪碎白窗紙」，¥一一〇〇〇〇港幣。

陳皖山「夢蝶」，¥七一五〇〇港幣。

邵　飛「生物鐘」，¥八八〇〇〇港幣。

毛栗子「破四舊」，¥一一〇〇〇〇港幣。

徐芒耀「再創造」，¥一四三〇〇〇港幣。

曹　力「葫蘆樹」，¥四六二〇〇港幣。

韋　蓉「公共電話亭」，¥五九四〇〇港幣。

劉小東「纏綿」，¥七一〇〇〇港幣。

等等。

「歷史性」的中國當代油畫拍賣，在世界經濟性蕭條之中，爆出一個有聲有色的大冷門。雖然有些畫家本人並不滿意，但總的行情至少翻上了幾倍。一九九一年連日用消費品的銷售量都令人擔心，居然從來不被國際藝術界、收藏家所重視的中國油畫在「淡年」之中喜獲豐收。全部拍賣品，除兩張以外，全部售罄。這在海外也是少有的小滿貫，至少引起了兩個層面的震動：評論界和收藏界。前者開始刮目相看，後者開始摩拳擦掌。至少鼓舞了海外兩種人：愛國華僑自覺面上有光，飄泊畫家感到眼前有路。

雖然，拍賣的價格當然不能與西洋油畫的拍賣相比，例如：凡高的「加歇醫生肖像」（以八二五〇萬美元拍賣出）。也不能與中國的古畫的拍賣相比，例如：元代的「元人秋獵圖」卷（以一八七萬美元拍賣出）。然而，這個開場的勢頭，已經不同凡響。帶動了海外美術市場的資金趨向，開始關注中國現代的油畫。對於個體收藏者，這個畫種產生了前所未有的吸引力。

這不得不歸功於海外一家拍賣行，它用中國美術作品取得了名利雙收的勝利，使中共不知如何表情才好。被國際歧視多年的中國油畫，一旦鯉魚跳龍門：「長中華民族的志氣，樹炎黃子孫的威風」，無疑是件大好事，無疑是無心插柳地對今年流行的主旋律配合了強有力的伴奏。爲什麼反倒使當局有尷尬的心態？如果只是由於讓外國人做成而覺得失策。爲什麼不在北京開闢國際拍賣市場，形成拍賣氣候，推出中國現代油畫？光靠幾個畫廊根本不可能影響國際市場。其實，已經相當開放的中國經濟政策，還是隨時不可預見地出現「阻隔點」，像沒醒好的麵，要擀皮兒的時候發現裡邊還是疙裡疙疙。

現代愛國藝術和商業已經密不可分，光有眞摯的感情發泄就遠遠不夠了，海外華人尤其是如此。愛國得有些貢獻，光說不練沒用。在國內愛國也得有表現，富者多獻，能者多勞。

在一九九一愛國年裡，美術界得到了有推廣意義的雙向繁榮寶貴實際經驗：

1.愛國藝術不離商業。

紀念黃遵憲先生的「非盈利」弘揚愛國主義活動中，密切與商業相結合，才取得了超出預期的成功。誠如中華書局總編輯李侃所說的：「這樣的專題展覽，是思想與藝術、歷史及現實、美術和企業的結合，從而提供了很好的經驗。」

2.藝術商業不離愛國：

外國可以通過商業愛中國。我們一樣可以做到，甚至可以做得更好。中國油畫已經步入世界市場，我們在商業效益中擴大民族文化的影響。關鍵是要及時調整政策，放眼國際市場，把「反和平演變」的教場引向海外。誠如張學顏先生所說：

> 中國的美術市場，生產的一頭在國內，購買的一頭主要在國外；生產者是個體，產品價值難以判斷，經營專業知識強。我們的管理，不能不考慮建立在外銷基礎上的中國美術市場的特點……。

有以下幾點亟需解決：

1.抓緊立法執法工作……

2.實行傾斜政策。保護美術家、經營者和消費者的合法權益……

3.美術市場要統一領導……

4.理順價格……❹

文章寫到這兒，可以收尾了。順手翻開剛來的《人民日報》(海外版)。嘿，第一家中國在海外的畫廊已經開張了!在新加坡，是「中央美術學院畫廊」。不錯，早應該這樣，愛國藝術商業相結合。

❹張學顏，〈中國美術市場問題試析〉，《美術研究》，一九九一年第一期，頁三九。

軟弱虛歉的年代：面對共產主義的民國八十年

王樾

一、面對共產主義退潮

面對世界共產主義的變局，民國八十年的臺灣社會，做出了什麼反應呢？觀念之浮淺以及行動的遲緩，似乎正是這個年度的寫照。爭論甚多，而實效甚少。在整體社會組織、政府施爲上，也暴露出許多問題。這些問題，在處理一般事務時，不甚明顯，不易覺察。但碰到世界共產主義大退潮，以及兩岸關係之新局面時，便格外刺眼。

東歐和蘇聯的變局，允爲本世紀之大事。但隨著蘇共的垮臺，我們社會在這可紀念的一年中似乎充滿一種輕巧淺浮的樂觀氣氛。

例如商人是在東歐與蘇聯政局改變以後，發現了新的市場與貿易夥伴。觀光客則是有了新的去處，可以恣情旅遊。觀察世態的學者專家們，也紛紛撰文著論，說明俄共之亡，乃是「歷史的必然」，凡堅持社會主義道路者，必將瓦解，中共將來也必難逃此命運。

蘇聯及東歐目前經濟窘困，確是事實；但據此斷言資本主義業已全面勝利，卻非篤論。蘇共所實施之社會主義崩潰了，中共所堅持的社會主義道路將來也可能行不通。卻不代表所有社會主義的理想及其社會政策主張就應全面廢棄，更不代表社會主義之潰敗而為資本主義之勝利。

在實施這種與那種社會主義的歷史實踐過程中，讓我們清楚地看出了社會主義或馬克斯思想的毛病。例如社會主義不能解決提高生產力的問題、馬克斯思想本身存在著反自由主義的成分、過度堅持了經濟決定論、無產階級之概念已不符當前現實……等缺失。然而，在我們指摘其謬誤與疏漏中，我們卻應同時了解到資本主義之所以至今未亡，正是吸收了社會主義的某些質素。換言之，社會主義若要生存且繼續發展，必須自我調整，資本主義亦然。故發展迄今，早已不再是兩個旗幟鮮明的壁壘。誤把兩者對比儼然起來，乃是反歷史反事實的，除了製造虛假的標籤意識之外，並無功能。

而且，正因為如此，故資本主義陣營更不應沾沾自喜。馬克斯所抨擊的資本主義弊端，尚未成為過去式者，豈不仍復多有耶？例如經濟權力的集中、經濟權力與政治權力結合、國家對經濟之干預漸次加強、利潤率下降、爲了創造市場與擴大資本累積而進行新帝國主義政策等等，難道不是現今仍值得處理的問題嗎？以資本主義爲主的國家，若不能處理上項困難，社會主義所揭櫫的理想與政策，便很自然地會在東歐蘇聯以外的地區，在這些國家的心臟內部出現。

放在我們的社會脈絡中說，這就是社會主義雖在東歐蘇聯遭到挫折，卻在臺灣仍能生氣勃勃地成爲反對者之武器的緣故。東歐蘇聯之變局，可提供我們的，即是這一類深入思考反省我們自己的觀念以及社會體質的機會，不幸我們似乎並未把握這個機會。

觀念之淺浮，必然造成行動的遲緩。固然蘇聯與東歐跟我們的經貿關係，已發展得極爲迅速。在捷克的辦事處成立之後，我們與東歐的實質經貿往來，已甚熱絡。但相較於商團旅賈之經貿活動，我們與東歐的文化交流，便甚疏淡，這一點是我們亟待拓展的。

例如捷克，布拉格的查里大學，是東歐最古老的學府，然其中文藏書俱爲大陸出版物，即連臺灣三民書局編製之《大辭典》，所藏亦爲大陸翻印本。捷克總統哈維爾，係一劇作家，其夫人曾蒞臺參訪。但其臺灣事務之顧問，所倚據者，竟然全是大陸廈門大學臺灣研究所的資料。他們過去，因政情格禁，僅能留學大陸以了解中國，現在則想知道臺灣，迫切想學習臺灣發展的奇蹟經驗。但是，在他們的科學院東方研究所中，魯迅圖書館只收藏了大陸方面的文獻。其「華捷學會」中聚集的研究中國之學人，也只有原先和大陸的關係。

這樣的例子，俯拾即是。我們政府，對於如何把握這次劇變所帶來的機會，行動顯得遲緩生澀，對於以上這些現象，似乎都還未及注意，怎不令人焦急？

事實上可做且該做的事很多。在東歐，《人民日報》、《光明日報》等，均極常見，但當地人並無興趣再看這些東西了，他們想了解來自臺灣的訊息與觀點。我們能不能透過新聞局，協調各報社每月郵贈一批當月報紙，以供其政府及學術機關參考？有關臺灣政經建設的出版物、官書，每年若能編列十來萬元，即可蒐購千冊，贈予東歐某一國研究中國問題之學人及機構團體。這些最基本的文化工作，所費實在甚微，但收效宏遠。且時機稍縱即逝，亦不宜瞻望猶疑。至於學生與學人之交換互訪與就學研究、藝文團體之觀摩演示等，亦應同時進行。文建會、新聞局、教育部，乃至陸委會，對此皆不當默爾袖手。

值此共產世界崩解之時，積極強化我們在國際間的文化關聯，開拓我們在國際新秩序中的空間，始足以增加我們與中共對抗的有效籌碼。故其取徑雖若迂遠，效益實可見於眼前。可惜政府在與東歐的文化交流事務上，卻未表現一下劍及履及的行爲，實在令人遺憾。

二、誰能主導兩岸關係

面對大陸這個仍然揚言堅持走社會主義道路的政權，我們也一樣，觀念上模糊混亂，自我糾纏。自陷於統獨爭論中，難以有什麼做爲。

在統獨爭論中，主張獨立者，一再製造「吳三桂意象」。不但說臺灣可能會出現吳三桂、施琅，並試圖具體指出某人即爲吳三桂、某集團爲吳三桂集團。如海基會即常遭人塗上「出賣者」的色彩，疑其赴大陸洽談，是帶信傳話、伺機暗中交易。

臺灣會不會出現吳三桂或誰是吳三桂，豈是值得討論的問題？明朝之亡，難道眞是因爲吳三桂開關揖敵嗎？當時明崇禎皇帝老早自縊於煤山，李自成早已登基。故明之亡，係朝政蕪穢，國家土崩魚爛而亡。即使無吳三桂，清兵依然是能南下呑併中原的。一吳三桂能起什麼作用？施琅之例亦然。施琅在北平，潦倒窮苦。只因臺灣鄭氏內部不協，民心不穩，清廷才會任用施琅攻臺。所以關鍵在於臺灣本身，而不在一施琅。現在留居北平的臺籍人士、昔日之叛將逃吏甚多，若臺灣政經弄得一塌糊塗，這些人自不難被起用爲施琅，但要說臺灣現在有人準備做施琅，赴北京請纓攻臺，則未免說得遠了。

因此，杯弓蛇影，動輒以「吳三桂再現」警示國人，殊無理實。以此堅主臺灣必須獨立之信念，亦屬無謂。因爲臺灣要統要獨，都不能建立在恐懼上。因怕中共武力犯臺，而說不能講獨，只能喊統。這跟懼怕國民黨會與中共勾結出賣臺灣，而不願講統，一樣缺乏臺灣本身的文化自主性。近日更有一種論調，謂臺灣若與大陸統一，大家收入便會減少。希望喚起民衆對匱乏生活的畏懼，拒絕統一。這種訴諸經濟懼嚇的說辭，雖以兩德統一後遭到的一些困窘爲例，舉詔國人。但兩德統一，誰不知道在大趨勢上是好事？歐洲統合在即，在未來歐洲單一市場中、新國際戰略格局上，德國將來是更強大，還是因統一而喪失了國力，根本是非常明顯的事實。我們要著眼事實，不要在恐懼中自己嚇自己，一下怕中共武力犯臺，一下怕出現吳三桂，一下又怕統一後國民所得會降低。在畏懼中，即使大聲喝斥別人，恐怕聲音也是恇怯無效的。

而且，大家都應知道：雖然臺獨的呼聲不斷，但兩岸「交流以求統」的局勢是不會逆轉的。雖然仍有人想用公民投票來達成臺灣獨立的願望，但正如最近預言小說《黃禍》所說的：「你能投票脫離地球嗎？」人不能雙腳離地生活，這個現實非投票所能變更，亦猶臺灣之不能以投票方式決定兩岸的關係。故如何藉著交流，擴大臺灣的生存空間、謀求統一在自由民主的社會中，才是較爲務實的想法。

然而，怎樣才能達成這個目的呢？今年初，國統會通過了「國統綱領」。這個綱領旋即成爲我們大陸政策的最高指導原則，一切行動，均依「國統綱領」行事。國統綱領設計了三個階段，逐步求統。但這三個階段並無時間表，何時方能進入中程遠程，僅能等待：待中共有善意回應、待中共逐漸實施民主、待大陸社會發生變化。除等待之外，我們還能有什麼作爲？國統綱領，會不會變成了等待綱領呢？

據報導，行政院各部會業已研擬了落實國統綱領的詳細計畫。這些計畫，十月間已由陸委會統整公布，但如何以此綱領來達成統一，實仍不能無疑。

以兩岸科技學術交流爲例，國科會所擬之計畫顯示：現在只能延攬在海外的大陸傑出科技人士來臺研究，既未及於人文社會學科，又僅限於海外。兩岸交流，事實上尚不允可。而展望未來，要到第二期，才支持民間機構與私立大學去辦交流互訪。也就是要拖到民國八十四年，才進入眞正交流階段。而如此牛步化之舉動，並非國科會所獨有。在環保署所擬「推動兩岸環保教育及工作經驗交流計畫」中，八十一與八十二年度，他們只想做兩岸文宣品及法令相關資訊之交換，到八十五或八十六年才開始準備舉辦環保教育研討會。

把這些機關的計畫時程排列一下，就可以看出兩岸文化交流的時間表了。依此時間表，統一云者，眞是俟河之清，人壽幾何。交換個文宣品居然要花兩年！兩岸合辦的學術會議早已不計其數了，竟然還得拖到民國八十六年。民國八十六年是什麼時代了？屆時香港早已「回歸」大陸啦，官員們還有一點前瞻性眼光嗎？至於民間機構與私立大學辦理人員互訪與合作研究，更是行之有年之事，政府乃云將待中程階段方予支持。此等言論與計畫，尙知今夕何夕乎？

國統綱領會不會變成等待綱領，端看我們有無積極之作爲。而政府各部門如此計畫，能稱得上積極主動嗎？

再從具體事例方面看，我們的行動也不免是畫地自限。像今年電影金馬獎執行委員會擬邀大陸導演吳天明擔任評審一事，即因吳氏無法如期取得中共官方證明其已非共產黨員之文件，而不能來臺。爲我因噎廢食之大陸政策又添了一樁注腳。

吳天明是已被開除共產黨黨籍的人，我們卻要他去求共黨正式開立一紙文書來證明他已遭開除。此與國科會邀請國際知名物理學家管惟炎來臺參與研究時一樣。管氏早已脫離共黨，但境管局卻說他個人之宣告不能憑信，非取得中共官方證驗不可。主事者蓋懲於中共國務院中醫藥管理局辦公廳主任王鳳歧來臺時作業疏忽，未及時發現其官方身分，以致鬧出風波，故如此戒愼恐懼，徒求公事之利便，而陷人於窘境也。

主事者自然有一套曲屈鉤折的理由與法令說辭，但民間對此，觀感如何？當事人對此又做何評判？爲政者處事瞻前顧後，遷延猶疑，口口聲聲說兩岸交流以文教爲先，但下棋的不能來、唱戲的不能來、拍電影的不能來、研究科學的也不能來，兩岸文教交流尙能進行乎？老是擔心什麼官方接觸，以致自縛手腳而猶自以爲得計。老是要中共不要政治掛帥，自己卻把眼睛只盯在「是否爲共產黨員」「是否爲政協委員」等政治身分上。如此而欲統一，如此而欲促使大陸因文化交流而產生質變，可能嗎？

兩岸關係是歷史上特殊而且嶄新的格局，不是謹小愼微、奉公守法的態度便能成事的。也不是用一套「積極穩健、循序漸進」口號便眞能主導兩岸的發展、肆應此錯綜複雜的變局。因噎廢食或畫地自限，更會引起大衆的反感，內無以凝聚共識，外亦無以號召群倫。近半年來，政府雖提出了「國統綱領」，表現出積極求統的態勢，但或藉口於中共無善意回應，而於諸多迫切應爲之事自我延宕；或拘泥於所謂近程中程長程的階段設計，而不敢稍有逾越。諸如嚴禁官方接觸、非官方身分需由中共確告云云，即是在這種自我設限下自縛手腳之舉。如此言統，其實只是保持現狀。自限於近程，其結果亦必然無任何開展性可言。世或譏之爲「獨臺」，豈無故哉？

政府倘欲釋國人之疑、確行統一之業、以謀臺灣民衆之福祉，自應痛切檢討此等因噎廢食且自縛手腳的政策與心態。

當然，說政府在推動兩岸交流方面全無作爲，是不公平的。目前，政府的大陸政策，似乎是想先規範化、法制化一切交流行動，所謂「建立交流秩序」。然後再從法律主權的立場上，與中共就兩岸法律體系不同所發生之民事糾紛上，進行事務性磋商。因兩岸政局甚爲詭譎，人民來往亦尚無明確法令予以規範。黠慧者、投機者，奔走往來於兩岸之間，自有「身在法令外，縱逸常不禁」之樂，走私犯罪輒生於其中。現在政府提出「兩岸共同防制犯罪」的構想，確實符合社會需求，而亦較易爲雙方所接納採行，雙方之事務性功能性談判，可能也將由此正式展開。

然而，法制化規範化兩岸人民來往之秩序，共同防制犯罪，事實上只是針對兩岸開放交流後衍生諸多問題的一種處理方式。它的層次很低，抓幾個毒梟、辦幾件走私，這種技術性的事務，對兩岸結構性關係，其實不能有太大影響。設計這個方案的人，或許想藉此構成與中共對等的法律主權地位。但事實上能否眞正改變兩岸的結構關係，仍不無疑問，其結果，可能反而是因由這種功能性事務性談判，加速推進了政治談判的時間與程序。

從推動大陸政策，以促使大陸和平轉變，且具體改善臺灣處境的觀點來看，大陸近年逐漸猖獗的黑社會活動與走私行爲，實爲其社會改革後必然的結果，代表整個社會結構正在重組，民間社會的力量正在復甦發展。它對重塑大陸未來社會，衝破中共專制統治的黑暗閘門、掙出其嚴密的社會控制硬殼，其實具有相當積極的作用。我們在提議「兩岸共同防制犯罪」之際，對此倘無了解，則勢將幫助穩定中共政權，加強其專制統治，對臺灣的長期利益，未必有益。

不僅如此，打擊犯罪，乃至處理現今兩岸所發生的非法現象，屬於消防隊救火性質。兩岸合作之事務，除了消防救火外，是否尙有更積極的辦法？曾聞政府有鼓勵民間赴大陸投資興學之議，這對大陸社會體質的改造、人民素質的提昇，皆有具體之助益。一個民智已開的大陸社會，不僅統治者不再能遂行其愚民政策與媒體控制，也是對臺灣安全的最大保障，如果能在兩岸共同防制犯罪之外，教育部或陸委會也能研擬一個兩岸共同發展教育的方案，鼓勵教育投資、教育經驗交流、共同學術合作與技術開發，豈不甚善？此事與兩岸共同防制犯罪相較，孰輕孰重，可謂極其明顯，主事者只積極於法政層面，而對文教事務便如此逡巡猶疑，實令人不解。

這是否顯示了主持大陸政策的決策階層，仍缺乏文化理想與恢宏的氣度眼光呢？

這可能才是社會上對大陸委員會眞正存有疑慮的地方。每次陸委會在立法院的報告，都會引起激烈的質詢。這些質詢，當然仍會扯上海基會的人事、經費及功能等問題，其中爭論其多。但眞正問題的關鍵，其實不在海基會能否予以有效監督，而在於陸委會究竟想幹什麼、能幹什麼。倘若陸委會成立一年以來，其施政規劃及作爲，尙未能使國人淸楚地知道它在兩岸關係的發展上，能有什麼主導性的作爲，則國人當然會合理地懷疑它能不能有效地管住海基會、能不能如臂使指地協調各部會推動大陸工作。

而陸委會究竟在幹什麼呢？據主任委員黃昆輝的說法，他今年六月就任以來，「著重處理兩岸突發事件及民間接觸所衍生的問題」。例如處理鷹王號、閩獅漁號事件，發動捐款賑濟水災、辦理大陸地區間接匯款、通過大陸出口臺灣押匯案等。

黃主委大概認爲這幾件事，是彰彰明著，可有具體業績告示於國人者，故提到立法院來報告。然而，陸委會之成立，即在辦這幾件事乎？容我們坦率以道，處理鷹王號這一類兩岸突發事件，一專案小組足矣；兩岸共同防制犯罪，亦一專案小組足矣。陸委會秉國人矚望之殷、任政府權責之重，而僅僅能辦這等事，主事者耳目心志如是之淺隘，寧不可驚？決劃政策，自應揭示文化胸襟與宏猷遠謨，而非以處理技術枝節事務沾沾自喜。再說，施政者，胸中自有權衡、處事自有規擘，亦未聞有以處理突發事件爲施政重點者。倘若無此類事件，黃主委的施政報告豈不是毫無績效可述了嗎？

國人所切望於陸委會者，實在並不是如黃主委所津津樂道的處理了幾件糾紛、通過了幾則法規。而是對大陸的總體政策規劃，希望它能開創一個新的格局，導引出一個新的方向，脫離模糊與空洞、擺開虛矯與狐疑，展現智慧與勇氣，以小搏大，扭轉目前臺海兩岸僵固而又充滿火藥味的結構關係。因此，長期的、總體的、前瞻性的事，其功能與重要性，都遠高於技術性事務性的事。做爲一個決策機關，陸委會實在應該知其分位，毋以浮面聲光與「辦幾椿實事」自溷其角色及功能。

對於未來，陸委會不應只從法律事務層面考慮，而應思考：臺灣對於未來中國人的文化生活，能提供什麼貢獻。從這個角度去規劃一些具體的辦法。特別是自兩岸開放交流以來，中共對「臺灣經驗」一詞即甚爲反感，對其意義亦嘗刻意抹煞，謂臺灣經驗係由國民黨攜帶了大量黃金與國寶來臺、接受美援並獲利於越戰所致。此等宣傳，很造成了大陸民衆對臺灣經濟發展的不良印象及錯誤理解。

而開放探親後，臺灣民衆赴大陸者，亦以老兵返鄉、旅行團觀光和商務人士經商爲多，致使大陸人民對臺灣的文教水準有較片面不恰當之認知。我部分民衆之言行，亦輒予人「財大氣粗」之感，不能令人尊重臺灣的文化成就。

恰好大陸上窮雖窮，卻還普遍瀰漫著「文化宗主的中原心態」，原本對臺灣的文教成就便未及注意，如此一來，隔閡與誤解自然就更爲嚴重了。我們臺灣的民衆，對於這四十年來自己的文教建設，似乎也欠缺了解，不曉得有什麼東西是値得讓大陸理解或學習的。有時我們基於對傳統文化的崇慕，也會把大陸視爲文化母體，或從這種文化宗主文化根源的意義上，轉而誤以爲中共之文化成就勝過臺灣，是「文化藝術大國」。現今從事兩岸文化交流之團體，多熱中於引進大陸藝文展演團體及人士來臺，即爲明證。

這種嚴重的文化入超現象，不只存在於藝文展演部分。近年大陸學人的著作，在臺出版發行甚多，對學術研究風氣、青年運動、文化思考，均有廣泛之影響。長此以往，臺灣的青年學生，幾乎只知道近代美學研究有朱光潛、李澤厚，而不曉得有臺灣的方東美、徐復觀、姚一葦、王夢鷗、史作檉……等等了。如此文化交流，後果堪虞。我們當然不能因此便封閉或遲緩了學術交流的步調。然而，相應於此一形勢，難道不該有計畫地整理臺灣文教經驗，且予推廣，以平衡此一逆差現象嗎？

要具體改善臺灣與大陸的文化地位與結構關係，爭取臺灣在未來中國文化發展的前景中居於主導位置，這個工作是迫切而艱鉅的。推廣臺灣的文教經驗，創造「富而好禮」、「有錢也有文化」的臺灣形象。不僅在大陸政策中應居要務，對於臺灣本身的文化更新，也極具意義。四十年來，我們在文教方面，畢竟不是全然乏善可陳。其善者，可藉此整理推廣，提供給全體中國人享用；其不善者，亦可藉此反省清理之，俾爲來者之殷鑒。行政院所推動之「落實國統綱領近程階段計畫」並未將它納入議題、擬列方案，殊令人悵惘。

三、勿使文教交流成空談

兩岸交流，文教爲先。李總統在今年底又再昭告了一次，並指示文教交流可以優先辦理。一時之間，這句話又廣泛佔據了報章雜誌的版面。文教界亦爲之鼓舞慶幸不已。但這句話眞實的涵義爲何？

兩岸交流，原先漫無章法，其後漸趨法制化規範化。可是一切法規都是在政治考慮中規畫而成的，對於文教交流的作用既未先期預估，文教交流之特性亦未充分反映，於是，所謂法制化規範化，便成了對文教交流之桎梏。例如公務員不得赴大陸，是因怕形成官方接觸或洩密，所以不准探親，犧牲了人道主義精神。又不准軍警文化工作者赴大陸，以至於像廣播這樣強勢的文化力，都只能讓中廣去孤軍奮鬥，而漢聲、中央、警察、臺北諸廣播電臺皆裹足不能前往。這對我們當然是不利的，但法規硬是如此。在這種法令結構下，奢談兩岸文教交流，無異痴人說夢。

這就是境管局、法務部等單位，光曉得問來人是否爲政協委員、是否爲人民代表會代表，而不管他們是否爲文學藝術工作者的邏輯了。兩岸能不能互結姊妹校呢？不行，因爲一旦有此結盟關係後，豈不顯示兩岸直接交往了嗎？能不能引進大陸科技成果以充實我方產業及學術研究呢？不行，因爲「中共對我尚無善意回應」。能否投資修建黃陵以顯示對民族始祖的追思呢？不行，因中共尚未承諾不以武力犯臺，法令仍不准個人對大陸進行捐助。能否應聘往北大任教？不行，因兩岸人民關係條例不准……。凡此之類，立法者及推動大陸政策者，似乎都未從文教交流的角度來思考，對於如何運用文教力量促進兩岸之良性互動，殊無概念。

要眞能達到李總統所宣稱的文教交流效果，就必須正視當前這種不合理的法令結構及心態，充分地考慮文教交流的優先性，彈性分隔文教事務與其他政經事務，並予以單獨處理。讓我們的文教人士挾臺灣文教之經驗，果敢而順當的促進大陸社會之發展，謀取臺灣最大的利益。對於文教交流，過去某些管制性辦法以及恐懼遭到中共統戰的陳腐觀念，亦應隨此政策導向與法規體系之變更而揚棄了。否則，所有去大陸進行文教交流的人士，都可能被視為接受中共統戰者，那還談什麼文教交流呢？

這是法規結構及主政者的心態問題。再從民衆對所謂文化交流的認知來看。兩岸交流，文教爲先。此等口號，固已爲衆所周知；然文教交流，究竟該如何交流法，則尚不免於衆口異辭，莫衷一是。

商人及仲介者，頗熱中於介紹彼岸表演藝術團體來臺獻藝，或展示文物及藝品。這雖亦號稱是文化交流，實屬商業活動，故政府不准大陸人士來臺做商業演出的規定，很受到這些團體與人士的抨擊。我們固然不能說商業活動，就一定與文化無關；但開放商業展售演出，在兩岸文教交流大業中，眞的那麼重要嗎？

熱心奔走推薦大陸表演團體與藝術作品者，往往傳達了「大陸是個藝術大國」的意象。臺灣人既對我們本身的文化藝術成就頗感自卑，自然也就認爲引進大陸之藝術，在文化意義上十分重大，且爲促進兩岸互動之重要手段。

但大陸藝術成就如何，實在難說得很。許多領域勝於臺灣，也有許多門類遠不及臺灣。不過這些都不重要，重要的是：我們應知道在兩岸互動關係中，藝術實爲一邊緣性角色，藝術交流做得再好、再熱絡，也不可能對大陸社會文化發展產生什麼具體影響。

我們一般只津津樂道大陸某一劇團、某一舞隊、某一藝人之技藝如何如何，卻未注意到整個藝術事業在中共社會體制內部處於什麼樣的地位。據一九八九年的統計，中共所有表演藝術團體，含話劇、兒童劇、滑稽劇、歌劇、舞劇、歌舞劇、樂團、合唱團、文工團、文宣隊、雜技、曲藝、木偶、皮影等，再加上劇場人員，再加上藝術創作、研究與展覽公司、演出公司等等，全部合起來，只有二二八八五六人。而大陸光是電影放映隊就有一九九〇〇〇人，光是地質探勘隊員就有三九七〇〇〇人。固然社會影響力與人數未必即成正比，但是，我們應該注意藝術團體在大陸社會中的地位，藝術團體在大陸所佔人數之少、所居地位之不關緊要，是令人咋舌的。臺灣所欲引進之民俗技藝、京戲、雜耍、芭蕾舞、交響樂等，在大陸亦皆爲瀕臨沒落、不爲社會重視之藝術。對這麼小的社群、這麼不重要的團體，我們把兩岸文化交流的眼光心力專注於此，是否恰當？

要知道，文教交流的目的，不應是替幾位商人、幾家經紀公司開拓財源；不是爲一些藝人、一批藝術工作者找到相濡以沫的伙伴；也不是只爲了看幾齣戲聽幾場歌，添社會之熱鬧，遣生活之無聊。面對當代中國人的總體文化問題，文教交流，旨在提昇全中國人的文化生活品質，而不只是要照顧這少數人的生活，使其風光體面。從事文化工作者，對此似亦應重予探索，愼加思慮。

此外，當前臺灣文化環境惡劣，運用文化交流，確實可以改善我們的文化體質，但這其中仍有不少問題，値得注意。例如九月中旬，立法院舉辦「影視政策與國片生存空間」公聽會，影視製片業者與演員公會當場衝突；廿日為了抗議第四臺非法營運，電影及錄影帶業者又上街遊行。這些事端，皆可以顯示現今影視生存確已面臨甚大危機。

在傳播的時代，被視為最尖端的影視傳播業者，卻共同面臨著生存空間局促之困難，此何故歟？

我們的影視事業，本身資源有限、市場狹小、結構又不健全，當是主要之原因。在這樣的條件下發展影視，業者理應和衷共濟、併力奮鬥才是。無奈業者彼此又往往互相攻訐傾軋，甚或出現了許多侵權不法的行為，使其生態愈形惡劣。而且商業化導向嚴重，人文氣息頗為淡薄，對社會亦缺乏反省力，故從業者及產品皆不易獲得社會之尊重。

當然，法令規章不甚健全合理，以及國際發展之條件不良，也都是限制了影視生存空間的因素。但現今影視業者似乎並未總體反省其困境以籌思改善之道，而僅一味敦促政府開放赴大陸拍片、聘用大陸藝人及進口大陸影片。這樣的努力方向，可能並不能解決問題。

蓋赴大陸拍片，利用大陸自然景觀與人力資源、製片環境，僅能解決一部分臺灣缺乏影視資源的問題。可是大陸市場能否有效取得，目前仍無把握。影視文化的主導權，也並非只是資金而已。在海峽兩岸影視發展的關係上，臺灣除了能提供資金外，我們的文化理念與人文素養，是否眞足以導引大陸或運用大陸之資源？如果我們的製作人與導演人在臺灣拍不出令人尊敬的影片，只因為起用了大陸演員，就能使影視業起死回生嗎？再說，在兩岸文化關係中，臺灣是否只願擔任一種消費者的角色，光是開放進口外片港片大陸片呢？曾有人擔憂目前臺灣影視幾乎全是代理業而缺乏製作業了，製作業要振衰起敝，是否又只是想利用較廉價之勞工，而不願「產業升級」？

這些都是令人憂慮之事。政策的開放，似宜基於推動兩岸文化之發展、提昇影視製作水準的立場，而不能鼓舞了商業化投機的習氣。故除引進大陸演員外，加強影視學術研究、改善人才培訓方式、調整本身結構，亦均爲當務之急，影視業者似應有更開闊的視野，進行更有活力的反省改革，方可突破困境。舉此一例，當可推概其餘各種文化事務。

四、從結構上調整步伐

兩岸關係，錯綜複雜，以上簡評了過去一年的情勢現象，提示了一些思考兩岸文化發展的方向。以下擬再針對結構性的問題提供一點建議。

兩岸關係的發展，人的因素，往往成爲輿論關注之焦點。例如鄧小平統一中國之意志如何、李總統對臺獨的態度如何等等，都不斷有人在揣測，並依其揣測進行局勢分析。這些具有影響力的人物，對兩岸關係當然可以有甚大之作用，但我們不能只把注意力集中在人的身上，更應觀察結構面的因素。

所謂結構面因素，可指大的國際局勢與兩岸客觀之關係，也可指我們本身推動大陸政策、執行交流計畫的政府組織結構。

事實上，依目前我們的政府組織，不論誰幹總統，都不可能有積極主動的作爲，有效地推動大陸政策。

因我政府雖在法理及政治宣稱上，仍以中國之唯一合法政府自居，但因長期只處理臺灣內部事務，一切組織、人員、經費，均只依處理臺灣本身事務之需要而設計。這樣的組織結構，如何能肆應新的情勢？舉例而言，教育部裡就沒有任何職司整體中國教育規劃研究及管理之單位與人員，高教司中教司國教司裡，均未安排某一科室研究辦理大陸教育業務。故兩岸文教交流之新局勢雖已出現，我對大陸教育應採何種策略，實無腹稿；即或陸委會已擬妥之構想與計畫，亦未必便能執辦。現有該部之大陸事務小組，人員概屬兼差性質，係特殊任務編組，而非常態人力；且所有業務均歸「國際文教處」統理。這種尷尬的處況，非僅教育部所獨有。各部會局署及省市政府，都存在這樣的根本問題。

此猶如打籃球時，原打「區域聯防」。但因對手打法已經改變，教練乃下令改打「全場緊迫盯人」。球員也曉得現在該打「全場緊迫盯人」了，可是站的位置和打法，仍是「區域聯防」。這能打得贏嗎？

行政院曾希望各部會及省市政府都能成立大陸事務的專人專責單位。但這不是根本解決之道。一個部會中一個小專責單位和職位不高的辦事人員，能頂什麼事？若不從政府組織條例上去整體調整規劃，恐怕不能改變現存之窘境。要知道：即使只是專人專責單位的理想，不更動組織條例，也辦不到。所以，政府及民間，若眞想推動大陸政策，謀求國家再統一，就必須正視這個結構性的大問題，少在誰臺獨、誰獨臺等揣測上作文章。

一般人很少注意到這個根本問題，所以也未察覺其嚴重性，讓我舉個例子來說明：

兩岸人民來往及商貿聯繫日益頻繁，爲了改善目前雙方文字不統一的困難，不少人試圖發展電腦中文技術，處理正簡字互換。現在較具規模的，已有臺灣倚天正簡中文系統、臺灣國喬電腦海峽兩岸商務仲介中文整合系統、北京四通 M-2403 打印系統、北京文獻服務處徐仁 AJF 系統、王永民電腦研究所 EX 軟體等。

這些系統雖然均已具備實用價值，但發展頗不一致，亦皆未能全面轉換。所謂全面轉換，是除了快速實現一對一正簡轉換功能外，且能人工輔助決定非一對一轉換、根據上下文決定非一對一轉換、以及跨代碼系之轉換。這些功能，或許應有兩岸電腦用字的統一字集和轉換辭典，才能辦到，目前仍有些困難。且兩岸不只是正簡歧異而已，通用詞語亦頗不一致，除非眞能發展到轉碼、轉字、轉詞同時完成，否則恐怕還是會有很多困擾。

針對以上問題，交通部電信研究所於七月間已開發「中文正簡字印製字體電腦互換系統」

成功。此雖仍不能解決中國人在兩套中文間掙扎的問題，但它與第五代倉頡碼的中文高精度字庫及宏碁電腦所推動的一些活動，共同顯示了中文電腦的發展，已經進入了一個重要的新階段。對於這樣的重要問題，除了研考會曾相應提出「兩岸中文電腦作業環境統一計畫」及「兩岸中文電腦合作發展分項計畫」外，職司教育文化大政方針之教育部與文建會，對此現代中國人所面臨之文字問題與處境，目前皆尚無具體行動。

目前有關電腦的發展，包括漢字字形及漢語語音辨識、語音合成、漢字ORC掃描輸入及圖形輸入、文書版面分析與理解、語法語義分析等，事甚繁瑣，涉及科技面、文字學理面及文化面、意識型態面之各種問題，也與商業體系、國際關係（如聯合國採用何種中文字碼）有關。政府不應聽任商家各自開發競爭、莫衷一是；也不能由各部門獨立研究，而無所統合。在政策上，到底我們面對中國五千年的文化及未來新的時代，應該有什麼樣的文字政策？政府中，誰在管這些事？

可嘆的是：根本沒人主管這檔子事。文建會，只會辦歌舞表演、民俗遊藝及社教，原有「國字整理小組」之作業已停頓；要成立中華語文研究所，尚得修改組織條例。教育部，現在僅有一個「國語推行委員會」附在社教司底下。但推行國語，業已功成身退，現今恐怕已該處理雙語的教育及社會問題了。況且，只是推行國語，能面對文字等問題嗎？目前該委員會正推行「國字標準字體」。可是，名不正者言不順，標準字體之規定又不能孚衆望，其中疑義甚多，新時代的文字問題亦非僅標準字體一端。故若要責成該會討論上述諸問題，恐係強人所難。

然而，這些課題是不能規避的。中共有「國家語委員會」，我們的文字整理工作則只交由教育部內一小組去做。如何統一事權、提高行政層級、擴大學界參與、結合民間企業及配合科技發展，對文字政策和中文世界化、資訊化的趨勢，進行統合規劃、研究審議，實乃刻不容緩之事。畢竟兩岸文字之分歧與競爭、將來中文的發展，都是迫切且爲世界所矚目者。教育部或文建會，理應拿出魄力，眞正辦點實事，將國語推行委員會改組或裁撤，成立行政層級較高、事權較爲統一的部門，專責語文政策之研擬規劃，並藉以統合民間力量，協調交通部與研考會，共同面對中國人的語文新處境。而對世所詬病之老舊語文政策、觀念、理論及教育部向所依畀之所謂專家，亦當重新考慮刪汰調整。否則，再延宕坐視下去，時間是不會等我們的。

從這個例子，我們就可知道調整政府組織之重要了。

而且，整個政府組織必須大調整，大陸政策的決策與推動工作組織也同樣得重新考慮。目前國統會、陸委會、海基會的結構關係，問題重重。陸委會之上，尚有策劃小組、陸指組在指手畫腳；陸委會之下的海基會又我行我素，不太聽陸委會指揮，如此結構關係，焉能眞正辦事？

特別是中共「海協會」已於去年十二月十六日正式成立，兩岸交流邁入新階段，國統綱領所揭「設立中介機構，以維護兩岸人民權益」之格局，業已形成，未來將如何開展有關事務，自然會引起廣泛關切。

邇來討論此事者，多著眼於該會是否亦具官方身分、能否來臺設立分支機構等；卻很少人注意到這個模擬海基會的新組織，在未來與海基會對手磋商時，我們的海基會能否肆應這個新的挑戰。

海基會成立迄今，除兩度赴大陸拜會，一次去談文書驗證、一次去談兩岸共同防制犯罪之外，並無具體成果。在保障人民權益、協助政府處理涉及大陸之公權力行使諸方面，可說罕有建樹。政府給予其文書驗證之權力，並預估今年可由本項業務收入一百萬元，至今看來是要失望了。八十一年度，該會預算高達一億八千萬，明年據聞準備動用二億七千萬。用度如此之大，社會大眾不免要懷疑這筆錢用到哪兒去了。該會勤於接受政府之捐贈，而在接受監督方面，卻斤斤計較，老大不情願。使得海基會監督條例到現在尚未正式通過運作，也使得該會之業務與經費令人費解。政府捐贈該會基金現已達八億二，民間捐資才一億五。合計孳息不過每年一億元左右。可是今年卻準備用一億八，吃掉了不少本金的數字。如此寅支卯糧，如何了得？

當然，辦事不怕花錢。可是海基會所辦業務，不乏偏離社會大眾之認知者。該會成立時，大家都理解，那是政府在現行特殊政治形勢下，一種特殊的設計，使其能以民間之姿態，去大陸行使政府所不便出面或涉及公權力之事務。是基於這樣的理解，大家才能寬諒容忍該會人員多由公職轉任及經費由政府捐給等特殊情形。不料該會面對民間時，儼然官方；面對政府，又時以民間團體爲藉口。不但認爲該會董監事同意者即可辦理，勿待訂法監督；又常辦一些其他人民團體所能辦，且不涉及公權力、不在大陸、非政府不便出面、非事務性功能性之活動。名曰促進兩岸交流，而實屬不知分位。

或許，在彼岸尚未正式成立中介機構時，海基會渴欲打開局面、做出業績，故有上述慌亂投藥之舉。現在，新格局形成了，海基會在觀念、做法及人員素質方面，是否準備重新調整出發呢？它與陸委會的關係，是否應重新考慮？改成類似國家文藝基金會或文化建設基金會與文建會的關係，也許比較能扭轉目前這種錯謬尷尬而又根本不能發揮作用的狀況。

總之，面對全球共產主義退潮，以及大陸社會急劇轉變之際，我們的反應並不理想。在觀念與行動兩方面，我們都有太多值得反省之處。哀此流光，每個生活在臺灣的人，都應爲虛擲了歲月而感到悵惘。

兩岸文化交流體檢

李英明

今年來的兩岸文化交流，在發展中有其局限，雖然在本質上有所嬗遞改變，但卻受利於一些結構性的因素而陷入瓶頸狀態之中。

兩岸文化交流，狹義的講，可能專指精英文化和通俗文化的交流，而從廣義的角度來看，應該包括雙方生活經驗、社會心理、價值理念的相互滲透和相互了解。事實上，從這一年來兩岸的交流情況可以看出，臺灣的大陸熱已經進入第二波的階段；其本質與第一波不同，因爲第一波大陸熱大致是對過去兩岸長期隔絕的制約性反彈的結果；而第二波的大陸熱則是建立在對既有的大陸經驗的總結之上；因此，第二波的大陸熱所顯示的理性因素已大爲提昇，其中尤其是企圖通過掌握有系統而且細密周延的大陸資訊以作爲採取行爲步驟的依據，已逐漸成爲第二波大陸熱的重要特徵；亦即，目前兩岸互動已不只是雙方政治主事者的政治較勁而已，而更是雙方民衆對於彼此的生活價值、生存定位以及生活態度的溝通和理解，這也意謂著兩岸民衆都要求讓雙方都能進入對方的社會生活結構之中，以便能對雙方的社會心理、價值系統和生活方式予以掌握和關懷。

但是，目前兩岸間民衆的生活經驗、社會心理的相互滲透和了解，由於中共的反和平演變以及兩岸間仍未出現正常化的雙向交流而蒙上陰影。中共在「六四」之後曾認爲，「六四」之所以發生，是因爲趙紫陽沒做好意識型態工作，縱容資產階級自由化思想的泛濫所致；因此，中共如果要重建統治權威就必須重新佔領意識型態陣地，堅持進行反資產階級自由化運動；而至東歐共黨相繼解體，中共又認爲，東歐共黨的相繼解體，除了應歸咎於戈巴契夫的「改革」政策外，還要歸因於包括美國力量在內的西方力量對東歐進行和平演變的策略；因此，中共認爲，如果要保住中共的政權，就必須以東歐共黨的解體作爲反面教材，並且將反和平演變與反資產階級自由化結合起來；事實上，隨著一九九一年蘇聯共黨的變質甚至解體，中共曾經特別凸顯反和平演變，而雖然在一九九一年召開十三屆八中全會之前，中共又刻意降低反和平演變的調子，將反和平演變定爲反外來顚覆，但事實上，反外來的價值理念、思想觀念對於中共意識型態權威的挑戰，則仍然是中共反和平演變的重點所在。而就在中共反和平演變的制約下，這年來，中共並不歡迎兩岸間精英文化和學術的交流的進行，而只是個案的允許臺灣大衆文化團體或個人到大陸進行演唱會、拍電影、製作專輯和節目。而這種情形恐怕在來年也不易改變，除非兩岸間政治層次關係獲得進一步改善，或我方兩岸關係條例審議通過後使雙方得以進入雙向交流。

不過，在另一方面，大陸人文社會科學和中藥的譯著不斷提高其在臺灣市場的佔有率。首先，由於臺灣目前譯稿的價格或許並不能吸引人才進行翻譯，因此，不少出版社都大量採用大陸的譯本。而事實上，大陸譯稿的費用成本低於臺灣，出版社也樂於多採用大陸的譯稿。再加上臺灣出版社所提供的稿費對於大陸譯者而言已算是相當不錯的收入，因此，他們也頗樂意爭取在臺灣出版譯稿的機會。此外，大陸在社會主義和計畫體制的制約下，學術工作者選擇的彈性較低反而比較能專注的進行譯著，因此其量產的速度比臺灣方面來得快，而這就使得臺灣的翻譯主導權有逐漸轉移到大陸學術工作者的趨勢。再加上或許由於市場的競爭和成本的考量，原先出版社對於大陸的譯著還會請臺灣學術工作者作校閱修定的工作，但目前已經出現不加校閱修定就逕行出版的現象。當然這可能與臺灣學術工作者不太喜歡或不願意作這些收入相對比較低的校閱修定的工作有關。

事實上，在上述情況的制約下，大陸譯著對於臺灣人文社會科學的討論溝通情境影響力也有增強現象，儘管臺灣學術工作者也在努力進行人文社會科學的詮釋工作，但卻不斷面臨大陸譯著排山倒海而來的巨大壓力。當然，臺灣某些心理學、社會學、馬克思主義研究的成果也影響大陸的學術工作者，不過，在比率上比大陸譯著影響臺灣應該要小得多。總的來說，大陸的人力與臺灣的出版市場形成某種微妙的結合，而兩岸雙方文化學術研究的概念、範疇和詮釋典範，也正在進行相互滲透和影響。面對各種情勢的發展，兩岸雙方都不應該自覺或不自覺的掉入各種形式的本位主義的制約，只是膚淺的計較誰優誰劣。事實上，兩岸文化交流的意義主在透過交互主觀的溝通，學會尊重了解對方的概念、範疇和詮釋典範，而不只在於互相證明或顯示自己文化學術研究的優越性。兩岸文化學術研究的交流通過臺灣的出版界或某些文化團體得以繼續運作下去，不過，由於雙方政治上「反和平演變」和「傳播臺灣經驗」以及制式的雙向交流尚未出現的制約，兩岸雙方對等的正式溝通討論情境尚未形成，而充其量還是以一些隔空式的反省對話甚至單向的個案式的接觸爲主體。

目前在臺灣有些出版社出版大陸譯著時甚至連簡化字改爲正體字的工作都沒做，這當然會造成我們讀者某些障礙。不過，我們從習慣於正體字去認識簡化字，還比大陸民衆從習慣於簡化字來認識正體字還來得容易。要兩岸雙方能在文化學術研究上形成對等的溝通討論情境，除了政治層面的努力外，還須雙方也能學習相互認識對方的文字，或許我們的文化團體和出版社還可以印製一些正簡對照表，以幫助兩岸雙方能更快速的認識對方的文字。

迄一九九一年初，政府主事者相當強調文化交流的優位性，而且認爲文化交流可以擴散臺灣經驗，增加我方在兩岸互動的籌碼。不過，隨著中共反和平演變的進行以及我方對所謂臺灣經驗的認知有分歧，文化交流優位的調子也暫告緩和下來。總的來說，政府主要是從策略性角度去強調文化交流，使文化交流從屬於政治使命之下。而且，文化交流經常成爲政府主事者迴避因爲兩岸間政治和經濟問題的衝擊壓力時的遁辭。甚至，有時政府還自覺或不自覺的經常使文化交流淪爲維護政治「三不」的工具或擋箭牌。政府這樣的心態當然可以受到批評；但是，兩岸文化學術交流能否形成對等的情境，還須靠政治上對等合理的討論溝通情境的建立。不過，兩岸在政治上的對等溝通當然也不是文化上對等溝通的充分必要條件，不過卻是一個相當必要的條件。過去那種企圖透過文化交流累積互信以促成政治上對等溝通的思考邏輯基本上是值得商榷的。不過，當然兩岸文化學術研究工作者、團體或出版社，不斷進行接觸甚至建立合作關係，對於維繫兩岸關係不致驟然倒退惡化，也可以產生某些促進作用。

長期以來，我們在思考兩岸文化交流時，都傾向於從精英主義的角度去談，而且相當程度的局限在器物層次和團體以及個人互動的層面，從而忽略掉對通俗文化交流的反省。事實上，通俗文化的交流由於被認爲較沒有政治敏感性而且被一般民衆感受接納的程度也較易較快，因此通俗文化對於兩岸民衆日常生活的滲透影響力是不容忽視和低估的。目前兩岸通俗文化的交流已有顯著的發展，這種情勢對於臺灣而言主要是增加多元文化結構中的新環節，而對於大陸而言，其意義可能就不在於此。臺灣通俗文化能進入大陸甚至流傳受到歡迎，這顯示大陸民衆有別於官方期望要求的生活空間正在形成，以及有別於官方期望規定的第二社會也正在形成，我們希望這種形勢的發展可以促成中共也能進一步允許通俗文化層面的運作能具有自主性，讓民衆的日常生活空間能更具有多元性和彈性。而在此，我們也希望中共能認識到，政治統治的正當性並不是靠著對意識型態一元化的宰制所能確保的；而允許民衆具有多元的生活空間也不是意味著中共就會失去政治的主導地位；對意識型態領域採取一元化的宰制，其所引發的結構性反彈反而會衝擊中共政治統治的正當性基礎。

目前兩岸間存在著資訊傳播不對等的現象，而政府主事者也經常引以爲憂。事實上，臺灣目前存在著具有相對自主性的傳播媒體，其對於大陸資訊的報導幾乎可以在相當程度上完全按照市場來運作，而相對的大陸並不存在具有相對自主性的傳播媒體，其並沒有辦法按照市場需要來運作；因此，兩岸媒體對於對方資訊的報導當然就會出現不對等的現象。

大陸從八○年代以來，雖然進行了經濟改革，允許市場機能擴大其作用，而且也允許個體戶等帶有私有性質的經濟活動的存在；但對照八○年代以來波蘭和匈牙利等東歐國家，中國大陸並未形成有別於官方經濟領域之外的第二經濟，以支持第二社會的形成，甚至建立民衆的第二生活空間，以致於社會傳播管道幾乎仍然掌握在中共手中。

當然，經過十多年的改革開放，中國大陸尤其是沿海東南地區已經形成了有別於官方意識型態的次級文化和價值理念，但是並沒有獲得足夠的第二經濟的力量和運作的支持，以致於無法通過第二個公共領域(或叫社會自發式的建制化的傳播網絡)獲得系統化和建制化的組織，亦即，中國大陸民衆之間自發的水平式的傳播網絡無法建立，迄今仍然維持由中共掌握的由上至下的垂直式的黨國化的傳播網絡，只有當中國大陸形成有機組合的第二經濟，並且支撐第二公共領域的出現，那麼中國大陸有別於官方社會的第二社會或稱市民社會才會出現，而到那個時候，中國大陸傳播媒體才不再是黨的喉舌，自主的多元化的新聞報導和評論也才會出現，而有關臺灣新聞的處理，當然也會出現多元化的現象。

事實上，具有自主性的臺灣新聞媒體可以透過科技力量，成爲提供大陸民衆資訊和生活空間的重要憑藉；目前根據一些相關資料顯示，大陸民衆收聽我方廣播中的音樂和新聞報導者甚衆，甚至已有人以此作爲其獲得外界訊息的重要管道；而且，據了解，厦門一帶甚至還可以收看到臺灣的電視節目，這毋寧也提供了他們另一種生活消遣的內容；因此，我們應該可以通過衛星等科技力量之助，多將一些通俗文化節目和新聞節目播放給大陸民衆觀看收聽，使大陸民衆或者主要是沿海地區的民衆能逐漸改變其收聽和收視習慣；不過，我們在這麼做時，必須從服務的角度著眼，而儘量先排除政治目的的考量，否則反而有可能使這樣的通俗文化的播放交流受到阻礙。

在另一方面，只要加裝一些週邊設備，臺灣的電視就可收看到大陸的電視節目，再加上前述臺灣的廣播電視節目也早就可以被大陸民衆收聽和收看，因此兩岸在廣播電視層面的交流早已突破空間的阻隔而迅速的發展著，不過，這方面的交流還有待雙方政治層面互信和良性關係的發展，才能進一步發展出雙向而且正常的具有建制化途徑的交流格局。事實上，爲了使我方廣電傳播能更有效的進入大陸，政府應該可以配合中國大陸未來可能的進一步經濟改革，允許和輔導臺灣傳播電子技術業到大陸投資，尤其是看能否在東南沿海地區促成大耳朵、小耳朵的普遍架設，以及印刷、影印、傳眞等技術的普及，這對於在中國大陸形成第二公共領域將會有很大助益，而包括臺灣在內的外來的資訊也可以較前更容易進入大陸。

目前有人在討論兩岸文化交流時，都會擔心中原情結和臺灣本土情結之間張力關係的問題；事實上，這些情結大致上是由於政治、社會和歷史因素的投射而形成，並不能具體的作為制約兩岸文化交流的宏觀條件；因此，不只是中原情結需要受到批判，就連臺灣情結也需要批判，兩岸文化學術交流應該是開放而且是對等的，既無所謂優劣之分，也無主從之別，更無所謂母體子體的區隔；兩岸的文化體既具有相對的自主性，但同時亦具有相互的滲透性，其將來會組合成什麼樣的內容，並不是光靠文化體的內在機制來決定的，而必須通過客觀的兩岸政治和經濟關係來共同決定。另有人認為，臺灣長期以來被籠罩在以西方為本位的文化學術體之下，自主性和創造性事實上遠不如我們期望的高，因此我們眞不知到底要拿什麼具有特色的東西與大陸進行交流。這種看法帶有民族主義的色彩，值得理解和同情；但其中所涉及的文化觀卻是狹義甚至是窄化的文化觀。事實上，我們任何人都是一個文化體，當兩岸民衆進行交往甚至進行溝通討論時都算是一種文化交流；而且，雖然臺灣長期以來隨著西方中心主義的大旗搖擺，但卻仍然產生出具有特色的文化學術產物。當然，臺灣的文化學術領域不可否認的受市場的左右，商品取向超過理想取向，但是在市場制約下的臺灣文化領域仍然有不少值得注意的成就。

事實上，長期以來臺灣文化學術受西方中心主義的制約，這與臺灣在資本主義世界體系的地位有關；而今資本主義世界體系的結構組合正在變化，西歐和美的核心位置正在接受挑戰，亞太地區的經濟地位正在提升；古典的依賴理論從近乎命定的角度告訴人們，資本主義世界體系的核心邊際結構是不會變化的，但人類近代歷史事實顯示，這幾百年來，核心位置不只從西歐尤其是英國移轉到北美甚至到日本，而且目前核心位置似乎又產生鬆動，正逐漸由北美向亞太地區轉移；尤其是冷戰結構的解體，對美國的重工業造成致命的影響，連帶的也牽動其他產業基礎的動搖；而亞太地區擁有龐大的廉價勞力和一定的技術水平，具有承接國際經濟結構、核心結構轉移的態勢；而臺灣應該可以在這種轉移過程中扮演重要的角色，值得注意的是，隨著這種國際結構的移轉，臺灣的文化學術運作或許也可以逐漸扭轉過去隨西方中心主義而起舞的景象；而且，未來兩岸間的政治關係設若能進一步改善進而導致經濟上能有更緊密的合作關係，那麼兩岸更有可能在國際經濟結構核心轉移的過程中扮演重要的角色，而兩岸的文化學術交流也就能更具自主性的交流。

在另一方面，大陸的文化學術長期以來也受到馬列主義和毛思想的制約，其創造性也受到很大的影響；而目前東歐和蘇共已經相繼解體，中共失去意識型態的歷史原始靠山，大陸的文化學術領域在國際結構因素的制約下，勢必也必須面向世界，而不能再像過去那樣採取閉關鎖國的政策；因此，兩岸的文化學術交流的進一步擴大應該是可以期望的。從種種資料顯示，中共在現實的國際結構因素的制約下，目前已降低反和平演變的調子，深怕影響與西方和美日的外交和經貿關係；而同樣的，中共目前也會擔心反和平演變會影響兩岸的關係，尤其是經貿關係；因此，中共目前在對臺工作上，似乎也刻意在降低反和平演變的調子；我們希望中共能順此勢更加務實的允許兩岸文化學術進行對等的交流，而我方也不必給文化學術交流帶上政治的意義。亦即，兩岸雙方的主事者不能再從工具性和策略性角度，只把文化交流當做政治角勁的籌碼，將文化交流從屬於政治競爭之下，而應該從價值理性或溝通理性出發，將文化交流作爲體現雙方民衆生活經驗、社會心理和價值觀念互相滲透影響和對話的過程。亦即必須將文化交流視爲雙方學習互相尊重對方、了解對方的中介橋樑；兩岸文化交流既不只是一些器物團體人物的互動，也不只是兩岸政治互動的工具，而是雙方民衆心理、經驗的進一步溝通對話和融合。因此，談兩岸文化交流，我們就必須從狹義的文化觀和政治性的文化觀中解放出來，唯有通過這種解放，兩岸的文化交流才能得到適當的定位，而且兩岸的文化交流也才能得到正常的開展。

而且，從兩岸關係良性的發展著眼，我們應該鼓勵而且期望大陸的經濟改革能夠持續發展和擴大，進而形成第二經濟和第二社會(民間社會)，這樣兩岸才能眞正對等的進行文化交流；如果大陸一直缺乏具有相對自主性的民間社會，兩岸對等的文化交流無異是奢侈的期望。事實上，兩岸雙方未來勢必要通過經濟上的互賴關係而發揮對國際經濟結構的影響力，而在這種客觀形勢的制約下，兩岸將來也可能會在文化領域形成緊密的交流討論的關係，藉以發揮對國際文化結構的影響力。目前有不少人擔心，臺灣和大陸進行經貿往來，會形成經貿的依賴進而使得我方在政治上受制於中共；不過，我們更加實事求是的來看，上述這種擔心當然有其道理；不過，以目前國際經濟壁壘趨勢來看，臺灣似乎無可選擇必須透過對大陸的經貿來發展經濟；而其中更重要的是，我們必須也讓大陸必須也要透過和臺灣的經貿活動來發展經濟，亦即必須因應國際經濟結構變化的大氣候，提出適當的經濟發展戰略設計，使兩岸的經貿形成互賴的關係，並且力求在政治上不會因此而受制於中共。而順著這種趨勢發展而來的是，兩岸雙方的文化交流也必須跨越誰主導誰的抗爭陷阱，而形成一種互存互榮的共生關係，甚至進而激發出一種具有特色的以華文爲主體的文化思想和脈絡。

充滿期待與變數的兩岸宗教交流活動

——一九九一年臺灣宗教交流模式的回顧與檢討

江燦騰

在過去的一年裡，大家最關心的海峽兩岸宗教交流活動，到底有什麼重要的發展呢？或者有哪些重大的變化呢？猶記得，今年五月中旬，中共突然宣布：停發臺灣出家人入境大陸的「臺胞證」，一時引起各方的猜疑和驚懼。大家議論紛紛，深恐海峽兩岸的宗教交流活動，會爲之停頓，又退回原先互不往來的封閉狀況。

幸好，在六月初，中共又自動恢復正常，發給臺灣出家人的入境「臺胞證」。此一事實，顯示海峽兩岸的宗教交流活動，隨時都可能亮起紅燈的。但從另一方面來看，海峽兩岸的人民交流，已是無可改變的大趨勢。儘管兩岸的政府都有各自的考量點，可是，基本上雙方對於讓兩岸繼續保持交流、甚至再更爲擴大和直接來往，也都存有共識；只是決策流程和施行時間，可能雙方的步調會不大一致而已。

既然人民的交流已是不可避免，不論中共如何制止或抗拒臺灣人民在前往大陸時，所一併帶去的宗教滲透或宗教接觸，都難以作到滴水不漏的地步。問題只在於：如果臺灣方面過於明顯犯禁，中共可能會相應採取反制措施罷了。因此，分寸要如何捏拿，便得十分講究了。以下即分星雲模式、證嚴模式和靈鷲山模式三種不同形態，加以探討。同時，也想藉著此一檢討，回顧過去和展望未來，以期兩岸的宗教交流活動更順利、更具實質意義。

一、中共拒發臺胞證與星雲法師的兩岸交流模式

從海峽兩岸的宗教交流經驗來看，中共今年五月中旬突然拒發「臺胞證」給出家人，實在是不尋常的舉動。儘管爲時不過一個月，即已恢復發給，但關於事件的原因及其可能帶來的負面影響，大家仍是關心無比的。當時，海基會指出：中共以到江蘇的旅遊團體太頻繁作爲「停發」的藉口，是太勉強的。因當時出家實以赴北平爲最多。

而港臺兩地的報紙，將主要原因，都推測和佛光山的星雲法師有關。因中共不滿星雲法師在「六四」天安門事件後，以美國的西來寺道場作爲安頓，包括前中共駐香港新華社社長許家屯在內的異議人士，於是選在五月底之前，正當星雲準備帶著數百名弟子和信徒，要浩浩蕩蕩地回江蘇老家，爲其母親祝壽之際，驟頒此「拒發」令，並聲明「六月初」即可恢復前往，

可見其目的，是在讓星雲難堪；同時隱含警告：不管任何宗教人士，只要介入中共的政治事務，中共皆不予寬容。

有趣的是，星雲法師最初並未特別將此事和自己惹來的政治麻煩，加以聯想，例如他在五月十六日的日記如此分析：「報載——中共對臺灣前去朝聖法師一向戒心十足，禁足令據推測可能與佛教書刊有關。」「中共通知停發佛教界臺胞證，已有數個朝聖團行程受阻，顯示已非個案。」「佛教會表示，臺灣佛教的活動，近年來，已由興建寺院發展為參與社會公益和文教活動，並誠心願意協助大陸佛教寺院發展公益活動，如果中共不准臺灣佛教人士訪問大陸，實在令人感到遺憾……。」

但是，港臺的新聞界人士，仍然把問題的癥結，指向星雲的身上。並且，到了七月上旬，更刊出了一則令星雲極不滿的新聞報導，說他率衆徒回大陸老家欲向母親祝壽，卻在下飛機後，即遭種種刁難，例如不准當地媒體採訪、報導，在交通方便無任何優待，甚至住旅館還遭斷水和斷電等難堪的對待。

在這種情形之下，星雲法師不能再置身事外了，他必須對報導的內容有所澄清。於是他在七月十日的日記上，如此反駁：

1.「據聞《香港星島日報》，刊載我（星雲）日前回揚州，受到中共的冷淡待遇……。此間中央社記者特以電話來向我查證，是否屬實？聽得我一下愣住了？不知所云為何？近三個月來，除了忙佛光山的羅漢戒期外，還到處成立『佛光協會分會』，最近才從澳洲、紐西蘭繞到西來寺，竟也會有我到揚州的傳聞？豈不怪哉？記者是無冕之王，下筆豈能如此輕率？」

2.「在香港時，也曾有記者問及，爲什麼我單獨要讓許家屯住在西來寺？我回答說，佛門是慈悲平等無分別的，不一定是許家屯，就算是鄧小平、李鵬、李登輝到西來寺，我也會一樣歡迎。但大陸方面卻誤會我說有意要策反。眞是牛頭不對馬嘴，未免太離譜了！」

從星雲法師的憤慨語氣，可以看出他對此一報導的不滿。但是，如果深入檢討此一報導的背後意義，或許能使我們看清海峽兩岸宗教交流活動中的某些微妙和弔詭之處。因此，我們以下再針對此事作一分析。

從海峽兩岸的宗教交流活動來看，星雲法師在一九八九年率團訪問大陸，應是中共統治後，所受到的來自臺灣宗教的最大衝擊之一。

本來，因中共篤信馬列主義，在宗教政策上，基本上是採取高壓管制的方式，來限定宗教的發展，並希望最終能達到讓宗教完全消逝的目標。也由於這樣的宗教政策的影響，不但中國大陸的各宗教影響力大不如前，在「文革時期」，各寺院、道觀的雕像和文物，都受到了巨大的浩劫。在「四人幫」垮臺，鄧小平復出後，雖然走改革路線，一些大陸的重要宗教藝術和建築，也在觀光的需要下，被維護或重修了。但，原有的宗教信仰活動，依然是被管制的，並未自由開放。在這種情況下，臺灣方面的宗教團，要如何突破這一交流的困境呢？

中共是從一九七九年起，要求臺灣方面和彼等「三通」和「四流」。臺灣方面，則遲至一九八七年十一月起，才准許臺灣的居民，赴大陸探親。儘管在此之前，已不少臺灣商人或民衆，已私自到大陸去投資或旅遊，但就正式的行動來說，一九八七年十一月以後，才有突破性的進展。臺灣的宗教團體，特別是佛教僧侶，也跟隨這一「探親」熱潮，紛紛設法前往大陸的一些著名道場或本宗祖庭去參拜和朝聖。問題是，中共並不鼓勵雙方的純宗教活動交流；臺灣方面，對大陸要來訪的僧尼，同樣限制甚嚴。因此，儘管臺灣的許多道場或出家人，除了私下捐錢或代爲購物、購書外，並不容易有公開的，或正式的宗教影響力。

以聖嚴法師爲例，他是在星雲法師訪問大陸的前一年(一九八八)，回大陸探親和參觀十九天的。聖嚴法師是臺灣法師中少數具有國際佛學者聲望者，他具有佛學研究所創辦人、大學教授、道場主人和文學博士的多重身分，可是要首度返回大陸「探親」，他的內心是充滿惶惑、不安的。他仔細打聽過一些私自返鄉探親的僧人的不幸遭遇和經驗，因此他託有美國籍的于君芳博士爲其洽辦回大陸的行程、食宿和交通工具。在回大陸「探親」的十九天裡，雖然中共方面的「佛協」要公開宴請他，以及安排和西藏在京的班禪活佛見面，他卻立刻聲明：「我(聖嚴)與班禪活佛無關，他是現任人民代表大會的副主席之一，我僅一介比丘；只爲探親回到大陸，所以也無理由接受佛協的公宴。」(以上見《法源血源》一書)可見他是害怕和中共的任何官方組織或活動沾上關係的。這不能說聖嚴法師當時的心態過於保守，而是他對海峽兩岸的宗教交流模式，還在試探階段中，故寧可謹愼保身，以免留下任何後遺症。不過，用來對比星雲法師一年後的公開與中共官方人物，便可看出其間的突破性和重要意義。

根據傅偉勳教授的說法，星雲法師於一九八七年十一月，在洛杉磯的西來寺，對他透露返大陸弘法探親的願望，並詢問其意見。當時傅教授即鼓勵他「不必顧忌任何閒話」，要他以開創佛光山成功的經驗，親回大陸示範傳統佛教的起死回生之道。一九八八年八月，又在佛光山的會客對傅教授及星雲的門下幹部正式宣布：將於一九八九年春天，率「國際佛教促進會」的「弘法探親團」，以「純然超政治的宗教及文化學術立場去大陸弘法」。由於星雲法師雖有許多道場和豐富的弘法經驗，但學歷其實不高，要和大陸方面的學術團體打交道，仍必須借重有聲望的學者。於是敦聘唐德剛教授和傅偉勳教授爲學術顧問。其中傅教授是「與北京的中國(大陸)社會科學院、中國文化書院以及南京、上海等地的學術機構保持聯絡」，由這些機構正式邀請星雲法師作幾次禪學演講。即是在這樣長期、愼重且隆重的準備下，星雲法師於一九八九年春末，終於在大陸展開海峽兩岸相隔四十年來，最轟動、最成功、最大規模的佛教弘法探親活動，並達到超乎預期的效果。

傅教授認爲這次的弘法探親活動，具有四項意義：

第一點，此次弘法探親，間接地象徵著中國佛教起死回生的外援契機，極有助於中國大陸佛教的再生士氣。

第二點，具有佛教文化的交流意義。因佛光山贈送許多學術機構和各地寺刹，有關佛教的出物品，大陸方面也同樣回報。對雙方的佛教文化溝通和經驗交換，大有幫助。

第三點，具有佛教研究的學術交流意義。在大陸期間，除星雲法師的禪學公開演講外，雙方還在「中國(大陸)社會科學院」的會議室舉行學術座談會。這也是「社會科學院」第一次正式邀請佛教人士舉行學術座談。所以學術交流的意義，非常重大。

第四點，涉及海峽兩岸之間的政治意義。此行不但「中國佛教協會」會長趙樸初親自接待，「政協」主席李先念、國家主席楊尚昆，都在北京接見星雲和晤談。其餘，如陝西、四川、上海、成都、重慶等省市長及各地政要亦相繼宴請。星雲甚至當面求中共進一步落實宗教政策，積極支持中國佛教發展。因此對海峽兩岸的政治關係的改善，應有「無形的小小貢獻」。

但是，原先號稱要超越「政治」的「弘法、探親」活動，卻實際應酬了許多中共政要，旋即在海外引發了議論：一個臺灣的出家人，是否應和中共領導人握手?根據《中國時報》駐香港特派員江素惠小姐的報導，海外的議論中，有人是抱持疑態度的，有人則乾脆爲星雲冠上「政治和尚」的帽子。而在「六四天安門」事件後，星雲因在美國西來寺安頓許家屯，許多民運人士也先後前往同事落腳，此事對當權派的中共領導人來說，是相當犯忌的，因此許多人關心星雲在一九八九年春末訪問大陸時，所建立的良好關係，是否會爲之中斷?

結果，在一九九〇年十一月廿一日，星雲於「六四」後，第一次訪問香港時，在「外國記者俱樂部」的記者會上，遭到了包括：「香港電臺」、「中視公司」、美國《世界日報》、《海峽日報》、《星島日報》、日本《讀賣新聞》、《英文虎報》、《中國時報》、「香港電視」、「亞洲電視」、「無線電視」、《明報》、《大公報》等六十多位記者的窮詰質問。據星雲在當天的日記上自供：「在一個半小時發問中，我(星雲)回答了近五十個問題，內容不外『臺灣、海峽兩岸之關係』，『香港九七後人心歸向』，『許家屯在美生活情形』，……」。由於問題主要是環繞著許家屯在美國西來寺安住的問題，使得原先要來香港「弘法」的星雲，無奈地說：「爲什麼你們(記者們)不是關心我的(佛法)講座？」

從這一次香港的記者反應，很明顯地看出：主宰海峽兩岸宗教活動的，仍在於中共的政治態度。這一關通不過，一切免談。

亦即：星雲於一九九一年的「探親、弘法」行動，所以不能順利成行，主要就是與中共政要的交情，在「六四」之後，有了改變。但這不意味，雙方(星雲與中共政要)無改善的可能。原因是，「六四」與「民運人士」問題，已漸失去其新聞性和重要性。於是佛光山在一九九一年的年底，重新踏出其海峽交流的新步伐，此即大規模地在佛光山展出古代敦煌的科技發明和現場實作。這些大陸國寶級的古代科技產品，以及大陸專業藝匠來臺演出，沒有中共官方的特准，如何可能？所以展望未來，對佛光山而言，或許不致太悲觀，只是實際內涵爲何？仍待觀察罷了。

二、大陸水災與證嚴法師「慈濟賑災團」的救援模式

假如星雲法師在一九九一年，對大陸的交流，是由「中挫」後，慢慢走向「恢復」；則花蓮證嚴法師的「慈濟功德會」，卻是在一九九一年中，對大陸的慈善救助活動，有大突破和嶄新作法的一年，值得在此加以評述。

本來，證嚴法師是臺灣籍的尼師，關懷臺灣本土，一直是她佛教事業的重點。她不像出身大陸叢林的星雲法師，有濃厚的「大陸情結」；對她而言，「慈濟功德會」的四大志業，只是在關懷臺灣本土社會之餘，進一步對臺灣以外的人類提供救助與關懷而已！

因此，在一九九一年以前，雖然有許多臺灣著名的法師或宗教團體，紛紛前往大陸朝拜或交流，但證嚴法師則從未踏上大陸本土一步。直到一九九一年七月中，中國大陸遭遇半世紀以來最嚴重的水災，死傷幾近二萬人之多，災區遍及數省，民衆受困或無家可歸者，更數以百萬計。在這種情況下，臺灣的宗教團體，都本著「人溺己溺」的精神，號召信徒和社會大衆，捐款或藥品、衣物和糧食，以協助彼岸的同胞，以佛光山星雲法師爲例，雖然中共當局對他協助「民運人士」猶存芥蒂，但他前後仍透過紅十字會及其他管道，捐款達五十萬美金之

多。其他的宗教團，如一貫道等，也捐了大批的款項。可以說，救人第一，而沒有計較是否有信仰上的差別。

但證嚴法師的作法，則較之其他宗教人士或團體，在手法上要細膩得多。她本人仍未踏上大陸一步，但她和「慈濟功德會」的一群主要幹部，經過仔細協商後，決定成立「大陸賑災評估小組」，以「佛教慈濟慈善基金會」的名義，前往大陸。這也是中共在五月中旬宣布停發出家人的「臺胞證」以來，首度有臺灣方面的宗教團體，正式申請進入大陸，成員包括：慈濟志業總管理中心副總執行長王端正、慈濟醫院院長曾文賓、臺大醫學院公共衛生系教授陳光和、慈濟榮譽董事張君鴻、慈濟委員李憶慧、以及慈濟醫院社會部工作人員張月昭等，可以說是一支相當專業性的隊伍。

此一小組在八月中旬，抵達北京。交涉的對象，是設於中共「民政部」內的「中國抗災賑災協會」。由於該「協會」的李姓副祕書長，是由「民政部救災司」的司長兼任的，因此，慈濟的「評估小組」實際是和中共官方打交道。而慈濟又是來自「佛教」的慈善團體，雙方要如何打交道呢？

本來，依據臺灣方面「紅十字總會」的祕書陳長文的看法，如果要避免大量由臺灣各界捐出的款項和救濟物品，被經手的中共官員中飽，最好是悉數透過「紅十字總會」來處理，並可指定用途；而該會保證會按照指定用途，有效地及時送達大陸的十八個省分災區。的確，當時臺灣的各界捐款和救濟物品，也透過此一管道來進行。唯獨「慈濟功德會」突破性地另尋交涉途徑。那麼可能出現怎樣的狀況呢？

其實慈濟的「大陸賑災評估小組」，在臺灣籌組時，已擬定行動的方針：計畫從經濟支援、物質援助及醫療防疫著手；而原則上，將盡量利用大陸當地的人力，再配合臺灣方面能提供的經濟支援，以便全力投入救災的工作。證嚴法師解釋說：「『慈濟功德會』決定將賑災物品，直接送到大陸災區的災民手中，具有雙重意義：第一，將臺灣捐款人的愛心涓滴不漏地送達大陸災民；第二，更深的意義則爲啓發大陸同胞的愛心。」顯然地，證嚴法師有更深一層的打算，並非只是單純的作慈善救助而已！

而王端正代表「評估小組」在「中國抗災賑災協會」作簡報時，更具體、周詳地提出慈濟的賑災構想：

一個目的：賑濟受災地區同胞，讓他們能渡過難關熬過秋冬。

二項原則：(1)直接原則。(2)重點原則。

三種不爲：(1)不談政治。(2)不搞宣傳。(3)不刻意傳教。

四種物質：提供(1)醫藥。(2)食品。(3)衣物。(4)金錢。

五個希望：(1)雙方合作。(2)人力支援。(3)交通運輸協助。(4)資料提供。(5)工具配合。

由於慈濟的「評估小組」已表示將會避開宗教和政治的問題，剩下來的，只是如何將錢和東西送出去而已，中共方面豈有拒絕之理？但中共方面仍然要求慈濟能比照聯合國的方式：將所有的物質折合現金，交由「中國抗災賑災協會」統籌使用，爲災民蓋房子。因當時，光是安徽一省，就有三百萬戶待安置。至於各災區的醫療隊，及災民的吃、穿等物質，不但有國內外的大批救濟品，中共本身也有能力調度和設法維持。然而，這和慈濟的原先構想，可謂大有距離，於是雙方再盡力協商。最後原則上決定維持慈濟的原構想；可是慈濟也同意考慮中共所提，爲安徽省災民蓋房子的問題。結果，慈濟的「評估小組」，將實地勘察資料帶回臺灣後，決定先在安徽的全椒縣爲災民蓋十四個「慈濟村」，可安頓九四五戶，並希望在農曆新年前可以搬入居住。另外，爲全椒縣的老人，也蓋了九所「敬老院」，以及在江蘇省興化縣爲災民蓋了五六八戶房子。而這些房子不但附有完善的衛生設備，甚至向當地政府爭取到土地所有權，連同房子的所有權證書，一併交給分配到的災民住戶。於是中國佛教史上前所未有的「慈濟村」，就這樣出現在對宗教一向敵意甚深的中共統治區內。

在房子和土地之外，慈濟的工作人，在元旦後，還派人去災戶家裡，發放棉被、棉襖、種子和化學肥料，「敬老院」的無依老人，也發給人民幣六〇元的大紅包。難怪災民要感激的說：「又有衣服、又有被子、又有錢、又有化肥、又有種子！有了衛生衣，還有棉襖褲，一切的生活所需都被你們包了，我們永遠忘不了臺灣！」

而慈濟的工作人員，只在發放大紅包時，要那些老人唸一聲：「阿彌陀佛！」以表示是屬於「佛教」的關懷。這樣的輕微「犯規」，也不致引來中共的干涉。可以說，雙方皆大歡喜。

從以上的經過描述，我們可以發現慈濟的作法，是非常有計畫，並且也的確收到了原先的預期效果。雖然對數以百萬計的災民來說，慈濟只照顧了其中的某些幸運者，但在宣傳效果上，卻是難以衡量的。問題是，這種模式，難道沒有值得商榷之處嗎？

證嚴法師在一九九一年的十二月卅一日於屏東表示：大陸救災的工作，她承受了很大的壓力，有人批評說，臺灣都救不完了，爲什麼要救到大陸去？甚至也有一些中傷的話。……

其實，慈濟的賑災工作，如果從大環境來看的話，會留下一些後遺症，並且不見得對大陸的佛教信仰，會有所幫助。理由是，中共將面臨其他未得慈濟救助的災戶，要求比照「慈濟模式」的壓力，而這是財政困窘的中共所難以辦到的。因此，「慈濟模式」可能爲中共帶來新難題，以致於中共必須重新評估這種局部性的突出援助模式。另一方面，大陸並未承諾任何與佛教自由傳播有關的約定。所以，「慈濟模式」只是局部地突出了大陸一般民衆對臺灣佛教富裕的印象罷了。如就海峽兩岸的宗教文化交流來說，可能影響面還不如佛光山的星雲在一九八九年的大陸之行。同時「慈濟模式」，對臺灣的衆多「無殼蝸牛」，乃至山地雛妓的援助問題，又能有多少幫助呢？這是不能無疑問的。不過，拋開這些批評不談，「慈濟模式」的突破性作法，的確是相當漂亮的一招，值得在臺灣佛教史記上一筆！

三、「般若文教基金會」與兩岸宗教學術研討的模式

已討論過星雲與證嚴的傑出表現之後，在一九九一年中，還有兩項值得重視的宗教交流活動，此即在六月和十二月分別舉行的，「第一屆兩岸宗教文化交流學術研討會」和「第二屆兩岸宗教與文化交流學術研討會」。

負責推動此兩項學術研討會的靈魂人物，是原淡江大學文學院院長的龔鵬程教授。龔教授在「行政院大陸委員會」成立後，出任文教處處長，而辭去淡江大學文學院院長的職務；同時，龔教授又在「靈鷲山般若文教基金會」所設立的「國際佛學研究中心」擔任主任的工作，因此，在公私兩便的情況下，推動了一九九一年中，連續兩次的「兩岸宗教文化交流學術研討會」。

在第一屆所發表的論文，計有五篇，發表人及論文題目如下：

(1)鄭志明：〈兩岸宗教交流之問題與展望〉。

(2)李豐楙：〈當前大陸道教的發展及其情況〉。

(3)趙天恩：〈從基督教的發展與現況看兩岸宗教政策〉。

(4)游祥洲：〈論兩岸佛教互動及其定位與定向〉。

(5)張　珣：〈媽祖信仰在兩岸宗教交流中表現的特色〉。

這五篇論文的撰稿者和發表的論文內容，在臺灣的宗教學術圈都是有代表性的，而且也能針對海峽兩岸的宗教交流問題，提出視野相當深廣的探討角度，同時也有極具參考價值的建言。底下再將各論文的內涵和觀點，稍加介紹。

以第一篇鄭志明的〈兩岸宗教交流之問題與展望〉來說，已能很簡明地將海峽兩岸的宗教交流問題，依據文獻資料和自己多次深入大陸實地觀察的經驗，提出各種角度和現況解說。而他所討論的問題，比較特殊的地方，即在交代許多臺灣宗教團體前往大陸「探親式」交流的實例，以及詳舉許多遭中共禁止或壓制的民間教派名字和處境。同時，他也指出臺灣宗教熱衷交流的原因，主要還是和強烈懷念傳統大陸文化根源的「唐山情結」有關。他認爲：由於中共基本上是嚴格管制宗教活動的，而臺灣宗教又富於民間的自發性，因此如臺灣宗教要對大陸交流，仍以民間接觸方式較宜，政府不宜有太多干涉，以免中共有拒絕的理由。以上他的看法，不能說沒有見地，但他對中共允許交流的種類和政策層次，並未講清楚。因此，他的建議，即不免稍嫌空泛和不易把握適當的對策。

第二篇李豐楙教授的〈當前大陸道教的發展狀況〉，比較著重在宮觀方面，特別是較偏於出家性質的全眞派的道觀，而屬於正一派和其他派別的，就語焉不詳了。不過本文的特長，是透過全眞派的道觀維護狀況，以及道士的養成和作息情形，深入地檢討了四十年來，中共統治下的道教變遷和目前的處境。是作爲理解中共道教文化與活動現況的良好指引。

第三篇趙天恩的〈從基督教的發展與現況看兩岸宗教政策〉，是他多年來研究中共基督教政策的扼要說明，同時他也說明了臺灣方面的基督教傳播狀況及政策方向。他比較海峽兩岸基督教發展狀況的異同及其與雙方政策上的關係，是分二個階段的，即先檢討從一九四九到一九八九的兩岸狀況，然後再針對「現階段(一九九〇到一九九一)」的情形，提出對比的檢討。趙天恩的論文長處，除了引用具體數據和繪簡明分析圖以供讀者理解外，在宗教政策方面，他不只批評大陸方面的宗教控制，連對臺灣方面他也坦然加以批判。例如他指出：「臺灣政府正試圖以立法途徑，以便將所有宗教團體納入管理。就此而言，臺灣當局似乎有回復封建時代政府管理宗教的傾向。」

由於趙天恩的研究，敢以直接地面對現況，因此他對兩岸未來的交流的展望評估，也是面面俱到的。他的意見如下：(1)中共歡迎純粹民間交流，卻忌諱私下的宗教交往，因此臺灣民衆在宗教上的「暗中交流」要謹愼。(2)中共對宗教學術的研究和交流並不排斥，臺灣方面的宗教學者可採主動與彼方人士作「明的交流」。(3)中共歡迎臺灣宗教團體對等訪問，但他質疑臺灣是否有雅量基於對等原則，歡迎彼岸人士來臺交流？(4)影響兩岸的宗教交流因素，最關鍵性的，是：甲、中共是否維持其強硬左傾的路線？乙、由經濟商業的利益突破雙方的謹愼觀望態度；丙、臺灣宗教團體或個人訪問大陸時，是否能謹慎自制？以上四點趙氏的看法，在審慎中仍預留變化的空間，是相當可取的。

第四篇游祥洲的〈論兩岸佛教互動及其定位與定向〉一文，主要是從承認兩岸佛教現況的差異，以及如何在此差異的許可範圍內，尋求兩岸的佛教交流活動。游祥洲用列舉的方式，排比了大陸和臺灣佛教的各別差異，同時也指出「異中求同」的未來交往方向。游祥洲的最後建議，仍是綱要性的六點原則：⑴維持現行民間往來的方式；⑵逐步開放雙向交流；⑶暢通兩岸出版物的更直接交流；⑷促進兩岸佛教學術教育合作；⑸重視大陸佛教內部改革的呼聲；⑹減少國際接觸中的「泛政治因素」。以上的六點看法，雖然在現階段不無可取之處，但仍嫌太僵硬，亦即未考慮中共政局或政策變更的可能性。較之趙天恩的彈性看法，似乎略有遜色。

第五篇張珣的〈媽祖信仰在兩岸宗教交流中表現的特色〉，主要是環繞著臺中縣大甲鎮鎮南宮的媽祖信仰活動模式，分別就移民史的經驗、島內的媽祖交流現象、以及到大陸湄州進香的過程和作用等幾個方面，作宗教人類學的意義分析。與其說是在提示兩岸媽祖信仰的宗教交流經驗，不如說是在說明各地區媽祖信仰圈的神性屬性和關係網絡。張珣指出「擬親屬關係」，是其最大特徵，而爭正統則是此關係的進一步的利用。這些看法，在視野上仍太狹窄，且顯然在逃避問題。其實，爭正統和爭信徒無關嗎？或坦白一點，和香油錢的多寡無關嗎？

這種功利性的商業性格，爲何不予點出？而在結論的最後一段，對媽祖信仰和臺灣寺廟主神的排行榜差異，提出「推測性」的解說，尤屬學術敗筆。何不等有詳細的證據和嚴密的分析後，再下斷言呢？

以上五篇論文，都各有所長，而其實質意義，是認清了兩岸宗教交流中的限度和可行模式。問題是：既然交流中的阻礙和雙方的宗教政策有關，而如何尋求雙方在宗教政策上的改變途徑？亦必須有後續的推動工作，才可能落實。否則，探討再多，亦只是紙上談兵罷了。要有實效就需推動，這就是「第一屆」會後所要面對的大課題。

第二屆的「兩岸宗教與文化學術研討會」，是側重在「兩岸宗教研究」，以別於第一屆的「兩岸宗教現況」。此一構想，是認爲「任何宗教的傳佈都必須要有紮實精深的學理研究作基礎，才能深入社會，深入民間」——這是「國際佛學研究中心」副主任蔡瑞霖在〈代序〉中寫的話。問題在於，臺灣的宗教學者眞正致力於「兩岸宗教研究」的，據我所知，並不太多。而如果又要避免和第一屆雷同的話，那就更難了。

以第二屆的論文來看，其發表者和論文題目如下：

第一天(十二月廿一日)五場

(1)冉雲華：〈兩岸宗教文化與當前學術研究〉。

(2)林保堯：〈從兩岸宗教研究展望臺灣佛教藝術研究的未來——國內藝術研究的困境與

補救〉。

(3)鄔昆如：〈衝突與調合——對兩岸宗教信仰的哲學省思〉。

(4)張　檉：〈兩岸道教研究之近況〉。

(5)查時傑：〈大陸基督教會近二十年來的發展——從史學研究觀點看兩岸宗教與文化互動的軌跡〉。

第二天(十二月廿二日)六場

(1)李振英：〈兩岸宗教文化交流的意義、重要與態度〉。

(2)熊自健：〈談海峽兩岸宗教交流之前景〉。

(3)蔡仁厚：〈從兩岸儒學研究談到中國文化之未來〉。

(4)釋慧嚴：〈從佛學研究的角度考察兩岸佛教發展之現況〉。

(5)傅佩榮：〈從宗教哲學觀點看兩岸宗教文化之異同〉。

(6)蕭金松、宋光宇、林治平、釋大藏：綜合座談。

以上兩天計十一場的學術討論，在場次上較第一屆多六場，主題的範圍和層次也擴大和加深。

但仔細閱讀論文內容和參與現場討論後，會發現不少值得檢討的缺失：

甲、論文急就章撰出者，相當普遍。因此資料欠詳盡，分析欠深入，或欠嚴謹者，亦屢屢出現。

乙、有些發表者實力欠佳。如張檉關於〈兩岸道教研究之近況〉，錯誤連篇，顯然不適宜擔任此一發表主題。如改由李豐楙教授，則應不致如此。而佛學研究現況，如請藍吉富先生擔任，也較慧嚴法師爲宜。因前者有和大陸佛學界人士交流的豐富經驗；後者則根本未到過大陸。

丙、依然是臺灣方面單向的討論。此種兩岸交流，光在臺灣一地關起門來檢討，是無濟於事的。因此，第一屆遺留下來的課題：「如何落實？」仍然是懸空的。

由於有以上的諸多缺點，不少與會者建議：今後如無法從「落實」著手，此種會議應暫時停開了。

由此可見，海峽兩岸的宗教交流問題，依然是充滿著變數的。趙天恩先生的斷言，可以說一針見血，相當令人信服。

四、結語——問題與檢討

從以上的三種模式分析，我們可以發現臺灣方面的態度，遠較大陸方面要積極得多；但主控權顯然是在中共當局的決策單位。臺灣方面，儘管利用各種管道（主要是金錢和物質方面的大量提供)，試圖改變中國大陸的宗教環境，乃至使中共對宗教開放步伐可以加快或更大一點。然而，這種事，單靠臺灣方面的單向努力，是不夠的；只有中共本身才能決定大陸方面的宗教政策要怎麼走。

假如我們進一步分析，會發現臺灣方面對中共的宗教態度，理解上是不夠的。雖然我們也看到臺灣方面有不少學者在探討，可是中共的宗教立場，難道只是馬列教條的套用而已嗎？臺灣方面顯然只看到中共對宗教活動的管制，以及大陸的宗教信仰活動不如臺灣地區的蓬勃發展，於是極力想加以改變，以便向臺灣方面看齊。但，中共爲何始終不肯放任宗教活動的開展呢？難道只是怕像臺灣一樣的發展嗎？這只要分析臺灣方面的宗教活動本質，相信就會明瞭：問題並非如此單純。

從表面上看，臺灣的宗教團體有錢，活動自由，政府除了宗教教育體制外，過問的地方並不多。可是，臺灣的宗教活動，固然有令人可喜的慈善救濟和文化事業，然而，在宗教迷信方面和暴發戶的宗教浪費方面，同樣令人擔憂。臺灣的政府當局，其實並不完全放任不管，只是在宗教法律方面，尚未尋得適當的立法途徑罷了。因爲這牽涉到民衆的宗教習慣及各宗教背後所代表的群衆力量與經濟利益；而讓政府在解嚴後，爲了考慮政局穩定，不敢驟下猛藥，以免引起激烈反抗的風潮罷了。其實，明眼人只要一看臺灣宗教學術的研究風氣，以及衡量一下整體的宗教學術成果和水平，即知問題一大堆；在許多方面，甚至無法和大陸的宗教研究相比。這是爲什麼呢？

其實，大陸宗教政策的管制態度和宗教研究的熱潮之間，是有思想上的內在相關性。平心而論，大陸的宗教管制政策，也非一無可取。它使來自國外的宗教干涉可減到最低，以免滋生不必要的宗教動亂。此外，要求教團自立更生和減少迷信，也自有其施政上的優點。崇尚宗教信仰自由的人，可能會對此種措施不以爲然。問題是，如果眞任由大陸的宗教發展下去，較之目前的管制一定更佳否？

假如是的話，那麼我們仍可質疑：⑴臺灣的庸俗宗教文化和衆多宗教迷信(試看神壇和籤文)，要如何改善？⑵如何證明中共未統治中國大陸前的宗教狀況要較現況爲優？在未解答這二點之前，其他的判斷可能會流於主觀揣測。大陸雖有像文革時期的那種激烈破壞的宗教暴行，但海峽兩岸的宗教現況，並非臺灣方面的全都較佳這一點，仍是可以確定的。理由就如上面所分析。

因此，今年的兩岸宗教交流模式中，依然是充滿期待和難以掌握的變數。不宜一廂情願地過於樂觀。否則中共在今年五月中旬的中斷措施，不是不可能再發生的！

作者簡介

陳瑞貴　淡江大學歐洲研究所碩士，曾任《明日世界》雜誌總編輯，現任淡江大學共同科副教授。

林聰舜　臺灣師範大學國文研究所博士，現任清華大學中語系副教授。

蔡源煌　美國紐約州立大學賓罕頓校區英文博士，現任臺灣大學外文系教授。

蔡錦昌　臺灣大學哲學研究所博士班，現任東吳大學社會系所講師。

鄭志明　臺灣師範大學國文研究所博士，現任淡江大學中文系副教授。

謝立中　中國社會科學院研究生院社會學系博士生。

王亞南　雲南社會科學院民族文學研究所副研究員。

馬建堂　經濟學博士，現任北京國務院發展研究中心研究員。

劉君燦　臺灣大學物理研究所碩士，現任黎明工專副教授。

林安梧　臺灣大學哲學研究所博士，現任清華大學共同科副教授。

程志民　北京中國社會科學院哲學研究所助理研究員。

蘇　煒　曾任北京中國社會科學院文學研究所文藝新學科研究室副主任，現任美國普林斯頓大學東亞系訪問學者。

陳曉明　中國社會科學院研究生院文學博士，現任中國社會科學院文學研究所研究人員。

宋永毅　前上海作家協會研究員，現爲美國科羅拉多州立大學比較文學研究所博士生。

羅肇錦　臺灣師範大學國文研究所博士，現任臺北師範學院副教授。

黃智溶　文化大學美術系，現任《當代青年》月刊副總編輯。

張郎郎　中央美術學院畢業，曾任《中國美術》編輯，現任美國普林斯頓大學訪問學人。

王　樾　臺灣大學歷史研究所碩士，現任淡江大學歷史系副教授，淡江時報社社長。

李英明　政治大學東亞研究所博士，現任東亞研究所副教授。

江燦騰　臺灣大學歷史研究所博士班。

三民大專用書書目

國父遺教

國父思想	涂子麟	著	中山大學
國父思想	周世輔	著	前政治大學
國父思想新論	周世輔	著	前政治大學
國父思想要義	周世輔	著	前政治大學

法　律

中國憲法新論	薩孟武	著	前臺灣大學
中國憲法論	傅肅良	著	中興大學
中華民國憲法論	管歐	著	東吳大學
中華民國憲法逐條釋義㈠～㈣	林紀東	著	臺灣大學
比較憲法	鄒文海	著	前政治大學
比較憲法	曾繁康	著	臺灣大學
美國憲法與憲政	荊知仁	著	政治大學
國家賠償法	劉春堂	著	輔仁大學
民法概要	鄭玉波	著	臺灣大學
民法概要	董世芳	著	實踐學院
民法總則	鄭玉波	著	臺灣大學
判解民法總則	劉春堂	著	輔仁大學
民法債編總論	鄭玉波	著	臺灣大學
判解民法債篇通則	劉春堂	著	輔仁大學
民法物權	鄭玉波	著	臺灣大學
判解民法物權	劉春堂	著	輔仁大學
民法親屬新論	黃宗樂	等著	臺灣大學
民法繼承新論	黃宗樂	等著	臺灣大學
商事法論	張國鍵	著	臺灣大學
商事法要論	梁宇賢	著	中興大學
公司法	鄭玉波	著	臺灣大學
公司法論	柯芳枝	著	臺灣大學

公司法論	梁宇賢 著	中興大學
票據法	鄭玉波 著	臺灣大學
海商法	鄭玉波 著	臺灣大學
海商法論	梁宇賢 著	中興大學
保險法論	鄭玉波 著	臺灣大學
民事訴訟法釋義	石志泉 原著 楊建華 修訂	輔仁大學
破產法	陳榮宗 著	臺灣大學
破產法論	陳計男 著	行政法院
刑法總整理	曾榮振 著	臺中地院
刑法總論	蔡墩銘 著	臺灣大學
刑法各論	蔡墩銘 著	臺灣大學
刑法特論（上）（下）	林山田 著	政治大學
刑事政策（修訂版）	張甘妹 著	臺灣大學
刑事訴訟法論	黃東熊 著	中興大學
刑事訴訟法論	胡開誠 著	臺灣大學
行政法（改訂版）	林紀東 著	臺灣大學
行政法	張家洋 著	政治大學
行政法之基礎理論	城仲模 著	中興大學
犯罪學	林山田 等著	政治大學等
監獄學	林紀東 著	臺灣大學
土地法釋論	焦祖涵 著	東吳大學
土地登記之理論與實務	焦祖涵 著	東吳大學
引渡之理論與實踐	陳榮傑 著	外交部
國際私法	劉甲一 著	臺灣大學
國際私法新論	梅仲協 著	前臺灣大學
國際私法論叢	劉鐵錚 著	政治大學
現代國際法	丘宏達 等著	馬利蘭大學等
現代國際法基本文件	丘宏達 編	馬利蘭大學
平時國際法	蘇義雄 著	中興大學
中國法制史	戴炎輝 著	臺灣大學
法學緒論	鄭玉波 著	臺灣大學
法學緒論	孫致中 著	各大專院校

強制執行法	陳榮宗	著	臺灣大學
法院組織法論	管　歐	著	東吳大學

政治・外交

政治學	薩孟武	著	前臺灣大學
政治學	鄒文海	著	前政治大學
政治學	曹伯森	著	陸軍官校
政治學	呂亞力	著	臺灣大學
政治學概要	張金鑑	著	政治大學
政治學方法論	呂亞力	著	臺灣大學
政治理論與研究方法	易君博	著	政治大學
公共政策概論	朱志宏	著	臺灣大學
公共政策	曹俊漢	著	臺灣大學
公共政策	朱志宏	著	臺灣大學
公共關係	王德馨	等著	交通大學
中國社會政治史㈠～㈣	薩孟武	著	前臺灣大學
中國政治思想史	薩孟武	著	前臺灣大學
中國政治思想史（上）（中）（下）	張金鑑	著	政治大學
西洋政治思想史	張金鑑	著	政治大學
西洋政治思想史	薩孟武	著	前臺灣大學
中國政治制度史	張金鑑	著	政治大學
比較主義	張亞澐	著	政治大學
比較監察制度	陶百川	著	國策顧問
歐洲各國政府	張金鑑	著	政治大學
美國政府	張金鑑	著	政治大學
地方自治概要	管　歐	著	東吳大學
國際關係——理論與實踐	朱張碧珠	著	臺灣大學
中美早期外交史	李定一	著	政治大學
現代西洋外交史	楊逢泰	著	政治大學

行政・管理

行政學（增訂版）	張潤書	著	政治大學
行政學	左潞生	著	中興大學
行政學新論	張金鑑	著	政治大學

行政管理學	傅 肅 良	著	中 興 大 學
行政生態學	彭 文 賢	著	中 興 大 學
各國人事制度	傅 肅 良	著	中 興 大 學
考詮制度	傅 肅 良	著	中 興 大 學
交通行政	劉 承 漢	著	成 功 大 學
組織行為管理	龔 平 邦	著	前逢甲大學
行為科學概論	龔 平 邦	著	前逢甲大學
行為科學與管理	徐 木 蘭	著	臺 灣 大 學
組織行為學	高尚仁	等著	香 港 大 學
組織原理	彭 文 賢	著	中 興 大 學
實用企業管理學	解 宏 賓	著	中 興 大 學
企業管理	蔣 靜 一	著	逢 甲 大 學
企業管理	陳 定 國	著	臺 灣 大 學
國際企業論	李 蘭 甫	著	中 文 大 學
企業政策	陳 光 華	著	交 通 大 學
企業概論	陳 定 國	著	臺 灣 大 學
管理新論	謝 長 宏	著	交 通 大 學
管理概論	郭 崑 謨	著	中 興 大 學
管理個案分析	郭 崑 謨	著	中 興 大 學
企業組織與管理	郭 崑 謨	著	中 興 大 學
企業組織與管理（工商管理）	盧 宗 漢	著	中 興 大 學
現代企業管理	龔 平 邦	著	前逢甲大學
現代管理學	龔 平 邦	著	前逢甲大學
事務管理手册	新 聞 局	著	
生產管理	劉 漢 容	著	成 功 大 學
管理心理學	湯 淑 貞	著	成 功 大 學
管理數學	謝 志 雄	著	東 吳 大 學
品質管理	戴 久 永	著	交 通 大 學
可靠度導論	戴 久 永	著	交 通 大 學
人事管理（修訂版）	傅 肅 良	著	中 興 大 學
作業研究	林 照 雄	著	輔 仁 大 學
作業研究	楊 超 然	著	臺 灣 大 學
作業研究	劉 一 忠	著	舊 金 山 州 立 大 學

系統分析	陳　進　著	前聖瑪麗大學

社　會

社會學	蔡文輝　著	印第安那大學
社會學	龍冠海　著	前臺灣大學
社會學	張華葆　主編	東海大學
社會學理論	蔡文輝　著	印第安那大學
社會學理論	陳秉璋　著	政治大學
社會心理學	劉安彥　著	傑克遜州立大學
社會心理學	張華葆　著	東海大學
社會心理學	趙淑賢　著	安柏拉校區
社會心理學理論	張華葆　著	東海大學
政治社會學	陳秉璋　著	政治大學
醫療社會學	廖榮利　等著	臺灣大學
組織社會學	張笠雲　著	臺灣大學
人口遷移	廖正宏　著	臺灣大學
社區原理	蔡宏進　著	臺灣大學
人口教育	孫得雄　編著	東海大學
社會階層化與社會流動	許嘉猷　著	臺灣大學
社會階層	張華葆　著	東海大學
西洋社會思想史	張承漢　等著	臺灣大學
中國社會思想史（上）（下）	張承漢　著	臺灣大學
社會變遷	蔡文輝　著	印第安那大學
社會政策與社會行政	陳國鈞　著	中興大學
社會福利行政（修訂版）	白秀雄　著	臺灣大學
社會工作	白秀雄　著	臺灣大學
社會工作管理	廖榮利　著	臺灣大學
團體工作：理論與技術	林萬億　著	臺灣大學
都市社會學理論與應用	龍冠海　著	前臺灣大學
社會科學概論	薩孟武　著	前臺灣大學
文化人類學	陳國鈞　著	中興大學

勞工問題	陳國鈞 著	中興大學
少年犯罪心理學	張華葆 著	東海大學
少年犯罪預防及矯治	張華葆 著	東海大學

教　育

教育哲學	賈馥茗 著	臺灣師大
教育哲學	葉學志 著	彰化教院
普通教學法	方炳林 著	前臺灣師大
各國教育制度	雷國鼎 著	臺灣師大
教育心理學	溫世頌 著	傑克遜州立大學
教育心理學	胡秉正 著	政治大學
教育社會學	陳奎憙 著	臺灣師大
教育行政學	林文達 著	政治大學
教育行政原理	黃文輝 主譯	臺灣師大
教育經濟學	蓋浙生 著	臺灣師大
教育經濟學	林文達 著	政治大學
工業教育學	袁立錕 著	彰化教院
技術職業教育行政與視導	張天津 著	臺灣師大
技職教育測量與評鑒	李大偉 著	臺灣師大
高科技與技職教育	楊啟棟 著	臺灣師大
工業職業技術教育	陳昭雄 著	臺灣師大
技術職業教育教學法	陳昭雄 著	臺灣師大
技術職業教育辭典	楊朝祥 編著	臺灣師大
技術職業教育理論與實務	楊朝祥 著	臺灣師大
工業安全衛生	羅文基 著	
人力發展理論與實施	彭台臨 著	臺灣師大
職業教育師資培育	周談輝 著	臺灣師大
家庭教育	張振宇 著	淡江大學
教育與人生	李建興 著	臺灣師大
當代教育思潮	徐南號 著	臺灣師大
比較國民教育	雷國鼎 著	臺灣師大
中等教育	司琦 著	政治大學
中國教育史	胡美琦 著	文化大學

中國現代教育史	鄭世興	著	臺灣師大
中國大學教育發展史	伍振鷟	著	臺灣師大
中國職業教育發展史	周談輝	著	臺灣師大
社會教育新論	李建興	著	臺灣師大
中國社會教育發展史	李建興	著	臺灣師大
中國國民教育發展史	司琦	著	政治大學
中國體育發展史	吳文忠	著	臺灣師大
如何寫學術論文	宋楚瑜	著	臺灣大學
論文寫作研究	段家鋒	等著	政戰學校等

心理學

心理學	劉安彥	著	傑克遜州立大學
心理學	張春興	等著	臺灣師大等
人事心理學	黃天中	著	淡江大學
人事心理學	傅肅良	著	中興大學

經濟・財政

西洋經濟思想史	林鐘雄	著	臺灣大學
歐洲經濟發展史	林鐘雄	著	臺灣大學
比較經濟制度	孫殿柏	著	政治大學
經濟學原理（增訂新版）	歐陽勛	著	政治大學
經濟學導論	徐育珠	著	南康涅狄克州立大學
經濟學概要	歐陽勛	等著	政治大學
通俗經濟講話	邢慕寰	著	前香港大學
經濟學（增訂版）	陸民仁	著	政治大學
經濟學概論	陸民仁	著	政治大學
國際經濟學	白俊男	著	東吳大學
國際經濟學	黃智輝	著	東吳大學
個體經濟學	劉盛男	著	臺北商專
總體經濟分析	趙鳳培	著	政治大學
總體經濟學	鍾甦生	著	西雅圖銀行
總體經濟學	張慶輝	著	政治大學
總體經濟理論	孫震	著	臺灣大學

數理經濟分析	林大侯 著	臺灣大學
計量經濟學導論	林華德 著	臺灣大學
計量經濟學	陳正澄 著	臺灣大學
經濟政策	湯俊湘 著	中興大學
合作經濟概論	尹樹生 著	中興大學
農業經濟學	尹樹生 著	中興大學
工程經濟	陳寬仁 著	中正理工學院
銀行法	金桐林 著	華南銀行
銀行法釋義	楊承厚 著	銘傳管理學院
商業銀行實務	解宏賓 編著	中興大學
貨幣銀行學	何偉成 著	中正理工學院
貨幣銀行學	白俊男 著	東吳大學
貨幣銀行學	楊樹森 著	文化大學
貨幣銀行學	李穎吾 著	臺灣大學
貨幣銀行學	趙鳳培 著	政治大學
現代貨幣銀行學	柳復起 著	新南威爾斯大學
現代國際金融	柳復起 著	新南威爾斯大學
國際金融理論與制度（修訂版）	歐陽勛等編著	政治大學
金融交換實務	李麗 著	中央銀行
財政學	李厚高 著	逢甲大學
財政學（修訂版）	林華德 著	臺灣大學
財政學原理	魏萼 著	臺灣大學
商用英文	張錦源 著	政治大學
商用英文	程振粵 著	臺灣大學
貿易契約理論與實務	張錦源 著	政治大學
貿易英文實務	張錦源 著	政治大學
信用狀理論與實務	蕭啟賢 著	輔仁大學
信用狀理論與實務	張錦源 著	政治大學
國際貿易	李穎吾 著	臺灣大學
國際貿易實務詳論	張錦源 著	政治大學
國際貿易實務	羅慶龍 著	逢甲大學

國際貿易理論與政策（修訂版）	歐陽勛等編著	政治大學
國際貿易政策概論	余德培　著	東吳大學
國際貿易論	李厚高　著	逢甲大學
國際商品買賣契約法	鄧越今　編著	外貿協會
國際貿易法概要	于政長　著	東吳大學
國際貿易法	張錦源　著	政治大學
外匯投資理財與風險	李　麗　著	中央銀行
外匯、貿易辭典	于政長　編著 張錦源　校訂	東吳大學 政治大學
貿易實務辭典	張錦源　編著	政治大學
貿易貨物保險（修訂版）	周詠棠　著	中央信託局
貿易慣例	張錦源　著	政治大學
國際匯兌	林邦充　著	政治大學
國際行銷管理	許士軍　著	新加坡大學
國際行銷	郭崑謨　著	中興大學
行銷管理	郭崑謨　著	中興大學
海關實務（修訂版）	張俊雄　著	淡江大學
美國之外匯市場	于政長　譯	東吳大學
保險學（增訂版）	湯俊湘　著	中興大學
人壽保險學（增訂版）	宋明哲　著	德明商專
人壽保險的理論與實務	陳雲中　編著	臺灣大學
火災保險及海上保險	吳榮清　著	文化大學
市場學	王德馨　等著	中興大學
行銷學	江顯新　著	中興大學
投資學	龔平邦　著	前逢甲大學
投資學	白俊男　等著	東吳大學
海外投資的知識	葉雲鎮　等譯	
國際投資之技術移轉	鍾瑞江　著	東吳大學

會計・統計・審計

銀行會計（上）（下）	李兆萱　等著	臺灣大學等
初級會計學（上）（下）	洪國賜　著	淡水工商
中級會計學（上）（下）	洪國賜　著	淡水工商
中等會計（上）（下）	薛光圻　等著	西東大學等

會計辭典	龍毓聃 譯	
會計學（上）（下）	幸世間 著	臺灣大學
會計學題解	幸世間 著	臺灣大學
成本會計（上）（下）	洪國賜 著	淡水工商
成本會計	盛禮約 著	淡水工商
政府會計	李增榮 著	政治大學
政府會計	張鴻春 著	臺灣大學
稅務會計	卓敏枝 等著	臺灣大學等
財務報表分析	洪國賜 等著	淡水工商等
財務報表分析	李祖培 著	中興大學
財務管理	張春雄 著	政治大學
財務管理（增訂新版）	黃柱權 著	政治大學
商用統計學（修訂版）	顏月珠 著	臺灣大學
商用統計學	劉一忠 著	舊金山州立大學
統計學（修訂版）	柴松林 著	政治大學
統計學	劉南溟 著	前臺灣大學
統計學	張浩鈞 著	臺灣大學
統計學	楊維哲 著	臺灣大學
統計學	顏月珠 著	臺灣大學
統計學題解	顏月珠 著	臺灣大學
推理統計學	張碧波 著	銘傳管理學院
應用數理統計學	顏月珠 著	臺灣大學
統計製圖學	宋汝濬 著	臺中商專
統計概念與方法	戴久永 著	交通大學
審計學	殷文俊 等著	政治大學
商用數學	薛昭雄 著	政治大學
商用數學（含商用微積分）	楊維哲 著	臺灣大學
線性代數（修訂版）	謝志雄 著	東吳大學
商用微積分	何典恭 著	淡水工商
微積分	楊維哲 著	臺灣大學
微積分（上）（下）	楊維哲 著	臺灣大學
大二微積分	楊維哲 著	臺灣大學

機率導論	戴久永	著	交通大學

新　聞

傳播研究方法總論	楊孝濚	著	東吳大學
傳播研究調查法	蘇　蘅	著	輔仁大學
傳播原理	方蘭生	著	文化大學
行銷傳播學	羅文坤	著	政治大學
國際傳播	李　瞻	著	政治大學
國際傳播與科技	彭　芸	著	政治大學
廣播與電視	何貽謀	著	輔仁大學
廣播原理與製作	于洪海	著	中　廣
電影原理與製作	梅長齡	著	前文化大學
新聞學與大眾傳播學	鄭貞銘	著	文化大學
新聞採訪與編輯	鄭貞銘	著	文化大學
新聞編輯學	徐　旭	著	新生報
採訪寫作	歐陽醇	著	臺灣師大
評論寫作	程之行	著	紐約日報
新聞英文寫作	朱耀龍	著	前文化大學
小型報刊實務	彭家發	著	政治大學
廣告學	顏伯勤	著	輔仁大學
媒介實務	趙俊邁	著	東吳大學
中國新聞傳播史	賴光臨	著	政治大學
中國新聞史	曾虛白	主編	
世界新聞史	李　瞻	著	政治大學
新聞學	李　瞻	著	政治大學
新聞採訪學	李　瞻	著	政治大學
新聞道德	李　瞻	著	政治大學
電視制度	李　瞻	著	政治大學
電視新聞	張　勤	著	中視文化公司
電視與觀眾	曠湘霞	著	政治大學
大眾傳播理論	李金銓	著	明尼西達大學
大眾傳播新論	李茂政	著	政治大學

大衆傳播與社會變遷	陳世敏 著	政治大學
組織傳播	鄭瑞城 著	政治大學
政治傳播學	祝基瀅 著	
文化與傳播	汪　琪 著	政治大學

歷史・地理

中國通史（上）（下）	林瑞翰 著	臺灣大學
中國現代史	李守孔 著	臺灣大學
中國近代史	李守孔 著	臺灣大學
中國近代史	李雲漢 著	政治大學
中國近代史（簡史）	李雲漢 著	政治大學
中國近代史	古鴻廷 著	東海大學
隋唐史	王壽南 著	政治大學
明清史	陳捷先 著	臺灣大學
黃河文明之光	姚大中 著	東吳大學
古代北西中國	姚大中 著	東吳大學
南方的奮起	姚大中 著	東吳大學
中國世界的全盛	姚大中 著	東吳大學
近代中國的成立	姚大中 著	東吳大學
西洋現代史	李邁先 著	臺灣大學
東歐諸國史	李邁先 著	臺灣大學
英國史綱	許介鱗 著	臺灣大學
印度史	吳俊才 著	政治大學
日本史	林明德 著	臺灣師大
日本現代史	許介鱗 著	臺灣大學
近代中日關係史	林明德 著	臺灣師大
美洲地理	林鈞祥 著	臺灣師大
非洲地理	劉鴻喜 著	臺灣師大
自然地理學	劉鴻喜 著	臺灣師大
地形學綱要	劉鴻喜 著	臺灣師大
聚落地理學	胡振洲 著	中興大學
海事地理學	胡振洲 著	中興大學
經濟地理	陳伯中 著	前臺灣大學
都市地理學	陳伯中 著	前臺灣大學